"中国经济前沿"丛书
CHINA UPDATE BOOK SERIES

深化改革与
中国经济长期发展

DEEPENING REFORM FOR
CHINA'S LONG-TERM GROWTH
AND DEVELOPMENT

主编 ｜ 宋立刚
〔澳〕郜若素（Ross Garnaut）
蔡 昉

 社会科学文献出版社
SOCIAL SCIENCES ACADEMIC PRESS (CHINA)

 ANU PRESS

本书撰稿人

Ross Garnaut：澳大利亚墨尔本大学经济学教授

宋立刚：澳大利亚国立大学中国经济项目负责人

蔡昉：中国社会科学院副院长

陆旸：中国社会科学院人口与劳动经济研究所

王小鲁：中国经济改革研究基金会国民经济研究所

周伊晓：澳大利亚国立大学 Crawford 公共政策学院

Son Ngoc Chu：澳大利亚国立大学 Crawford 公共政策学院

Owen Freestone：澳大利亚财政部

Dougal Horton：澳大利亚财政部

冯颖杰：北京大学

姚洋：北京大学国家发展研究院

Rod Tyers：西澳大学商学院经济系

张莹：西澳大学商学院经济系

张永生：国务院发展研究中心

Frank Jotzo：澳大利亚国立大学 Crawford 公共政策学院

滕飞：清华大学

黄益平：北京大学国家发展研究院

李冉：北京大学国家发展研究院

王碧珺：中国社会科学院世界经济与政治研究所

Alexander Ballantyne：澳大利亚储备银行

Jonathan Hambur：澳大利亚储备银行

Ivan Roberts：澳大利亚储备银行

Michelle Wright：澳大利亚储备银行

马国南：国际清算银行

Robert N. McCauley：国际清算银行

Wing Thye Woo：加利福尼亚大学戴维斯分校

陶然：中国人民大学经济学院，清华－布鲁金斯公共政策研究中心

孟昕：澳大利亚国立大学经济学院

陈春来：澳大利亚国立大学 Crawford 公共政策学院

Harry X. Wu：日本一桥大学

吴延瑞：西澳大学商学院经济系

马宁：西澳大学商学院经济系

郭秀梅：西澳大学商学院经济系

Robin Bordie：力拓能源集团

Stephen Wilson：力拓能源集团

Jane Kuang：力拓能源集团

张海洋：澳大利亚国立大学 Crawford 公共政策学院

高祥：中国政法大学比较法学研究院

姜慧芹：中国政法大学比较法学研究院

目 录
CONTENTS

要素市场改革

生产力，专利制度和投资法律

经济增长的新模式

改革与中国的长期发展

郜若素（Ross Garnaut）　　宋立刚　　蔡　昉

一　导论

2013 年 7 月，我们出版了《中国经济增长与发展新模式》一书。自那以来，旨在创建中国经济增长新模式的改革突飞猛进。今年，我们结合新的情况，更加深入地探讨了增长新模式。中国希望通过转型，实现由中等收入经济体向发达经济体的转变。本书对新模式成功转变和运作所必需的改革给出了定义并进行了探讨，描述了成功之路上的诸多阻拦，分析了未能平稳"跨栏"时可能带来的破坏性后果，辨析了中国在调结构、促民生进程中的诸多良机。

2013 年 11 月，中国共产党十八届三中全会批准了具有深远影响的市场化改革计划。2014 年 3 月，中国国务院总理李克强在向全国人民代表大会所作的《政府工作报告》中，规划了在资本、劳动力、商品和服务四个方面加大市场化改革力度的政策措施，包括但不限于：扩大消费和服务业在国民经济中所占比重；提高低收入阶层，尤其是农村居民和非熟练城市工人的收入；减轻中国经济增长对本国和全球自然环境的破坏程度，以便加快进程，最终实施一种增长新模式。

从 20 世纪 80 年代中期到 2011 年间，中国依靠大规模投资驱动经济增长的旧模式，迅速由低收入国家跨入中等收入经济体行列。1978 年时，中国物质匮乏，超过半数的中国人都生活在贫困线以下；但到 2011 年时，绝大多数中国人都告别了基本生活必需品短缺的年代，过上了小康生活，更好地享受着现代经济增长所带来的成果。

与此同时，在旧的增长模式下，产能快速增长所带来的收入增长中的很大部分又重新变成投资，成为投资驱动型增长的新增量。农民大规模涌入城市，变成产业工人，工业经济和农业经济之间的发展差距持续快速扩大，但实际工资并无相应增长。新增收入过于集中在国家和私营企业家手中，扭曲了收入分配，使居民收入差距进一步扩大。中国经济增长过于依赖投资驱动，在 1997~1998 年亚洲金融危机后又过于依赖基础设施和重工业的建设与发展，并由此产生对于能源和金属的需求暴涨，从而对中国和世界的自然环境造成巨大压力。

在 2014 年出版的那本书中，我们曾经在导论一章指出，2008 年全球金融危机之前的经济增长旧模式问题重重，需要检讨。自 2005 年前后以来，中国人口转型与持续强劲的经济增长互相交织，劳动力日益稀缺和昂贵。中国经济增长由此进入转折期，结构调整的压力日益增大，2008 年全球金融危机以来持续一年左右的经济紧缩也至此结束。克服全球经济衰退对中国经济的负面影响成为当务之急，增加收入和扩大就业成为优先课题，一些深化改革的措施也因此而推迟；2008 年下半年到 2009 年全年，通过进行财政和货币刺激，旧的增长模式得以暂时增强。2010 年开始的经济增长让中国重拾信心，为深入讨论改革大计、形成经济增长新模式的早期共识创造了条件。在第十二个五年计划（2011~2015 年）中，可以发现增长新模式的各种构成要素。

2012 年以来，改革继续深入前行，且更有针对性。中国共产党和中国政府的新一届领导人已经决定加大改革的力度、深度和广度。中国在改革金融和劳动力市场领域、融入国际经济、利用财政政策缩小收入分配差距、对高级官员进行反腐败调查方面取得了明显进展。

上述部分政策已经使中国经济运行的统计数据发生了明显变化。但对于中国这样一个体量巨大、构成复杂的经济体来讲，某些变化需要更长时间才能显现出来。中国经济增长已如预期有所放缓，年增长率从 1992~2011 年依靠大规模投资驱动经济增长旧模式的 10% 下降到 2012 年时的 7%~8%，经济增长出现了由超高速增长向增长新常态的转型。劳动力短缺时代已经开始，但巨大投资在支出方面所占份额在目前已经有所遏制。维持巨大投资与放缓经济增速意味着生产力增长率的大幅度下降。如果要把增长率维持在7%~8%，则必须通过改革，扭转生产率下降趋势。内需如期扩大，但来自消费增长的内需扩大比重不高；工人工资和农民收入增长迅速，对缩小城乡差距有所贡献，但迄今收效甚微；如期实现了在能耗强度和排放强度上的减排要求，对环境产生的有害排放显著减少。在环境方面，中国已经取得的成果和面临的挑战都堪称巨大，使得它在 2015 年制定减少煤炭使用、降低能源消耗策略时必须有更为宏伟的目标。

现在，中国已经从一个贫穷国家过渡到中等收入国家，因此更有必要进行重大改革和结构调整，以实现可持续增长并进入发达国家的行列。改革应当涵盖财政、劳动力、土地市场、公共财政制度和中国与国际经济的关系等诸多领域。本书带领读者领略中国最近在改革和结构调整方面的诸多进步，从整体上和诸多局部领域领会调整对经济表现的相互关系，提请注意中国政府在推动向经济增长新模式转变时所面临的巨大挑战。这些改革技术复杂，需要政府顾问提供大量相关信息和参考意见，需要领导人具备领导才能和政治判断力。唯有如此，才能规避诸多风险，实现稳定增长。相反，如果经济表现较差，这些风险将会破坏政治稳定。

除中国外，许多其他国家在由中等收入国家向发达国家转型的过程中都陷入了困境。过去三十五年来，中国推进改革和经济现代化，取得了辉煌成就，因而在转型时拥有更大的回旋余地。尽管如此，由于这一转型任务十分艰巨，认为中国向发达经济体转型会一帆风顺的任何假设都是不明智的。

一些经济学家和其他学科的分析家密切关注着中国的新一轮改革，认为中国面临诸多挑战。他们的这些独到见解将在本文中得到呈现。在之后的各篇文章中，笔者将分析中国进入改革和增长攻坚阶段时的独有优势，将讨论改革可能给中国带来经济下行和震荡的不利之处。读者可以借此发现中国经济取得早期成功和存在潜在问题的各种表象。

不过，我们首先应当了解的是，新一轮改革和向发达经济体转型面临的新挑战是如何在历史长河中顺应中国经济史的发展潮流的。

二 历史长河中的改革时代

与 1978 年以前的数十年相比，我们只知道，中国在过去三十多年里所进行的市场化改革具有重要意义，中国日益融入世界经济，中国经济日益发展壮大。

古代中国是世界文明的早期发展中心之一。早在两千多年前的汉朝时期，首都长安（今西安）就在城市面积、人口数量、技术进步和生产效率方面与同时代位于亚欧大陆西部的罗马帝国并驾齐驱。汉朝历时四个多世纪，在政治上比罗马更为成功，在内忧外患的不断侵扰之下能够迅速恢复元气。远离战乱和政治统一有利于技术进步的逐渐积累和缓慢提高，人口增长消化了生产的周期性增长，因而从可持续发展的观点来看，人均收入增幅不大。这就是传统的增长方式——一个直到18世纪晚期以前，全球文明都遵循的增长方式。技术、商业和管理创新是现代经济增长的基础，古代中国在这几方面都贡献巨大，但并未取得突破性进展，从而进入生产率可持续增长的新时代。

1700～1820年，中国经济年均增长0.85%，因而在生产和消费领域的增长都被快速增长的人口数量所吞噬。人口增长率与生产和消费领域的增长率并不同步。

在那些日子里，中国所发生的这些事情在和平与繁荣的古代世界并非异常。18世纪晚期，在欧亚大陆西端的一些近海岛屿上发生了极不寻常的事情。英国确立了可持续增长的发展模式，使其经济增长与人口增长同时发生。让早期经济学家感到惊奇的是，普通百姓的生活水平提高后，生育率和人口增长率反而下降了，因此能够维持并加快生活水平的可持续增长。如今，我们认识到这些发展变化是现代经济增长的开端。

1820年起，法国大革命、欧洲的革命以及拿破仑战争将欧洲大陆的旧秩序连根拔起，使得现代经济增长模式得以扩展到西欧大部分地区。1820～1952年，除了1914～1918年的第一次世界大战和1939～1945年的第二次世界大战外，欧洲在其余时间里大都处于和平状态。在这期间，欧洲经济年均增长1.71%，人均产值年均增长1.03%。在此期间，中国与世界其他地区一样，游离于现代经济增长模式之外，经济年增长仅有0.22%，人均产值年均增长则下降到0.08%。

经济增长速度上的细微差距叠加一个多世纪后，中西之间在经济规模和战略力量方面出现了巨大鸿沟：中国在全球经济总量中的比重从1820年的1/3下降到1952年的不足5%。

现代经济增长模式起源于西欧。实现这一增长需要若干前提条件。中国在这一模式扎根于西欧时已经具备了这些前提条件。有一种观点认为，中国在政治、社会和经济组织的现代化制度方面非常成功，使之成为现代经济增长模式的后来者。拥抱现代经济增长模式，意味着需要进行颠覆性变革。中国和其他东亚国家一样，有着业已确立并成功运行的政体制度。它们接纳现代经济增长模式，需要清楚地表明：可选路径就是进行颠覆性变革，这种变革一般是外来侵扰所迫，也有可能是因为经济增长致使战略力量增强的外来征服者所致。历史上，日本的政治精英们曾经达成一个长期共识，即与 19 世纪 70 年代外国入侵所产生的破坏作用相比，现代经济增长模式所带来的颠覆性后果并不严重。75 年后，中国政治精英才形成了类似共识。

1949 年中华人民共和国成立时，中国明确表示要践行现代经济增长模式。中国共产党执掌政权后，历史背景发生了巨大变化。中国采取了苏联模式的中央计划经济体制。按常规方式衡量，中国经济增长很快，但主要得益于产值中转为投资部分所占比重的大幅增加。1949 ~ 1978 年，按照某些指标衡量，中国经济年均增长 6% 左右。不过，这种增长的性质使得该统计数字不能准确地衡量经济发展水平。经济增长过分集中于工业领域的基本建设，尤其是过分集中于重工业。在资源分配方面缺乏市场调节，国际交换规模很小，生产效率少有提高，人民生活水平少有改善。中国与最发达国家之间在技术和生活水平上的差距进一步扩大。

1978 年，中国决定实行市场化改革和对外开放政策，所有这一切都发生了改变。根据郜若素等学者（Garnaut et al.，2013）的描述，1984 年前为中国改革的早期阶段，以农村为重点，以增强经济活力为中心；1985 年起，中国开始对城市经济进行改革，改革的对象包括中央计划体制，改革开始时，其思路并不清晰，但随后的发展及所带来的成果却具有决定意义；1992 年起，中国迎来了依靠大规模投资驱动的长期经济增长；经过有政府背景的经济实体之手，中国实行了大规模的财政扩张和货币扩张，不仅经受住了亚洲金融危机（1997 ~ 1998 年）和 2008 年全球金融危机的冲击，而且使其经济增长在 21 世纪初更加依赖巨额资本投入、国民经济重工业化和基础设施建设。

改革使中国的经济生活发生了巨大变化：联产承包制取代了人民公社制度，富有活力的乡镇企业在人民公社的废墟上异军突起，农村经济充满活力。权力下放使地方政府能在经济生活中发挥决定性作用。20 世纪 80 年代中期开始，中国日益融入国际经济；21 世纪初期，中国成为全球第一制造大国、第一出口大国、第一大贸易经济体，在储蓄率领先全球的同时，中国还成了全球最大债权国和外国直接投资的重要目的地。据世界银行估计，根据购买力平价（PPP）计算（参见《金融时报》，2014），中国将在 2015 年成为世界第一大经济体。

企业所有权多元化后，要求进行复杂的制度创新，以确保对市场经济扩张进行有效规制。人民生活水平提高很快，大多数中国人开始过上小康生活。中国农村人口大量涌入城市，开始了人类历史上最大规模的人口迁移浪潮。

改革中的中国经济实现了快速增长。这一增长不仅体现在劳动力供给、城市经济所占比重和高速增长的投资额方面，也体现在生产率的快速提高方面。中国在这期间取得的长期经济增长前所未有。根据 1990 年吉尔里 – 哈米斯元（Geary Khamis dollar）计算的购买力平价来看，中国在 1995 年时人均产值已经达到 2000 美元。自那以后的十六年间，这一数字翻了两番，达到 8000 美元。与其他所有国家相比，中国在最短时间内实现了这一里程碑式的跨越（见表 1）。老牌发达国家为此耗时大约一个世纪；比较接近中国这一速度的是其东亚邻国，即韩国（历时 20 年）和日本（历时 17 年）。

表 1　现代国家人均 GDP（以 2000 美元为基点）翻两番所需时间表

现代国家或地区名称	人均 GDP 达到 2000 美元年份	人均 GDP 达到 8000 美元年份	人均 GDP 翻两番所需时间（年）	在此期间的复合年均增长率(%)
荷　兰	1827	1960	133	1.0
英　国	1839	1957	118	1.2
澳大利亚	1848	1955	107	1.3
美　国	1860	1941	81	1.7
法　国	1869	1962	93	1.5
德　国	1874	1962	88	1.6
墨西哥	1950	2008	58	2.4
香　港	1950	1977	27	5.3
新加坡	1950	1979	29	4.9
日　本	1951	1968	17	8.5
土耳其	1955	2007	52	2.7
台　湾	1965	1985	20	7.2
韩　国	1969	1989	20	7.2
马来西亚	1969	2002	33	4.3
泰　国	1976	2005	29	4.9
中　国	1995	2011	16	9.1
备忘项目				
全　球	1950	2004	54	2.6

三 经济增长放缓和未来增长新源泉

2011 年以前的改革年代中，中国和中国人民在依靠海量投资驱动经济增长的旧模式中获得了巨大好处。正如郜若素等（Garnaut et al.，2013）指出的那样，旧的增长模式成功后，该模式下一些要素，如 2005 年以来出现的劳动力日益短缺和实际工资不断上升的积极作用逐渐弱化（Garnaut，2010；Cai，2014）。随着收入的日益提高，尤其是收入分配差距的继续扩大、消费增长的放缓、对消费可选择性的不必要限制、公款消费的日渐高涨、本地和全球环境的持续恶化，中国人认为，增长旧模式的副作用越来越不可接受。其他一些副作用，如出口顺差继续扩大、房地产泡沫居高不下、地方政府债务增长失控，也不利于经济的稳定增长。

这些问题中，多数问题都是在改革中累积而成的，与市场导向的发展方式并无内在联系。相反，这些问题表明，市场机构和市场监管，特别是与要素市场和环境保护相关的市场体系和市场监管，没有到位。

在经济增长新模式下深化改革，是通过现代经济转型走向成熟市场经济的正确道路。中国劳动力在人口总数中比重的绝对下降，劳动力供给数量由增转减，使得这项改革更具紧迫性。"人口红利"消失后，资源的高效分配对生产率增长影响更大。同时，这种分配对于促进生活水平的持续增长具有至关重要的作用。

在经济增长新模式之下，资本积累的速度将会放缓，全要素生产率（TFP）的重要地位将得到提升。但是，持续不断地提高一国的全要素生产率有赖于该国要素的合理及有效配置，从而有利于技术进步和创新活动的发生，而这又取决于体制改革的深入。中国经济增长速度放缓已经不可避免。中国的劳动力供给开始步入短缺阶段，存量资本增速放缓并被较高的劳动生产率部分抵消；或者在更大程度上表明，中国生产率增长已经进入下行轨道。在极端情况下，后者可能会使中国陷入"中等收入陷阱"。

王庆等（Wang et al.，2010）指出，一个国家在其人均 GDP（根据 1990 年吉尔里－哈米斯元计算出的购买力平价）达到 7000 美元时，人均 GDP 平均增速将显著下降。Maddison（2006）的数据显示，在人均 GDP 达到 7000 美元之后，40 个经济体中，有 31 个经济体都出现了增速下降。在人均 GDP 达到 7000 美元之后的十年里，平均经济增速下降 2.8 个百分点。

中国在 2008 年迎来了它的增长拐点。当年，全球金融危机爆发，发达国家对于中国的出口需求增速下降趋势不可逆转，中国经济增长前景面临下行压力。危机爆发后，中国实施了大规模的财政政策和货币扩张政策，成功地实现了就业与收入双增长，但仅仅暂时掩盖了从根本上提高生产率的改革呼声（Cai, 2012）。如今，坦然面对经济增长放缓已经成为践行经济增长新模式的新常态。

四 经济增长新模式的改革内容

中国领导人已经达成一种强烈共识，即需要进行广泛改革，建立经济增长新模式。既定的改革方向就是重新调整政府在资源分配中的作用。

在人口红利消失和存量资本增速下降的预期下，中国领导人决定进行全方位的改革，以实现经济的可持续增长。

为了增强和提高劳动力供给的质量，中国政府已经宣布采取多种措施，包括放松独生子女政策；允许农民工成为城市常住人口，以提高城市劳动人口数量，使其在城市工作早期积累的技能得到更加充分的利用（Song et al., 2010）；加大教育发展力度，特别是加大对农村居民和农民工孩子教育的支持力度，以提高劳动力素质。

劳动力市场改革与社会保障、卫生保健和教育服务的改革紧密相连。这些改革，对于缩小收入分配差距至关重要。

其他方面的改革重点是完善对金融市场的监管，以便更加高效地分配资本，并降低金融风险。这些改革，与机构改革紧密相连，旨在为民营企业松绑，促使国有企业提高资源使用效益。对于地方政府财政来说，其财政必须受到更严格的财政纪律约束，避免地方债务的过度膨胀，以免不断上升的地方债务破坏金融稳定。需要有效发挥土地市场的作用，提高经济效益，缓解农民与国家之间的紧张关系。

此外，中国还制定了涵盖领域广泛的改革计划，以提高法制运行状况，进行要素市场改革，提高市场监管质量。这是一个潜移默化的制度变迁与发展过程，是一个在本质上必须循序渐进的发展历程（Perkins, 2013）。

中国改革的指导思想之一是，将中国从一个中央计划经济国家转变为一个市场经济国家，这一宏伟目标不可能一蹴而就。步子要稳是这一指导思想的基本要求，其重要性已经为中国经济领域的成功改革所证实，并将继续发挥作用。中国政府将同以前一样，认为中国处于向市场经济转型的发展阶段，政府将继续发挥重要作用，以弥补市场之过与实践市场之不及。更为重要的是，关于国有企业在建设基础设施、发展重工业和提供金融服务诸方面继续发挥重要作用这一问题，已经形成并将继续坚持这一共识。

然而，运用行政力量进行市场调节，可能不利于或干预某些市场，特别是要素市场的有效运行。在经济发展的新阶段，要维持一个合理的增长势头，就必须提高生产率，但国家的作用或对市场运行的行政干预会阻碍生产率的提高。当然，降低国家在经济发展中的作用影响深远，一些行使国家权力的个人或既得利益集团出于个人目的会加以阻挠。这也正是目前阻碍改革的源头所在。

中国能否从人均 GDP8000 美元（按 1990 年购买力平价计算）基础上继续前行，在生产率和人均收入方面跨入世界发达国家行列，取决于经济增长新模式下的深化改革。目前，中国领导人已经表示将在诸多领域强力推进改革，旨在建立以市场为主体的资源分配的新制度。新的一轮改革要求排除并克服既得利益集团的阻力。与此同时，金融领域改革的深入，审慎监管下的一些做法也会给经济的运行带来一定的风险，甚至可能会造成经济增长的下滑。经济增长的显著放缓，就业和收入提高上的压力是否会导致改革步伐的放慢并重新回到国家主导投资的旧模式上来？这种可能出现的经济增长的停顿以及由此而产生的对旧增长模式的回归，会降低中国在下一个十年前后成功转型为现代经济体的可能性。

在本书的其他文章中，可以看到对经济增长新模式下中国各方面深化改革的详细描述。

五　本书的结构

本书分为五个部分，共 21 篇文章。第一部分讨论了决定经济增长速度的巨大力量。这些基本力量的相互作用，决定着中国是否能够继续向前发展，并最终跨入发达经济体行列。第二部分讨论了中国国内和全球正在盛行的环境保护优先观念如何对经济发展某些方面产生重要影响。本书的第三部分详细论述了金融领域的改革。它是贯彻经济增长新模式的必备条件，具有效果直接、情况复杂、风险较大的特点。在论述了金融领域改革后，本书第四部分重点关注了要素市场，即土地市场、劳动力市场和外国直接投资的作用。本书的第五部分共五篇文章，对决定生产力增长的重要因素进行了考察。

本书第一部分共有七篇文章，读者可以从中一览我们对于中国经济增长新模式的全方位理解，包括：经济增长与劳动力变化、收入分配、所有制形式与投资之间的关系，以及只有通过改革才能避免的短期增长与长期增长道路上的重重陷阱。

在本书第二章，陆旸和蔡昉解释了中国在最初的数十年改革中如何享受"人口红利"。现在，中国的人口红利已经消失，并且不可逆转，劳动力短缺由此产生。只有用"改革红利"取代"人口红利"，中国经济增长的强劲势头才能继续维持。作者在增长核算框架内对政策引导的各种人口变迁情形进行了模拟，证明人口变迁和劳动力市场政策会产生显著差异。从改革衍生的全要素生产率对于保持合理的强劲增长至关重要。提高劳动力参与率有助于促进短期经济增长，但无助于长期经济增长。对于长期经济增长而言，全要素生产率至关重要。这意味着中国的经济增长将日益依赖于全要素生产率的提高，而不是生产要素投入的日益增加。

陆旸和蔡昉两位学者认为：要采取多种措施，提高劳动力的数量和素质，提高生产率。文章讨论了下列重大政策的含义：应当尽快将"单独二胎政策"调整为"全面二胎政策"，以提高总和生育率；通过改革，创建更加平等的竞争环境，改善市场运行效率，这是提高生产率增长速度的重要必备条件；改革户籍制度，大幅度提高安置费用，使城镇化后的农民工享受与城市居民享有的同等权利；制订计划，优先训练在职劳动者，提高创新速度，提高生产力的增长速度。

本书的第三章，王小鲁和周伊晓考察了中国经济的各种不平衡发展之处，并将其与特别低迷、直到最近仍在下降的中国消费支出份额相联系。大规模投资使得产能迅速扩张，消费增长不能与基本建设投产和产能同步增长，导致国内需求持续不足、许多领域产能严重过剩。他们认为，消费需求疲软源于一直居高不下、直到最近仍然日益严重的收入分配不公。收入分配不公有多种原因，包括：劳动保护不配套、社会保障不到位、公共福利制度不健全；国有企业力量过于强大，垄断了资源，控制了市场；中小型劳动密集型企业在竞争中所处的不利地位；对于数量巨大、规模日增的公共资金的不当使用；中国财政与资源管理制度漏洞、监管无力；法律权威地位缺失、缺乏透明度；金融交易监管缺位。

作者认为，最近开始下降并持续低迷的消费率，与 2008~2009 年全球金融危机前对国外市场、金融危机后对于扩张的财政与货币政策的过分依赖有关。他们认为，无论是对于出口的过度依赖，还是对于财政与货币扩张政策的过度依赖，从长远来看都是不可持续的。应当提高消费在经济增长中的拉动作用，为此需要采取多种措施，在全社会改进收入分配制度，使全社会都能沐浴在公平的阳光之下。实现公平与保持经济可持续发展并不矛盾，相反，两者可以相辅相成，互相促进。

Son Ngoc Chu 和宋立刚在第四章中讨论了国家控制、企业家精神和资源分配之间的关系。作者研究了在不同所有制类型下制度变迁对资本、土地、能源和公用事业效用的影响。通过对资本、土地和资源进行控制，国家收取了巨额租金，并将其用于基础设施项目建设和公共物品供给。有时候，这种做法成功地推动了经济的快速增长，但也为政府与企业进行寻租活动大开方便之门。在某些领域，对于竞争性寻租活动已经造成产能过剩，并阻碍了私营企业的发展。最近一段时间，在竞争激烈的产品市场领域，政府干预介入要素市场，对私营企业所产生的负面作用更大了。不过，总的说来，在改革时期，私营企业如雨后春笋般地出现，出现了蓬勃发展的好势头。国家放松对关键资源的控制力度后，私营企业会得到更好的发展，对提高生产率和经济增长速度都会产生有益的影响。

与相同发展阶段的其他东亚经济体相比，中国投资占 GDP 的比重畸高。Owen Freestone 和 Dougal Horton 在本书的第五章中分析了造成中国高投资率的可能原因，探讨市场导向的深化改革会如何减少投资与刺激居民消费。他们认为，中国政府的政策是最近数年过度投资局面形成的重要原因。一些亚洲经济体也经历了从中等收入阶段向发展经济体的转型；它们在转型过程中，投资在 GDP 中所占比重都下降了大约 10 个百分点。以此为基础，作者将可计算一般均衡模型运用于世界经济和中国经济，考察了十年内中国投资在 GDP 中的比重下降 10 个百分点（同时考虑到居民消费的相应增加）的后果。他们认为，这一下降目标完全可以实现，并且不会破坏经济增长，也不会对同一时期旨在提升全要素生产率的改革产生阻碍效应。抑制过高的投资比重，提升居民消费所占比重，提高劳动生产率，将对生产资本再次进入投资的需求产生抑制作用，并增加服务消费，使出口小幅下降、进口小幅提升。

历史上，世界上有若干国家加入到中等收入国家行列后，未能成功跻身发达国家行列。人们把这种现象称为"中等收入陷阱"。在过去数年里，中国人展开了中国能否跨越"中等收入陷阱"的大讨论。本书的第六章中，冯颖杰和姚洋通过对已经进入中等收入发展阶段的国家之经历的分析，证明了中等收入陷阱的存在。他们的分析表明，中等收入国家要成功跨越陷阱、进入高收入国家行列，需要的条件通常包括：较高的储蓄率、强大并充满活力的制造业、较高的教育水平、有利于转型的人口结构（劳动适龄人口比例较高，人口抚养比例较低）、稳定的政治环境和相对公平的收入分配。上述大部分条件，中国都已经具有，但是公平的收入分配这一条件例外。作者因而得出结论，中国增长潜力巨大，但需要采取有效措施，以便使收入分配更加公平。中国应特别注意对农村青年的教育和对农民工的培训。目前，教育经费主要由地方政府承担。人力资本方面的投资收益远远高于物质设施方面的投资收益，因此中国中央政府应当将其对地方政府基础设施建设的财政支持转为对地方教育经费的投资。

中国经济体量很大，但它的贸易伙伴经济增长缓慢，这就限制了中国向其贸易伙伴出口劳动密集型产品的增长空间。中国经济增长必须更多地依靠国内需求的增加。本书的第七章，Rod Tyers 和张莹指出，全球金融危机爆发以来，中国采取了财政扩张政策，加大公共投资力度，国内需求有所增加。不过，在未来的时间里，省级地方政府负债累累这一情形将会从源头上影响国内需求的增长。为实现内生经济增长，中国政府决定调整产业政策，修订贸易政策，完善土地所有权方面的法律，修改独生子女政策，建立与中央和地方各自事权相匹配的财政与税收制度，推进城镇化（改革户口制度）和实现资本账户自由化。可以预计，因为大多数上述改革措施的原因，这些变化将会对中国的短期经济增长产生一定的推动作用，但产业结构调整和资本项目下的可自由兑换例外。

为了分析这些改革措施对中国短期经济表现的影响，Rod Tyers 和张莹运用经济总体模型（Economy-wide Model），对工业和服务业领域 17 个寡头的行为进行了通俗易懂的解释。通过该模型，可以考察产业改革、规制政策和资本项目下可自由兑换之间的相互关系。结果表明，如果继续推行财政扩张政策，即使能够保证大量的公共投入组合，也不可能成为未来经济增长的主要动力。在重工业和服务行业中，改革潜力巨大，可以降低成本，增加产值，推动私人消费，提升现代部门的就业水平。资本和财政项目下可自由兑换的作用则不太确定，甚至可能会产生负面作用，这取决于外国资产的可自由兑换需求是否正受制于目前的资本外流管制措施。

在本书的第二部分，作者们对协调经济增长与保护自然环境这一新目标的各个方面进行了重点关注。

在第八章中，张永生考察了对环境保护的关注如何促进贫困地区的经济发展。他首先讨论了中国的情形，然后评论了它对较贫穷发展中国家的意义。传统观点认为，贫穷地区在发展道路上会遭遇不小的发展障碍，如地理位置偏远、交通条件不便、市场规模较小、资源禀赋较差、资本短缺、人才不足和技术落后。不过，这些不利之处大多已经被两个巨大的变化所抵消，即首先因为仍然处于不发达阶段，贫穷地区仍然保留着美丽的自然风景和浓郁的文化特色，这在今天是一种稀缺资源，对发展殊为有用；其次技术变化降低了边远地区的交通成本和通信成本，互联网缩小了边远地区与人类活动中心之间在教育与商业活动方面的鸿沟，能源多元化的成本因为对可再生能源的使用而降低。张永生强调，采取不同发展道路的贫困地区会发现，建立在优质环境基础之上的产业具有相当大的价值。

Frank Jotzo 和滕飞在本书的第九章中提供了中国温室气体排放的最新数据和 2020 年排放强度目标执行进程。作者指出，中国投资和重工业在经济活动中保持相对较高的比重，国内基础设施的快速扩建、对外出口的快速增长、在许多产业（尽管不是全部产业）和工艺流程中相对较低的能源效率使得中国的能源强度和排放强度高得异乎寻常。与此同时，它们也表明中国在进一步降低排放强度方面有巨大潜力。由于煤炭在中国能源中占据主导地位，中国能源供应的排放强度相对较高，比美国和全球平均水平大约高20%，比欧盟平均水平大约高 36%。中国的政策目标是降低煤炭在其能源供应总量中的比重。在这方面，已经取得了一些早期成果，但前面的任务依然艰巨。

中国推行清洁能源的政策动机不仅在于要完成应对气候变迁的减排目

标，也意在——也许更主要的目的在于——降低城市大气污染。这意味着，要持续提高能源效率，用其他能源代替煤炭，以遏制日益增长的煤炭使用量。中国政府已经表示，它将更加重视发挥市场机制在气候变迁政策和其他领域中的作用。碳排放交易计划已经启动，但真正的考验在于：能否形成全国性的碳排放定价机制；如果这一机制能够形成，它是否能够行之有效。中国需要在能源市场领域进行更多的市场化改革，才能使碳排放定价机制有效运行，才能对节能减排产生激励作用。

本书的第三部分对金融改革进行了深入探讨。金融领域改革情况复杂并暗藏不稳定的风险，但地位非常重要，因而势在必行。本部分共有四章，关注的问题范围广泛又各不相同。通过阅读这四章，读者可以了解中国在这方面的改革所面临的巨大挑战。

黄益平、李冉和王碧珺在本书的第十章中回顾了迄今为止的中国金融领域改革历程，对其取得的成绩进行了评估，并对中国政府现在决定加快金融改革的原因进行了分析。就中国金融现状来看，必须进行改革，没有其他选择，其原因有三个：一是过去的金融压抑曾经对经济增长产生过积极作用，但现在已经变成消极作用；二是金融压抑日益成为金融风险和宏观经济波动的因素；三是金融领域的许多政策限制已经正在被经济发展所消解，新的金融制度呼唤新的金融管制框架。中国政府的金融改革计划共有11个要点，包括：扩大金融业对内对外开放、推进政策性金融机构改革、健全多层次资本市场体系、完善保险经济补偿机制、建立普惠制金融机构、鼓励金融创新、加快推进利率市场化和汇率市场化、加快实现人民币资本项目可兑换、完善监管协调机制、建立存款保险制度、加强金融基础设施建设。这些改革的主要目的是在金融领域完成向市场体制的转型。其中，又有两大重点领域：短期内是利率市场化；之后是货币国际化，包括资本项目可自由兑换。

作者们认为金融自由化是一条充满荆棘之路：一方面，它能提高资本配置效率；另一方面，也可能引发金融动荡。要避免出现重大金融动荡，关键是在实行金融自由化之后要确保这一改革的配套措施完全到位，并且改革必须循序渐进。在资本项目开放之前，必须改革商业银行和其他金融机构，必须消除利率错配，否则就一定会发生金融危机。加快金融自由化这个大方向非常重要，但是更重要的是要采取正确的方式。

Alexander Ballantyne、Jonathan Hambur、Ivan Roberts 和 Michelle Wright

在第十一章中指出，中国目前的金融架构与20世纪70年代晚期、20世纪80年代早期放松管制之前的澳大利亚金融制度有些相似。本章详细回顾了澳大利亚的金融自由化历程，但用意不在于向中国推销澳大利亚模式。实际上，因为在发展阶段上，目前的中国与当时的澳大利亚在金融制度上有许多相似之处，因而作者希望本章能够帮助中国的经济学家和决策者们从中吸取教训。本章全面描述了澳大利亚金融改革的后果，指出它背离了当初的改革设计和经济学教科书原理。本章重点讨论了金融改革和金融深化之间的相互依存关系。作者探讨了澳大利亚在金融改革方面的历史经验。从中可以看出，因为在金融改革中实行了金融自由化，澳大利亚在20世纪80年代晚期出现了通货膨胀，并在1990～1991年出现了严重的经济衰退。之后，作者对中国情况进行了分析，讨论范围涵盖了20世纪80年代的银行制度改革、利率改革、资本管制改革和汇率改革，涵盖了20世纪90年代的金融市场增长和银行部门的脆弱性，涵盖了20世纪90年代晚期和21世纪初的利率自由化措施，涵盖了20世纪90年代的汇率体制和资本管制。接着，本章讨论了正在演进中的中国金融改革议程。

作者们认为，对于中国来说，澳大利亚金融管制的放松顺序可能不是最优选择。例如，在对冲市场和审慎监管框架等某些方面，中国的现行制度建设情况远远领先于20世纪70年代的澳大利亚。从广义上讲，澳大利亚的经验表明，改革本身就是一种动力。放松国内金融管制，可以创造更多渠道，便利资本流动，降低资本管制效率，增加资本流动压力。实行资本账户自由化，可以为更广泛范围内的金融领域改革创造需求，以便对新增的资本流动进行管理。改革有风险，对于今天的中国来说，改革的风险远比20世纪80年代澳大利亚所面临的风险更大。

马国南和Robert McCauley在第十二章中对中国与印度的金融领域、改革需求和改革计划进行了比较。比较表明，印度金融领域开放程度远高于中国，两国都需要资本项目开放并且任重道远，两国在资本项目全面开放时都将面临国内资本大规模流入的压力。两位作者认为，中国决策者们在实现资本项目自由化时，需要考虑可能带来的动态变化和波动风险。

作者指出，一旦实现资本账户自由化，短期资本净流入可能会伴随着中期资本净流出。起初，会有大规模的对内证券投资和银行资本流动，它们将相互交织但方式不可预告，国内金融制度中现存的不平衡状况将进一步加剧。金融不平衡与金融脆弱性一起，可能会在一个流动更加自由的环境里触发资本外流。决策者们不仅需要考虑即期货币市场收益率差额及其与汇率波动的关系，还要考虑中国信贷同时激增所带来的不可预知的后果。考虑这些，并不是反对渐进的资本开放，而是建议保持有力与到位的测量系统，以便让政府能够掌控全局。

第十三章中，Wing Thye Woo 指出，就中国目前所处的发展阶段来看，有必要在金融领域进行根本性的改革，以避免陷入中等收入陷阱。Wing Thye Woo 详细讨论了发达国家在金融领域所经历过的影响深远、破坏很大的各种难题，认为中国有机会吸取前车之鉴，避免类似问题的出现。在吸取发达国家在这方面的不愉快经验教训时，中国应当结合中国的具体情况进行具体分析。这一点，不仅对于防范金融败局、实现有效监管、进行适度规制具有重要意义，而且对于掌握金融消防能力、扑灭金融领域的意外之火也具有重要意义。加强风险管理、保证有效监管是金融自由化的中心环节。

本书第四部分共有三章，分别考察了中国在土地、劳动力和外国直接投资领域的改革。

进入 21 世纪以来，与土地有关的问题已经成为中国社会紧张局势的主要根源，其原因在于城市化和工业化突飞猛进，对于土地的需求日益增加，但中国缺乏土地顺利流转机制，即使土地使用价值从低使用价值向高使用价值流转。陶然在第十四章中将讨论土地问题与中国城市化和经济增长的关系。因为中国现行的土地征用制度，快速城市化已经导致数千万农民失去土地，但所获补偿并不充分。在现行的农村土地管理制度下，法律不允许农民将其土地用于非农用途。陶然讨论了中国现行土地管理制度对经济发展和社会进步所产生的扭曲作用，包括在人口城市化和土地可用性之间的不平衡问题、工业用地中存在的浪费现象、房地产泡沫、2008 年以来房地产投资所导致的地方债务激增。他指出，在目前的制度安排下，为居民提供保障性住房和体面的生活条件已经极端困难。

陶然为以土地为中心的配套改革提出了一个新模型。为了消除城市化的扭曲效应，帮助中国完成其宏伟的经济转型，中国政府必须进行根本性的土地改革，其中包括建立住房租赁市场，重点解决已经决定在城市生活和工作的 2 亿农民工的住房需求。为此，可以重建城市或郊区的村庄，以便这些村民可以合法建造住房，并将其租给农民工。中国政府也可以从中征收房屋出租税。从长远角度来看，征收物业税可以为农民工子女教育等城市公共服务提供资金支持。为了弥补这些措施所导致的潜在收入不足，地方政府也可以将部分工业用地改作住宅用地及商业用地，并就这一土地用途转换中的土地价值升值部分征税。只有实现真正的土地改革，将土地改革与户籍改革、地方公共财政改革相配套，才可能纠正目前这种不可持续发展的城市化模式。陶然认为，拟议中的土地改革一揽子方案可能会带来某些希望，从而让中国成功转型到一个更加健康的城市化发展模式上去。

在改革时期，中国经济发展需要大批农民流动到城市，但他们中的大多数人不能在所在城市享受到完全的市民待遇。认识到农民工受到的这些限制，可以帮助决策者们在未来做出正确决策。孟昕在第十五章中讨论了这些限制的影响，分析了这些限制如何成为当今中国城市化和经济发展所面临的潜在挑战。孟昕认为，对农村向城市迁移施加的这些制度性限制，无论是明示的，还是暗示的，都是城市非熟练劳动力短缺的主要原因，使得工资涨幅超过生产率涨幅。孟昕讨论了中国新近发布的《国家新型城镇化规划（2014—2020年）》，探讨了取消对农民工市民权利限制以增加城市劳动力供给质量和数量的可能性，分析了劳动力市场发展与中国未来城市化和经济发展的关系。孟昕得出一个结论，即有关部门在制定《国家新型城镇化规划（2014—2020年）》时，没有充分了解劳动力市场的真实情况。对于那些目前仍然在从事农业劳动，但很快将成为农业部门富余劳动力的农民来说，目前进行的产业升级政策可能无法为他们建立有利的劳动力市场条件。

第十六章中，陈春来为读者展现了他在外国直接投资对中国地区经济增长与发展的影响方面的研究成果。到2013年底，中国累计吸引外国直接投资1.4万亿美元，成为迄今为止吸引外国直接投资最多的发展中国家。作者对外国直接投资如何促进中国的地区经济增长进行了调查，并进行了实证研究。作者发现，在促进中国地方经济增长方面，外国直接投资采取的直接方式包括资本积聚和技术进步，采取的间接方式包括对地方经济的外部知识溢出效果。外国直接投资对中国经济增长的促进作用受到地方经济状况和技术条件的影响。与欠发达省份相比，采用资本积聚和技术进步形式的外国直接投资在发达省份能对经济增长发挥更大的促进作用。虽然通过知识溢出，外国直接投资对发达省份的经济增长发挥了积极而显著的促进作用，但在欠发达省份，外国直接投资没有主动进行知识溢出，未能以此促进当地的经济增长。

外商直接投资对中国不同省份经济增长促进作用的差异引起了决策者和学者们的关注。问题在于，不是外国直接投资扩大了中国发达省份与欠发达省份的发展差距，而是外国直接投资在欠发达地区经济发展中所起作用相对较小。中国应当制定政策，鼓励外国直接投资流向欠发达省份。要充分发挥外国直接投资在促进欠发达省份经济增长中的潜力，就需要加大对当地教育和基础设施建设的投资力度。同等重要的是，应当制定政策，促进各地之间的人口迁移和跨地区投资，以缩小地区在收入与生产方面的差距。从更广泛的意义上讲，中国应当鼓励国内企业与进行直接投资的外国企业间的接触、信息交换、生产与技术合作、联合研发、产业关联活动和相互竞争，以提高和加快中国的技术进步，促进和加快知识溢出，使外国直接投资对中国经济增长产生积极作用。

本书第五部分共有五篇文章，讨论了与生产率增长及其对中国向发达经济体转型的影响等各种问题。

Harry X. Wu 在本书的第十七章中对中国经济的行业生产率进行了测算，并将其与改革方面的争论相关联，特别是与降低中国政府在经济中的作用之改革相关联。自 21 世纪第一个十年的中期以来，在中国的所谓"战略产业"，再次出现了强化和扩大国有企业作用的趋势。加大政府对资源分配的干预力度，已经成为政策辩论的主要焦点，这在 2008 年全球金融危机之后表现得尤为明显。政府干预的方式通常是制定特定产业政策和建立相关制度安排，因而需要审视中国经济中产业层面全要素生产率的表现情况。在对中国进行增长核算时，本书将 Jorgenson-Griliches 框架运用于一个专为中国新建的产业级数据库，以便研究 1980 ~ 2010 年中国产业增长的源泉。

估算结果表明，从整体上看，中国工业领域在该阶段内的产业全要素生产率增长率年均增长仅为 0.5%。虽然在过去的三十多年里，半成品行业和成品行业的全要素生产率低，但在包括能源在内的生产资料投入的行业里，全要素生产率一直处于下降状态。Harry X. Wu 同时告诉我们，中国加入世界贸易组织之后，全要素生产率并未持续提高，这与人们的预期刚好相反。与 1992 ~ 2001 年工业经济年增长率 12.5% 相比，中国在 2002 ~ 2007 年工业年均增长率达到 18.8% 的历史最高水平，但在这五年中，中国各行业的全要素生产率年均增长下降到 1.2%。生产率之所以在此期间表现如此欠佳，可能是因为在资源分配中大型国有企业资源占用过多和地方政府干预力度过大。这一发现更加表明，中国通过深化改革，提高产业全要素生产率、实现经济增长新战略的紧迫性和重要性。

吴延瑞、马宁和郭秀梅在第十八章中探讨了产业发展中的巨大地区差异。他们采用偏离－份额分析法，研究了中国各地区各产业的生产率差距，考察了与中国制造业增长和结构变迁有关的问题。他们发现，从长期来看，中国沿海地区的制造业产值增长远远高于中部地区和西部地区；但是，从21世纪头十年的下半期开始，由于政府出台了各种支持中西部地区经济发展的政策，中西部地区的制造业产值开始迎头赶上。全国31个省市区中，大约1/3的省市区制造业产值增长速度为正值（高于全国平均水平）。低于这个平均水平的省市区大多位于中国西部地区。这些调查结果表明：对于每个省份和地区的发展来说，政策的针对性至关重要。西部地区和中部地区要着力提高生产率，沿海地区要大力进行结构优化、提升资源配置效率，这样东、中、西部地区就会各有所获。在过去的十年里，中国官方重点推进西部大开发、中部崛起和东北振兴，对于缩小东、中、西部地区差距起到了重要作用。过去十年的经验表明，中央政府和各地方政府的齐心协力对于缩小各地区在生产率发展差距上有重要的意义。

中国铁路系统的覆盖面积位居世界第三位，但其繁忙程度（每公里的百万运输单位量）却居世界首位，拥有迄今为止全球增长最为快速的高速客运运能。Robin Bordie、Stephen Wilson和Jane Kuang在本书的第十九章中对中国铁路的过往历史、目前面临的挑战和有关改革的讨论进行了描述。中国最近进行了重大机构改革，在2013年撤销了铁道部，组建了中国铁路总公司。中国铁路领域的改革具有挑战性，因为它必须平衡国家安全、经济效益、初级能源产品运输和社会稳定这些需求。铁路部门具有自然垄断特征，在它那巨大的"效益与利润"链条上形成了一个既得利益集团，并成为阻碍改革的主要力量。中国铁路总公司必须偿还债务，同时继续积极扩大服务规模。虽然鼓励民营资本进入铁路事业，但铁路本身所承担的社会责任和国有铁路才能享受到的相关补贴又让其犹豫不决。要保持商业运营稳定，就必须提高运费，但在提高运费时，必须考虑派运的竞争——它们提供的运输服务更加灵活，如"门到门服务"。必须提高服务效率和服务质量，同时尽力降低铁路运输成本，使铁路运输成为最有利于环境可持续发展的长距离运输方式。中国目前显然处于铁路改革进程的早期阶段。作者们比较了中外铁路制度。除印度外，中国、俄国和法国都告别了大部制管理模式。目前的发展趋势是在所有制上实行铁路私营化或者实行国有与民营的混合所有制，在管理上放松管制。不过，作者也指出，没有任何两个国家在所有制和监管安排方面会完全相同。每个国家的产业结构和产业监管都是各自过往历史、发展阶段和实行公共政策的一般方法的反映。

在第二十章中，张海洋与读者分享了他的真知灼见，回答了中国专利法和相关机构是否以及如何促进了相关研发工作，是否以及如何影响了发达经济体向中国的技术转让。随着时间的推移，中国专利法的作用逐渐强化。中国中央政府、地方政府、高等学校、企业都对获取知识产权有较大的兴趣。近年来，在华专利申请数量与授予数量都迅速增加。作者对中国公司和外国公司在华持有的专利数量差异进行了比较。在国际层面，特别是21世纪头十年的中期以来，中国依据《专利合作条约》提出的国际专利申请数量猛增。2013年底，中国已经超越德国，成为《专利合作条约》下全球第三大专利申请国。尽管中国专利申请数量增长很快，作者还是警告，不能把专利等同于创新，其原因在于：创新发生在专利技术之外，许多专利从来没有在产业中应用——部分专利申请旨在获得政府补贴或者用于恐吓竞争对手。在技术进步和经济效益方面，各种专利存在着天壤之别。

高祥和姜慧芹在本书的第二十一章中对中国外商投资法律进行了全面考察。他们分析了中国外商投资法律与政策的基本框架、历史发展、面临的问题与挑战。在中国的渐进式改革和经济国际化过程中，中国外商投资法律也发生了与时俱进的变化。目前，中国各地区、各行业和各种公司机构都对外资日益开放。审批程序日益改进，并逐渐向国民待遇的方向迈进。中国加入世界贸易组织这一行为本身在中国外商投资立法中发挥了显著作用。不过，作者们也指出，中国外商投资法律依然存在问题，如外商投资法律法规过于复杂、相互协调不够，外商投资审批程序复杂、有关规定含糊不清、缺乏透明度。因此，中国还需要做出相当努力，才能实现其外商投资法律成为中国法治制度的有机组成部分。目前，中国正朝着这一目标奋勇前进。

（袁仁辉 译）

从人口红利到改革红利

陆 旸 蔡 昉

一 引言

"人口红利"通常是指特定人口结构特征对经济增长产生的正向影响。当一个国家经历人口抚养比下降、劳动年龄人口上升时,经济增长所需的要素供给如劳动力迅速增加,资本回报率保持较高水平,劳动力转移提高资源重新配置效率,从而为经济增长带来"人口红利"。实际上,人口发展会经历三个阶段:"高出生率、高死亡率、低增长率"阶段、"高出生率、低死亡率、高增长率"阶段和"低出生率、低死亡率、低增长率"阶段。而人口红利常常出现在第二阶段向第三阶段过渡的时期。很多国家的历史经验表明,在经济发展的特定阶段,通常都伴随了人口红利(Williamson,1997)。

随着人口低生育率时代的到来,人口结构也将发生迅速的改变,最终劳动年龄人口绝对数量减少,人口抚养比上升,人口红利也终将消失。值得注意的是,人口红利消失的主要表现为生产要素供给减少,特别是,劳动力供给绝对数量减少,其他生产要素的边际报酬递减,农业劳动力向城市转移不再持续时,全要素生产率(TFP)增长率也会下降。因此,人口红利消失时潜在增长率也会下降。

2011年,中国15~59岁劳动年龄人口数量就已经开始减少,如果按照15~64岁计算,2013年劳动年龄人口数量也开始下降,人口抚养比相应上升。根据 Cai 和 Lu(2013)以及陆旸和蔡昉(2014)的测算,中国的潜在经济增长率将从之前10%左右的水平逐渐下降到今后十年6%~7%的水平。

这显然不是中国特有的现象。Eichengreen 等（2011）采用多国数据的经验分析发现，当人均收入达到 17000 美元（2005 年不变国际价格，PWT 6.3 数据）时，实际经济增长率将急速下降至少 2 个百分点。按照这一标准，中国或在 2015 年出现经济减速。然而，他们也指出，一些经济因素能够使减速点推迟或提前。其中一个因素是，更高的老年人口抚养比增加了经济增长率下降的可能性，因为更高的老年人口抚养比与低储蓄率和放缓的劳动参与率相关。中国所具有的"未富先老"特征无疑会导致经济增长减速提前到来。不过 Eichengreen 等（2011）也强调了"经济增长率下降并不是一个铁律"，"人均收入和经济增长率下降之间不可能是一个机械的关系"，"高速经济增长到底能够维持多久，还将取决于经济政策"。例如，阿根廷、中国香港、爱尔兰、以色列、挪威、葡萄牙、新加坡等国家和地区，通过经济改革又产生了一段时期的快速经济增长，只不过有的国家随后又发生了第二次减速。

生产要素供给的增加和 TFP 的提高面临着制度障碍，因此，通过改革清除这些障碍有利于提高潜在增长率。存在的制度性障碍越大，改革越彻底，提高潜在增长率的效果就越显著，即所谓的改革红利。（本文将对各种体制改革可能产生的增长效果进行模拟，即在模拟增长核算方程中，计算改革措施能够提高潜在增长率的幅度，以及哪种改革措施在短期和长期条件下更为有效。最终我们要回答，在人口红利消失后，如何使中国经济增长的动力从人口红利转向改革红利，从而保持经济长期可持续发展。）

二 改革红利的理论逻辑

人口红利消失对潜在增长率带来的负面影响已经得到经验证实。例如，虽然并没有特别强调人口因素的作用，高路易（Kuijs, 2010）预测中国 GDP 潜在增长率将从 1978～1994 年的平均 9.9% 降低到 1995～2009 年的平均 9.6%，以及 2010～2015 年的平均 8.4%。充分考虑到变化了的人口结构，Cai 和 Lu（2013）认为人口红利消失后中国的潜在增长率将从之前的 10% 下降到"十二五"时期的 7.3%。如果加入人力资本因素并考虑到人口抚养比对资本形成率的影响，以及人口结构变化对劳动参与率和自然失业率的影响，中国"十二五"时期的潜在增长率平均水平为 7.75%（陆旸和蔡昉，2014）。然而，这个估计结果是建立在劳动力供给持续下降、TFP 增长率保持不变等假设基础上的，或者说，是在假定阻碍要素供给和生产率提高的制度障碍尚未打破的情况下，研究人口红利因素的变化对中国未来潜在增长率的影响。而通过改革增加劳动力供给和提高劳动力素质等方式也可以从供给因素上提高潜在增长率。此外，消除抑制充分竞争的制度障碍以提高全要素生产率，则中国未来的潜在增长率还有进一步提高的可能性。

关于中国改革问题的讨论中，很多观点认为中国的改革和经济增长率之间会是一个"权衡"（Trade-off）的关系，即要想推动改革就需要适当牺牲经济增长速度。制度变迁理论指出，通常只有在一项制度变化的收益大于成本，即净收益大于零时，这种制度变迁才会发生。当然，这个理论判断指的是决策者所考虑的实施改革的政治成本和收益，即改革带来的政治支持（收益）是否大于因此而招致的政治反对（成本）。但是，一般来说，在经济意义上收益大于成本，就具有了说服政策决策者推行特定改革的充分理由。中国在相关领域的改革效果，可以说与此十分类似，即旨在提高资源配置效率、改善收入分配，以及增强基本公共服务均等化的改革，既是为了实现更加公平的社会目标，也可以获得直接和间接的改革红利。具体而言，如果我们知道导致当前中国经济增长速度下滑的因素，就可以预测哪些改革可以带来直接的提高潜在增长率的效果，以及其他间接有利于经济增长的改革效果。

正确认识改革能够带来的收益或改革红利，不仅对形成和凝聚改革共识十分必要，还能够增加改革方式和策略的选项，强化改革的动力。改革尽管能够获得净收益，成本和收益却是不对称地在当事人之间进行分摊的。为了最大限度地使改革具有激励相容的性质，通常有两种方式可供选择，一是所谓的"帕累托改进"，即这种改革可以在不伤害任何既得利益的前提下予以推进；二是所谓的"卡尔多改进"，即虽然有利益群体会因改革而受损，但是，由于改革带来较大的净收益，其中可以拿出一部分对受损者进行补偿。当前面临的改革任务，已经很少具有"帕累托改进"的性质，但是，如果我们能够认识到并且把握住改革的收益，就可以适当地运用"卡尔多改进"的方式，以减小改革阻力。本文的计量估计显示，改革总体上可以带来收益，直接提高潜在增长率。中国的改革和经济增长率之间是"促进"而非

"替代"的关系。这也正是李克强总理"向深化改革要动力"的经济学道理。

三 模拟"改革红利"

(一)模型①

我们采用生产函数法(Production Function Method,PFM)估计潜在 GDP 增长率。在标准的"柯布 - 道格拉斯"生产函数(Cobb - Douglass Production Function)中,我们加入人力资本变量。

$$Y = AK^{\alpha}(hL)^{1-\alpha} \tag{1}$$

其中,Y 代表实际 GDP,A 代表全要素生产率(TFP),K 代表资本存量(根据历年资本形成额采用永续盘存法估计),L 代表工人数量,h 代表人力资本,将等式两边同除以 hL 得到 Y/hL。

$$Y/hL = A(K/hL)^{\alpha} \tag{2}$$

此时,加入人力资本水平后的平均劳动生产率 Y/hL(之后用 y 表示)是全要素生产率 A 和加入人力资本后的资本劳动比 K/hL(之后用 k 表示)的函数,即 $y = Ak^{1-\alpha}$。两边同时对时间 t 求导数,进而可以通过对式(3)进行估计得到资本贡献因子 $\hat{\alpha}$ 和劳动贡献因子 $(1-\hat{\alpha})$。

$$\Delta y_t/y_{t-1} = \Delta A_t/A_{t-1} + \hat{\alpha}\Delta k_t/k_{t-1} + \varepsilon_t \tag{3}$$

我们将估计值 $\hat{\alpha}$、历年资本劳动比增长率($\Delta k_t/k_{t-1}$)和历年劳动生产率增长率($\Delta y_t/y_{t-1}$)带入式(3),可以得到 $\Delta \hat{A}_t/A_{t-1} + \varepsilon_t = \Delta y_t/y_{t-1} - \hat{\alpha}\Delta k_t/k_{t-1}$,即包含残差项 ε_t 的全要素生产率。我们采用 HP 滤波方法去除随机扰动因素 ε_t,最终估计出历年全要素生产率增长率($\Delta \hat{A}_t/A_{t-1}$)。以上过程与文献中采用索洛残差法计算全要素生产率增长率是完全相同的。

在得到基本模型参数的基础上,计算潜在 GDP 增长率就需要代入"充

---

① 关于模型部门我们采用了与陆旸和蔡昉(2014)相同的方法。

分 就 业 " 时 的 就 业 数 量 L_t^* , $L_t^* = population_{15+,t} \times Tr_{15+,t} \times (1 - NAIRU_{15+,t})$ 。 其 中 , $population_{15+,t}$ 代 表 第 t 年 中 国 15 岁 以 上 的 人 口 , $Tr_{15+,t}$ 为 15 岁 以 上 人 口 的 趋 势 劳 动 参 与 率 (用 HP 滤 波 获 得) 。 因 此 , $population_{15+,t} \times Tr_{15+,t}$ 就 是 15 岁 以 上 的 趋 势 经 济 活 动 人 口 。 $NAIRU_{15+,t}$ 为 自 然 失 业 率 。 根 据 15 岁 以 上 人 口 数 量 、 趋 势 劳 动 参 与 率 和 自 然 失 业 率 就 可 以 计 算 出 潜 在 就 业 量 L_t^* 。

我 们 将 $h_t L_t^*$ 代 入 模 型 , 进 而 可 以 计 算 出 附 加 人 力 资 本 的 平 均 潜 在 资 本 劳 动 比 增 长 率 $\Delta k_t^* / k_{t-1}^*$ 和 附 加 人 力 资 本 的 平 均 潜 在 劳 动 生 产 率 增 长 率 $\Delta y_t^* / y_{t-1}^*$ 。 此 时 , $\Delta y_t^* / y_{t-1}^* = \Delta \hat{A}_t / A_{t-1} + \hat{\alpha} \Delta k_t^* / k_t^*$, 其 中 , $k_t^* = K_t / h_t L_t^*$ 。 由 于 $y_t^* = Y_t^* / h_t L_t^*$, 而 Y_t^* 就 是 第 t 年 的 潜 在 GDP , 因 此 , 在 已 知 $\Delta y_t^* / y_{t-1}^*$ 和 $h_t L_t^*$ 的 情 况 下 , 可 以 推 导 出 如 下 恒 等 式 。

$$\Delta Y_t^* / Y_{t-1}^* = (\Delta y_t^* / y_{t-1}^* + 1) \times (h_t L_t^* / h_{t-1} L_{t-1}^*) - 1 \qquad (4)$$

其 中 , $\Delta Y_t^* / Y_{t-1}^*$ 就 是 第 t 年 的 潜 在 GDP 增 长 率 。 从 模 型 中 可 以 清 楚 地 看 到 , 潜 在 GDP 增 长 率 受 到 三 个 因 素 的 影 响 : 全 要 素 生 产 率 增 长 率 、 附 加 人 力 资 本 的 潜 在 的 资 本 劳 动 比 增 长 率 、 附 加 人 力 资 本 的 潜 在 就 业 增 长 率 。 值 得 注 意 的 是 , 后 两 个 因 素 都 直 接 受 到 劳 动 年 龄 人 口 的 影 响 。

（二）数据来源

1. 国内生产总值和资本存量

实 际 GDP 和 实 际 资 本 存 量 K （ 美 元 , 2005 年 不 变 价 格 ） 的 数 据 来 自 佩 恩 表 （ PWT 8.0 ） , 2011 ~ 2050 年 的 资 本 存 量 数 据 根 据 永 续 盘 存 法 计 算 , $K_t = I_t + (1 - \delta_t) K_{t-1}$ 。 其 中 , K_t 为 第 t 年 的 实 际 资 本 存 量 ; K_{t-1} 为 第 $t-1$ 年 的 实 际 资 本 存 量 ; I_t 为 第 t 年 的 实 际 资 本 形 成 ; δ_t 为 第 t 年 的 资 本 折 旧 率 , $\delta_t = 5\%$ 。 从 公 式 中 可 以 看 到 , 当 前 的 资 本 存 量 是 由 初 始 资 本 存 量 和 此 后 历 年 的 新 增 资 本 形 成 共 同 决 定 的 。 每 个 国 家 的 资 本 形 成 率 （ 资 本 形 成 占 GDP 比 重 ） 都 不 相 同 , 取 决 于 一 个 国 家 的 经 济 发 展 阶 段 、 人 口 结 构 和 " 习 惯 " 。 在 这 里 , 我 们 假 定 资 本 形 成 率 是 人 口 扶 养 比 的 函 数 , 具 体 来 看 , 如 果 人 口 扶 养 比 上 升 , 一 个 国 家 的 消 费 就 会 上 升 、 储 蓄 就 会 减 少 , 从 支 出 法 的 角 度 看 , GDP 中 资 本 形 成 会 减 少 。 因 此 , 根 据 历 史 数 据 我 们 发 现 两 者 之 间 存 在 如 下 相 关 关 系 : $C_t = 62.733 - 0.399 D_{t-1}$, 其 中 , C_t 为 当 期 的 资 本 形 成 占 前 一 年

GDP 的比重，D_{t-1} 为滞后一年的总人口抚养比。资本形成率的历史数据来自 WDI 数据库。根据人口预测数据计算人口扶养比，并代入关系式便可预测未来中国的资本形成率。

2. 潜在就业

1980~2010 年中国人口和就业数据来自该时期的《中国统计年鉴》。2011~2050 年的分年龄和性别的人口预测数据来自郭志刚（2013）。劳动参与率通过计算得到，即经济活动人口与 15 岁以上总人口之比。自然失业率来自都阳和陆旸（2011）的估计结果。此外，我们假设劳动参与率和自然失业率都是人口年龄的函数。这个结果是根据 2010 年分年龄和性别的劳动参与率和自然失业率以及郭志刚（2013）分年龄和性别的人口预测数据计算得到的。因此，潜在就业 $L_t^* = population_{15+,t} \times Tr_{15+,t} \times (1 - NAIRU_{15+,t})$。

3. 人力资本

人力资本数据来自佩恩表（PWT 8.0）提供的人力资本指数 hc，这个指标是在 Barro 和 Lee（2012）的平均受教育年限基础上，根据教育回报率做出的调整。我们按照相似的方法补充了 2015~2050 年每隔 5 年的平均受教育年限，之后采用平均趋势的方法补充了每年的平均受教育年限。

（三）模拟结果

1. 放松人口生育政策的"短期"和"长期"效应

我们在预测 2011~2050 年中国潜在增长率时假定 TFP 保持不变，而其他生产要素，包括资本、劳动力、人力资本都随着人口结构发生变化，也就是说，中国未来"分年龄和性别"的人口预测直接影响了潜在增长率的预测结果。实际上，人口预测是"从现实中看得到的未来"。受到"总和生育率"（TFR）的影响，人口数量和人口结构的预测值会存在差别。但是，在现有的"单独二孩"政策下，总和生育率理论上也不会超过 2，生育率还不能达到更替水平。因此，我们采用郭志刚（2013）的人口预测数据，分别估计未来 TFR 在 1.6、1.77 甚至 1.94 的水平时中国的潜在增长率变化趋势，估计结果见表 1 中的 I，这个基本模拟结果与陆旸和蔡昉（2014）相同。

表1 在不同政策模拟下的中国未来潜在经济增长率：2011～2050年

单位：%

潜在增长率	2011～2015年	2016～2020年	2021～2025年	2026～2030年	2031～2035年	2036～2040年	2041～2045年	2046～2050年
I 调整人口生育政策对潜在增长率的影响：2011～2050年								
TFR=1.6	7.73	6.64	5.87	5.40	5.05	4.60	4.17	3.84
TFR=1.77	7.72	6.58	5.78	5.34	5.16	4.80	4.39	4.04
TFR=1.94	7.71	6.50	5.66	5.23	5.29	5.08	4.65	4.25
II_1 在TFR=1.6的基础上提高劳动参与率对潜在增长率的影响：2011～2050年								
增加1个百分点	7.92	6.68	5.90	5.43	5.07	4.61	4.19	3.85
增加2个百分点	8.11	6.71	5.93	5.45	5.09	4.63	4.20	3.86
增加5个百分点	8.68	6.82	6.01	5.52	5.15	4.68	4.24	3.90
II_2 在TFR=1.77的基础上提高劳动参与率对潜在增长率的影响：2011～2050年								
增加1个百分点	7.91	6.62	5.81	5.36	5.18	4.82	4.40	4.05
增加2个百分点	8.10	6.65	5.84	5.39	5.20	4.83	4.42	4.07
增加5个百分点	8.67	6.76	5.92	5.46	5.26	4.88	4.45	4.10
III_1 在TFR=1.6的基础上提高全要素生产率对潜在增长率的影响：2011～2050年								
增加0.5个百分点	8.30	7.32	6.62	6.20	5.88	5.44	5.03	4.71
增加1个百分点	8.87	8.01	7.37	7.00	6.72	6.30	5.90	5.59
III_2 在TFR=1.77的基础上提高全要素生产率对潜在增长率的影响：2011～2050年								
增加0.5个百分点	8.28	7.26	6.52	6.13	5.99	5.65	5.25	4.92
增加1个百分点	8.85	7.94	7.27	6.93	6.83	6.52	6.13	5.80
IV 提高升学率对潜在增长率的影响：2011～2050年								
TFR=1.6	7.84	6.73	5.94	5.47	5.11	4.64	4.20	3.86
TFR=1.77	7.83	6.66	5.85	5.40	5.22	4.85	4.42	4.06
V 增加培训对潜在增长率的影响：2011～2050年								
TFR=1.6	8.14	7.02	6.28	5.80	5.45	4.98	4.49	4.18
TFR=1.77	8.12	6.96	6.18	5.73	5.54	5.17	4.70	4.37
VI 综合模拟：劳动参与率增加1个百分点、全要素生产率增加1个百分点、提高升学率对潜在增长率的影响								
TFR=1.6	9.18	8.13	7.48	7.10	6.80	6.36	5.95	5.62
TFR=1.77	9.16	8.06	7.38	7.03	6.91	6.58	6.18	5.83
TFR=1.94	9.15	7.98	7.26	6.92	7.05	6.88	6.46	6.05
VII 综合模拟：劳动参与率增加1个百分点、全要素生产率增加0.5个百分点、提高升学率对潜在增长率的影响								
TFR=1.6	8.60	7.45	6.72	6.29	5.96	5.51	5.08	4.74
TFR=1.77	8.59	7.38	6.63	6.23	6.07	5.72	5.30	4.95
TFR=1.94	8.58	7.30	6.51	6.12	6.21	6.01	5.57	5.16

续表

潜在增长率	2011 ~ 2015 年	2016 ~ 2020 年	2021 ~ 2025 年	2026 ~ 2030 年	2031 ~ 2035 年	2036 ~ 2040 年	2041 ~ 2045 年	2046 ~ 2050 年
Ⅷ综合模拟:劳动参与率增加 1 个百分点、全要素生产率增加 1 个百分点、增加培训对潜在增长率的影响								
TFR = 1.6	9.48	8.44	7.82	7.45	7.16	6.72	6.25	5.96
TFR = 1.77	9.46	8.37	7.73	7.37	7.25	6.92	6.47	6.17
TFR = 1.94	9.45	8.29	7.60	7.25	7.37	7.20	6.74	6.38
Ⅸ综合模拟:劳动参与率增加 1 个百分点、全要素生产率增加 0.5 个百分点、增加培训对潜在增长率的影响								
TFR = 1.6	8.90	7.75	7.06	6.63	6.31	5.85	5.37	5.07
TFR = 1.77	8.89	7.68	6.97	6.56	6.40	6.05	5.58	5.27
TFR = 1.94	8.88	7.60	6.85	6.44	6.52	6.32	5.84	5.47

放松人口生育政策对短期和长期的影响不同。在短期内,受到人口生育政策影响,新生人口只能增加扶养比,而不能成为劳动年龄人口。因此,国家的储蓄率下降、消费率上升、资本形成率降低。在短期,放松人口生育政策降低了潜在增长率。但是,在长期条件下,新生人口会达到劳动年龄阶段,进而影响扶养比和劳动力供给。因此,从长期来看,放松人口生育政策能够提高潜在增长率。这也是所谓的"婴儿潮"对潜在增长率的影响机制。从不同的 TFR 对应的潜在增长率变化趋势就可以看到这样的现象(见图 1)。

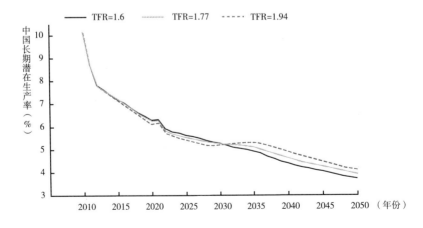

图 1 不同 TFR 水平下的中国长期潜在增长率[*]

* 图 1 与表 1 的数据并不对应。

此外，在这个基础上我们分别给出了提高劳动参与率、提高人力资本水平以及提高全要素生产率（TFP）对潜在增长率的影响，同时，我们还给出了各种政策的组合模拟结果。各种模拟结果之间的比较详见表2。

表2　各种政策措施对中国未来潜在经济增长率产生的效应：2011～2050年

单位：%

潜在增长率	2011～2015年	2016～2020年	2021～2025年	2026～2030年	2031～2035年	2036～2040年	2041～2045年	2046～2050年
I 模拟 TFR 达到 1.94 对中国潜在增长率的影响								
基准情景（TFR = 1.6）	-0.024	-0.140	-0.204	-0.168	0.241	0.485	0.477	0.413
基准情景（TFR = 1.77）	-0.009	-0.076	-0.114	-0.103	0.135	0.279	0.259	0.209
II_1 模拟在 TFR = 1.6 的基础上，提高劳动参与率对潜在增长率的影响								
增加 1 个百分点	0.190	0.036	0.029	0.025	0.021	0.017	0.015	0.014
增加 2 个百分点	0.381	0.072	0.058	0.050	0.042	0.033	0.029	0.027
增加 5 个百分点	0.952	0.177	0.142	0.123	0.101	0.080	0.071	0.064
II_2 模拟在 TFR = 1.77 的基础上，提高劳动参与率对潜在增长率的影响								
增加 1 个百分点	0.190	0.036	0.029	0.026	0.021	0.016	0.014	0.012
增加 2 个百分点	0.381	0.071	0.057	0.052	0.042	0.031	0.027	0.024
增加 5 个百分点	0.951	0.176	0.140	0.126	0.101	0.076	0.065	0.059
III_1 模拟在 TFR = 1.6 的基础上，提高全要素生产率对潜在增长率的影响								
增加 0.5 个百分点	0.568	0.680	0.748	0.797	0.828	0.844	0.858	0.869
增加 1 个百分点	1.136	1.364	1.502	1.602	1.666	1.700	1.728	1.751
III_2 模拟在 TFR = 1.77 的基础上，提高全要素生产率对潜在增长率的影响								
增加 0.5 个百分点	0.567	0.679	0.745	0.794	0.830	0.851	0.865	0.875
增加 1 个百分点	1.135	1.360	1.496	1.597	1.672	1.714	1.743	1.764
IV 模拟提高升学率对潜在增长率的影响								
TFR = 1.6	0.111	0.084	0.077	0.069	0.059	0.047	0.032	0.019
TFR = 1.77	0.111	0.084	0.077	0.067	0.060	0.047	0.031	0.017
V 模拟增加培训机会对潜在增长率的影响								
TFR = 1.6	0.404	0.381	0.408	0.402	0.400	0.383	0.319	0.344
TFR = 1.77	0.404	0.380	0.406	0.393	0.385	0.370	0.309	0.333
VI 综合模拟：LFPR 增加 1 个百分点、TFP 增加 1 个百分点、TFR 上升到 1.94、提高升学率对潜在增长率的影响								
在（TFR = 1.6）基础上	1.419	1.340	1.394	1.518	2.006	2.285	2.284	2.216
在（TFR = 1.77）基础上	1.433	1.403	1.483	1.582	1.899	2.079	2.066	2.012
VII 综合模拟：LFPR 增加 1 个百分点、TFP 增加 0.5 个百分点、TFR 上升到 1.94、提高升学率对潜在增长率的影响								
在（TFR = 1.6）基础上	0.848	0.658	0.644	0.717	1.159	1.410	1.395	1.321

续表

潜在增长率	2011~2015年	2016~2020年	2021~2025年	2026~2030年	2031~2035年	2036~2040年	2041~2045年	2046~2050年
在(TFR=1.77)基础上	0.863	0.721	0.734	0.781	1.052	1.205	1.178	1.117
Ⅷ 综合模拟：LFPR增加1个百分点、TFP增加1个百分点、TFR上升到1.94、增加培训对潜在增长率的影响								
在(TFR=1.6)基础上	1.72	1.64	1.73	1.85	2.33	2.61	2.57	2.54
在(TFR=1.77)基础上	1.73	1.71	1.82	1.91	2.22	2.40	2.35	2.33
Ⅸ 综合模拟：LFPR增加1个百分点、TFP增加0.5个百分点、TFR上升到1.94、增加培训对潜在增长率的影响								
在(TFR=1.6)基础上	1.15	0.96	0.98	1.04	1.47	1.72	1.67	1.64
在(TFR=1.77)基础上	1.16	1.02	1.07	1.11	1.36	1.52	1.45	1.43

注：人力资本的基准假设与陆旸和蔡昉（2014）相同，在此我们假设当其他条件不变时，中国到2050年的学龄儿童入学率、小学升学率、初中升学率和高中升学率在原有的99.98%、99.95%、95%、90%的基础上分别增加到99.999%、99.999%、98%、95%。其他年份的数据采用平均法补充。

2. 劳动参与率的递减"效应"

表2中Ⅱ_1的模拟结果是将TFR=1.6作为基准情景，在其他因素保持不变的情况下，分别使劳动参与率增加1个百分点、2个百分点和5个百分点后，得到的潜在增长率的水平。而Ⅱ_2则是以TFR=1.77作为基准情景，观测劳动参与率提高后的潜在增长率水平。我们看到，无论是在TFR=1.6的基础上，还是在TFR=1.77的基础上，提高劳动参与率都能够使潜在增长率上升。以TFR=1.6为例，提高劳动参与率1个百分点可以使"十二五"时期（2011~2015年）的平均潜在增长率提高0.19个百分点；如果劳动参与率能够增加5个百分点，那么潜在增长率将上升将近1个百分点。但是，我们同样发现，通过提高劳动参与率（增加劳动力供给）的途径，虽然能够提高潜在增长率，但是其产生的效应是逐渐递减的（见表2）。例如，在"十三五"时期的Ⅱ_1情况下，劳动参与率增加5个百分点，潜在增长率仅增加0.177个百分点；到2046~2050年，劳动参与率产生的"效应"将进一步下降到0.064个百分点。可以说，围绕劳动参与率的政策改革并不是我们可以长期依赖的"制度红利"，图2直观地反映了这个问题。

3. 全要素生产率（TFP）的递增"效应"

表2中Ⅲ_1的模拟针对全要素生产率，在假定未来TFR=1.6的基础上，当其他因素保持不变时，如果全要素生产率能够在原有基础上增加0.5个百分

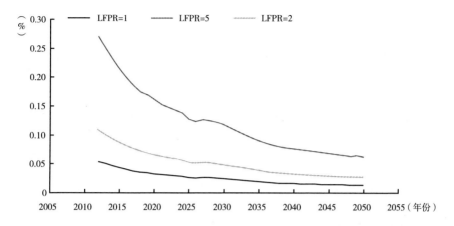

图2 提高劳动参与率产生的潜在经济增长率效应（基准情景 TFR = 1.6）

点或1个百分点，计算出对应的潜在增长率水平。Ⅲ_2 则是模拟了 TFR =
1.77 的基准情景下，全要素生产率对潜在增长率的影响。我们看到，全要素
生产率产生的增长效应非常明显（见图3）。以"十二五"时期Ⅲ_1 情形为
例，如果使 TFP 提高0.5个百分点，那么潜在增长率将提高0.568个百分点；
如果 TFP 增加1个百分点，那么潜在增长率将提高1.136个百分点。值得注意
的是，全要素生产率产生的"增长效应"是一个递增的过程。到2046~2050
年，在相同的假设情景下，中国的潜在增长率将分别提高0.869个和1.751个
百分点。图4清晰地展示了全要素生产率带来的"增长效应"。

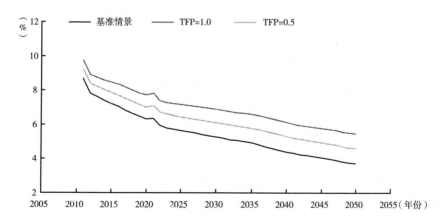

图3 提高全要素生产率对中国长期潜在增长率的影响（基准情景 TFR = 1.6）

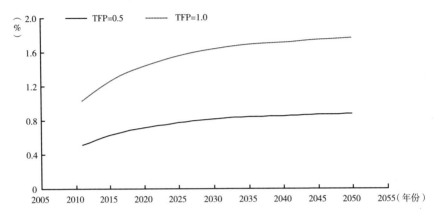

图 4　提高全要素生产率产生的潜在增长率效应（基准情景 TFR = 1.6）

4. 人力资本的"增长效应"：提高升学率 VS 增加培训

提高人力资本是一个相对漫长的过程，在我们的模拟中假设 25 岁以上的人口平均受教育年限保持不变。通俗的表述就是，当受教育年龄阶段过后，人力资本将不再随着年龄增长有任何的变化。当然，我们这里并没有考虑工作中的培训和再次深造的情景。在这一假设基础上，人力资本的变化只受到各教育阶段升学率的影响。具体来看，我们假设与基准情景相比，到 2050 年中国的儿童入学率、小学升学率、初中升学率和高中升学率相应提高，分别从之前的 99.98%、99.95%、95%、90% 的基础上增加到 99.999%、99.999%、98%、95%。总体来看，人力资本指数 hc 将出现单调递增的趋势，但是增幅逐渐下降。相应的，人力资本提高对中国潜在增长率产生正向影响，但是增长幅度也是递减的趋势（见图 5）。

如果仅从受教育阶段的入学率或者升学率的角度来看人力资本的积累，确实对提高潜在增长率的影响十分有限。然而，如果能够通过培训和再深造的途径提高劳动力市场中的人力资本质量，那么，人力资本的增幅会更加明显。如果政府和企业能够定期给员工提供培训和深造的机会，那么提高人力资本将很可能显著地增加潜在增长率。为了对此进行验证，我们给出了一个简单的假设：在基准情景基础上，假设每年劳动力市场中的工人平均都可以拥有 1.2 个月的培训时间。也就是说，每年劳动力市场中每 10 个人的平均受教育年限将增加 1 年；或者说，每个劳动力平均工作 10 年后将增加 1 年的培训时间。这个假定暗含了不同年龄的劳动力享受相同的培训概率，但实

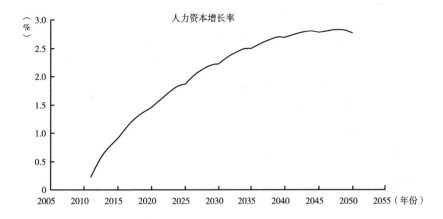

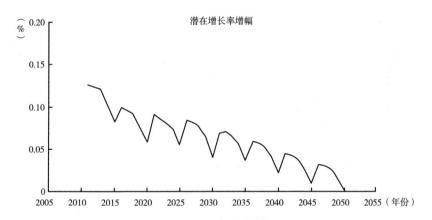

图 5　提高升学率与长期潜在增长率的增长幅度（基准情景 TFR = 1.6）

际上，培训概率在年龄上的分布是不均等的。为了简化问题我们选择这个假设并推算了 2011～2050 年中国的平均受教育年限（假设培训时间等同于受教育年限）。

我们的模拟结果显示，与提高升学率增加人力资本的方法相比，增加劳动力市场培训将对人力资本和潜在增长率产生更明显的促进作用。以"十二五"时期为例，每年的培训时间达到 1.2 个月将提高潜在增长率 0.404 个百分点（基准模型并没有考虑培训问题，因此每年的培训时间为 0 个月）。值得注意的是，由于劳动力在第 t 年所获得的培训增加了自身的人力资本（假定培训时间与受教育年限相同），因此新增人力资本（培训时间）可以代入第 $t+1$ 年及以后的时期。提高升学率增加人力资本的方式是通过年轻劳动力的人力资本缓慢地影响未来人力资本的平均水平；而培训则覆盖所有劳动力，如果将培训视为另外一种提高受教育年限的方法，那么通过培训提高人力资本的方式将显著影响潜在增长率。根据我们的模拟结果，培训带来的增长效应并没有出现明显的递减趋势，如果从 2011 年开始执行培训项目，那么培训产生的增长效应到 2046～2050 年依然可以保持 0.344 个百分点。如果政府和企业能够在未来提供更多的培训机会，那么培训项目将对潜在增长率产生更加显著的影响。图 6 是增加培训与长期潜在增长率的增长幅度。

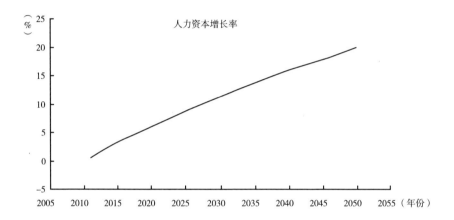

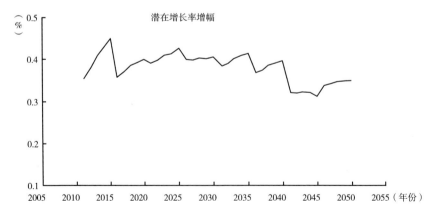

图 6　增加培训与长期潜在增长率的增长幅度（基准情景 TFR = 1.6）

5. 政策组合的"增长效应"

我们之前分别讨论了提高总和生育率、劳动参与率、全要素生产率和人力资本（提高升学率和培训）对中国未来潜在增长率的影响。虽然单一因素对提高潜在增长率的影响十分有限，但是政府可以选择政策组合的方式扩大政策的"增长效应"。表1和表2分别给出了政策组合效应对 2011 ~ 2050 年中国潜在增长率的影响。假设总和生育率从 1.6 提高到 1.94、劳动参与率提高 1 个百分点、全要素生产率提高 0.5 个百分点、2050 年初中和高中升学率分别提高 3 个百分点和 5 个百分点，那么在"十二五"时期中国的潜在增长率将提高 0.85 个百分点，到 2046 ~ 2050 年将平均提高 1.32 个百分点。如果考虑到培训对人力资本的贡献，那么政策组合效应更加明显。例如，假设总和生育率从 1.6 提高到 1.94、劳动参与率提高 1 个百分点、全要素生产率增加 0.5 个百分点、劳动力平均每年可以获得 1.2 个月的培训，那么到 2046 ~ 2050 年中国的潜在增长率将从 3.84% 提高到 5.47%，增幅达到 1.63 个百分点。

图 7 给出了几种政策组合的模拟结果，其中基准情景是在 TFR = 1.6 的基础上，中国未来的潜在增长率的变化趋势。Scenario A 是在 TFR = 1.6 基础上，劳动参与率增加 1 个百分点、全要素生产率增加 0.5 个百分点、2050 年中国的初中和高中升学率分别提高 3 个百分点和 5 个百分点时，中国潜在增长率的变化趋势。Scenario B 同样假设未来中国总和生育率保持在 1.6 的水平，以及劳动参与率增加 1 个百分点、全要素生产率增加 0.5 个百分点，但人力资本的提高是通过培训而非升学率的方式，在这个假设基础上中国长期的潜在增长率变化趋势。Scenario C 的假设是建立在 Scenario B 的基础上，

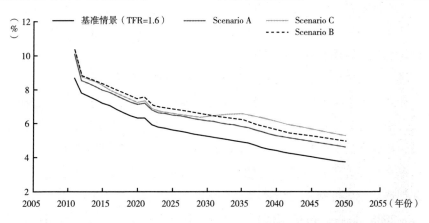

图 7 政策组合对中国长期潜在增长率的影响（基准情景 TFR = 1.6）

唯一的区别在于 Scenario C 假设中国未来的总和生育率从 1.6 的水平提高到 1.94，由于总和生育率提高后，在短期仅影响人口抚养比，进而影响资本形成和资本总量；但是随着新增人口进入劳动年龄阶段，潜在就业将会提高。因此短期效应为"负"，长期效应为"正"。

四 改革优先领域和改革方式

以劳动年龄人口绝对数量减少和人口抚养比提高为特征的人口红利消失，导致中国的潜在增长率呈现自然降低趋势。然而，这并不意味着政府面对不断降低的潜在增长率不能有所作为。通过一系列改革措施清除不利于要素供给和生产率提高的制度障碍，从而减缓潜在增长率下降的趋势将成为中国保持经济可持续发展的关键。改革红利的模拟结果，也有助于我们选择改革的优先序和改革路径与方式。

第一，政府应该继续坚持"生育政策调整和完善"。放松人口生育政策并不会带来立竿见影的增长效应，例如，与独生子女政策相比，"单独二孩"政策在最初的 15 年对潜在增长率产生负向影响，这种负效应十分微弱。而从长期来看，放松人口生育政策有利于实现合理的人口结构，提高未来劳动年龄人口数量和比例，从而能够对潜在增长率产生正向的影响。但是我们必须认识到，虽然人口生育政策会影响总和生育率，但是人口的生育率下降是经济社会发展的结果。随着经济的发展，生育意愿不断降低乃大势所趋，不能指望有明显的逆转。越早调整政策所能产生的效果就越明显。因此，应该尽快从"单独二孩"政策过渡到"全面放开二孩"政策，并且能够根据人口发展现实进一步调整生育政策。

第二，完善市场配置资源的体制和机制，创造平等进入和退出的竞争环境。提高全要素生产率还有一个重要的领域，仍然有着巨大的潜力，即行业内部的企业之间存在巨大的生产率差异，允许更有效率的企业生存、扩大和发展，相应淘汰那些长期没有效率改进的企业，可以提高行业和整体经济的生产率水平。有研究表明，在美国，部门内企业的进入、退出、生存、消亡这种创造性破坏机制，对全要素生产率提高的贡献率为 30% ~ 50%（Foster et al.，2008；Foster et al.，2001）。此外，还有研究表明，中国部门内企业间生产率差异巨大，如果缩小到美国的水平，可以提高全要素生产率 30% ~

50%（Hsieh et al. , 2009）。这两个数字如此巧合的含义是，迄今为止，中国尚未获得这种类型的全要素生产率源泉。所以，与此相关的改革也是收益明显的领域。

实际上，形成混合所有制改革，可以给予更多的机会让非公有经济进入竞争性行业；竞争打破国有企业垄断，可以获得上述改革红利，即通过提高要素流动性促进全要素生产率增长，并最终使潜在增长率得到提高。此外，还可以通过金融体制改革提高要素配置效率。金融体制改革的重点应该在于利率市场化的推进。只有市场化的利率才能实现资本的配置效率。在非市场化的利率条件下，利率不能随着资本回报率浮动，生产效率和配置效率都低于最优水平，导致全要素生产率下降。

第三，通过户籍制度改革推进农民工市民化。通过公共政策改革，可以推动农村剩余劳动力进一步转移和农民工市民化，既可以通过增加劳动力供给提高潜在增长率，也可以通过消除制度障碍疏通劳动力流动渠道，继续创造资源重新配置效率，保持全要素生产率的提高。不仅如此，这项改革还可以缓解工资过快上涨的压力，给企业进行产业结构升级赢得时间。遵循三条并行的路径——吸纳农民工成为城市户籍人口，为尚不具备条件成为市民的农民工提供与城镇居民同等的基本公共服务，以及实现社会保障体系对城乡居民的全面覆盖，户籍制度改革可以成为收获改革红利的典型领域。改革的顶层设计应该解决改革成本在中央政府和地方政府之间的分担问题，形成激励相容。

第四，政府和企业应该为员工提供多样化的培训项目。考虑到员工的流动性，企业为员工提供培训时会有顾虑。但是，中国未来的经济发展需要依靠人力资本。同样，企业想要提高生产力和科技创新，也同样需要依靠人力资本。因此，从提供培训的角度来看，企业希望面对的员工是稳定的，而员工又希望通过在企业之间的流动实现其自身效用最大化。因此，在企业培训项目之外，需要政府提供更多的培训项目，通过培训的方式增加人力资本，最终可以显著提高潜在增长率。以我们的模拟结果为例，如果每个员工在工作 10 年中都能获得 1 年的培训和再深造机会，那么中国的潜在增长率将提高 0.3 ~ 0.4 个百分点。

第五，当面对一揽子改革项目时，政府应该更加关注"改革的优先序"问题。目前，经济学界对改革优先序的观点有"先易后难""达成共识先改""最小的一揽子改革"等。实际上,我们可以选择"增长效应"更明显的改革措施,例如,逐渐推进"农民工市民化"的改革,逐渐从"单独二孩"过渡到"全面放开二孩"政策,改革金融体系并深化国有企业改革,实现资源的配置效率。此外,通过更多的培训项目增加劳动力市场中的人力资本,有助于提高生产效率和创新能力。这也符合李克强总理所说的"从制约经济社会发展最突出的问题改起"。

参考文献

蔡昉、陆旸:《推进改革,提高潜在增长率》,《比较》2013 年第 1 期。

都阳、陆旸:《中国的自然失业率水平及其含义》,《世界经济》2011 年第 4 期。

郭志刚:《2011～2050 年中国人口预测》,工作论文,2013。

陆旸、蔡昉:《人口结构变化对潜在增长率的影响:中国和日本的比较》,《世界经济》2014 年第 1 期。

Cai, Fang and Lu Yang, 2013, "Population Change and Resulting Slowdown in Potential GDP Growth in China", *China & World Economy*, Vol. 21, Issue 2, pp. 1 – 14.

Eichengreen, Barry, Donghyun Park and Kwanho Shin, 2011, "When Fast Growing Economies Slow Down: International Evidence and Implications for China", *NBER Working Paper*, No. 16919, National Bureau of Economic Research, Cambridge, MA.

Kuijs, Louis, 2010, "China Through 2020 – a Macroeconomic Scenario", *World Bank China Research Working Paper*, No. 9.

Foster, Lucia John Haltiwanger, and Chad Syverson, 2008, Reallocation, "Firm Turnover, and Efficiency: Selection on Productivity or Profitability?" *American Economic Review*, Vol. 98, pp. 394 – 425.

Foster, Lucia John Haltiwanger and C. J. Krizan, 2001, "Aggregate Productivity Growth: Lessons from Microeconomic Evidence", in *New Developments in Productivity Analysis*, University of Chicago Press.

Hsieh, Chang – Tai and Peter J. Klenow, 2009, "Misallocation and Manufacturing TFP in China and India", *The Quarterly Journal of Economics*, Vol. CXXIV, Issue 4, November, pp. 1403 – 1448.

Williamson, Jeffrey, 1997, "Growth, Distribution and Demography: Some Lessons from History", *NBER Working Paper Series*, No. 6244.

(陆 旸 译)

结构失衡、收入分配与经济增长

王小鲁　周伊晓

一　引言

　　长期以来，中国经济出现了一系列结构失衡现象。一个最主要的表现是消费率逐年下降并已显著低于国际通常水平，而储蓄率和资本形成率持续上升并已过高①。大规模投资使生产能力迅速扩张，而消费增长速度赶不上资本投入和生产能力的扩张速度，因此出现了持续的内需不足和生产能力过剩。如果不改变这种结构失衡状况，除非中国能够保持净出口持续超常增长，否则经济增长就将因为需求不足而逐渐失去动力，过去三十多年来的经济高速增长趋势将无法继续。

　　自 2008 年全球金融危机以来，中国经济增长逐渐放缓的趋势已经非常明显。20 世纪 80 年代，中国的经济增长率比改革以前明显加速，达到年均 9.3%。20 世纪 90 年代，中国保持了平均 10.4% 的经济增长率。2001 ～ 2007 年，经济增长率轻微上升到 10.8%。但此后就一直减缓，2008 ～ 2011 年平均降到 9.6%，2012 年和 2013 年都只有 7.7%（国家统计局，2013，2014②）。增长放缓的外部原因是国际市场需求疲软，而内部原因则是经济结构失衡造成的内需不足。

---

① 本文中的消费率定义为最终消费占 GDP 的比重；储蓄率和资本形成率分别定义为总储蓄（GDP － 最终消费）和资本形成占 GDP 的比重。
② 本文以下未注明出处的数据均来自国家统计局网站。

内需不足主要表现为消费需求不足，是收入分配失衡的结果。过大的收入差距和政府－企业－居民之间的分配不平衡是其主要原因。而收入分配失衡又与一系列制度方面存在的问题紧密相关。目前，中国新的领导层正在筹划推进体制改革来解决这些制度性问题。如果这些改革能够顺利推进，那么可以预计在未来几年中经济增长速度下滑的趋势将逐渐被制止，而且很可能发生增长的再加速，使年增长率至少恢复到8%以上。在今后10～20年中，中国经济将仍然有足够的潜力继续保持在快车道上。当然，这种乐观情况能否出现，将取决于改革的进展。

本文第一节分析最终消费率不断下降的趋势及其原因，特别是收入分配对该趋势的影响；第二节讨论结构失衡对经济发展的影响，中国陷入中等收入陷阱的可能性；第三节讨论适度降低储蓄、提高消费以实现"黄金储蓄率"的可能性，以及怎样调整收入分配来实现这一结构优化。

二　收入分配对消费和储蓄的影响

根据国家统计局的支出法 GDP 核算数据，1952～1978 年的计划经济时期，中国的储蓄率逐渐提高，消费率从 78.9% 下降到 62.1%。改革开放初期，消费率有所回升，在 20 世纪 80 年代中期为 65%～66%，但随后再次回落，2000 年为 62.3%。

特别突出的是此后的 10 年间（2000～2010 年），消费率大幅度下降到48.2%，降低了 14.1 个百分点。其中，居民消费占 GDP 的比重从 46.4% 下降到了 34.9%。这两者都是 20 世纪 50 年代以来从未有过的低点。储蓄率上升到 GDP 的 51.8%，也是世界上少有的情况（世界银行，2012）。只是在最近两三年，消费率才出现了轻微的回升。图 1 显示了半个多世纪以来中国消费率、储蓄率和资本形成率的变化。

图 1 显示，资本形成率基本上随着储蓄率的上升而同步上升，并在大部分时间与储蓄率基本重合。但大致在储蓄率攀升到 40% 以上之后，两者并始发生分离，资本形成率赶不上储蓄率的上升。两者之间的差额，是由净出口来弥补的。而中国制造业的生产能力过剩问题，也恰恰在这一时期变得越来越严重。这说明，中国过去一个时期贸易顺差不断扩大的趋势，一个主要原因是国内消费需求不足。而继续依赖刺激投资来扩大总需求，并不能从根

图 1　中国 60 年来的消费率和储蓄率（占 GDP 的比重）变化

资料来源：国家统计局，2014，支出法 GDP 核算。

本上解决总需求不足的问题，反而导致了产能过剩。

在过去三十多年间的大部分时间，高储蓄提供了充足的资金用于投资，给经济增长提供了强大的动力。高储蓄和高投资无疑是这期间中国经济高速增长的主要动力之一。但一个国家的储蓄率和资本形成率并不是越高越好，消费率更不是越低越好。2000 年以后，消费率加速下降、储蓄率和资本形成率超常增长，使固定资本存量的增长率从过去的 10% 左右上升到接近 20%（以永续盘存法根据固定资产投资计算），但并没有带来经济增长的进一步加速，相反在最近 5～6 年出现了经济增长连续减速。这说明在超高的储蓄率和投资率条件下，内需不足在加剧，经济效率明显下降了。

中国的消费率在计划经济时期（1952～1978 年）的下降主要是政府行为，是中央政府为推行工业化而强制进行资本积累造成的。而在市场化导向的经济改革开始以后，20 世纪 80 年代中期以来这 20 多年消费率的下降趋势，则与这一期间收入分配格局的变化密切相关，主要有以下几个原因。

第一，这一期间经济增长速度快于居民收入增长速度，居民收入占 GDP 的份额下降，进而导致最终消费占 GDP 的份额下降。导致这种情况的一个重要原因是刘易斯所描述的"二元经济"状态（Lewis，1954）。在这种情况下，农村劳动力过剩，而城市经济面临刘易斯模型所描述的"劳动无限供给"的局面。这使农村居民收入增长缓慢，大量农村剩余劳动力源源不断流入城市又使城市的劳动力市场长时期处于饱和状态，压制了城市工资水平的上升。

中国目前至少有 1.6 亿农民工在城镇就业，每年还有几百万原籍农村的劳动者继续进入城镇。因此，长期以来劳动力市场供给非常充裕，而工资水平的增长率远远低于人均 GDP 增长率。这就导致了劳动报酬在收入分配中的比重不断下降，进而导致居民消费的增长落后于经济增长。1985～2010 年的 25 年中，中国的人均 GDP 增长了 8.4 倍，而城镇和农村居民人均收入分别只增长了 6.3 倍和 3.6 倍，全国人均消费仅增长 4.4 倍（均按不变价格计算）[①]。

近几年来，上述情况正在发生改变。有些学者几年前就已经注意到农村劳动力向城市转移的速度开始放慢，中国正在面临"刘易斯拐点"（蔡昉，2010）。除了劳动力供求关系的改变，近年来社会保障制度改善和转移支付增加等因素，也促使城乡居民收入和消费增长显著加快。2011～2013 年，城镇居民和农村居民人均收入年均增长率分别为 8.3% 和 10.5%（不变价格），超过了同期 7.7% 的人均 GDP 增长率。有迹象表明居民消费增长略低于居民收入增长，但估计也超过了人均 GDP 的增长。

不过也应该注意到，"刘易斯转型"在中国并未完成，而且还将持续一个较长时期。这是因为中国目前还有接近一半的人口居住在农村，虽然青壮年劳动者大量进城打工，但留在农村的中年以上劳动人口还有很大数量，而且很多到城市打工的青壮年劳动者由于面临户口、社会保障与福利、住房等方面的制度障碍，难以在城市安家落户，因此不得不把子女和父母留在农村，常常在城市打工多年后返回家乡。目前劳动力在农村和城市间转移放慢的现象，在一定程度上是由这些制度性障碍造成的。如果这些障碍能够通过户籍制度改革及社会保障和公共服务等方面的制度改革逐渐消除，农村还会有相当多的劳动力可以继续转移出来。

第二，政府收入占 GDP 的份额在 20 世纪 80 年代和 90 年代前半期迅速下降，但自 90 年代中期以来，政府收入快于 GDP 增长，其占 GDP 的比重持续上升。在政府支出中，增长最快的部分是用于固定资产投资的部分。

---

① 人均 GDP 增长据国家统计局 GDP 核算数据计算，居民收入和消费增长据国家统计局城乡居民家庭人均收入和消费统计数据计算（国家统计局，2014）。

2003～2012 年，国家预算资金用于固定资产投资的部分以年均 22% 的速度
（不变价格）增长，其占公共财政预算支出的比重从 9.6% 上升到 15.1%；
而同期用于公共服务、社会保障和转移支付等有助于促进居民福利和消费的
政府支出增长则相对较慢。这加剧了政府收入和居民收入之间的分配不平
衡，因此也加剧了居民消费占 GDP 和国民收入份额相对下降的趋势。

第三，居民收入差距日益扩大，是居民消费比重下降的重要原因。由于
边际消费倾向递减的作用，富人的储蓄率远高于穷人。表 1 显示，根据国家
统计局 2011 年的数据，城镇最低收入居民的储蓄率不到 7%，而最高收入
居民的储蓄率则达到 40.2%。

表 1　城镇居民家庭储蓄率（按收入分组，2011 年）

项目	最低收入户	较低收入户	中等偏下户	中等收入户	中等偏上户	较高收入户	最高收入户
占总户数的比重(%)	10	10	20	20	20	10	10
人均可支配收入(元)	6876	10672	14498	19545	26420	35579	58842
储蓄率(%)	6.5	20.3	25.0	28.2	31.3	32.8	40.2

资料来源：国家统计局，2014。

1985～2010 年这 25 年中，中国的收入分配基尼系数从 0.31 上升到
0.48，已经进入世界上少数收入差距很大的国家之列。收入差距扩大，意味
着富人收入增长快于穷人，国民收入的分配向少数人倾斜。因此，收入差距
扩大会自发地导致居民消费率下降、储蓄率上升。统计显示，仅在 2000～
2010 年，全国居民储蓄率（城乡居民加权平均）就从 23% 上升到 29%。

需要指出，收入不平等和居民消费率下降的实际情况远比统计数据所反
映的更严重。这是因为一部分高收入居民有大量来源不明的灰色收入，并没
有反映在居民收入统计数据中。一项基于全国范围城镇居民收入调查进行的
研究表明，城镇最高收入和最低收入各 10% 的家庭之间，2011 年人均可支
配收入之比为 20.9，而按官方统计则只有 8.6。高收入居民的实际储蓄率也
显著高于统计数据。导致这种情况的原因，主要是公共资金和公共资源的管
理存在漏洞，制度不健全、透明度低、缺乏社会监督；税收体系不健全；资
本市场和土地市场管理不善；垄断性行业收入分配管理不善。这些导致公共
资金流失、腐败和不公平的分配（王小鲁，2010，2013；Wang and Woo,

2011）。

第四，中国在改革中，工资水平从政府决定转向由劳动力的市场供求关系决定，这使就业的灵活性和效率提高。但保护劳工的立法和社会保障、公共福利等弥补市场缺陷的制度没有随之健全。而这些制度，在 20 世纪 30 年代大萧条之后早已在西方国家发展起来了。在保障制度缺失的情况下，劳动者的收入和消费增长速度显著落后于经济增长速度。

据统计数据，2011 年城镇就业人数为 3.59 亿人，但城镇职工基本养老保险的参保职工人数只有 2.16 亿人，基本医疗保险参保人数只有 2.52 亿人，失业保险参保人数只有 1.43 亿人，工伤保险参保人数只有 1.77 亿人。上述社会保险对城镇就业人员的实际覆盖率分别只达到了 60%、70%、40% 和 49%。没有被城镇社保体系覆盖的，主要是进城的农民工（国家统计局，2012）。由于缺乏社会保障，这些劳动者为了应对未来的失业、养老、疾病、子女教育等风险，只能被迫压缩当前消费，尽量提高储蓄。

第五，处于垄断地位和占有资源优势的企业收入及储蓄迅速上升，是居民消费率下降的一个原因。这些行业在定价、税收、资源分配等方面受到政府保护，因此获得了数倍于竞争性行业的利润率。这包括银行和保险业、石油及天然气、电信、电力等行业。土地开发出让的巨额收益分配不合理，以及资本市场监管不善导致内幕交易和欺诈行为，也是重要因素。

第六，各级地方政府对促进经济增长有强烈冲动，常常为大型投资项目和大企业提供各种优惠，而拥有大量就业的劳动密集型中小企业经营环境较差，处于不利的竞争地位，也因此扩大了收入差距，加速了消费率下降。根据全国经济普查数据，1995～2008 年，全部小型工业企业在工业总产值中的比重从 56.4% 下降到 44.2%，占工业就业的比重从 67.0% 下降到 59.4%[①]。小企业的萎缩，对就业和收入分配的影响是不利的。

第七，政府的公共资金和资源管理体系存在漏洞，制度不健全，透明度低，缺乏监督，导致公共资金使用不当和贪污腐败。这恶化了收入分配格局，也间接对消费率产生影响。

---

① 2008 年小型工业企业占工业总产值的比重是根据"规模以上"企业数据和全部工业企业主营业务收入数据推算的。

最近几年，一般工资收入和农民收入增长相对加快，使情况有所改善。2011 年和 2012 年最终消费率分别为 49.1% 和 49.5%（2010 年为 48.2%），显示消费率十几年来首次出现回升。这一新现象与几个因素有关：其一，近年来劳动力供求形势发生了改变，工资增长加快；其二，农业增收、农产品价格上涨，加上政府的惠农政策，促进了农民收入提高；其三，近年来社会保障在改善，政府公共服务支出和针对低收入居民的转移支付增加，最低工资标准有较大幅度提高。但根据目前情况，还很难认为消费率回升已经成为不可逆转的趋势。

三　消费需求不足与结构失衡

上一个十年，储蓄率持续上升，消费率不断下降，使总需求结构发生明显变化，经济增长越来越依赖投资和国外市场的需求拉动，导致了结构失衡。特别是 2008～2009 年全球金融危机以来，国际市场需求持续疲软，出口增长显著放慢。这又促使政府采用大力度的扩张性财政和货币政策，靠扩大政府投资来拉动经济增长，使投资率越来越高。结构失衡主要表现在以下几个方面。

（一）高度的出口依赖

随着储蓄率的上升，国内最终消费对经济增长的贡献越来越小，2000 年以来大多数年份中，贡献率在 40% 上下。而在 2000～2008 年，中国以美元计价的货物进出口年均增长率分别为 22.4% 和 24.4%。货物和服务净出口占 GDP 的比重在 2007 年达到 8.8% 的高点（但从 2008 年全球金融危机之后出口增长显著放慢，净出口占 GDP 的份额到 2012 年已经回落到 2.8%）。

中国的出口和贸易顺差在 2000 年以后迅速扩大，一个原因是竞争力上升和加入 WTO 以后比较优势得到充分发挥的结果，但另一个原因则是内需相对不足，而国内生产能力扩张过快，企业产品在国内市场上找不到出路，迫使企业转向国际市场。后者实际上是国内结构失衡的反映。

（二）过度的投资依赖

2000～2011 年，中国资本形成占 GDP 的份额提高了 13 个百分点，从

35.3%升至48.3%。尤其在2008~2010年金融危机期间,中国政府推出了四万亿元的扩张性投资计划,同时地方政府纷纷建立融资平台进行大规模融资投资,涉及资金十几万亿元。2009年银行贷款大幅度放松,一年间增发贷款10万亿元,比上年增长了1/3。这导致了一个时期货币供应极度宽松和投资规模急速扩张,资本形成率大幅度上升。

投资高速增长,在短期内的确带动了经济快速增长。但问题在于,居民消费并没有与投资同步增长。增加投资引起生产能力迅速扩张,但在国内找不到相对应的市场,因此很快就造成很多行业产能过剩(见图2)。

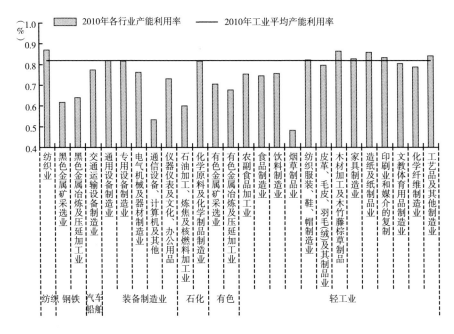

图2 工业中的产能过剩

资料来源:曲玥(2012)。

为了避开产能扩张的难题,近年来各地政府对基础设施建设和鼓励房地产开发投入了越来越高的热情。在这些方面,尽管投资空间仍然巨大,但政府投资同样带动了对钢铁、水泥等投入品的需求,刺激了这些部门的产能扩张。在扩张政策结束后,产能过剩就凸显出来。

2011年底,中国的粗钢产能已超过9亿吨。而全年粗钢生产仅6.8亿吨,产能过剩接近市场需求量的1/3(《产能过剩三分之一,钢铁业越亏越投》,《第一财经日报》2012 年 4 月 18 日)。严重的时候,迫使政府出面,用行政命令的方式淘汰过剩产能,关闭企业、炸毁旧设备。这造成财富的浪费,但并不是解决需求、制约难题的有效出路。

很明显,在储蓄率和资本形成率已经非常高的情况下,不断采用凯恩斯主义的投资扩张政策来拉动需求,只能有非常短暂的效果,随后供过于求的状况将更加严重。这样的扩张政策已经走进死胡同。同时,与高投入相伴的高消耗、高排放、高污染,以及资源和环境破坏,也正在成为制约未来经济增长的因素。

(三) 增长放缓和资本回报率下降

扩大投资导致产能过剩,意味着一部分投资成为无效投资。表 2 对 2000~2013 年中国经济增长率和资本存量的年增长率进行了计算和比较。从表中可见,在此期间,由于投资急剧扩张,全国资本存量的年增长率已经从将近 10% 上升到 16% 左右。而经济增长率不仅没有提高,却出现了明显下降。这说明投资效率在不断下降。[①]

表 2 也计算了资本产出比(资本存量/GDP)和增量资本产出比(Δ 资本存量/ΔGDP)的变化。这两个指标是平均资本生产率和边际资本生产率的倒数。它们的数值越大,显示资本生产率越低。在此期间,资本产出比从 1.95 上升到 3.26,而增量资本产出比则从 2.09 上升到 6.23。

资本产出比的急剧上升趋势,与发达国家走过的路径相比差别很大。在图 3 中,我们计算了中国过去 60 年来(1952~2012 年)的资本产出比,与经济合作与发展组织(OECD) 22 个发达国家在 1960~2001 年的平均资本产出比进行比较。这 22 个国家包括澳大利亚、奥地利、比利时、加拿大、丹麦、法国、德国、希腊、冰岛、爱尔兰、意大利、日本、荷兰、新西兰、挪威、葡萄牙、西班牙、瑞典、瑞士、英国、美国等。

数据对比显示,中国和 OECD 国家的资本产出比长期走势有如下不同。

---

① 资本存量由笔者根据全社会固定资产投资(更早年份是基本建设投资和更新改造投资数据)和固定资本形成数据,以永续盘存法按 2000 年不变价格计算。对 1978 年以前时期采用了 5% 的综合折旧率。考虑到改革期间资本折旧加速,设定折旧率从 1979 年到 2008 年逐渐提高到 9.5%。该计算参考了 Chow(1993)、张军等(2004)文献。

表 2　2000～2013 年中国资本存量的增长率、资本产出比的变化

年份	GDP 增长率(%)	资本存量增长率(%)	资本产出比	增量资本产出比
2000	8.4	9.1	1.95	2.09
2001	8.3	9.3	1.97	2.19
2002	9.1	10.2	1.99	2.22
2003	10.0	12.2	2.03	2.42
2004	10.1	13.1	2.08	2.63
2005	11.3	13.9	2.13	2.57
2006	12.7	14.9	2.18	2.51
2007	14.2	15.2	2.20	2.34
2008	9.6	14.8	2.30	3.38
2009	9.2	18.0	2.48	4.48
2010	10.4	17.5	2.64	4.15
2011	9.3	16.3	2.81	4.64
2012	7.7	16.0	3.03	5.87
2013	7.7	15.8	3.26	6.23

资料来源：国家统计局，2014。

其一，OECD 国家的平均资本产出比在长达 42 年间保持在 2.9～3.3 的范围内，变化较小。其中绝大多数国家的波动区间都不超过 1.0。而中国在过去 60 年间在 0.9～3.3 的范围内波动，波动区间为 2.4。

其二，OECD 国家平均而言并未表现出资本产出比持续上升（或者资本生产率持续下降）的趋势。其中在三次石油危机之间（1973～1993 年）资本产出比较高，平均值的峰值达到了 3.3，自 1993 年以后却明显回落，到 2001 年平均值已回落到 3.0，显示出近 20 年来资本生产率呈上升趋势。而中国的资本产出比则大致从 20 世纪 90 年代中期到现在，已经历了接近 20 年的持续上升。

其三，中国的资本产出比的上升在某种程度上与中国的工业化过程有关。作为一个早期资本稀缺的发展中国家，资本的边际生产率会随资本密集度的提高而逐渐下降。这在工业化阶段是合理的。中国仍然没有走完工业化过程，而 OECD 国家都已经完成了工业化过程。尽管如此，中国的资本产出比到 2012 年已经接近 3.3，显著高于 OECD 国家目前的平均水平。对一个中等收入国家来说，这说明资本生产率已经降得过低了。这一情况主要是在最近 10 年间发生的，说明中国过去 10 年的发展路径值得反思。

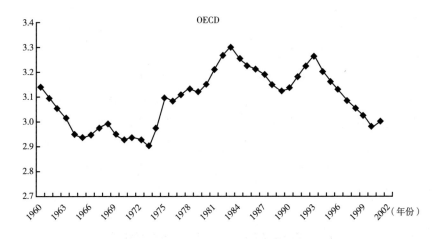

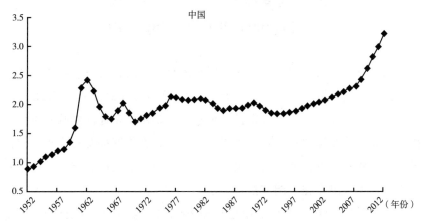

图 3　中国与 OECD 国家的资本产出比长期变化

资料来源：Christophe Kamps（2004）、作者计算。

上述情况，除了与全球金融危机时期财政和货币政策扩张过度有关，更与各级政府过分热衷于追求 GDP 增长有关。各级政府过分积极地参与和主导投资活动，往往为了吸引外来投资而通过减免税、廉价转让土地等方式压低投资项目成本，或者不计成本大量借债进行政府投资，这些都会导致过度投资。如果这些情况不能改变，目前的结构失衡和内需不足都很难改变，甚至可能变得越来越严重，经济增长有可能进入持续下行、长期乏力的状态，甚至陷入中等收入陷阱。

另外，中国经济仍然有巨大的增长潜力。目前城市化率刚超过 50%，城市化仍然是一个强大的增长引擎，未来还可以有 20 年的城市化迅速发展阶段。产业升级换代的进程方兴未艾，服务业发展仍然不足，两者都还有很大的发展空间。人力资源素质有待继续提高，技术进步还远未达到理想速度，而且与发达国家相比还有很大的"技术后发优势"。如果能进一步改善教育体制和技术创新体制，提高全要素生产率将有巨大潜力。

要使这些潜力转变为发展的推动力，需要跨越结构失衡的障碍，完成结构调整和发展方式转变。其中关键在于使储蓄率和资本形成率降到合理的水平，促使居民消费提高到一个更加合理的比例，使内需成为带动经济持续增长的强有力引擎。

四　有没有一个"黄金储蓄率"
（Golden Rule Saving Rate）？

按照凯恩斯主义的理论，构成一国经济总需求的，是三个可以互相替代的部分：消费、投资、净出口。当出现总需求不足（总投资＜总储蓄）的情况，导致经济萎缩时，无论是扩大消费，还是用扩张性的财政政策增加政府投资，或者以宽松的货币政策刺激私人投资，都能够提升总需求。但由于居民的储蓄率不大可能由政府决定，因此凯恩斯所强调的政府财政政策和货币政策，基本着眼点在于调节投资需求。

中国在受到 1998 年亚洲金融危机和 2008 年国际金融危机打击，面临出口下降、需求减少的时候，都采用了凯恩斯主义的需求扩张政策，大幅度增加了投资，当时也都起了明显拉动经济增长的作用。但是后一次的大幅度扩张之后出现的通货膨胀、产能过剩和经济增长率节节下滑，使我们不得不对凯恩斯主义政策在中国的远期有效性和适用性进行反思。

（一）投资扩张政策的适用条件

尽管凯恩斯理论有很多成功的先例，但他并没有进一步探讨，所谓总投资小于总储蓄的情况，是在什么条件下产生的？宏观经济分析说明，投资和储蓄之间并非不存在关联。如果金融市场是充分有弹性的，那么当社会储蓄率高、资金供给充分时，利率会保持在低水平，从而使投资规模自动保持在高位。但如果此时投资仍然低于储蓄，那么这很可能是由于市场饱和，生产能力过剩，投资者没有赢利空间。对中国这样一个低消费、高储蓄、高投资的经济体而言，这种情况表现得特别明显。

在这种情况下，如果政府进行干预，通过财政政策直接扩大政府投资，或者通过宽松的货币政策来刺激投资，能否创造新的需求？答案是，短期内可以。新的投资项目必然产生对投入品的新需求，创造更多的购买力，带动短期经济增长。但是这个过程并没有结束。因为新的投资项目完成后，生产能力就会扩大。因此在经过了一轮短期的需求扩张之后，未来的供给会进一步扩张。如果此时消费需求仍然不变，或者消费增长滞后于产出的增长，那么就意味着总储蓄率不降反升，而新创造的储蓄又需要有更大规模的投资才能与之平衡。于是需要再次启动更大规模的扩张性财政或货币政策。

不需要更深奥的经济学分析就可以直接看出，在消费需求增长慢于投资需求增长的情况下，这种以投资拉动投资的自我循环方式，是不可能长期持续的。因为政府创造的投资需求只有以几何级数不断膨胀，才能维持总供给和总需求之间的平衡；而这种爆炸式扩张很快就会面临政府巨额赤字的限制，或者是货币政策面临流动性陷阱的限制，以及通货膨胀的限制，使总投资无法继续与总储蓄同步增长。于是，新的总需求不足又产生了，而且规模更大，情况更加严重。因此我们不难理解，为什么凯恩斯主义的扩张政策，常常在短期内能够收到很好的效果，而在中长期效果却往往不断递减，导致滞胀并存的困难局面。

在这种情况下，政府有没有一个更好的选择？答案是有的。如果政府只推动基础设施投资，而不影响生产性投资，情况会好得多。因为基础设施投资并不直接创造新生产能力，不会直接扩张产能。在这个意义上，应对生产过剩型的经济危机，从长期效果考虑，财政政策比货币政策更有效，因为财政政策可以选择投资方向，主要针对基础设施领域。而扩张性货币政策则会不分对象地刺激全社会投资，导致总供给进一步增加。

即使是单纯的财政扩张，并只用于基础设施建设，也存在一个合理的限度。首先，超过实际需要的投资会导致资源长期闲置和浪费，实际上也是一种产能过剩。这样的投资带动的是虚假的 GDP 增长，并不能带来国民福利的增加。其次，扩大基础设施建设规模必然扩大对投入品的需求，并沿着产业链将需求扩展向上游传递。如果超过一定的限度，也会引发相关行业的进一步投资和产能增加。一旦扩张期结束，这些新形成的生产能力就会变为过剩产能。

在中国，过去 20 年间由政府推动的基础设施建设，确实显著促进了经济增长。但近些年来，各行各业都出现了日趋严重的产能过剩，其中钢铁、水泥等投入品的产能过剩尤为严重。这显然是前一个时期基础设施投资大规模扩张的结果。在建设扩张期，钢铁等投入品需求旺盛，价格上升，给这些产业传递了错误的信号，促使它们进行大规模投资以扩大生产能力。同时，过度宽松的货币政策，又给这类投资提供了充分的条件。一旦扩张性政策告一段落，这些新增生产能力就会立即出现过剩。

（二）有没有一个储蓄和投资的"黄金律"？

上述这种情况，说明消费需求和投资需求之间并不总是存在完全替代的关系。储蓄率越高，要维持供求平衡，所需要的投资率也就越高，生产能力扩张的速度也越快。同时，若消费规模太小或增长太慢，不足以吸收产能扩张所增加的最终产品，就会不断产生新的供求失衡。此时投资需求不能替代消费需求。

因此，一个社会要维持结构平衡和持续发展，需要有一个合理的储蓄率。一方面，如果储蓄率过低、消费率过高，就没有足够的资金进行投资，经济就难以增长。另一方面，如果储蓄率过高，生产能力增长就会快于居民消费增长，继续提高投资率就会创造新的供过于求，经济增长也不会持续。

储蓄率和投资率过低，是低收入国家经常遇到的问题。它们主要的问题是缺乏投资资金，经济不能发展。但今天中国遇到的是另一类问题，即储蓄率和投资率过高带来的低效率和社会福利总水平受损。

研究增长理论的经济学家罗伯特证明，在稳态增长条件下，存在一个最优的储蓄率，能够保证长期居民消费水平的最大化。他称之为"黄金律储蓄率"（Golden Role Saving Rate）。但该储蓄率并不是一个确定的数值，它取决于劳动力增长率和资本折旧率等外界条件。

这里没有必要复述经济学家的数学推导过程。让我们采用一个更直观的方法，通过一个简单的两部门模型来考察储蓄率和经济增长之间的关系。

假设一国经济由两个基本生产部门组成。A 部门为全社会生产消费品，B 部门为 A 部门和自己提供所需要的资本品。每年整个社会将社会总产出的

70%用于消费，并储蓄30%的产出用于投资。因此，社会总产品由70%的消费品和30%的资本品构成。为简单起见，我们假定两个部门的边际生产率相同并等同于它们的平均生产率；它们的资本密集度和劳动密集度也相同；在初始点上整个经济处于供求均衡状态。因此，A部门应当拥有全社会70%的资本和劳动力，而B部门拥有其余的30%。

现在假定由于某种外部原因，全社会的储蓄率从30%上升到50%。消费需求相应下降（降幅为50%/70% − 1 = −28.6%），社会减少了消费，但有了更多的资金可以用于投资。这时消费需求的下降首先造成A部门产能过剩，资本和劳动力会根据市场信号，从A部门向B部门转移，使A部门产能收缩，B部门产能扩大。同时，储蓄率上升带来了多余的资金，人们可能会向B部门（而不是A部门）进行投资。

不过，如果实际的结构调整过程如此发生，那么B部门将会出现比A部门更加严重的产能过剩。这是因为随着A部门的产出下降，A部门对资本品的需求在经过延迟后也会按同比例下降，使全社会对资本品的需求下降20%（ = −28.6% ×70%）。这会迫使B部门缩减生产，并且进一步减少B部门自身对资本品的需求，使全社会对资本品需求的下降幅度达到26%。因此，实际上A部门的资本和劳动力向B部门的转移，以及对B部门的新增投资，都很难完成。两个部门都会出现产能过剩和生产下降，导致失业和收入下降。在第一轮下降中，总需求萎缩了27.8%（即消费需求和投资需求降幅的加权平均），而由此带来的失业和收入下降，又将导致对消费品的需求进一步萎缩。如果没有其他因素的干预，这种恶性循环将使整个经济陷入螺旋形下降，进入危机状态。

现在假定政府在第一轮下降后立即实行扩张性的货币政策来刺激投资需求。为了补偿此前28.6%的总需求下降，使总需求恢复到下降前的水平，需要把对资本品的需求提高至92.7%（下降前的资本品需求为100%）。假设这一目标能够实现，则总产出会恢复到危机前的水平，但这只是短期效应。大规模投资会带来两个部门生产能力的急剧扩张。在经济刺激引发的投资周期完成后，总需求不再扩大，而新增生产能力使总供给大幅度上升。这将导致新一轮的产能过剩，经济会再次面临总需求不足的危机。除非全社会的储蓄率能够降低到原来的水平，或者社会能够把一部分产品出口到其他国家，而且能够长期保持贸易顺差。如果不具备这些条件，宽松的货币政策在中长期是无效的。

现在我们考虑另一种场景，在上述模型中增加一个公共部门，并假设政府不采取宽松的货币政策刺激投资，而仅仅采取扩张性的财政政策，由公共部门进行基础设施投资。在这种情况下，有效需求会因投资扩大而增加，但投资不会引起产能的进一步扩大；经济能够从危机中摆脱出来，情况会好于前一种情况。但恢复到危机前的水平后，消费需求仍然只占总产出的 50%，另外 50% 的总产出仍然要靠投资需求来实现。而扩大内需的公共投资已经完成，社会对资本品的需求不可能维持在扩张期的水平上，总需求会再次回落到低于危机前的水平。因此如果社会不能对储蓄率和消费率进行调整，一旦扩张性的公共投资停下脚步，经济还是会再次面临总需求不足的困境。这将迫使政府继续依赖赤字财政不断进行投资扩张，最终走向滞胀。

上述分析说明，在一定条件下，存在一个最优消费率和最优储蓄率。当消费率高于最优水平时，储蓄和投资不足，而且资本化的（Capital-embodied）技术进步不足，导致经济增长缓慢。当消费率低于最优水平时，总需求会出现不足，同样对经济增长产生制约作用，使实际增长率低于潜在增长率，导致效率损失。就中长期而言，过低的消费不可能持续地由投资扩张来替代。

上述分析的政策含义是，当存在消费需求不足时，无论是放松货币供应的刺激措施还是扩大政府投资，都不能解决根本问题。更关键的是通过制度变革和政策调整来改变过低的消费率。在中国，改革不尽合理的财政和税收体制，使政府支出合理化，改革政府管理体制以改善政府行为并促进要素合理分配，改善社会保障、公共服务和收入再分配体系，缩小过大的收入差距，都是调整消费率的必要和有效的手段。

"二战"前后，所有的发达国家都基本完成了在社会保障和公共服务方面的制度变革，并改善了政府管理。它们在保持市场经济基本制度的同时，通过建立社会保障、公共服务体系和收入再分配体系，改变了资本主义经济早期的收入分配两极分化状况，保障了每个公民受教育的权利、就业的权利、获得公平收入的权利以及享受医疗保障、失业保险和养老保险的权利，从而在很大程度上改变了早期资本主义收入差距过大、大众消费不足的状况。这在很大程度上消除了过去传统资本主义产生周期性经济危机的机制。

今天在某些西方国家出现了相反的情况，即过高的社会福利、以高负债维持的超前消费，酿成了近期希腊等几个南欧国家的严重债务危机，拖累了整个世界经济的复苏进度。这说明过度消费与消费不足都是有害的。美国也是一个超前消费的国家，其政府、居民、企业和金融机构的债务合计已经达到其 GDP 的 3 倍以上。这也是引发 2008 年世界金融危机的主要原因。但美国拥有国际货币发行国的特殊权力，其货币扩张政策的后果将由全世界分担，使其能够避免类似希腊等国的尴尬局面。

时至今日，公平和效率哪个更重要、公共福利和市场自由哪个更重要，在世界范围内仍然是一个广泛争论的话题，没有一个公认的结论。但纵览历史，多数人都会同意，正是发达市场经济国家 20 世纪在收入分配和社会福利制度方面的变革，才使它们获得了新的生命，避免了 30 年代大萧条的不断重演。我们由此也可以看到，公平和效率之间并不仅仅是单纯的替代关系。当收入分配差距过大和大众消费不足导致经济结构失衡的时候，改善收入分配，提高社会公平的程度，不仅不会损失效率，反而会改善资源配置，促进效率提高。

（三）储蓄率和消费率多高更合理？

尽管从理论上能够证明存在一个"黄金储蓄率"，但各国的现实条件不同，不存在一个统一的最优储蓄率。王小鲁等基于过去半个多世纪的中国历史数据，做过一些初步的计量模型分析（王小鲁、樊纲、刘鹏，2009）。他们使用一个 Lucas（1988）类型的增长模型并包括了 R&D 投入、基础设施条件、市场化改革、城市化变化、贸易依存度、外资在资本存量中的比例以及最终消费率等若干结构变量，发现最终消费率与全要素生产率之间存在一种非线性函数关系。消费率过高和过低都对生产率和经济增长率有不利的影响。因此，存在一个消费率的最优区间。

不过上述这项研究也发现，消费率对模型的 specification 较敏感，其最优点的准确位置难以确定。在使用了更新的数据后，我们基于同样的模型得到了如图 4 所示的函数曲线。图中横坐标 fc 表示消费率（最终消费占 GDP 的比重），纵坐标 f（fc）表示消费率对不变价格 GDP（对数值）的影响。在图上我们可以找到一个顶点，在该点上消费率对全要素生产率和总产出的影响最大，因此可以定义该点对应的最终消费率为最优消费率。

在图 4 中可以看到，这个最优消费率为 60% ~ 70%。敏感性分析发现，

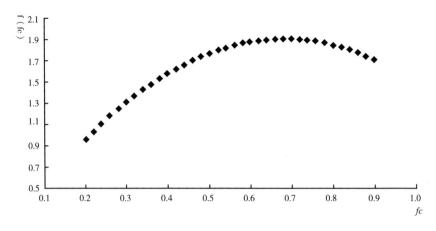

图 4　最优消费率的模型回归结果模拟曲线

该最优点对模型的 specification 仍然比较敏感，会随这些条件的改变而发生变化，因此其具体数值还难以确认。但根据国内外经验数据的分析，60% ~ 70% 应该是一个比较合理的区间。

设想如果中国能够在未来一段时间内，通过一系列政策调整和体制改革来改善收入分配状况，把最终消费率从目前的接近 50% 提高到 60% 左右并保持稳定，资本形成率从目前的 48% 降至 38%，贸易顺差降至 2% 以内，那么在其他条件不变的情况下，经济增长率将能够高于目前的水平，并能够在较长时期持续。假设这个调整期需要 5 年（增长率 7% ~ 7.5%），在此之后的 10 年内增长率保持在 8% 以上应该是不难做到的。

但这样一个 8% 以上的增长率，将在更少的投资、更少的资源和能源投入、更高的居民收入和消费水平的前提下实现。与目前的情况相比，物质消耗将大幅度下降，而全民福利总水平可以比目前情况的自然延续提高 25% 以上。显然，这是一个更可持续、更有效率、给全民带来更高福利的增长状态。

参考文献

蔡昉：《人口转变、人口红利与刘易斯转折点》，《经济研究》2010 年第 4 期。
国家统计局，国家统计局网站，年度数据，2014。
国家统计局：《2013 年国民经济和社会发展统计公报》。
国家统计局：《2011 年我国农民工调查监测报告》。

曲玥:《大规模投资维持的增长速度——产能过剩研究》,载蔡昉主编《中国人口与劳动问题报告 No. 13——人口转变与中国经济再平衡》,社会科学文献出版社,2012。

世界银行:《世界发展指标》,中国财政经济出版社,2012。

王小鲁:《灰色收入与国民收入分配》,《比较》2010 年总第 48 辑。

王小鲁:《灰色收入与国民收入分配:2013 年报告》,《比较》2013 年第 5 期总第 68 辑。

王小鲁、樊纲、刘鹏:《中国经济增长方式转换和增长的可持续性》,《经济研究》2009 年第 1 期。

张军、吴桂英、张吉鹏:《中国省际物质资本存量估算:1952~2000》,《经济研究》2004 年第 10 期。

Barro, R. and X. Sala – I – Martin, 1995, *Economic Growth*, Mcgraw – Hill, Inc. 19 – 22.

Chow, G. C., 1993, "Capital Formation and Economic Growth in China", Quarterly *Journal of Economics* (108), pp. 809 – 42.

Christophe Kamps , 2004, "New Estimates of Government Net Capital Stocks for 22 OECD Countries 1960 – 2001", IMF Working Paper 04/67, Washington, DC.

Lewis, W. A., 1954, "Economic Development with Unlimited Supplies of Labor", *Manchester School of Economic and Social Studies*, XXII, May, pp. 139 – 91.

Lucas, R. E., 1988, "on the Mechanics of Economic Development", *Journal of Monetary Economics* (22), 3 – 42.

Wang, Xiaolu and Wing Thye Woo, 2011, "The Size and Distribution of Hidden Household Income in China", *Asian Economic Papers* 10 (1), MIT Press, Cambridge, MA.

国家控制、企业及资源配置

Son Ngoc Chu   宋立刚

一　引言

国家主导资源分配已成为中国经济改革战略的重要组成部分，对国有企业及民营企业的生存和演变产生了重大影响。本文专注于资金、土地、能源以及公共事业设备等关键资源，研究在市场改革过程中，国家是如何改革制度体系，对这些资源进行管理和分配的。同时，也探讨了不同所有制企业会做出何种回应以获取这些资源。探讨内容包括部门整体投资活动、资产、输出份额、利润以及生产性企业行为、反应差异及所有权模式。这也解开了国有企业在石油、化工、航空、钢铁、煤炭、金融、电信、铁路等关键经济领域占主导地位，但私营经济仍然异军突起的谜团。

总之，国家通过控制资本、土地及资源市场发展获取大量租金，并定向应用于重大基础设施项目和公共物品供应，从而促进经济转型，促使经济高速发展。然而，这些租金同时也对政府控制资源产生一定的副作用，诸如政府和企业的寻租活动，进而扭曲资源分配。私营企业是促进中国生产力发展、提高发展潜力的关键。但资源误置导致某些特定行业产能过剩、结构失衡，对私营企业的负面影响也尤为突出。

二　经济转型、国家控制资源和企业

众所周知，在市场经济下，企业通过"创造性破坏"程序来带动经济增长（Carree 和 Thurik，2003）。发展经济学认为，企业是促进经济增长和结构转型的动力（Aaude，2010；Gries and Naude，2008）。这种观点似乎特别适用于正处于从计划经济向市场经济转型的国家。市场与企业间的关联表明，市场转型与民营经济的产生和演变息息相关。市场改革进程从私营企业的发展和多样的经营形式中可见一斑（Tanas and Audretsch，2011）。尽管人们普遍认为企业家有些特性大同小异，比如都要把握赢利机遇，都需要创新，并且面临同样的风险（Lu，1994），但企业的本质却可能大相径庭。这主要取决于经济体制的体系设置。

（一）企业性质和类型

经济合作与发展组织（经合组织）将企业定义为由企业家主导的商业活动。企业家是指以营利为目的，通过创新，扩大经济活动，识别并开发新产品、新工序或新市场的企业拥有者和管理者（Ahmad 和 Hoffman，2008）。

经合组织对企业的定义与 20 世纪初熊彼特的观点不谋而合。熊彼特（1934）认为，创办企业是一种创新过程，在此过程中，企业家作为创新人才，愿意承担风险，开发更具价值的新产品、新工序，以旧换新，提高生产效率，谋求利润。因此，企业通常与价值创造过程息息相关，熊彼特称之为"创造性破坏"，认为这是经济发展的真正动因。此外，引进新产品或新工序也被视为现有市场的均衡性遭到破坏（Lu，1994）。

熊彼特式企业被称为高层次企业，但其范围很狭隘（Karlsson 等，2004），只侧重于新产品或新工序所创造的新价值，忽视了其他非纯粹创新工序同样能够创造价值。卡兹纳（1998）指出，企业只有对市场机遇提高警觉，才能通过生产贸易填补市场需求空缺，达到营利目的。企业家这种平衡作用（Lu，1994）能够促进货物和服务流通，从而生成更多利润价值。这类企业被称为低层次企业，批发与零售就是其中一例（Karlsson 等，2004）。

这两种早期对企业的定义都忽视了一个要点：尽管企业能够给企业拥有者带来一定收益，但并不是所有企业都能给社会整体带来福利。鲍莫尔（1990）阐述了企业的这一特征。他提出，市场条件下特定体制设置的奖励结构不同，企业可分为三种类型，包括生产性企业、非生产性企业和破坏性企业。在考虑国家体制结构的前提下，企业家们充分发挥聪明才智抓住市场机遇谋取利润。这样的市场化经营使企业家为社会创造出更多的财富和价值，就形成了生产性企业。在政治和法律领域中也有吸引企业的获利契机。政治和法律就是企业的竞技场，企业通过改变政府税收和补助政策来积累财富，但这些做法只是对现有财富进行再分配，并不能创造额外的社会财富。这样就形成了所谓的非生产性企业。某些情况下企业的做法还涉及不法活动，造成社会财富流失，这就形成了破坏性企业。市场获利契机以及其他非市场因素决定了企业类型，而国家的体制结构则决定了其获利成果。正如索贝尔（2008 年）所述，市场支持型体制结构保障财产权，确保公平、公正的司法体系和有效的合同执行，推行合理的商业管理条例，有效控制政府权力，更适合生产性企业的壮大。

鲍莫尔理论的其中一个要点是企业数量的增加并不等同于经济的增长，企业的健康成长壮大取决于体制健全的激励制度。鲍莫尔对企业的认识对分析像中国这样的转型经济国家的企业发展有良好的借鉴意义，市场经济的制度变迁对转型过程至关重要。一种过渡体制结构或许能够创造许多非市场获利契机，吸引有经济头脑的商人对体制漏洞加以利用，从而成为市场转型下的企业家。此外，从中央计划经济转向市场经济产生了大量寻租契机，进而促进非生产性企业的发展。

（二）市场转型和企业演变

市场转型需要构建不同阶段的市场规则体系，其间还会涌现出与国企形式不同的各种私营企业，因此需要一个漫长的过程（Kolodko，2000）。虽然对转型及相应阶段企业的描述过程错综复杂，但我们可以根据转型不同时间段来对相应企业进行分类。埃斯特林等（2008）提出了这样的分类方法。他将不同企业类型分别寓于三个不同的转型阶段。初始阶段，即早期阶段通过原始市场渠道分销商品，舍弃计划资源配置，通过对相关商品价格进行频繁调整以调整供求关系，主要为卡兹纳式企业家创造各种机遇。由于缺少以往的市场信息，宏观经济环境也不稳定，所以这一阶段充满了不确定性。到了第二阶段，由于市场信息越来越多，价格波动极端情况减少，宏观经济环境更加稳定，企业不确定性大大降低。财产权在这一时期得以确立，市场体系基础得以形成，极大地激励了熊彼特式企业家。第三阶段市场制度进一步发展，是资源整合的主要力量，也是为市场参与者提供信息的主力军。合同执行越来越依赖法院。金融机构和市场交易，企业家获取资源变得更加容易。这一阶段的市场转型为熊彼特式企业家提供了制度便利。然而，埃斯特林等（2008）指出，制度变迁具有惯性，市场改革后期也会出现早期企业形式。

（三）企业类型的决定因素

在分析企业发展框架时，艾哈迈德和霍夫曼（2008）指出，国家企业发展道路的决定要素有六个：规管框架、市场条件、文化、获取资金或资本、技术水平和企业家能力。前三个要素能够为企业的产生和演变创造良好的整体环境。规管框架包括规范业务活动准入和运作的法律法规，主要涉及进出口业务、产品标准、税收、社会保健和保障、安全、卫生和环保问题。市场条件实际上就是市场经济的建立和演变所创造的市场机遇。而市场机遇则由竞争、国内外市场准入以及政府参与（提供公共物品和采购）等要素所推动。企业成长文化涵盖社会对企业的态度以及人们对企业所有权的欲望。

如果缺乏资金、技术和企业家能力等决定要素，可用资源就会短缺，企业也就无法成长壮大。企业供给首先取决于企业能力，企业能力的形成和累积则依赖于企业家的经验和受训程度、企业相关业务人员的受教育程度以及企业家对这些知识的迁移能力。企业家致力于研究和开发（R&D），加上先进技术，为其业务创造蓬勃发展的机遇。技术水平促进研发投资、企业间技术合作、技术扩散、信息技术和专利制度的发展。但是，要想抓住商机成功创办企业，获得资本才是关键。而资本则取决于企业家是否能够获取金融资源，如银行体系、股票市场以及其他金融机构。

上述分析框架对研究已有市场经济体系下企业的本质、特征和绩效确实有所裨益，但就转型经济而言却忽略了部分要素。企业绩效分析需要考虑两个重要进程：一是设置和构建市场体系，其中包括制定法律法规，承认和保障私有财产权，规范市场交易；二是同时进行所有权转型。下文将会说明为何把这些进程纳入企业绩效分析会如此重要。

（四）政府控制资源和转型中的企业发展

从根本上来看，市场化改革其实就是调整国家和市场在产品整合以及交换分配活动中的相对角色，以提高效率，促进经济增长。如其他中央计划经济国家一样，中国市场化改革始于"只有政府、没有市场"（Zhang，2002）。

起初的中央计划经济，小到工厂、建筑、机械、设备，大到土地和其他自然资源等生产资料都由国家控制，国家采取独资形式，通过国有企业和农业集体化实现。尽管没有市场参与，只靠政府在中央计划下协调商品分配交易节省的财政资源有限，国家还是通过设定农业和工业、农村和城市地区之间的贸易条款，解决产品过剩问题。因此，市场化改革的关键是国家遵循市场规则和秩序，改造公有资产所有权，减少国有企业份额，改变政府干预产品和交易活动的方式，转变国家对资源的控制。这样一来，一方面，市场化改革创造市场机遇，确保私有财产权作为激励措施，为企业的产生营造了良好的环境；另一方面，市场转型使国家减少对资源，尤其是物质资本和金融资本、土地及其他自然资源的控制，并且改变控制模式，使企业得以崛起。

市场条件下改变国家对资源的控制就会引出国家和市场相互干扰的基本问题。虽然人们普遍认为国家干预范围会减少，人们却发现在经济过渡阶段，国家在建立市场体系过程中扮演着不可或缺的引导角色，这也为各个企业提供了公开竞争的机会。市场改革其实就是一个制度变迁的过程，所以国家引导必不可少。制度变迁是一个长期过程，需要时间来构建全新的市场体制，并在经济体系中加以巩固（Murrel 和 Wang，1993；世界银行，2001）。具体说来，埃罗（2001）将国家的市场导向作用解释为：尽管在健全经济体系中政府对经济活动的指导作用是有限的，但就转型而言也是不可或缺的。国家是唯一能为经济提供全局引导的根本力量。不可否认的是，适当的政策和引导能够大大促进转型。

鉴于国家在经济转型中的指导作用，市场自由化与国家控制资源的相互作用会对企业活动产生强烈的影响。如上所述，由于国家主导所有经济活动的所有权，企业不仅在取得生产要素（资金、土地和其他自然资源）上依赖国家，甚至在基本投入（如能源和公共事业）上也是如此。不管是在中国还是在其他经济转型国家，都是市场改革带动这些资源市场的发展。如果国家不减少对资源的控制，不减少对资源的访问限制，企业就不可能诞生。因此，民营企业的活力和绩效很大程度上取决于国家对主要资源的放权程度和放权方式。此外，国家通过独资或国有企业的优势占领市场意味着对市场的垄断，这就揭示了市场的扭曲，也隐含了大量的租金。租金和寻租表明，市场改造过程中政府干预产生租金是不可避免的，有些特定租金一方面促进经济增长，另一方面又摧毁经济（Khan，2004）。这里有一个非常关键的问题：国家是否真的能够对这些租金加以管理和利用，并促进经济发展？例如，国家可以通过市场准入和参与，把这些租金转给企业，从而鼓励私人投资，或者用来筹措公共物品供给。此外，租金的存在还引出了另一个关键问题：怎样才能公平分配和使用这些租金？我们将会在中国市场转型和私营企业演变的背景下加以探讨。

三　政府控制资源和改革初期（1978～1992 年）的私营企业

中国改革初期的一个关键特征是局部市场自由化导致的双轨价格体系。继人民公社制度下农业合作社迅速成功转型为家庭生产经营体制之后，工业企业合同责任制投入使用，市场交易逐渐能够通过规划渠道，占有比以往更大的份额。产品市场从消费品到工农业生产原料和投入，逐步更加自由化。计划体制下商品供不应求矛盾突出，渐进式市场正好填补供求空缺，为非国有私营企业的壮大创造了大量机遇（Garnaut 等，2001）。通过跳出国有企业来观察私营企业诞生方式，Lu（1994）总结道，这一时期新兴的私有企业带有许多卡兹罗式企业特征。多余的市场机遇虽然很有限，但政府为打开国内市场、走向世界，最初的政策重点在于吸引外商直接投资（FDI），特别是吸引香港、台湾等的直接投资。1979～1985 年的六年时间，外商直接投资总数达到 74 亿美元，而 1986～1991 年的六年时间里，外商直接投资增加到了 186 亿美元（Wu，2009）。20 世纪 70 年代香港企业兴起，对外商直接投资开放伊始就促进了内地企业家和香港企业家之间的贸易往来（Tsai，2007）。

20 世纪 80 年代，中国非国有企业①迅速壮大，为提高产出和促进就业做出了巨大贡献。宋（2014）指出，1978～1992 年，国有企业在工业生产

---

①　从概念上讲，非国有企业包含集体所有制企业、私营企业、合资企业、境外中国企业以及外企（Lin 等，1996：215）。其中，集体所有制企业可以是城镇企业，也可以是乡镇企业（TVEs）。乡镇企业是在 1984 年国务院会议上首次提出的（Song，2014：189）。就产出、就业及企业数量而言，乡镇企业是非国有企业的重要组成部分（Lin 等，1996）。这一特征将在文章中加以展现。尽管形态各异，但各企业的本质都体现在企业家能力上，因为他们在运作过程中都得遵守市场规则。

总值中的份额从78%降到了48%，而非国有企业份额则从超过22%相应增加到了52%。值得注意的是，在非国有企业的份额变化中，集体所有制企业变化最大，而私营企业只增加到了近10%。在改革的第一阶段，制度体系并未正式承认私营企业及其业务活动的地位。中国政府的经验主义认为它们只不过是经济的从属或补充，私营企业家是资本家和剥削者的说法更是盛行（Garnaut等，2001）。更严重的是并未对私人财产权做出规定（Huang，2008）。非国有企业迅速壮大，制度上却处于劣势，这成为多数经济学家面临的一大难题。从体制的角度来看，Huang（2008）指出，保障财产权并未制度化；企业人才愿意从商的动因是定向自由主义，即政府领导层的政策保障及象征性行动，以表明政府的改革意图。此外，为了应对意识形态和规管障碍，许多私营企业都注册为集体所有制企业，导致20世纪80年代到90年代出现了"红帽子"企业现象（Garnaut等，2001）。

表1 产出年平均增长率和全要素生产率年平均增长率

单位：%

时间	1980～1988年	1980～1984年	1984～1988年
国有企业			
产出	8.49	6.77	10.22
全要素生产率	2.40	1.80	3.01
集体所有制企业			
产出	16.94	14.03	19.86
全要素生产率	4.63	3.45	5.86

资料来源：世界银行（1992）。

生产绩效是整体绩效的体现者和贡献者。从表1中可见，在转型早期阶段，尤其像乡镇企业这样的非国有企业比国有企业生产绩效要好。可将1980～1988年的8年时间分为1980～1984年以及1984～1988年两个阶段，集体所有制企业的全要素生产率增长率几乎是国有企业的两倍。学者们普遍认为，作为经济的市场化部分，集体企业面临更大的竞争，预算约束也更大。然而，在转型早期阶段，就提高非国有企业产量和生产率而言，政府在资源分配中的作用也同样重要。这可见于以下三个方面。

首先，国有企业改革工业策略重点并不明确。相反，各级政府改革着重在于为管理者和工人开创激励措施，提高现有国有企业生产效率。这种循序渐进进行试验的方法形成了计划轨迹与市场轨迹并行的双轨价格体系。重要的是，如此一来，双轨价格体系为资源转移开创了渠道，尤其促进了国有企业、工业企业的原材料通过计划分配和市场渠道向非国有企业流通（Jefferson和 Rawski，1995）。此外，计划经济下普遍存在的商品短缺问题（Kolodko，2000）更加剧了市场对工业产品的过度需求。市场供不应求，加之获取材料途径得以改善，就能为非国有企业创造高额赢利机会。如杰弗逊和罗·斯基（1995）所指，商品短缺问题形成高额差价无疑会生成准租金，其中部分租金进入非国有企业的口袋。然而，如 lu（1994）所说，双轨价格体系也有副作用（即寻租行为的证据），那就是导致了国企管理人员和政府官员腐败活动的猖獗。

其次，地方政府利用土地、工厂、当地公共事业服务及税收手段，在促进乡镇企业发展中发挥了积极作用，尤其是乡镇政府更多地参与了非国有企业活动，财政改革起到了极大的推动作用。20 世纪 80 年代的财政改革是把分配预算收入和支出的责任分摊给中央政府和地方政府（省、县、市）。地方政府有更多的自主权来积累收入、计划支出。我们可称之为财政订约制度、第三方合同责任制（世界银行，1992），也即"政治集权下的财政联邦主义"（Zhang，2002）。国家鼓励地方政府因地制宜增加收入。因此，财政订约制度创造激励措施鼓励地方政府和官员促进当地经济发展（Bouckaert，2007）。由于现有体系设置不利于私营企业发展，所以地方政府增加了它们在当地集体所有制企业中的名义股份。地方政府的参与在获取土地、工厂和公共服务上加大了对乡镇企业的支持力度，为乡镇企业创造了与国有企业相对平等的机会。举例来说，与乡镇企业相比，1985 年私营企业不得不支付更昂贵的电费，税收也是乡镇企业的 2.5 倍（Chang 和 Wang，1994）。这也进一步解释了私营企业常常采取红帽子策略的原因。

最后，在信贷限额、部分银行体系商业化背景下，地方政府在为乡镇企业获取信贷过程中发挥着积极作用。20 世纪 80 年代，银行业开始改革，初步形成了以中央银行为核心，国有商业银行、股份制商业银行为主体的金融体系。另外，还有庞大的农村和城市信用合作社网络。乡镇企业与地方政府紧密联系，使其占据有利地位，更易于从农村信用合作社获取资金（Huang，

2008）。城镇集体企业情况也很相似，地位不高，又面临着敌对的营商环境，私营企业采取红帽子策略来克服最致命的重要资源制约也就无可厚非了。可见，在后期改革中，乡镇企业将会是私营企业成长壮大的重要平台。

显然，在市场条件下，私营企业的有效参与以及地方政府对企业获取资源的支持使乡镇企业比国有企业表现得更加出色。

双轨制改革对原本完全由国有企业掌控的生产资料进行部分放权，无形中为私有企业的兴起增添了活力。更重要的是，非国有企业中的劳动密集型产业在促进工业结构的调整过程中功不可没（Lin 等，1996）。"计划外增长"（Naughton，1995）这一意外结果给国有企业造成了巨大的竞争压力（Jefferson 和 Rawski，1995）。这也成为国有企业性能恶化的重要因素。20世纪80年代末，各大国有企业亏损，促成了1992年以后国有企业综合改革课题的提出。

四 国家控制资源和私营企业全面市场
改革阶段：1993 年至今

自1993年起，中国就着手进行了一系列的市场化改革，在各领域经济活动中建立了市场机制。然而，经济成分不同，市场规则和竞争情况也大相径庭。其中一个重要方面就是市场规律在资源配置中的作用，这可见于越来越多的私营企业公司体系构成。在体制改革的整体框架下，政府控制资源方式的转变是促使私营企业演变和发展的决定性因素。

（一）日新月异的体制环境和私营企业的市场机遇

政治意识形态和法律体系发生主要转变，承认私有企业是在 1992 年邓小平南方谈话之后了。其间，他多次发表重要谈话，公开表明国家领导人承认私营企业在促进国家繁荣过程中的重要作用（Naughton，2007）。此后，国家对待私营企业的政治态度有了根本性的转变。例如，1992 年 9 月，中国共产党第十四次全国代表大会报告正式提出建立社会主义市场经济体制的改革目标。中共十五大承认私有制是经济的重要组成部分。这标志着国家在支持民营企业的态度上发生了翻天覆地的变化。法律体系也随之做了相应的变更。1999 年修订宪法承认私营企业在中国经济中的重要地位（Qian 和

Wu，2000），接着又颁布了相关法律对私营企业的经营进行管理。

领导阶层持续致力于市场经济改革，从三个方面加强了市场化进程的实现。第一，进一步实现国内商品市场和产品市场自由化。1992 年市场化改革方兴未艾，1993～1994 年就开始贯彻价格自由化。到了 1997 年，85% 的农产品、95% 的零售产品以及 96% 的生产原料都是以市场价格出售的（Zhang，2001）。

第二，中国的外贸自由化。中国在 2001 年加入世界贸易组织（WTO）之前，集中精力改革外贸体制以扭转畸形局面，与国际贸易体系接轨。其中部分重要措施包括统一外汇，汇率贬值；增加国内生产商的外贸途径；授予制造企业贸易权以消除进出口活动的准入壁垒；增加关税，逐渐减少贸易壁垒；其他进口替代和刺激出口的贸易政策手段（Naughton，2007）。2001 年中国加入世贸组织标志着国内企业将迎来一系列市场商机，其中包括外国市场准入、技术转让以及外商投资的准入。尽管中国得到世界的广泛认可，获得了来自世贸组织的大量福利收入，深化贸易一体化还是给国内企业带来了巨大的竞争压力，国有企业尤为突出。加入世贸组织促使中国政府开展更多的内部改革，以使国家商业规则和条例与国际标准接轨。21 世纪国有企业重大改革也由此展开。此外，世贸组织所规定的国民待遇进一步使国内私有企业在中国经济中的地位得以提升（Song，2014）。

第三，外商投资纷至沓来，这与政府明确致力于市场化改革、循序渐进地促进贸易自由化的努力是密不可分的。陈（2009）指出，1992～1993 年，中国外商投资额急剧增加，而 1997～2000 年，亚洲金融危机爆发，外商投资增长缓慢，开始下降。中国加入世贸组织使年度外商投资从 2001 年的 330 亿美元急剧增加到 2008 年的 800 亿美元。值得注意的是，外商投资总数的 63% 都集中在制造业（Chen，2009）。大量的外商投资涌入加剧了国内竞争和对生产要素禀赋的需求。

显然，私营企业发展的体制环境日新月异。市场化和贸易自由化创造了大量的市场机遇，同时更加剧了竞争。

（二）基于市场的资源控制和私营企业的演变

从计划经济向市场经济的转变可以看作一个放权过程，政府将生产资料的决定和指导权交给市场规则，这一点一直以来都颇受争议。国有企业改组是其中的一部分。此外，随着所有经济领域市场自由化的实现，市场化改革也得以推进。尽管中国主张循序渐进，但还是能够体现出国家在市场自由化的方向和速度上处于积极主导的作用。人们已经认识到，完全自由化只有在产品市场，而非要素市场，才能实现（Huang 和 Wang，2010）。要素市场指的是政府通过加强控制来对资源流通和经济增长模式施加影响。

（三）国有企业改制和私营企业壮大

20 世纪 90 年代到 21 世纪，国有企业改制与私营企业发展同步进行。20 世纪 80 年代以来国有企业经营业绩日益恶化（尤其是赢利能力和产量增长情况）。1995 年，国有企业开始了彻底性变革（钱和吴，2000）。通过多年摸索，国有企业逐渐找到了改革方向。例如，1993 年 11 月，中国共产党第十四届中央委员会第三次全体会议通过《关于建立社会主义市场经济体制若干问题的决定》，指出了国有企业改革的方向是强调财产权、所有权与企业管理的分离，允许所有权的私有化和多样化。2003 年 10 月，中共十六届三中全会通过了《关于完善社会主义市场经济体制若干问题的决定》，旨在通过关注股份制所有权和国有企业的公司化来深化国有企业改革。值得一提的是，这一时期的国有企业改革与以往的所有制改造（我们称之为改制）和范围广泛的国有企业改造并不相同。改革从破产、清算、上市、出售给私营企业到拍卖，各种措施应有尽有（Song，2014）。到了 20 世纪 90 年代后期，由于乡镇企业是集体所有权，竞争力微弱，经营管理体制和决策僵化，正面临巨大损失，因此开始逐步向私营企业转变（Qian 和 Wu，2000）。此外，政府对私有财产权的官方认可和对私有企业的支持促使许多民营集体企业脱下"红帽子"，成为真正的私营企业（Song，2014）。

改制过程实际上就是政府释放对资产的控制权，减少国家对经济的直接干预范围，允许市场机制扩大运作范围。值得注意的是，20 世纪 90 年代后期及 21 世纪私营企业迅速壮大，改制过程功不可没。从表 2 中可以看出，私营企业在整个国民经济中的数量保持持续快速增长。与此同时，乡镇企业数量却急剧减少。这样一来，国有企业的总产值继续下降，让位于迅速崛起的私营企业。图 1 表明，1999～2010 年工业领域中私营企业数量呈现急剧增加趋势；国有企业和乡镇企业数量则继续呈现下降趋势；外资企业数量逐渐增加。2010 年私营企业的工业生产总值超过国有企业 30%（Song，2014）。

表 2 不同所有制企业在册数量（所有领域）

单位：家

年份	个体户	私营企业	乡镇企业
1993	17670000	237919	1690000
1995	25280000	654531	1620000
1997	28510000	960726	1290000
1999	31600000	1508857	940000
2000	26710000	1761769	800000
2001	24330000	2028548	670000
2003	23531857	3005524	—
2005	24638934	4300916	—

注：个体户指的是少于 8 人的私人企业，私营企业指的是 8 人以上的私人企业。
资料来源：Cai（2007）、Huang（2008）。

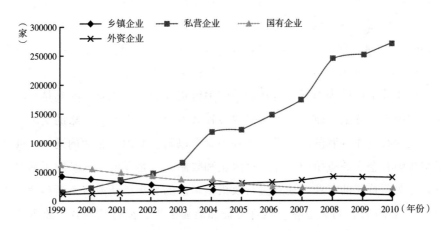

图 1 1999～2010 年工业企业数量

资料来源：环亚经济数据库；作者汇编。

从资源再分配的角度看，国有企业改制可以说是很成功的。改制利用市场机制，完成了国有资产向私有企业的重大转移，减轻了国有企业亏损给国家造成的财政负担。此外，国有企业改制还成功地为私营企业的壮大腾出空间（Xiao 等，2009），利用私营企业的活力和能力，提高资源（资产）使用效率。但改制会对国有资产造成损失，也会滋生腐败问题。从某种程度上来说，与非生产性企业相关的寻租活动难题是不可避免的。然而有证据指出，如果私有化后地方政府能够提供就业保障，损失就会很小了（Garnaut 等，2006）。此外，研究发现，私有企业数量的增加在解决国企改制带来的失业问题上发挥着重要作用（Song，2014）。

（四）产业战略和不均匀的国有企业和非国有企业分布

20 世纪 90 年代国有企业改革的一个重要特点是政府引进了产业战略。1994 年，国务院批准了《90 年代国家产业政策纲要》。《90 年代国家产业政策纲要》将机械电子、石油化工、汽车制造和建筑业确定为"支柱产业"。随后，汽车工业等具体支柱产业政策进一步得到发展（Lu，2000）。该政策为国有企业改革响应中共十五大提出的"抓大放小"口号奠定了重要的基础。1000 人以上的国有企业被定义为大型企业，所有权仍归国家所有（Song，2014）。随后，国家又确定了一批关键领域，涵盖能源、电力、公共事业、电信、航空、航运。自 20 世纪 90 年代起，支柱产业群列表发生了变化，目前包括设备、汽车、电子、信息技术、建筑、钢铁、金属以及化工（Baston，2014；世界银行和国务院发展研究中心，2013）。表 3 显示了 1994年、1999 年、2001 年和 2005 年我国私营企业的分布情况。

产业政策已成为引导政府控制分配关键资源的主要工具，尤其是对生产要素的控制和分配。政府已准备采取各种政策手段推进产业战略的实施。第一，在国有企业改制的同时设置了各种壁垒以阻止非国有企业的进入，或是限制非国有企业的竞争力，尤其是阻止和限制私有企业的渗入。除了那些具有天然垄断特征的行业，还通过行政措施形成的寡头垄断或者垄断产业，生成"行政垄断"。行政壁垒包括许可证和商业法规，如行政检查，监督公司注册业务活动，地方政府从特定公司采购货物或定制服务（世界银行和国务院发展研究中心，2013）。第二，政府控制银行业等金融体系，使信贷向特定领域倾斜，尤其是向国有企业倾斜。因此，引进支柱产业和战略性产业对私营企业和经济领域中的其他各类企业都具有重大的影响，结果就形成了产业的交错分布。表 3 显示了私营企业主要集中于制造业、服务及餐饮业。尽

表3　中国私营企业分布情况

单位：%

产业	1994 年	1999 年	2001 年	2005 年
农业	4.1	4.7	5.6	6.3
矿业	1.2	1.2	1.3	2.0
制造业	40.4	39.8	38.3	43.5
电力	0.9	1.1	0.7	1.1
建筑业	5.5	6.4	5.9	5.4
地质水利	0.0	0.0	0.1	0.0
运输	2.4	2.3	2.5	2.5
服务及餐饮业	27.4	20.6	21.4	26.0
金融保险	0.3	0.2	0.3	0.1
不动产	0.9	3.2	3.8	2.5
社会服务	8.0	8.3	8.0	4.9
科学技术	2.5	2.6	2.1	1.5
其他	6.5	9.6	9.9	4.2
总计	100	100	100	100

注：表中数据收集自中国社会科学院社会学所对私营企业跨领域多次研究结果（Yang，2012）。

资料来源：Yang（2012）。

管如此，在指定为"支柱产业"的制造业中，私营企业可能并不多见。相比之下，电力、建筑业、金融保险和地质水利等这些为其他行业提供产品的公共事业领域中私营企业就更少了。这种情形从国有企业改革开始到深化改革阶段一直如此。下面将会进一步对国有企业和私营企业分布不均衡模式加以讨论。

（五）受控制的金融体系和私营企业获取资本的途径

市场自由化使国家退出引导经济领域和地区间货物流通的舞台。而价格自由化也使国家不可能再扭曲不同领域和工业化地区间的相对价格（Zhang，2002）。市场化带来越来越多的家庭和企业收入，对金融资源的配置已成为国家控制资源的主要形式。一方面，市场改革的同时，中国政府逐步推进金融体系，包括推进银行业、股票市场以及非银行金融公司以拓宽经济增长投资需求的储蓄渠道；另一方面，政府通过国有商业银行和金融公司设置严格的准入壁垒和法规，在金融体系中处于垄断地位。实际上，在计划经济时期，政府就已经一手发展市场经济金融体系，一手继续巩固自己在金融体系中的主导地位。主要的国有金融体系有国家商业银行和农村及城市合作社。20世纪90年代，政府才允许股份制商业银行和外资银行等非国有金融部门参与市场（Bonin 和 Huang，2002；Song，2005）。非国有商业银行的参与从21世纪开始兴起，那时国有金融机构已在金融市场上占据主要位置。显然，政府控制金融体系，从而为支柱产业和战略性产业提供资金渠道，承接大型基础设施投资项目。这样私营企业获取资本的途径就更有限了。例如，1999年私营企业从国有银行中贷款不足0.5%，远远低于其1998年将近35%的产量贡献（Song，2005）。因此，私营企业不得不更依赖非正式融资。

政府在金融市场上的垄断地位使其能够推行金融抑制政策。利用对国有商业银行的垄断，政府就能压低银行借贷利率（Riedel 等，2007）。此外，"银行利率持续放低使国内储户和投资人都很难看到资本的真正价值"（Song，2005）。廉价信贷用来维持亏损国企的运作，造成了臭名昭著的银行体系不良贷款问题（Riedel 等，2007）。

通过压低借贷利率上限，政府创造了大量的租金，即实际利率和市场结算利率之间的差价。如将私营企业赢利项目的潜在价值考虑在内，租金还会更高。众所周知，资本市场的扭曲程度终会显露出来（Young，2000；Zhang 和 Tan，2007；Huang 和 Wang，2010；Brandt 和 Zhu，2010；Brandt 等，2013）。Huang 和 Wang（2010）声称政府干预造成的扭曲不仅仅局限于资本市场，劳动市场和自然资源市场也是如此。值得注意的是，这样的扭曲数量还不可小觑。例如，有人估算2008年要素市场扭曲值约达21000亿元，相当于国民生产总值的7%。此外，资本市场扭曲占总数的比例达到2000年以来的最高值（Huang 和 Wang，2010）。这样就出现了一个很重要的疑问，这些扭曲在促进经济增长的同时，我们又该怎样正确看待呢？

（六）国家主导土地市场的发展和私营企业的准入

在中国，城区土地由地方政府持有和管理，而农村土地则归集体所有。由于政府代表全体人民，是土地所有权的唯一持有者，因此政府掌控土地供应和土地使用权的转让权（Wang 和 Huang，2010）。

就私营企业而言，土地市场准入与资本市场准入形成了鲜明对比，这使政府在土地市场中同样处于垄断地位。地方政府通常有权决定和收取土地使用费（Huang 和 Wang，2010）。许多地方政府将土地使用权作为促进工业发展和经济增长的主要手段。地方政府积极推动工业用地的土地发展。为了吸引制造企业，许多地方当局压低土地使用费。许多情况下，土地使用费与土地开发成本（包括对现有土地使用者的赔偿、清理土地成本和基础设施建设费用）相当，甚至还会更低。在过去的二十年里，由于地方政府竞相追求经济快速增长，许多地方政府都试图降低土地开发成本，打造低价土地使用费。因为大多数土地转让都涉及农业用地和农村土地，因此主要方法就是给当地农户支付低廉的土地赔偿费。许多地方低廉的土地使用费已然被认为是促进工业快速发展的重要因素；然而，工业用地的开发同时也引发多起土地纠纷及群体性事件。强占土地越来越成为中国政府的一大隐患。从土地市场发展这方面来看，各级政府已通过独资垄断，将土地资源低价转给工业企业，其中也包括私营企业在内。从概念上讲，扭曲的工业用地价格有隐性政府补贴，相当于隐性的租金。否则，工业投资就会使土地需求日益增长，从而造成土地价格不断上涨，使工业发展受到限制。

　　土地市场发展的另一个方面是城市化和住宅用地扩张。工业化迅速发展，吸引了成千上万的农民工进城，从而促进城市化。城市化进程得以推进，收入水平增加，创造了新住宅用地的巨大需求量。由于政府控制土地供应，城市用地及工业用地需求过剩引起土地价格飙升。意识到快速增长的土地需求量，地方政府积极管理城市和工业用地。对土地供应的控制使地方政府得以确定土地使用价格，收取不菲的收入用于财政预算。同时，随着工业化和城市化的快速扩张，许多地方土地价格飙升产生大量的租金，这里定义为市场价格和政府供应土地成本之间的差价。此外，如果土地的实际市场价值高于政府决定的价格，还可能会出现额外租金。从土地市场扩张的方面看，政府垄断土地供应所得来的租金都用来公共投资了。

　　除了土地，政府还对能源和公共事业等其他自然资源实行垄断权。有争议认为，政府为了促进工业发展控制关键领域（煤、电、油和水），已扭曲了市场。Huang 和 Wang 的估算（2010）指出，这些扭曲现象在 2000～2008 年期间尤为突出，占 GDP 的 3.6%～6.4%。当然，政府对资源的控制也同样创造了大量的经济租金，用来支持工业化发展。

（七） 市场改革期间政府控制资源的优点

政府控制资源生成的基础设施会促进私有企业的发展。Xiao 等（2009）表明中国在基础设施建设中取得了令人瞩目的成就。其中，铁路网络从59700 千米增加到了 77100 千米；移动电话用户从 800 万人大幅增加到了6.10 亿人。就价值而言，Zhang 等（2012）指出，1997 年度开支金额为 732亿元，到 2010 年降低到 12.7 亿元，2005 年达到恒定值。这一结果与诺顿（2010）对中国的态度一致：“公有制可以利用市场的力量为投资和公共物品创收。”中国政府在促进市场转型中起到了积极作用。从某种程度上来说，Khan（2004）认为，一个具有较强能力的国家能够生成并管理租金，促进经济增长，似乎正适用于中国的经验。

从另一个方面来看，政府控制资源市场所创造的租金，除掉扭曲市场的缺陷外，已作为强大的激励措施来吸引和支持非国有企业的投资。许多研究表明，这已经成为中国投资拉动型经济增长模式发展的重要因素。

（八） 资源控制的不利影响是什么？什么时候会恶化？

1. 扭曲的投资模式

尽管国家持续压低资源价格会为经济增长增加投资，但也造成了制造业投资过剩（Blanchard 和 Giavazzi，2006），致使投资回报更低。过剩投资逐渐积累，造成中国经济增长结构失衡（Huang 和 Wang，2010）。在某些具有自然垄断特性的产业中，政府干预固然有一定的理论依据，私营企业的发展及其良好的业绩让政府开始担忧自身在这些行业中的主导地位。图 2 显示了2011 年国有企业在大量工业领域中总资产及总产出所占份额。图中显示，国有企业的总资产份额与总产出份额之间有明显差异。产出份额等于或大于资产份额的领域只有核加工和石油物资、供水和烟草（这些行业是国有垄断企业）。在其他领域中，国有企业的产出份额要比资产份额小得多。也就是说，由于国有企业固有的弱点和竞争环境，只要有非国有企业的参与，政府对资源（资本或资产）的控制效率就会降低。这表明，进一步减少对这些行业的资源控制会促进产出增长。

图 2 与图 3 的结果大同小异。2000～2013 年，工业领域的国有资产和产出持续下降。此外，资产份额总是高于产出份额，两者之间的差距一直存

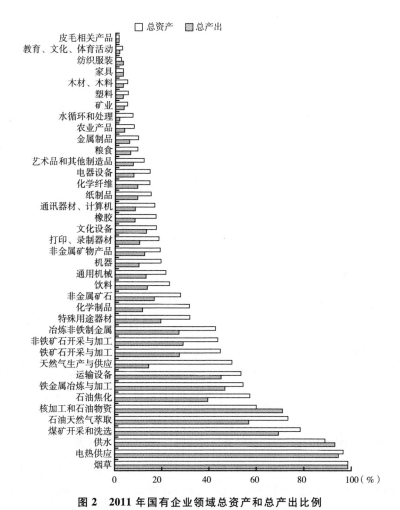

图2　2011年国有企业领域总资产和总产出比例

资料来源：Zhang 和 Freestone（2013）。

在。因此，如果进一步减少某些工业领域的国有资产持有率，经济将得到进一步发展。

2. 资源获取、寻租活动及非生产性企业

私营企业要在市场中取得成功，最重要的就是获取信贷或资本。虽然产品市场赢利商机越来越多，但由于缺乏资源和银行信贷途径，私营企业发展已受到限制，严重阻碍了起步或壮大过程中对商机的把握。深化国有企业改革已迫使国有商业银行运作商业化，寻找有利可图的私营企业，为它们提供借贷（Firth 等，2009）。然而，我国支持国有企业的传统从未改

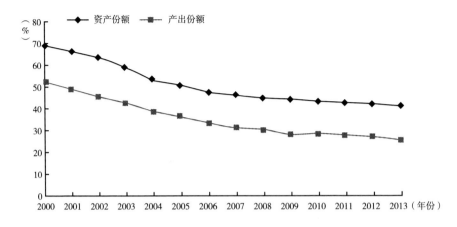

图3　2000～2013年国有企业资产和产出份额

资料来源：环亚经济数据库；编者预计。

变，也就意味着获取银行信贷是私营企业的一大挑战，尤其是中小型企业，它们是构成私营企业的主要形式（Shen等，2009）。金融市场长久以来就存在着矛盾：一方面总有大量的过度需求，另一方面企业信贷供应又很受限。因此，如果市场清算水平和规定利率差距很大，租金差异就可能会异常显著。如果把企业家放弃市场机遇的机会成本考虑在内，租金差异还会更大。

为了克服信贷限制，很多私营企业已经开始使用非正规渠道，尤其是人脉关系网①去获取贷款（Liao和Sohmen，2001）。由于银行信贷及其他很多资源都由政府控制，政府官员和资源管理者获取资本和资源就会更加便利。因此，就有传闻认为私营企业试图通过政治关系获取银行信贷或者取得政府补贴（Zhou，2009；Bai等，2006；Wu和Cheng，2011）。此外，还有证据显示与政治有关联的私营企业确实比没有政治关联的企业表现突出（Choi和Zhou，2001；Faccio，2006）。在某种意义上，有些企业家会将投资集中在政治关系领域，以获取赢利机会。这就是非生产性企业。由于政府在房屋和住宅用地需求量大的地区控制土地供应，而市场又有投机的性质，所以对于土地等资源来说，国家控制也很可能会产生非生产性企业。

---

① "关系"一词在中国很盛行，指人际关系或社会关系及关联（Calisle和Flynn，2005）。

(九) 国有企业和非国有企业的财务绩效

国有企业改制在促进国有企业绩效增长方面发挥了重要作用，国有企业绩效增长对经济增长和政府收入增加依然至关重要。鉴于在许多行业，尤其是关键部门和支柱产业领域中固定资产份额较大，那么，与其他非国有企业相比，国有企业绩效到底如何？

图 4 显示的是 2000～2013 年国有企业和非国有企业收益率。在 2008 年全球金融危机前，国有企业收益率比非国有企业收益率高得多，增长也快得多。一种解释是可能得益于 21 世纪初国企改革以及廉价的银行信贷。但也有人认为，国有企业靠其他的政策目标足以支撑它们良好的业绩。然而，2008 年后，它们的业绩迅速恶化，几乎与非国有企业收益率持平。

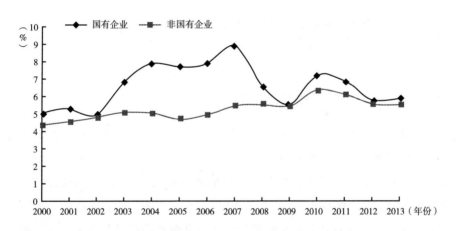

图 4　2000～2013 年国有企业和非国有企业收益率

资料来源：环亚经济数据库；编者估值。

图 5 显示了 2000 ～ 2013 年国有企业和非国有企业资产回报率（ROA）业绩。2008 年以前，国有企业资产回报率显著提高；然而，国有企业资产回报率似乎一贯低于非国有企业。2008 年以后国有企业的资产回报率业绩恶化，收益率也有类似的趋势。国有企业和非国有企业的资产回报率差距逐渐拉大。巴斯顿（2014）指出，2008 年国有企业业绩呈恶化趋势表明，尽管深化国有企业改革通过公司化，改进公司治理方

法已促使许多国有企业业绩得到改善，但国有企业亏损是结构问题，这表明国家在重组效率低下的国有企业，并减少对资产的控制以便允许更多私营企业参与。

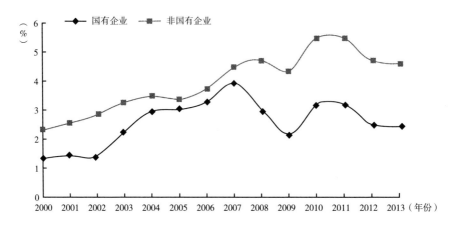

图5　2000～2013年国有企业和非国有企业资产回报率

资料来源：环亚经济数据库；编者估值。

（十）　资源控制变化和生产效率

对国家控制资源的进一步评估可见全要素生产率和财务绩效。正如公司业绩研究所指，全要素生产率与赢利能力指标呈正比（Zhang 等，2002）。此外，国有企业改革对企业本身生产效率和赢利能力等业绩都有积极影响。如图6所示，与1988～1998年十年相比，1999～2007年这一阶段加快国有企业改制增加了国有企业年利润增长率，国有企业平均全要素生产率急剧增长，从接近0增长到14%以上。

基于劳动生产率和增长率而进行的计算模拟，Brandt 和 Zhu（2010）提供了论据，在国家控制资源的条件下，分别对国有企业和非国有企业生产率产生的影响进行比较，如表4所示。1988～1998年，非国有企业的劳动生产率几乎是国有企业的两倍（分别是6.17%和3.46%）。就全要素生产率增长而言，非国有企业影响更大。值得一提的是，数据显示资本扭曲在促进国有企业生产力上起着更大的作用，而对促进非国有企业生产力的作用要小得多。

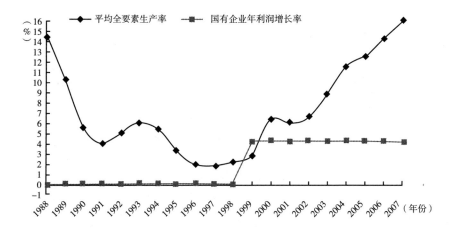

图 6　1988～1998 年及 1999～2007 年国有企业利率及平均全要素生产率

注：全要素生产率是由 Brandt 和 Zhu（2010）预计的平均增长率，分为两个时期：1988～1998 年和 1999～2007 年。Song（2014）对国有企业每年的整体利润率进行了估计。

资料来源：Song（2014）；Brandt 和 Zhu（2010）。

表 4　有关资源控制和劳动生产率增长变革

项目	1988～1998 年		1999～2007 年	
	非国有企业	国有企业	非国有企业	国有企业
基准模型	6.17	3.46	8.48	11.15
非国有企业无全要素生产率增长[a]	2.00	− 0.17	1.87	4.54
国有企业无全要素生产率增长[a]	5.52	2.82	4.95	7.62
无资金市场扭曲[a]	6.10	− 0.34	9.01	9.03
1988 年或 1998 年无投资增长率[a]	6.00	3.29	7.91	10.58

注：a 指假设情况，虚拟各领域劳动生产率增长与基准模型的对比。

资料来源：Brandt 和 Zhu（2010）。

与之相比，增加投资无论是对国有企业还是非国有企业影响都不大。因此，继全要素生产率之后，资本控制是提高国有企业劳动生产率的一个重要因素。

1999～2007 年，国有企业的劳动生产率增长明显高于非国有企业。这可能得益于国有企业改革深化，获取信贷更加便利。在此期间，非国有企业的全要素生产率对其他领域劳动生产率的影响与国有企业大同小异。投资对非国有企业劳动生产率增长的影响要小于对国有企业的影响。与 1988～

1998 年这十年相比，1999~2007 年国有企业全要素增长率显著提高，主要促进的是劳动生产率的提高，而非投资的增长。更重要的是，资本市场扭曲对非国有企业劳动生产率增长产生了极大的负面影响。相比之下，国有企业无疑从资本市场扭曲中获利。因此，随着要素市场的发展，国家对资源的控制对非国有企业，尤其是私营企业业绩显然产生了负面影响。

总体来看，国有企业和非国有企业的财政和生产绩效考核表明，尽管政府控制资源、干预要素市场对国有企业有利，相比之下，却对私有企业产生不利影响。这意味着国有企业结构调整和国家资源控制重心的变化提高了国有企业业绩，其代价却是牺牲非国有企业中私营企业的效率。

五 结论

本文利用企业发展框架对过去 30 年市场转型过程中政府控制资源模式和影响力的转变对私营企业的兴起、演变以及所取得的成果进行了分析。

国有企业改革及国家对资源控制的转变表明，私营企业在中国市场化改革背景下迅速发展壮大。不仅私营企业的发展环境得到改善，而且在对待关键生产资料上政府也转变了控制方式，这都对私营企业业绩有着深远的影响。近年来，产品市场均已开放，国家对要素市场的干预对私营企业愈加不利。鉴于私营企业大量的市场份额及良好的业绩，未来国家只有减少对关键资源的控制才能提高生产力，促进经济增长。

参考文献

Ahmad, N. and Hoffman, A. 2008, "*A Framework for Addressing and Measuring Entrepreneurship*", OECD Statistics Working Papers, 2008/02, Paris: OECD Publishing. Available from http://dx. doi. org/10. 1787/243160627270.

Arrow, K., 2001, "The Role of Time", in I. R. Klein and M. Pomer (Eds), *The New Russia: Transition Gone Awry*, pp. 85 - 91, Stanford, Calif.: Stanford University Press.

Bai, C. E., Lu, J. and Tao, Z., 2006, "Property Rights Protection and Access to Bank Loans: Evidence from Private Enterprises in China", *Economics of Transition*, 14 (4): 611 - 28.

Baston, A., 2014, *Fixing China's State Sector*, Paulson Policy Memorandum, The Paulson Institute, Chicago. Baumol, W. J. (1990), "Entrepreneurship: Productive,

Unproductive and Destructive", *Journal of Political Economy*, 98 (5): 893 – 921.

Blanchard, O. J. and Giavazzi, F. , 2006, *Rebalancing Growth in China: a Three – Handed Approach*, January 2006, Discussion Paper DP5403, Center for Economic Policy Research, Washington, DC.

Bonin, J. P. and Huang, Y. , 2002, "China's Opening Up of the Banking System: Implication for Domestic Banks", in L. Song (Ed.), *Dilemmas of China's Growth in the Twenty – First Century*, pp. 55 – 72, Canberra: Asia Pacific Press.

Bouckaert, B. R. , 2007, "Bureaupreneurs in China: We Did It Our Way", *European Journal of Law and Economics*, 23 (2): 169 – 95.

Brandt, L. and Zhu, X. , 2010, *Accounting for China's Growth*, Working Paper Series IZA DP No. 4764, Institute for the Study of Labor, Bonn. Available from ftp. iza. org/ dp4764. pdf.

Brandt, L. , Tombe, T. and Zhu, X. , 2013, "Factor Market Distortions Across Time, Space and Sectors in China", *Review of Economic Dynamics*, 16 (1): 39 – 58.

Carlisle, S. and Flynn, D. , 2005, "Small Business Survival in China: *Guanxi*, Legitimacy, and Social Capital", *Journal of Developmental Entrepreneurship*, 10 (1): 79 – 96.

Carree, M. A. and Thurik, A. R. , 2003, "The Impact of Entrepreneurship on Economic Growth", in Z. J. Acs and D. B. Audretsch (Eds), *Handbook of Entrepreneurship Research*, UK: Kluwer Academic Publishers. Chang, C. and Wang, Y. , 1994, "The Nature of the Township – Village Enterprises", *Journal of Comparative Economics*, 19: 434 – 52.

Chen, C. , 2009, "Inflow of Foreign Direct Investment", in R. Garnaut, L. Song, and W. T. Woo (Eds), *China's New Place in a World in Crisis: Economic Geopolitical and Environmental Dimensions*, pp. 325 – 47, Canberra: ANU E Press.

Choi, E. K. and Zhou, K. X. , 2001, "Entrepreneurs and Politics in the Chinese Transitional Economy: Political Connections and Rent – Seeking", *the China Review*, 1 (1): 111 – 35.

Estrin, S. , Meyer, K. E. and Bytchkova, M. , 2008, "Entrepreneurship in Transition Economies", in A. Basu, M. C. Casson, N. Wadeson and B. Yeung (Eds), *The Oxford Handbook of Entrepreneurship*, pp. 679 – 723, New York: Oxford University Press.

Faccio, M. , 2006, "Politically Connected Firms", *American Economic Review*, 96 (1): 369 – 86.

Firth, M. , Lin, C. , Liu, P. and Wong, S. M. L. , 2009, "Inside the Black Box: Bank Credit Allocation in China's Private Sector", *Journal of Banking & Finance*, 33: 1144 – 55.

Garnaut, R. , Song, L. and Yao, Y. , 2006, "Impact and Significance of State – Owned Enterprise Restructuring in China", *The China Journal*, 55: 35 – 63.

Garnaut, R. , Song, L. , Yang, Y. and Wang, X. , 2001, *Private Enterprise in China*, Canberra: Asia Pacific Press.

Gries, S. and Naudé, W. , 2008, *Entrepreneurship and Structural Economic Transformation*, UNU – WIDER Research Paper No. 2008/62, United Nations University/World Institute for Development Economics Research. Available from http: //www. wider. unu. edu/Publications/ Working – Papers/Research – Papers/2008/En_ GB/Rp2008 – 62/.

Huang, Y., 2008, *Capitalism with Chinese Characteristics: Entrepreneurship and the State*, New York: Cambridge University Press.

Huang, Y. and Wang, B., 2010, "Rebalancing China's Economic Structure", in R. Garnaut, J. Golley and L. Song (Eds), *China: the Next Twenty Years of Reform and Development*, pp. 293 – 318, Canberra: ANU E Press.

Jefferson, G. H. and Rawski, T. G., 1995, "How Industrial Reform Worked in China: the Role of Innovation, Competition, and Property Rights", in *Proceedings of the World Bank Annual Conference on Development Economics*, *1994*, Washington, DC: the World Bank. Karlsson, C., Friis, C. and Paulsson, T., 2004, *Relating Entrepreneurship to Economic Growth*, CESIS Electronic Working Paper Series No. 13, Centre of Excellence for Science and Innovation Studies, Stockholm. Available from http://ideas.repec.org/p/hhs/cesisp/0013.html.

Khan, M. H., 2004, State Failure in Developing Countries and Institutional Reform Strategies, Paper Presented at the Annual World Bank Conference On Development Economics—Europe 2003, Oslo, 24 – 26 June 2002. http://eprints.soas.ac.uk/3683/1/State_ Failure.pdf.

Kirzner, I. M., 1998, *How Markets Work: Disequilibrium, Entrepreneurship and Discovery*, Sydney: Centre for Independent Studies.

Kolodko, G. W., 2000, "Transition to a Market and Entrepreneurship: the Systemic Factors and Policy Options", *Communist and Post – Communist Studies*, 33 (2): 271 – 93.

Liao, D. and Sohmen, P., 2001, "The Development of Modern Entrepreneurship in China", *Stanford Journal of East Asian Affairs* 1: 27 – 33.

Lin, J. Y., Cai, F. and Li, Z., 1996, "The Lessons of China's Transition to a Market Economy", *Cato Journal*, 16 (2): 201 – 31.

Lu, D., 1994, *Entrepreneurship in Suppressed Markets: Private – Sector Experience in China*, New York: Garland Publishing.

Lu, D., 2000, "Industrial Policy and Resource Allocation: Implications on China's Participation in Globalisation", *China Economic Review*, 11: 342 – 60.

Murrel, O. and Wang, Y. J., 1993, "When Privatization Should Be Delayed: the Effect of Communist Legacies on Organizational and Institutional Reforms", *Journal of Comparative Economics*, 17 (2): 385 – 406.

Naudé, W., 2010, "Entrepreneurship, Developing Countries, and Development Economics: New Approaches and Insights", *Small Business Economics*, 34: 1 – 12.

Naughton, B., 1995, *Growing Out of the Plan: Chinese Economic Reform*, *1978 – 1993*, Cambridge: Cambridge University Press.

Naughton, B., 2007, *the Chinese Economy: Transition and Growth*, Cambridge, MIT Press.

Naughton, B., 2010, "China's Distinctive System: Can It Be a Model for Others?", *Journal of Contemporary China*, 19 (65): 437 – 60. Qian, Y. and Wu, J., 2000, *China's Transition to a Market Economy: How Far Across the River?*, CEDPR Working Paper No. 69, Center for Research on Economic Development and Policy Reform, Stanford

University. Available from http: //Siepr. Stanford. Edu/Publicationsprofile/1503.

Riedel, J., Jin, J. and Gao, J., 2007, *How China Grows: Investment, Finance, and Reform*, Princeton, NJ: Princeton University Press.

Schumpeter, J. a., 1934, *The Theory of Economic Development*, Cambridge, Harvard University Press.

Shen, Y., Shen, M., Xu, Z. and Bai, Y., 2009, "Bank Size and Small – and Medium – Sized Enterprise (SME) Lending: Evidence from China", *World Development*, 37 (4): 800 – 11.

Sobel, R. S., 2008, "Testing Baumol: Institutional Quality and the Productivity of Entrepreneurship", *Journal of Business Venturing*, 23: 641 – 55.

Song, L., 2005, "Interest Rate Liberalisation in China and the Implications for Non – State Banking", in Y. Huang, a. Saich and E. Steinfeld (Eds), *Financial Sector Reform in China*, pp. 111 – 30, Cambridge, Mass. : Harvard University Asia Centre.

Song, L., 2014, "State and Non – State Enterprises in China's Economic Transition", in G. C. Chow and D. H. Perkins (Eds), *Routledge Handbook of the Chinese Economy*, pp. 182 – 207, London and New York: Routledge.

Tanas, J. K. and Audretsch, D. B., 2011, "Entrepreneurship in Transitional Economy", *International Entrepreneurship and Management Journal*, 7: 431 – 42.

Tsai, K. S., 2007, *Capitalism Without Democracy: the Private Sector in Contemporary China*, Ithaca, NY: Cornell University Press.

World Bank, 1992, *China—Country Economic Memorandum: Reform and the Role of the Plan in the 1990s*, Washington, DC: the World Bank. Available from http: //Documents. Worldbank. Org/Curated/En/1992/06/736717/China – Country – Economic – Memorandum – Reform – Role – Plan – 1990s.

World Bank, 2001, *World Development Report 2002: Building Institution for Markets*, New York: Oxford University Press.

World Bank and Development Research Center of the State Council, the People's Republic of China (DRC) (2013), *China 2030*, Washington, DC: the World Bank.

Wu, J., 2009, "Market Socialism and Chinese Economic Reform", in J. Kornai and Y. Qian (Eds), *Market and Socialism: in the Light of the Experiences of China and Vietnam*, New York: Palgrave Macmillan. Wu, J. and Cheng, M. L. (2011), "The Impact of Managerial Political Connections and Quality on Government Subsidies: Evidence from Chinese Listed Firms", *Chinese Management Studies*, 5 (2): 207 – 26.

Xiao, G., Yang, X. and Janus, a., 2009, "State – Owned Enterprises in China: Reform Dynamics and Impacts", in R. Garnaut, L. Song and W. T. Woo (Eds), *China's New Place in a World in Crisis: Economic Geopolitical and Environmental Dimensions*, pp. 155 – 78, Canberra: ANU E Press.

Yang, K., 2012, "The Dependency of Private Entrepreneurs on China's State", *Strategic Change*, 21: 107 – 17.

Young, a., 2000, "The Razor's Edge: Distortions and Incremental Reform in the People's Republic of China", *the Quarterly Journal of Economics*, CXV (4): 1091 – 135.

Zhang, a. , Zhang, Y. and Zhao, R. , 2002, "Profitability and Productivity of Chinese Industrial Firms: Measurement and Ownership Implications", *China Economic Review*, 13: 65 – 88.

Zhang, C. , 2002, the Interaction of the State and the Market in a Developing Transition Country: the Experience of China, Paper Presented at International Seminar on Promoting Growth and Welfare: Structural Changes and the Role of Institutions in Asia, Brazil.

Zhang, D. and Freestone, O. , 2013, "China's Unfinished State – Owned Enterprise Reforms", *Economic Roundup Issue 2*, the Treasury, Government of Australia, Canberra. Available from http: //www. treasury. gov. au/publicationsandmedia/Publications/2013/Economic – Roundup – Issue – 2/Economic – Roundup/Chinas – Unfinished – SOE – Reforms.

Zhang, X. and Tan, K. Y. , 2007, "Incremental Reform and Distortions in China's Product and Factor Markets", *the World Bank Economic Review*, 21 (2): 279 – 99.

Zhang, Y. , Wang, X. and Chen, K. , 2012, *Growth and Distributive Effects of Public Infrastructure Investments in China*, Working Paper 2012 – 07, Partner for Economic Policy Network. Available from http: //www. gdn. int/admin/uploads/editor/files/. . . /yumeizhang_paper. pdf.

Zheng, J. , Bigsten, a. and Hu, a. , 2009, "Can China's Growth Be Sustained? A Productivity Perspective", *World Development*, 37 (4): 874 – 88.

Zhou, W. , 2009, "Bank Financing in China's Private Sector: the Payoffs of Political Capital", *World Development*, 37 (4): 787 – 99.

（胡世平 译）

中国投资的高速增长及内部调整路径

Owen Freestone　Dougal Horton[*]

一　引言

中国 GDP 中的投资份额异常高，甚至与东亚其他处于相似发展阶段的经济体相比也是如此。本文讨论了中国高投资率的可能原因以及政府计划的市场化改革能够怎样减少投资、促进家庭消费。根据亚洲发达经济体的经验，我们的分析表明中国 GDP 中的投资份额减少 10%（家庭消费增长同等份额）需要十年时间，并且理论上不会对经济增长和资本积累造成任何重大影响。假设中国政府所计划的改革成功地促进了整个经济资本效率的提高，在建立了此种情境的可信性后，可以通过一个生产率补偿性的增长代表该冲击，并将其引入中国经济的全球可计算一般均衡（CGE）模型中。我们这样做仅仅是为了阐释这种发展所带来的影响。我们发现这种冲击使得家庭支出从产成品消费转向了服务消费，并且使得出口小幅减少、进口少量增加，减少了中国的贸易顺差，这与投资向消费的转变是一致的。

本文分为两个部分，第一部分回顾了中国宏观经济的演进过程，展示了中国宏观经济的结构如何随着时间而改变，与处于相似发展阶段的其他经济

---

* 作者来自澳大利亚财政部国际经济部门。本文中所使用的 CGE 模型是由宏观经济模型和政策部门的 Liangyue Cao、Qun Shi、Cedric Hodges 和 Wallace Stark 所构建的。本文的写作也得益于 Sam Hill、Bonnie Li、Mark Frost 和 Richard Wood 的批评与建议。本文仅代表作者观点，与澳大利亚财政部无关。

体进行了比较，并讨论了中国投资率过高的一些原因。

在第一部分讨论的基础上，第二部分探讨了中国在十年间投资份额逐渐降低 10% 的情形。建立了这种转变的整体合理性之后，我们讨论了在一个全球贸易环境（GTEM）模型[①]（Pant，2007）中类似的冲击所带来的影响，包括政府所计划的提高生产率的改革能够如何抵消投资减少对于中国实际 GDP 的影响。

二　1978 年以来中国的经济和产业转型

（一）中国崛起概述

基于大量的劳动力投入和迅速的资本积累，中国通过改革开放从一个农业经济体转变为由现代工业和服务业引领的经济体。

与之前的其他东亚经济体类似，中国也利用了其后发优势，引进使用发达经济体的先进科技和生产技术，无须承担科研开发的成本。

因此，中国在全球产出中的份额从 1978 年改革开放开始就在十年间翻了一番。过去的三十年中国在全球产出中的份额增长了八倍，预计将在 2020 年超越美国成为世界第一大经济体。

但这种令人瞩目的转变伴随着严重的结构失衡以及经济和社会发展的挑战。中国的经济增长严重依赖于不可持续的高投资率，扭曲的政策将资源从家庭部门引向公司部门以促进物质资本存量[②]的积累。这导致了一些部门过高的杠杆率以及投资的低效率，使得金融稳定性和未来的增长都处于风险中。此外，这种增长的环境成本很高，这会限制某些地区未来产业扩张的速度。

在未来十年，中国政府面临的关键挑战是支持经济转向一种新的增长模式。只有转向由个人而非国家推动的经济，中国才能够做出适当的投资决策，使得生产率持续提升，向东亚高收入经济体转变。中国的人口结构在未来十年将越来越不利于经济增长，因此生产率的持续提升将越来越重要。

---

① 这个版本的 GTEM 模型由澳大利亚财政部做出了一些修改。
② 本文中"资本存量"指"物质资本存量"。

当然，中国并不是第一个面临这种挑战的经济体。本文审视了中国当前的经济结构，并与其他东亚经济体的转型期进行了比较①。我们在分析中也将美国作为一个比较的基准，即将中国的转型与其他足以影响全球经济的国家进行比较。

（二）GDP 中家庭消费份额的下降

中国的生产能力得到了快速的扩张，大量投资基础设施建设正是扩张生产能力的途径之一，而生产能力的快速扩张与数以千万的农民工流向城市制造业是互为支撑的。城市制造业的报酬更高，而这些更高的薪水则流向了更广阔的经济领域，支持了平均家庭收入和消费的持续增长。1978 年以来，工资水平平均每年增长 14%，家庭消费平均每年增长 15%，然而投资的增长速度更快，使得 GDP 中家庭消费的比重降到了历史最低点 35%（见图 1）。

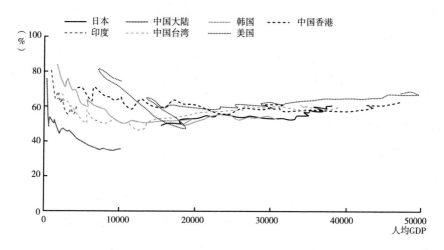

图 1　家庭消费占 GDP 比重

注：人均 GDP 是根据购买力平价调整后的（2011 年价格）。

资料来源：World Bank (2012)；CEIC Asia；US Bureau of Economic Analysis；Maddison (2010)；Australian Treasury。

---

① 生产过程中有三个主要的投入要素：物质资本（工厂、制造设备）、人力资本（劳动力的技能、知识和经验）、自然资本（自然资源）。这些投入要素创造产出的效率可以显示出经济发展的程度。由于估计人力资本和自然资本的贡献率很难，因此计算资本的生产率非常困难。本文利用实际人均 GDP（根据购买力平价进行调整）衡量发展程度。人均 GDP 对于大多数经济体都是可得的，并且能够代表利用不同资源进行生产的经济体的相对生产率。

如图 1 所示，GDP 中家庭消费的份额在经济发展的第一阶段明显下降，即经济从多数产出都用来消费的温饱阶段开始转型。投资随着经济的发展而加速，剩余劳动力的存在虽然使家庭收入增长了，但家庭部门收入占国民收入的比重仍相对较低。因此，投资的增速高于家庭消费的增速使得 GDP 中的消费份额下降了。例如，韩国的家庭消费份额从 20 世纪 60 年代（韩国的"起飞"点）的 80% 多降到了 2012 年的 54%。

图 1 也显示出中国 GDP 中家庭消费的份额比其他东亚国家下降得更多、更快。在韩国，家庭消费占 GDP 的份额在 1988 年降到了 50% 左右的低点。中国现在正处于与韩国 1988 年相似的发展阶段。

过去三十年，中国家庭消费份额的下降主要是由家庭部门的收入在国民收入中的比重下降引起的（Aziz 和 Cui，2007）。所有的主要家庭收入来源都减少了，反映出中国经济模式偏重于公司部门。这种模型的特征还包括社会保障较低（特别是对于农民工来说），投入要素价格的人为压力和所谓的"金融管制"（家庭存款渠道受限与国家规定低储蓄利率互为补充，通过对资本成本的补贴将这些资金转向公司部门）。与剩余劳动力导致的低工资一样，这些特点意味着国民收入中的家庭份额从 20 世纪 90 年代中期开始稳定下降以来仍然相对较低。同时，这些特征还鼓励了家庭储蓄，强化了 GDP 中家庭消费份额低的特征。

1. 工业化及出口导向增长

与许多其他东亚经济体一样，中国改革开放以来经济的高速增长和人民生活水平的提高得益于资本的积累和国家对于制造业在国际竞争中的支持。Rodrick（2013）指出，制造业可以推动经济发展，甚至在糟糕的政府管理、政策和不利环境下亦然。

和其他东亚国家一样，中国的出口部门在支持经济增长方面起到了核心作用，这部分地反映出与出口导向型增长相关的正向溢出效应，特别是在新的科技和商业实践向中国经济的其他部门扩散的过程中溢出效应大大提升了整个经济的生产率。

20 世纪 70 年代，通过资本积累、科技转化和利用廉价剩余劳动力，制造部门迅速崛起成为中国经济的重要组成部分。1978～1980 年，制造业占中国总产出的 40% 左右。随着人们收入的提高，中国渐渐转向以消费和服务为基础的经济模式，制造业占中国总产出的比例目前降到了 30% 左右，与中国台湾和韩国在同一发展阶段的情况类似。

在过去的二十年里，对生产能力和其他资本产品的投资促进了近一半的中国经济增长。中国的投资（固定资本形成总值）在 20 世纪 80 年代平均占 GDP 的份额是 30%，之后稳定增长，到 2012 年达到了 47%。

如图 2 所示，投资占 GDP 的比重迅速上升是发展中经济体的特点，反映出发展初期新增资本的高回报。但 47% 的比例大大高于其他东亚经济体的峰值。例如，日本的比例在 1973 年是 36%，韩国的比例在 1991 年是 39%。

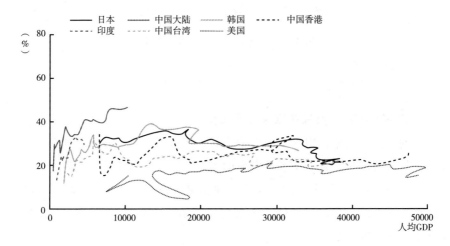

图 2　投资占 GDP 的比重

注：人均 GDP 根据购买力平价进行调整（2011 年价格），"投资"在此处定义为固定资本形成总值。

资料来源：World Bank；CEIC Asia；US Bureau of Economic Analysis；Maddison（2010）；Australian Treasury。

有人估计中国的资本存量在过去 30 年以年均 10% 的速度增长（Berlemann 和 Wesselhoft，2012）。中国的人均资本存量仍只是发达经济体的很小一部分（见图 3）。尽管总的资本存量增长很快，根据 Berlemann 和 Wesselhoft 的估计，中国的人均资本存量只是美国的 5%（以实际汇率计算），即使根据购买力平价进行了调整后，这个比例也仅仅达到 13%。在 1988 年韩国与现在的中国处于类似的发展阶段时，韩国的人均资本存量（依据购买力平价调整后的）约是美国的 30%。

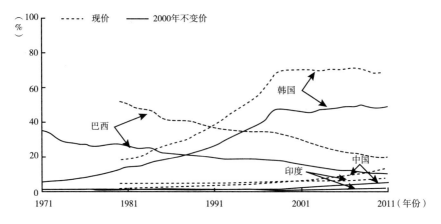

图3 人均资本存量占美国的比重

资料来源：World Bank；Berlemann and Wesselhoft（2012）；The Conference Board Total Economy Database；Australian Treasury。

2. 国家激励支持高额国家储蓄及投资

从现代改革开始，中国国内储蓄率就高于投资率。储蓄率被国际标准所提升并且显著增长，它支持了投资率的提升。国家储蓄率从 20 世纪 80 年代初期的 35% 左右上升到了 2008 年 53% 的峰值，随后在 2012 年降到了 51%。中国那一时期的大多数时候储蓄率都高于投资率（见图 4），并且远远超过了其他东亚国家（见图 5）。

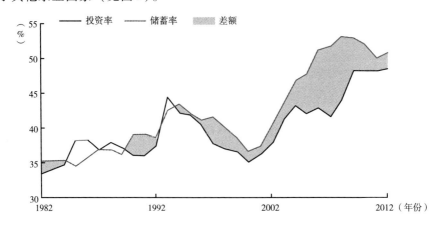

图4 中国的储蓄率和投资率

资料来源：IMF October 2013 WEO；CEIC China；and Australian Treasury。

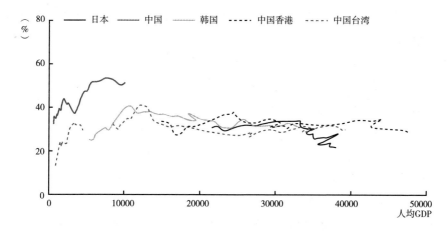

图 5　储蓄率

注：人均 GDP 根据购买力平价进行调整（2011 年价格）。

资料来源：IMF October 2013 WEO；Maddison（2010）；Australian Treasury。

1992 年以来，中国家庭部门的储蓄占了国家储蓄的近一半。这是由于过去三十年中国有着大量的适龄劳动力人口，并且与他们所抚养的年轻人和老年人相比，他们有着更强的储蓄能力（Kong 等，2012）。不完整的境内金融市场和接触境外金融市场的渠道有限推高了存款率，而教育、医疗和社保等社会服务的缺乏也同样推高了存款率。

当然，在此期间公司储蓄也为国家储蓄的增长做出了很大贡献，占增长总量的 43%。特别是对于国有企业来说，宽松的股利政策使得它们可以将利润进行留存再投资，而无须通过股利进行分配。金融业发展不充分也使得私人部门，特别是小商业者很难有机会取得间接融资，这也促使私人部门的储蓄率增加。

工业部门是中国经济发展模型中一个关键的组成部分，旨在促进工业发展的政府政策也支持了公司储蓄的形成。例如，诸如土地、水、能源等关键投入要素的境内成本与国际标准相比偏低，这部分地反映出政府政策压低了上述投入要素的市场价格（World Bank，2012）①。

最重要的是中国政策的设定使得家庭和私人部门有效地补贴了公司部门投资的资本积累。市场信号在中国的银行系统中所起的作用非常有限，中国

---

① 中国要素市场扭曲的总值可以达到 GDP 的 10% 左右（Ahuja 等，2012）。

欠发达的银行系统主要由国家控制，国家控制着信用供给的数量和分配，并且管制着存贷款基准利率（尽管多数银行贷款的利率下限在 2013 年取消了）。这个管制体系既保证了银行能够有一个最低的利差收益，又使得银行可以向公司部门，特别是国有企业提供廉价贷款。

长期来看，经通货膨胀调整后的银行存款利率为负值，在过去十年间实际的基本存款利率平均为 −0.3%，而同期实际贷款利率平均为 2.9%。

从 21 世纪初开始，这些政策与相对严格的资本控制一起保证了中国的大公司的运营，特别是国有企业可以获得稳定廉价的境内资本，通过资本积累推动了中国经济的高速增长[①]。

中国相对较高的资本回报率是对投资的有效刺激。抛开政府补助不谈，资本回报率通常是衡量投资生产率（或者效率）的指标。回报率越高，新增资本的获利机会越多，对新增资本的需求就越大。

图 6 展示了对中国过去回报率的两种估计，从 20 世纪 90 年代开始下降了近 10%。尽管如此，中国的资本回报率与其他东亚经济体相比还是很高。汇丰银行估计新加坡、韩国、中国香港的资本回报率都会在 6% 以下，这反映出它们处于更加发达的发展阶段。

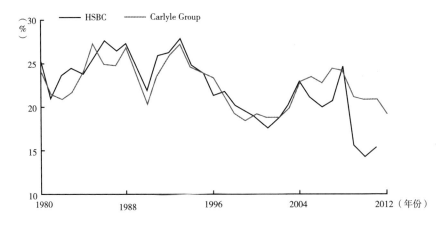

图 6　资本回报率

资料来源：HSBC Global Research（2013）；Carlyle Group（2013）。

---

① 其他因素也对经济增长有贡献。从 20 世纪 90 年代开始承认的房产私有权引发了一场房地产投资潮。此外，中央政府通过奖励经济快速增长的激励机制促使地方官员推动高投资率。

投资回报率的下降与资本产出比率上升是相一致的，即每形成一单位产出所需的资本投入增加了。如图 7 所示，虽然中国的资本产出比率在上升，但它与更加发达的经济体相比仍然相对较低。

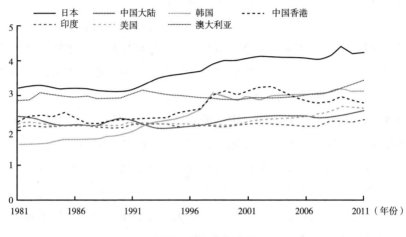

图 7 资本产出比率

注：资本和产出都根据购买力平价进行了调整（2011 年价格）。

资料来源：World Bank；Berlemann 和 Wesselhoft（2012）；Australian Treasury。

从某种程度上来说，投资回报率的降低和资本产出比率的上升都是经济现代化的自然结果。当经济从劳动密集型的农业转向资本密集型的现代工业，对于每单位产出的资本投入要求也就自然升高了。同时，剩余劳动力的减少使得劳动力的成本也上升了。中国最近的投资回报率下降一定程度上是由于国际金融危机引起了大量长期基础设施项目投资，从而拉低了短期回报率。在更长的时间里，这些项目将会提升经济整体的生产率和效率，能够显著提升生活水平（尽管国际金融危机期间一些定位最糟糕的投资将难以获得经济回报）。

根据人均资本存量的状况，中国仍然处于资本形成的追赶阶段。城市化进程对基础设施的需求很大，特别是在城市住房、交通、能源、教育和医疗等方面。由于要素价格上涨，中国需要提升其价值链以维持国际竞争力，这就需要进一步升级制造业及其生产能力（Coates 等，2012）。相对较高的回报率使得投资者仍旧愿意在中国投资，尽管这种意愿已经不像原来那样强烈了。

3. 投资回报率的下降

用回报率衡量投资效率是建立在投入要素定价市场化的基础上的,但中国相对较高的投资回报率可能源于要素市场价格的扭曲和政策对于公司部门的偏向,从而隐藏了中国部分产业投资效率低的问题。

例如,Lee 等 (2013) 的研究发现,在内陆省份的投资正渐渐变得低效。与之相应的,这些地区的个人消费仅仅从投资阶段的高工资和其他收入中获得短期效果。长期来看,投资对个人消费的影响很小,因为这些投资的质量较低,不能够对资本存量的提升产生持续影响。

投资和信用规模仍在扩张,中国的经济增速正在放缓。这显示物质资本积累的回报正在减少并且资源分配不合理 (Nabar 和 N'Diaye,2013)。

中国在生产能力上的投资已经远远超过了实际需求,并且投资的效率下降过快,资本回报的下降和资本分配不合理加剧了这种担忧。尽管新的投资可以形成经济增长的初始动力,但其中很大一部分是对于效率低下和未充分利用项目的投资,这对于 GDP 并没有进一步的拉动作用(除非未来充分利用限制的生产能力)。实际上这就显示出资本效率的下降。钢铁、造船、未充分利用的高速公路等工业部门的产能过剩就是很好的例证。但是随着城市化进程的推进,经济增长最初未被充分利用的基础设施可能会变得有用。

中国产能利用率的下降证明了投资过剩及投资效率的下降。国家发改委在 2013 年 11 月公布,2013 年上半年的工业产能利用率为 78%,是 2009 年第 4 季度以来的最低点[①]。一些产业受产能过剩的影响比较严重,特别是制造业相关产业。例如,造船业在 2012 年底的产能利用率是 75%,钢铁行业是 72%。

中国的银行系统由国家控制,市场信号在其中的作用非常有限,这和低资本成本一起推动了经济的发展。尽管银行业赢利能力很强,但对于市场力量的管制使得银行系统难以成为一个具备充分风险管理能力的商业化体系[②]。这种战略鼓励了过度加大杠杆[③],并且将金融资源从更加有活力的民营部门推向了效率低下的国有企业,加剧了资本分配的不合理。

---

① 国际货币基金组织估计中国的产能利用率在 2012 年从国际金融危机前的近 80% 降到了 60% (IMF,2012)。

② 中国影子银行的发展部分原因就是为了绕开对传统银行体系的严格监管。

③ 中国的债务占 GDP 的比重(包括家庭、公司和各级政府债务)估计达到了 200% 多,对于发展中经济体来说过高。

（三）中国将如何转型

从某种程度上来说，中国经济无须重大的新改革就可以开始向家庭消费、服务和更加有效利用要素生产这个方向转型。剩余劳动力的消失和由此引发的工资上升带来的经济压力将会提升国民收入中家庭部门的比重，减少对于公司部门投资的刺激（Huang 等，2013）。Garnaut 等在《中国经济增长与发展新模式》（社会科学文献出版社，2013）中指出，21 世纪初以来劳动力市场的转变就已经推动了中国的结构性变革。

但这并不会影响政府政策的有效性。有许多因素造成了某种程度上的过度投资：对资本（和其他关键要素）成本的管制、主要由国有银行构成的金融体系、对资本账户的严格控制、政府考核体系鼓励省级领导将经济增长凌驾于一切之上。投资不当和资本效率下降的问题越来越明显，中国政府已经开始接受这样一个现实，即要维持强劲的经济增长并推动经济向服务和消费导向型转变，必须开展新一轮的市场化改革。

2013 年 11 月召开的党的十八届三中全会明确了市场化改革的方向，表明了政府意识到需要进行新的经济和结构改革。这份改革日程表明，要保持中国经济的持续发展需要提高资源特别是资本分配的效率。只有资本和其他资源的分配更加市场化，中国才能实现其维持强劲可持续经济增长、提高收入水平和个人消费的目标。

遵循着 1970 年以来其他东亚经济体的先例，中国的转型也将表现出 GDP 中投资份额下降的特点。在中国，这将由市场化改革推动国家主导的投资渐渐让位于民营经济活动，从而实现 GDP 中投资份额的下降。随着工资的上涨，经济资源将更多地用于提供家庭消费和服务。由于劳动力的稀缺和工资的上涨，中国的制造业将进一步升级，即朝着科技含量更高、附加值更高的产业链升级（Garnaut 等，2013）。

尽管转型还有很长的路要走，但有许多证据表明转型已经在进行了。家庭消费和投资对 GDP 比率的转变路径被全球金融危机相关的投资刺激措施打乱后已经开始保持稳定。2013 年服务部门占中国 GDP 的比例为 46%，大于工业部门所占比例（44%）。这是自 1952 年以来中国经济中服务部门首次占比最高。中国的国家储蓄率从 2008 年的 53% 降到了 2012 年的 51%，经常性账户盈余从 2007 年的占 GDP 的 10% 缩减到了

2012 年的 2.3%。

本部分讨论了中国在未来十年可能的转型路径，并非意在增加关于改革必要性和推行改革前景的讨论。我们认为在未来十年，通过自发力量和适度的经济改革，中国经济将变得更加市场化。我们的分析显示这些改革将会使得中国的投资占 GDP 的比重逐渐减少，其中部分是因为减少前述家庭部门向公司部门进行的隐性补贴。

当然，我们并未试图估算"改革红利"——由更易于取得资本和更适宜民营企业运营的环境而导致私人投资的增加。相反，在本文的最后一部分我们讨论了资本效率抵消作用（用实际 GDP 净效应来表示）的增长，这也许是一个更易于接受的考虑中国改革红利的方式。

1. 投资占 GDP 比重下降

Lee 等（2012）使用动态面板数据模型研究了 1955～2009 年 36 个经济体的投资占 GDP 比重的数据，将其与多种解释变量结合以找出最优的投资比例。中国的过度投资大约是 GDP 的 10%。而这些过度投资的融资成本则主要通过资源的隐性转移由个人和中小企业承担了，平均每年占 GDP 的4%。因此，中国的投资占 GDP 的比重下降 10% 将会使得投资水平与经济基本面保持一致。

尽管这个估计并不十分准确，我们还是选择将投资占 GDP 的比重（即总固定资本形成占 GDP 的比例）下降 10% 作为研究的基准。

我们的分析假设这个比例的下降将在未来十年渐渐完成，我们承认设定这样一个准确的时间段是有些武断的①。我们的十年情景分析比 Nabar 和N'Diaye（2013）的"上层改革情景分析"中的转变要进行得快一些，在Nabar 和 N'Diaye 的分析中，金融业和资源定价的改革将渐渐减缓资本积累并到 2030 年消除投资过剩。在他们的分析中，非制造业，特别是服务业投资的渐进增长是由对未来利润的预期引起的，这些增长并不能完全抵消制造业投资的下降，所以 GDP 中的投资份额将在 2030 从 2012 年的 45% 下降到 35%。

我们关于在十年中下降 10% 的情景分析与其他东亚经济体的发展经验

---

① 我们设定转变在 2013 年开始，主要是因为这样很简单，在本文写作时 2012 年是可以得到的中国最近的综合年度数据。

相一致，关键的不同在于中国经济中的投资份额在发展的较早阶段就达到了峰值。韩国在 1991 年人均 GDP 为 13600 美元时（根据购买力平价调整，2011 年价格），投资占 GDP 的比例达到了峰值 39%，到 2001 年这个比例下降了 10 个百分点至 29%；日本在 1973 年人均 GDP 为 18300 美元时投资占 GDP 的比例达到了峰值 36%，在接下来的十年这个比例降到了 28%[1]（见图 8）。我们假设中国的投资占 GDP 的比重在 2012 年人均 GDP 为 10200 美元时达到峰值 47%[2]。

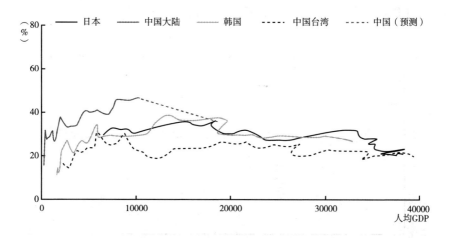

图 8   投资占 GDP 的比重的预期变化路径

注：人均 GDP 根据购买力平价进行了调整（2011 年价格）。此处投资定义为总固定资本形成。

资料来源：World Bank；CEIC Asia；Maddison（2010）；Australian Treasury。

2. 家庭消费扮演越来越重要的角色

在估算中国经济投资占 GDP 的比重如何下降 10% 时，我们的分析是基于一系列基本的合理假设的。

我们假设十年中政府消费占 GDP 的份额、存货和净出口都不变[3]。政府消费占 GDP 的比例自 1952 年（国家统计局开始统计数据）以来就一

---

[1] 日本投资占 GDP 的比重下降的趋势在 20 世纪 80 年代末期被投资潮打断，在 1990 年上升到了 32%。但后来又下降了，在 2000 年为 25%，在 2012 年为 21.2%。

[2] 在本文写作时，2012 年是可以得到的中国最近的综合年度数据。

[3] 关于净出口不变的假设与传统的认为中国贸易顺差会随国际平衡而减少的观点不同。下面的一般均衡结果也提及了关于这种观点的疑虑。

直稳定在 13%。投资占 GDP 的比重的变化为 2.4%——也是 2003 年来 10 年的平均值。净出口占 GDP 的比重设定为 2.5%，与 2012 年的 2.7% 相对应。

家庭消费占 GDP 的份额由政府消费、总固定资本形成、存货和净出口的变动组成。因此，10 年来投资占 GDP 的份额下降 10% 将会导致家庭消费占 GDP 的比重在 2022 年由 2013 年的 35% 上升到 45%。

图 9 是各国家庭消费占 GDP 比重的预计变化路径。日本和韩国家庭消费占 GDP 的比重在投资达到峰值后的十年内上升了 5%。

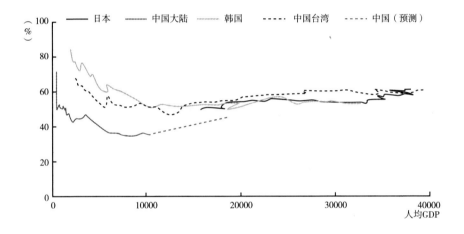

图 9　各国家庭消费占 GDP 比重的预计变化路径

注：人均 GDP 根据购买力平价进行了调整（2011 年价格）。
资料来源：World Bank；CEIC Asia；Maddison（2010）；Australian Treasury。

在中国，随着劳动力从农村向城市的转移以及对劳动密集型服务的需求提升，家庭收入和家庭消费占 GDP 的比例都会升高。市场化改革将会渐渐减少资源从家庭部门向公司部门的隐性转移，从而强化上述家庭消费比例升高的过程。

中国的政策措施已经转向支持更高的家庭消费。阶段性的人民币升值就是措施之一，这将提高中国消费者的购买力，拉动内需。

3. GDP 和资本存量增长的意义

对 10 年期名义增长率的考察表明，投资和家庭消费份额的预期改变并不一定会对经济增长和资本积累造成显著破坏①。相反，这将会使得 GDP 的增速逐渐放缓，促使中国经济走上可持续增长的道路。

这将使得名义 GDP 的增速在 10 年间从 10% 降到 8%②。在我们的预测期间中，十年的年均家庭消费支出增长率将下降到 11%（见图 10）。2022 年，家庭消费的增长份额将达到 57%，投资的增长份额则下降为 24%（见图 11）。

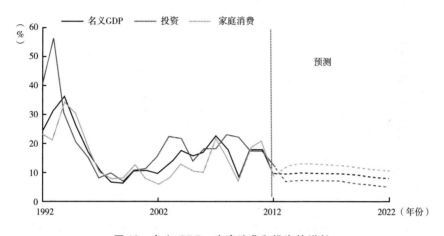

图 10 名义 GDP、家庭消费和投资的增长

注：在本文发表时 2013 年的 GDP（消费）下降数据还未公布，因此投资和消费数据从 2012 年以后是预测数据，2013 年 GDP 增长率是真实数据。

资料来源：CEIC China；IMF WEO October 2013；Australian Treasury。

这也与中国资本存量十年间强健但缓慢的增长一致。我们根据对年度总固定资本形成（美国 2000 年价格）的估计，将 Berlemann 和 Wesselhoft（2012）对资本存量的估计提高了一些。在预测期中年折旧率设定为 4.5%，与 Berlemann 和 Wesselhoft 对 2011 年的估计值一致③。

---

① 利用国际货币基金组织 2013 年 10 月的《世界经济展望》预计的名义 GDP 水平隐含的增长率将 2013 年的名义 GDP（产出）扩展至 2018 年。从 2019 年起，利用澳大利亚财政部的实际 GDP 增长预来计算名义 GDP，假设 GDP 平减指数的增长率固定为 2.5%——国际货币基金组织预计 2018 年的数据为 2.6%。

② 虽然我们关注名义 GDP 增长率，我们假设 GDP 平减指数增速的基本假设表明实际 GDP 的年均增长率在预测期结束时将减少至约 6%。

③ Berlemann 和 Wesselhoft（2012）在他们的样本中对所有国家使用统一的折旧率。2000 ~ 2011 年，折旧率的增长为 4% ~ 4.5%，这对于中国这个发展迅速的经济体来说太低了，但为了保持一致性我们选择用 4.5% 的折旧率。

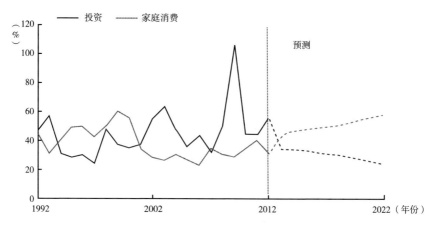

图 11　名义 GDP 份额增长

注：在本文发表时 2013 年的 GDP（消费）下降数据还未公布，因此投资和消费数据从 2012 年以后是预测数据。

资料来源：CEIC China；IMF WEO October 2013；Australian Treasury。

在本文的分析中，中国的资本存量在预测期的实际年增长率将降到 7% 左右（见图 12）。根据 Berlemann 和 Wesselhoft（2012）的研究，这与韩国的经验一致。从 1991 年韩国的投资份额达到峰值开始，10 年间其年均资本存量的增长从 14% 降到了 6%。中国的人均（此处用劳动年龄人口衡量）资本存量在预测期也将持续上升，尽管在预测期末年均增长率将降低到 7% 左右（见图 13）。

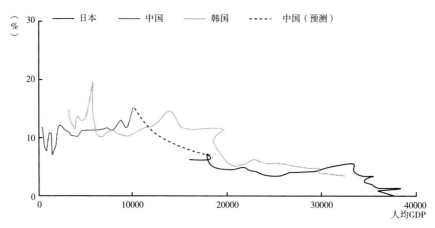

图 12　总资本存量年均增长率

注：资本存量用 2000 年价格美元衡量。

资料来源：CEIC China database；IMF WEO October 2013；Berlemann 和 Wesselhoft（2012）；Maddison（2010）；Australian Treasury。

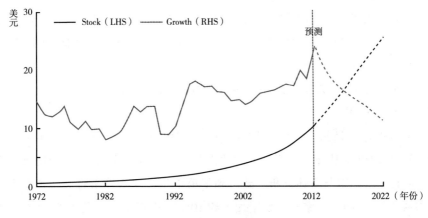

图 13　劳均资本存量

注：资本存量用 2000 年价格美元衡量。由于数据可得性，利用适龄人口（历史数据
和预期数据）数量代表劳动力数量。

资料来源：CEIC China database；IMF WEO October 2013；Berlemann and Wesselhoft
(2012)；Australian Treasury。

中国仍旧在资本形成的赶超阶段，城市化进程将会支撑资本存量的稳定
增长。联合国估计中国到 2020 年城市化率将达到 61%，与 2012 年相比上升
将近 10 个百分点。这就意味着将有超过 1 亿名新增城市居民需要住房、配
套设施、交通设施、教育和医疗服务。此外，生产率的持续提升能够在一定
程度上抵消中国劳动力人口下降的效应，而更高的人均资本存量对这是至关
重要的。

对于中国的投资，其关注焦点不应当在于投资已经多么过剩，而应当关
注影响投资分配和效率的中国经济结构和政策问题。如果中国能够成功实现
其市场化改革，私人投资就能够在很大程度上替代国家主导投资的减少，这
也意味着我们的分析会低估中国人均资本存量的未来增长。

实际产出不太可能像我们假设的那样平滑。然而这个分析表明，以经济
增长和资本累积率来衡量，投资占 GDP 的比重在未来十年下降 10 个百分点
并不必然会对中国经济产生大的不良影响。此外，尽管从发展初期开始中国
经济的绝对规模和它在全球经济中的系统重要性就使得它与东亚其他经济体
缺乏可比性，但我们的分析还是表明中国经济的这种调整与其他东亚经济体
在其相同的发展阶段是一致的。

4. 投资占 GDP 比重下降的 CGE 模型结果

我们的分析显示出中国投资占 GDP 比重的向下调整可以进行，CGE 模型可以进一步分析出这种调整进行的可能渠道，以及对中国行业结构和家庭支出构成的影响。中国经济改革的主要目的是提升经济的生产率，鉴于此，我们也分析了这些改革对于各种生产率的促进作用和对于投资减少影响实际 GDP 的抵消作用。

要分析这些情形，我们使用前述的 GTEM 模型，在十年中每年引入中国投资占 GDP 的比重一个负 1% 的冲击和中国个人消费占 GDP 的比重一个正 1% 的冲击，即与上述分析一致。到了第十年，这些冲击将会使得个人储蓄率减少大约 10%，家庭消费增加大约 10%，投资减少大约 10%（都是以占 GDP 的比重衡量）。

与我们上述的讨论相一致，一方面，对投资的冲击可以看作取消对公司储蓄和投资补贴的结果，从广义上来说，是公司部门投资成本上升的结果。另一方面，对个人消费的冲击可以看作社会改革使得中国家庭目前的高预防性储蓄率下降。

与基准数据相比，减少中国投资占 GDP 比重的 10% 使得实际 GDP 减少约 2.7%，资本存量减少约 11%。

尽管这个冲击代表了 GDP 中投资份额向消费份额的再均衡，它对中国对外账户的影响并不大。在不考虑生产率改进的情况下，这个冲击对中国的贸易顺差占 GDP 比重的影响约为 0.4%，对汇率的影响约为 0.5%，反映出进口比出口减少得更多。

为了更好地区分中国经济结构再均衡的影响和投资减少所产生的明显的负效应，我们采用了生产率的补偿性增长。如果三中全会宣布的改革措施能顺利实施的话，这种生产率的补偿性增长可以被看作中国经济的改革红利。

在引入生产率的补偿性增长时，我们分析了三种不同的渠道：投入中性效率、劳动力效率、资本效率。每一条渠道都对经济有着不同的影响，但最后一个渠道，即资本效率，与人们对中国改革目标的理解最一致。

给定中国现存资本存量，在未来 10 年中资本效率需要每年增长约 1.6% 以抵消投资减少对实际 GDP 的影响。

与基准相比，当实际 GDP 不变时，从投资到消费的再均衡使得家庭支出向服务转移（见图14）。相反的，家庭支出在制造业和农产品方面则减少了。实际上，随着家庭收入的增加，家庭消费本就逐渐向服务转移，而消费的增长强化了这种趋势。

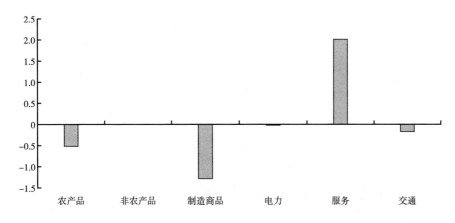

图14　家庭消费组成部分的变化（占总量的比例）

资料来源：GTEM模拟的结果。

当实际GDP保持不变时，这个再均衡也使得中国贸易顺差减少，与中国储蓄率的下降和国内消费的上升相一致。投资向消费的转移对于行业水平上的间接需求也有重要的影响，特别是对于资本产出型行业来说。例如，在10年期末，每种商品的资本产品间接利用下降了约27%。

三　结论

关于中国过度投资的原因和程度仍然有很多争论，我们认为近年来政府政策在很大程度上导致了投资的过量，而目前高投资率的适当下降（10%）与其他东亚经济体的经验是相一致的，并且与党的十八届三中全会确定的市场化改革是相一致的。

尽管投资率下降的准确时间和数量非常不确定，我们的分析表明在10年中投资率下降10%是可以实现并且不会对经济增长和资本积累产生不良影响的。此外，官方的改革方案如果能够成功实施的话，将随着时间的推移促进整个经济的生产率上升，以抵消投资下降对实际GDP的影响。

一般均衡模型的结果显示，投资向个人消费的再平衡将导致对资本产出行业的需求下降，并使得消费者的支出从制造业产品向服务产品转变，即使在补偿性的生产率增长使实际 GDP 保持不变的情况下也是如此。

参考文献

Ahuja, a. , Chalk, N. , Nabar, M. , N'Diaye, P. and Porter, N. , 2012, *An End to China's Imbalances?* IMF Working Paper No. 12/100, April.

Aiyar, S. , Duval, R. , Puy, D. , Wu, Y. and Zhang, L. , 2013, *Growth Slowdowns and the Middle – Income Trap*, IMF Working Paper No. 13/71, March.

Anand, R. , Cheng, K. , Rehman, S. and Zhang, L. , 2014, *Potential Growth in Emerging Asia*, IMF Working Paper No. 14/2, January.

Au – Yeung, W. , Kouparitsas, M. , Luu, N. and Sharma, D. , 2013, *Long – Term International GDP Projections*, Australian Treasury Working Paper 2013 – 02 (January 2014 Update) .

Aziz, J. and Cui, L. , 2007, *Explaining China's Low Consumption: the Neglected Role of Household Income*, IMF Working Paper No. 07/181, July.

Berlemann, M. and Wesselhoft, J. – E. , 2012, *Estimating Aggregate Capital Stocks Using the Perpetual Inventory Method—New Empirical Evidence for 103 Countries*, Working Paper Series No. 125, October, Department of Economics, Helmut Schmidt University, Hamburg.

Cai F. , X. Peng and G. Gou, 2013, "The New Normal of Chinese Development", in R. Garnaut, F. Cai and L. Song (Eds), *China: a New Model for Growth and Development*, pp. 35 – 54, Canberra: ANU E Press.

Carlyle Group, 2013, *Recalibrating Growth and Return Expectations in China*, June, the Carlyle Group.

Coates, B. , Horton, D. and Mcnamee, L. , 2012, "China: Prospects for Export – Driven Growth", *Treasury Economic Roundup* (4), Canberra.

Dollar, D. , 2013, *China's Rebalancing: Lessons from East Asian Economic History*, October, Working Paper Series, John L. Thornton China Center.

Garnaut, R. , F. Cai. and Song, L. , 2013, "China's New Strategy for Long – Term Growth and Development: Imperatives and Implications", in R. Garnaut, F. Cai and L. Song (Eds), *China: a New Model for Growth and Development*, pp. 1 – 16, Canberra: ANU E Press.

Hongkong and Shanghai Banking Corporation (HSBC) Global Research , 2013, *China Inside Out*, *Return on Capital: Perception Vs Reality*, April, the Hongkong and Shanghai Banking Corporation Limited.

Hubbard, P. , Hurley, S. and Sharma, D. , 2012, "The Familiar Pattern of Chinese Consumption Growth", *Treasury Economic Roundup* (4), Canberra.

International Monetary Fund (IMF) , 2012, *China: 2012 Article IV Consultation*, *Staff Report*, Country Report No. 12/195, July, International Monetary Fund.

Kong, V. , Mckissack, a. and Zhang, D. , 2012, "China in a New Period of Transition", *Treasury Economic Roundup* (4), Canberra.

Lee, I. – H. , Syed, M. and Xueyan, L. , 2012, *Is China Over – Investing and Does It Matter*, IMF Working Paper No. 12/277, November.

Lee, I. – H. , Syed, M. and Xueyan, L. , 2013, *China's Path to Consumer – Based Growth: Reorienting Investment and Enhancing Efficiency*, IMF Working Paper No. 13/83, March.

Mckay, H. and Song, L. , 2013, "Chinese Industrialisation: Path Dependence and the Transition to a New Model", in R. Garnaut, F. Cai and L. Song (Eds), *China: a New Model for Growth and Development*, pp. 75 – 96, Canberra: ANU E Press.

Nabar, M. and N'Diaye, P. , 2013, *Enhancing China's Medium – Term Growth Prospects: the Path to a High – Income Economy*, IMF Working Paper No. 13/204, October.

Pant, H. , 2007, *GTEM: Global Trade and Environment Model*, ABARE Technical Report, Australian Bureau of Agricultural and Resource Economics. Available from , http://Www. Daff. Gov. Au/Abares/Pages/Models. Aspx.

Rodrik, D. , 2013, *the Past, Present, and Future of Economic Growth*, Working Paper 1, June, Global Citizen Foundation.

Szirmai, a. , 2008, *Explaining Success and Failure in Development*, Working Paper Series # 2008 – 013, February, United Nations University, Unu – Merit.

Tyers, R. , 2013, *Looking Inward for Transformative Growth in China*, Centre for Applied Macroeconomic Analysis Working Paper No. 48/2013, August.

Tyers, R. , Zhang, Y. and Cheong, T. S. , 2013, "China's Saving and Global Economic Performance", in R. Garnaut, F. Cai and L. Song (Eds), *China: a New Model for Growth and Development*, pp. 97 – 124, Canberra: ANU E Press.

World Bank , 2012, *China 2030: Building a Modern, Harmonious and Creative High – Income Society*, the World Bank and the Development Research Centre of the State Council, People's Republic of China.

Zhang, J. and Zhu, T. , 2013, Re – Estimating China's Underestimated Consumption, 7 September 2013. Available from http://Ssrn. Com/Abstract = 2330698.

（曲玥 译）

中等收入陷阱与中国的增长前景

冯颖杰　姚　洋

一　引言

根据世界银行标准，到2012年中国已达中上等收入水平。然而目前有一个越来越激烈的争论：中国经济增长在未来是否可持续？中国会走一些国家（如南美洲的一些国家）的老路而掉入"中等收入陷阱"吗？所谓中等收入陷阱，是指一国的人均收入达到中等收入水平之后，该国的经济追赶进程就此中断。

尽管"中等收入陷阱"这一术语已得到广泛应用，但是它到底意味着什么，目前尚无精确的定义，而且有关陷阱特征的理解也不恰当。本文将给出中等收入陷阱的一般性描述，将中国和历史上成功的经济体进行比较，并讨论中国避免落入中等收入陷阱的前景。

第二部分简要定义了中等收入陷阱。将韩国这一成功的案例作为研究基准，我们发现：无论相对收入准则还是绝对收入准则，都表明中等收入陷阱是存在的。第三部分转向研究成功经济体与失败经济体的特征差异。首先，它提供了一个融合了新古典经济增长模型、内生增长模型、结构变迁模型和政治经济学模型的分析框架。然后，基于这一框架，识别出经济增长的关键驱动因素，将成功经济体和失败经济体进行比较。结果发现，在众多经济、社会和政治指标中，投资、教育、人口结构、制造业部门和收入分布，与中等收入陷阱最为相关。利用这些观察，第四部分将中国的特征与那些历史上成功的经济体的特征进行比较。总体而言，中国与这些国家在许多方面非常相似。这就给中国未来增长提供了积极前景。但中国目前特有的一些差异，例如过高的储蓄率和投资率、不断上升的收入不平等，对其经济增长的持续性提出了一些潜在威胁。在第五部分，我们进行了总结。

二　什么是中等收入陷阱?

中等收入陷阱的概念最早是由世界银行的一份报告（Gill 和 Kharas，2008）以及 Kharas 和 Kohli（2011）所提出来的。前者的报告名称是《东亚复兴：对于经济增长的启示》。在这些研究中，他们将中等收入陷阱描述为如下状态：一些走出贫困陷阱、达到中等收入水平的国家，紧接着发展停滞，最终没有成功达到发达水平（Kharas 和 Kohli，2011，p. 281）。关于"陷阱"的这一精确定义，一眼看去并不直观。所以我们不得不设定恰当的准则，从而找出与上述特征相符的国家。但一般而言，任何准则的背后都存在一定的随意性。

一般而言，在最近的讨论中，使用最多的有三类方法。第一，一些文献将中等收入陷阱与增速放缓联系起来，例如 Eichengreen 等（2013）。中等收入陷阱可以重新定义为，一些快速增长的经济体，在其人均 GDP 还未达到高收入水平之前，经济增长速率显著地下降了。Eichengreen 等（2013）发现，尽管不同国家经济增速放缓的时候人均收入水平存在相当大的差异，但是两个区间使用得更为普遍。其中一个是 10000 美元到 11000 美元之间，另一个是 15000 美元到 16000 美元之间（2005 年的美元购买力平价）。然而，经济增速放缓，不能与中等收入陷阱的原始含义画等号。正如经典增长理论预测，经济增速放缓可能是增长本身的自然结果。它们也有可能因为经济周期性的原因而发生。真正有意义的，是增速放缓所处的阶段。所以，解决这一问题的关键是定义收入水平，并为下面两种研究方法打下基础。

第二，按照绝对人均收入水平对不同的国家进行分类，考察这些国家在不同收入组别的长期转换过程。世界银行的收入分类系统，目前使用得最为广泛，可以胜任此项工作。人均国民总收入，被认为是刻画一个国家经济能力最好的单一指标。世界银行解释，分别用人均国民总收入的 480 美元、1940 美元和 6000 美元（1987 年价格水平）作为中等偏下收入、中等偏上收入和高收入水平的初始阈值。考虑到国际通货膨胀率，世界银行每年都会对这些阈值设定进行更新。换句话说，使用这一方法定义的真实收入水平，不会随着时间改变。

利用这一准则，我们在图 1 中描述了 1970～2010 年 104 个国家的收入转换动态。这也是目前数据可得的最大国家集合。横轴代表的是 1970 年的人均国民总收入（取对数），纵轴代表的是 2010 年的人均国民总收入（取对数）。三条水平线分别代表上面所述的三个收入水平阈值；同样，三条垂直线也含义相同。于是，整个象限被分为 16 个部分，每一部分均代表一种收入转换类型。例如，中国处于第一列第三行（从原点数起）的子区域。这表明，中国从 1970 年的低收入组移动到了 2010 年的中等偏上收入组。这一图形显示，只有 13 个国家在这一时期收入水平下降，绝大部分国家都在绝对收入水平的意义上实现了经济增长。与大量的国家仍然停留在中等收入水平不同的是，只有 16 个国家从 1970 年的中等收入水平进入到了 2010 年的高收入水平组别。

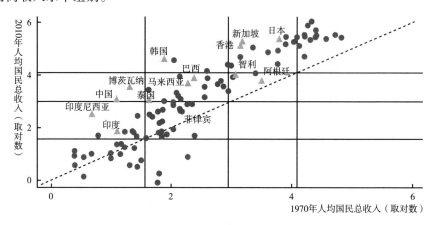

图 1　1970～2010 年世界（绝对）收入水平转换

资料来源：世界银行（2013）。

尽管绝对收入准则提供了研究上的便利，但有学者质疑这一方法，认为它没有反映出一个欠发达国家是否已经追赶上某个更为先进的国家。

第三，在此意义上，相对收入划分体系提供了补充。我们将一个国家的相对收入水平，定义为其绝对人均收入水平与美国绝对人均收入水平的比率。然而，当考虑如何对中等收入组和高等收入组进行分类的时候，却产生了一个关键的困难。为了尽可能降低随意性，我们试图找到一个国家作为基准。一般而言，这个国家应该已从低收入阶段成功地追赶上发达国家，并使绝对收入阈值与这一国家每一阶段的相对收入水平相一致。作为一个成功的例子，韩国可能正好符合这种比较目标。韩国经济在 20 世纪 60 年代早期起飞，当时其人均收入只有美国人均收入的 7%，到 20 世纪 90 年代中期世界银行将韩国列入高收入国家的时候，其人均收入已达到美国的 44%。于是我们就将这两个相对收入水平设定为中等收入和高收入组别的阈值。这一方法可以告诉我们，一个国家是否达到了韩国的初始相对收入水平，以及它最终是否达到了韩国 20 世纪 90 年代的相对收入水平。简而言之，它可显示一国是否像韩国那样，成功地提高了其自身相对收入水平。

图 2 采用相对收入准则，显示了世界各国 1960～2010 年的收入转换动态。这些结果可以使用与图 1 一样的方式进行解释。此处唯一的差别是，我们使用相对收入而非绝对收入。在 20 世纪 60 年代的 88 个低收入或者高收入国家中，只有 23 个国家的相对收入至少增加了 10 个百分点，而且仅仅只有 12 个国家超出了高收入国家的阈值。与此相反的是，超过半数的国家没有能够缩小与美国的收入差距。

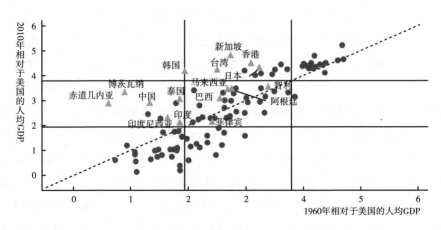

图 2　1960～2010 年世界（相对）收入转换

资料来源：Penn World Table（PWT 8.0）。

除了这些差异，绝对收入准则和相对收入准则都给出了一些稳健的结论。第一，中等收入陷阱确实存在。绝大部分 20 世纪 60 年代或者 20 世纪 70 年代的中等收入国家，都未逃离这一收入组别。日本、亚洲四小龙和一些南欧国家可以作为成功的案例，但是巴西、阿根廷、菲律宾和马来西亚，则是失败的案例。

三 哪些特征可以用来区分"成功"与"失败"?

无论我们使用什么准则，中等收入陷阱总是客观存在的，那么下一个问题就是，使用什么样的特征能够将成功（跳出中等收入陷阱，下同）的国家和失败的国家（没有跳出中等收入陷阱，下同）区分开？在这一部分，我们将两组国家的一系列经济、社会和政治指标进行对比，并总结其关键差异。

在比较之前，我们提供了一个分析框架。这一框架综合了新古典增长模型、内生增长模型、结构变迁模型和政治经济学模型。在标准的索洛-斯旺模型中，一国经济达到经济稳态之前，资本积累是经济增长的关键驱动力。所以我们用于比较的第一组指标，包含了消费、储蓄和投资。接着，根据内生增长模型，人力资本积累和技术进步是经济增长的两个重要推动力。我们用于比较的第二组指标包括：教育条件、健康条件和一国/地区的人口统计学特征。与其他类似研究不同，我们更多地强调结构变迁在定义一个国家走向繁荣路径中的重要性。理论和经验研究认为，一个国家的结构变迁遵循下列的轨迹：农业就业（产出）占总的就业（国家 GDP）份额逐渐下降；服务行业的就业（产出）占总的就业（国家 GDP）份额逐渐上升；制造业的就业（产出）占总的就业（国家 GDP）份额，随着时间推移表现出一个倒 U 形曲线——先增加到某一点，然后下降。最有意义的特征是制造业部门的倒 U 形曲线。如果一个国家过早达到这一拐点，或者其制造业就业份额还未达到一个既定水平，那么这个国家可能没有办法完成其工业化过程。这就很容易掉入中等收入陷阱。与这一结论相关的是，我们还考察一国的出口结构。截至目前，仍有争论的问题是：出口导向的增长模式，是否能够帮助一个发展中国家追赶发达国家？我们不仅考察一个国家的出口额有多少，还要考察其出口了什么。我们还将一国的制造业出口与初级产品出口进行了对比。最后，我们还考虑了一些政治经济学模型。我们希望看到人口学特征的必要性，以及腐败和政治不稳定性是否不利于发展中国家跨越中等收入陷阱。我们同样也考察成功经济体与失败经济体之间的收入不平等差异。我们的方法是经验性的。我们希望，通过尽可能多地考察各项指标，来识别一个国家避免中等收入陷阱的必要条件。

这里有两点值得注意。第一，为了提高两个组别的可比性，我们的比较从一个国家已经达到中等收入水平阶段开始，而非从一个特定年份开始。我们依据的是每个国家的绝对收入水平，来确定各自的起点。我们使用了佩恩表（Penn World Table，PWT 8.0）所提供的人均 GDP 的数据。为了让它与第二部分使用的定义相一致，我们仍然以韩国作为基准，并选择了 2000 美元（2005 年美元购买力平价）作为阈值①。当根据世界银行的准则，韩国被划分为中等收入国家的时候，它已达到了这一收入水平。于是，许多二战之后有着较高的初始收入水平的国家（主要是欧洲和北美洲的高度发达经济体）就已排除在我们的分析之外了。

第二，我们需要取适合的时间长度来用于比较。这一时间长度，就是一国在中等收入国家组别中停留所花费的、正常的年份数。一旦我们设定了这一长度值，我们也设定了未跳出中等收入陷阱的阈值。换句话说，失败国家通常要花费比这时间要长得多的年份数②。我们再一次使用典型的成功国家作为基准。绝大部分成功经济体在中等收入阶段花费的时间不超过 30 年。例如，韩国、中国台湾、日本在中等收入阶段停留的时间分别是 24 年、29 年和 27 年③。相反，失败的经济体通常在这一阶段花费的时间超过了 30 年，其中一些经济体困在中等收入陷阱长达 40 年甚至 50 年之久。于是，我们将 30 年④作为进入中等收入组别之后的可比时间长度。实际上，采用上述步骤之后，就建立了一个新的时间轴。然后基于这一新的时间轴，我们计算了两个组别每个指标的组内均值。

（一）投资和储蓄

图 3 比较了两个组别之间的储蓄和投资在 GDP 中所占的份额。失败国

---

① 我们还将阈值从 1500 美元到 2500 美元进行了调整，做了稳健性检验，但是结果变化并不大。
② 在第一部分，我们仅仅一般性地讨论了二战之后的长期收入转换，而不像这样比较明显地给出阈值。
③ 以韩国作为基准，我们对高收入国家设定了 15000 美元作为阈值。
④ 当然，当我们使用这一数值作为失败国家阈值的时候存在一些随意性。但是我们将其设定为 35 年和 40 年的时候，考察了其稳定性。结果发现区别并不大。

家组别（仍停留在中等收入陷阱）的储蓄率保持在一个相对平稳的水平，而成功国家组别（已经从中等收入水平过渡到高收入水平），在前 20 年之内，就从 15%——基本上和失败国家组别储蓄率一样——显著地上升到 35。高储蓄不可避免地引致高投资。成功国家组别的投资率在相应的阶段，迅速上升到 40% 以上。形成对比的是，失败国家组别仅仅经历了一个平缓的增长。

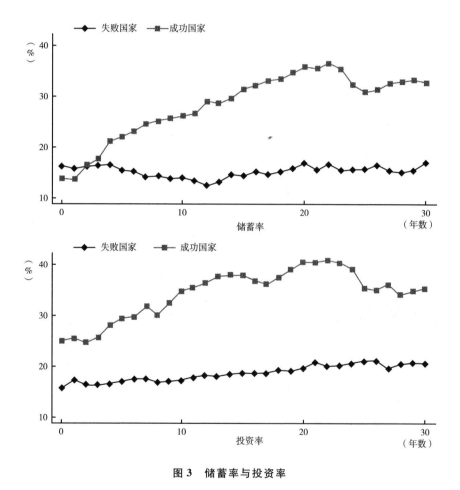

图 3　储蓄率与投资率

资料来源：Penn World Table（PWT 8.0）。

有趣的是，这一图形也显示，尽管储蓄率相差不大，但是成功国家的投资率在起点的时候就比失败国家的投资率要高。正如图 4 所示，储蓄率和投资率的差异来源于净出口的部分。成功经济体组别最初具有较高的（货物）贸易赤字率。这暗示着，在它们发展的早期阶段有更多的资本流入。

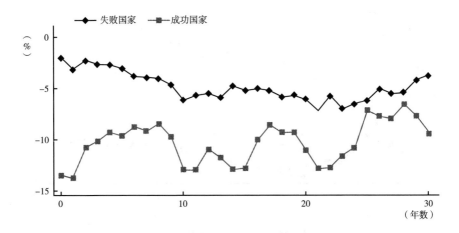

图4　净货物出口占 GDP 的份额

资料来源：Penn World Table（PWT8.0）。

（二）制造业部门

图5 给出了两个组别的国家中，制造业增加值占 GDP 的比重。这时候体现出了显著的差异：除了早期阶段，成功国家组别的制造业部门，相比失败国家组别的制造业部门的比重要大很多。结构变迁的一般法则告诉我们，二次产业部门的发展应遵循倒 U 形曲线。成功经济组别正符合这一法则。一般而言，这一组别的成员国家在进入中等收入阶段之后，第 20 年达到这一制造业份额曲线的最高点。然而，失败国家组别的路径在对应时间段内波动很大。深陷中等收入陷阱的国家，尽管有众多的支持政策，但是它们没能完成产业转型。

（三）贸易开放度

贸易开放度用总贸易额与 GDP 的比率来定义。奇怪的是，失败国家组别的这一份额，相比成功国家组别要高出很多，并且在它们达到中等收入水平之前就已形成（见图6）。然而，成功国家组别在中等收入阶段，经历了一个贸易开放度更显著的提升，而失败国家组别则基本上保持平坦。于是，似乎贸易只是增长的结果，而非原因。另一个解释很可能是，对于中等收入国家而言，贸易水平对经济增长并无影响，但对贸易增长有影响。

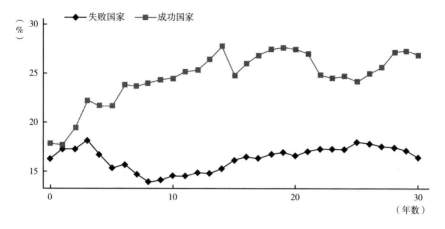

图 5　制造业部门所占 GDP 的份额

资料来源：世界银行（2013）。

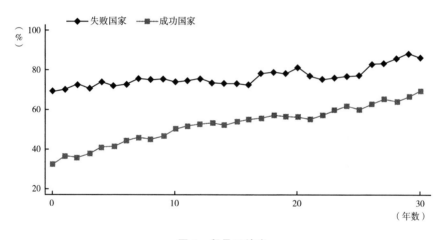

图 6　贸易开放度

资料来源：Penn World Table（PWT8.0）。

（四）贸易类型

图 7 显示了两个组别的贸易类型随着时间变化的趋势。我们计算了初级产品和制造业产品的显示性比较优势（RCA）的巴拉萨指数。RCA 是一个国家初级（制造业）产品出口的占比，除以世界性的初级（制造业）产品出口占比。结果显示，成功国家组别的制造业产品出口的 RCA 更高，但是初级产品出口的 RCA 更低。与此相反，失败组别更加专业化于出口初级产

品。更有趣的是，这一差异在它们进入中等收入状态之前就已经产生了。这就表明，两个组别贸易类型的差异，可能不是在中等收入阶段的经济增长分流的结果，有可能是从早期发展中产生的前定条件。

从图6到图7，我们看到，只要是在考虑经济增长的时候，一个国家出口什么，要比它是否出口更为重要。制造业产品的出口有助于经济增长，因为制造业部门相比初级产品部门，有着更高的技术进步率。不仅如此，制造业产品的出口没有极限，但初级产品的出口要受到自然资源存量的约束。

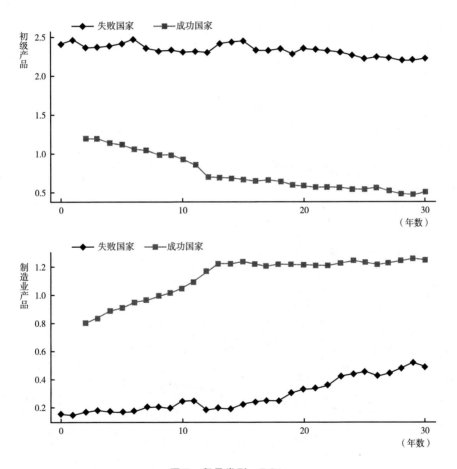

图7　贸易类型：RCAs

注：成功组别的前两个观察值丢失，因为这一组别的绝大部分国家的数据都不可得。

资料来源：United Nations, Comtrade (http://comtrade.un.org/)。

（五）教育

图 8 显示了两个组别在教育水平上的显著差别。这里给出了两个度量方法——总体教育平均受教育年限和初中教育平均受教育年限。两个组别在平均受教育年限上都有显著增长，但是成功组相比失败组有着更高的教育水平，而且这一差距在整个中等收入时间区间一直存在。在此意义上，受教育水平，在很大程度上代表着一国的人力资本积累水平，很可能是经济增长背后的驱动力量。

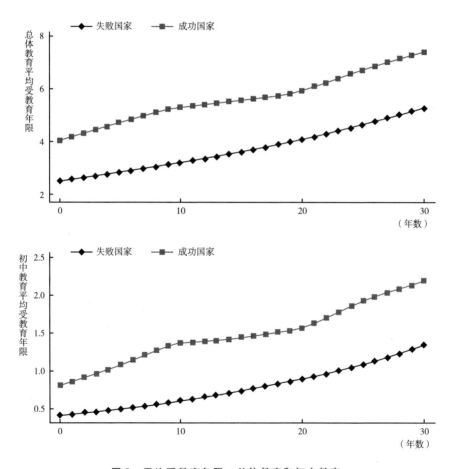

图 8 平均受教育年限：总体教育和初中教育

资料来源：BarrodLee Dataset v. 1. 3（Barro and Lee，2010）。

（六）人口特征和健康

图 9 显示，两个组别的国家在人口结构和预期寿命上存在的差异。抚养比，定义为被抚养（赡养）的人口——16 岁以下的少年儿童和 64 岁以上的老年人——占工作年龄人口的比例，在这两个组别中都下降了。然而，成功国家组别的下降幅度，比失败国家组别的下降幅度更为剧烈，而且这两个组别之间的差距逐渐拉大。另外，在此三十年间，两个国家组别的人口预期寿命都提高了大概 10 年。但是，成功国家组别的人口预期寿命水平一直高于失败国家组别，并且该预期寿命差距一直保持在 8 年。

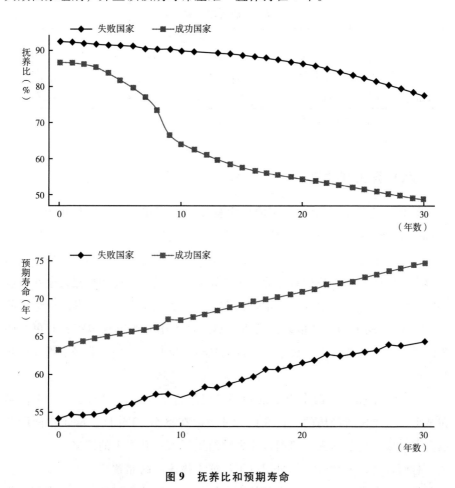

图 9 抚养比和预期寿命

资料来源：World Bank（2013）。

（七）收入不平等

收入分布可能是影响经济发展进程的重要因素，尽管这一关系具有较大争议。表1显示了两个国家组别平均的基尼系数。因为有很多年的基尼系数的数据不可得，所以我们将整个期间分成三个十年，然后计算每个十年的均值。很显然，失败国家组别在整个30年间有着更加不平等的收入分布，这就表明严重的收入不平等可能会阻碍一个国家走出中等收入陷阱。这就与一些典型的失败国家的历史经验相一致，例如巴西和菲律宾。

表1　收入不平等

组别	基尼系数			
	第一个十年	第二个十年	第三个十年	三十年平均
失败国家组	50.0	51.4	49.7	50.9
成功国家组	35.4	35.2	35.6	35.4

资料来源：UNU – WIDER（2008）。

（八）民主和冲突

图10（上图）将两个组别的民主程度进行了比较。我们使用 Polity IV（Center for Systemic Peace，2012）提供的加总的民主指数。这一指数度量的是，一个国家的政治在多大程度上是民主的。有趣的是，在初始阶段，这两组国家之间的 Polity IV 指数并无显著差异。但是民主程度的分流发生在发展后段，也即一国成为中等收入国家的20年之后。如果我们考察两个组别的国家在30年期末的民主指数，成功组别国家相比失败组别国家具有更高的政治民主。在此意义上，民主很有可能是经济增长的结果而非经济增长的必要条件。

图10（下图）将两个组别的冲突状况进行了比较。它显示了一个国家在某个特定年份所经历的国内和国际冲突。在整个30年间，除了中间段的最高点，成功组别国家一般而言比失败组别国家具有更少的冲突。

总而言之，成功经济体可用以下特征来描述：高储蓄率、进一步深化的工业化、高水平的教育、更合理的人口结构、和平的发展环境和更平等的收入分布。这些特征的绝大部分，长久以来已经成为经济增长的主要驱动因

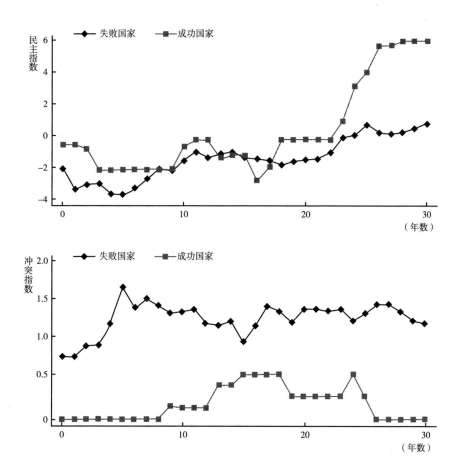

图10 民主和冲突

资料来源：Major Episodes of Political Violence（MEPV）数据库。

素。最新的发现是关于工业化。我们发现的证据强烈表明，无论是持久度还是在国民经济中的份额，更深的工业化程度都可帮助一国克服中等收入陷阱。与这一发现相关的是，一个更加专业化于出口制造业产品的国家，更有可能比那些专业化于出口初级产品的国家，克服中等收入陷阱。这些发现对于中国来说是中肯的，我们将在下一部分进行讨论。

仍然值得一提的是，正如托尔斯泰在其小说《安娜·卡列尼娜》开头所说："幸福的家庭大多是相似的，而不幸的家庭却各有各的不幸。"失败经济体可能会有各种各样失败的原因，但成功的经济体却有一些共同的特征。一个失败的经济体，可能也具有成功经济体的一些成功因素，但一个关键的消极因素，却可将其拖入中等收入陷阱之中。其中一个例子就是菲律宾。20世纪60年代，它被认为是发展中国家中的明星国家，这也是亚洲发展银行（Asian Development Bank，ADB）将其总部设在马尼拉的原因。20世纪60年代初，菲律宾居民的平均收入水平是中国居民平均收入水平的五倍。今天，两个国家的财富逆转了：中国居民平均收入水平是菲律宾居民平均收入水平的两倍。广为接受的原因在于，菲律宾的失败，是由其刚性社会结构所引起的，而这一社会结构目前仍被有权力的家族所主导。其他一些国家可能因为其他的因素而失败。但最基本的是，不存在无法跳出中等收入陷阱的普遍性原因。拿教育的例子来说，它是成功经济体之间的一个共同点。然而，一些失败的经济体，在它们的人口结构中，平均获得的教育水平也相对较高，只是因为一个关键的失败就可能将它们困在中等收入陷阱之中。但基于回归的分析可能会发现，教育不是中等收入国家经济迅速增长的驱动因素。然而，这一结果可能仅由刚性的失败因素所引起，这正如菲律宾的刚性社会结构一样。

四　中国有能力避免中等收入陷阱吗？

2011年，中国的人均GDP提高到8000美元以上（以2005年美元购买力平价计算）。韩国在1987年达到同一水平，并在后面的十年保持了8.3%的年均增长率。同时，在这一时间段内，韩国超越了世界银行所设定的高收入国家的阈值。那么中国有可能走韩国同样的发展道路，并避免中等收入陷阱吗？在这一部分，我们讨论如何将中国与上面描述的成功经济体进行比较。

（一）高储蓄和高投资

正如图11所示，从20世纪90年代以来，中国就一直经历着储蓄和投资的显著增长。这一趋势因最近变得更加陡峭而获得广泛关注。这一现象应从两个方面来看。一方面，正如前面所示，储蓄率的提升，是众多成功经济体在快速增长阶段最为显著的特征。一般而言，它们的储蓄率，从初始点的15%增长到第二十年的顶点35%。在此意义上，中国在此方面的表现，与成功经济体在历史上的表现类似。另一方面，储蓄率的提升不为早期阶段所特有，而是一个长期特征。这一现象，存在于成功经济体的整个中等收入阶段。因为中国距离高等收入阈值相差还远，其储蓄率和投资率，可能仍在某些时间段内保持在相对较高的水平。

然而值得注意的是，到2011年，中国的储蓄率已经上升到50%的水平。例如，在快速增长阶段，韩国的最高储蓄率仅为40%左右。众多文献已经试图从多个角度来解释这一谜题，例如预防性储蓄、房价上升的收入分配。关于这一问题的详细讨论，不在本文的范围之内。我们的比较仅仅告诉我们，需要谨慎地处理中国的高储蓄率所带来的影响。

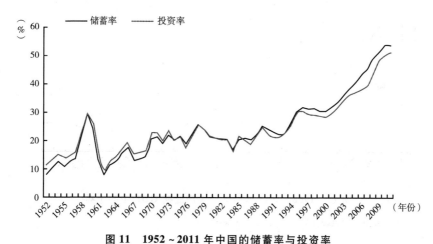

图11　1952~2011年中国的储蓄率与投资率

资料来源：Penn World Table（PWT8.0）。

（二）制造业引导的经济增长

我们已经发现，从以农业为基础的经济向以制造业引导的经济成功转型，对于中等收入国家来说是非常重要的。相比初始收入水平，中国目前已有了较大的制造业份额。图12和图13展示了第一产业、第二产业和第三产业在GDP和总就业中所占的份额。除了20世纪80年代，第二产业在改革时代都保持了一个相对稳健的份额。第二产业的就业份额服从一个不同的路径。它在1986~2002年一直保持稳定，从2003年之后开始增加，这很有可能是因为中国加入世界贸易组织（World Trade Organization，WTO），激发了中国的新一波工业化浪潮。无论我们使用什么样的度量方式，毫无疑问的是，第二产业在中国经济中扮演了主要角色。这些特征与成功的经济体在发展的同一阶段的经验相似。

　　中国第二产业在转型期的表现，与一些拉丁美洲国家在转型时期经历的"去工业化"历程形成了强烈的对比。它们在进口替代时期建立的工业部门，从20世纪80年代开始，就经历了持续的下降。在这个意义上，中国更平缓地管理着自身的经济转型，这为其快速经济增长奠定了坚实的基础。

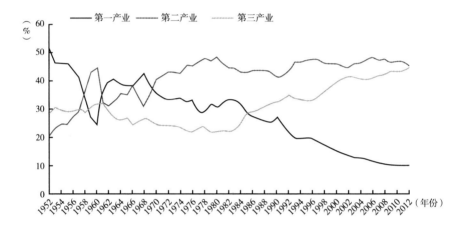

图12　1952～2012年中国三大产业在GDP中的份额

资料来源：国家统计局，http：//www.stats.gov.cn。

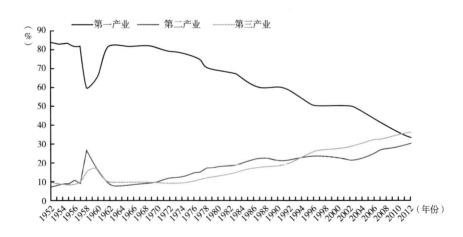

图13　1952～2012年中国三大产业的就业份额

资料来源：国家统计局，http：//www.stats.gov.cn。

(三) 人力资本形成

正如图 14 所示的那样，1978 年以来，中国所取得的一个重要成就，就在于更高的受教育水平。1982 年，中国的平均总受教育年限达到了 4 年，与那些成功国家的初始受教育水平相似。之后这一水平稳步上升，并在 2010 年达到 7.54 年。在入学率和升学率上，中国也表现得很好（见图 15）。除了一些波动以外，这些指标的一般趋势均有显著提升。到 2008 年，绝大部分的适龄儿童升入初级中学，而后他们之中的 80% 也升入了高级中学。

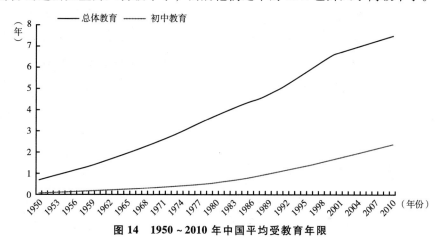

图 14　1950～2010 年中国平均受教育年限

资料来源：Barro 和 Lee（2010）。

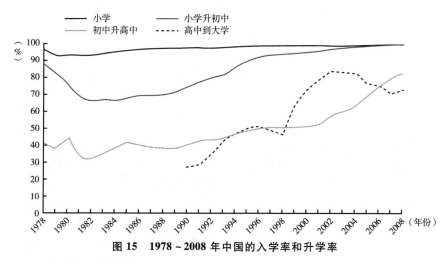

图 15　1978～2008 年中国的入学率和升学率

资料来源：国家统计局，http://www.stats.gov.cn。

（四）人口红利

与其他成功的东亚经济体一样，中国的抚养比在过去 40 年间显著下降。这一人口结构变迁带来的人口红利，是中国过去经济成就最显著的因素之一。最近，有关中国的人口红利是否耗尽存在着巨大的争论。事实上，中国的独生子女政策，使得中国比历史上的其他国家更早地经历人口结构转型。2011 年，中国的抚养比率下降到了 36%，几乎与今天的韩国是同一水平，但中国的人均 GDP 仅仅只有韩国人均 GDP 的 30%。因此，对中国逐渐丧失人口学上的优势表示担忧，是有道理的。2030 年，中国的抚养比将超过一些主要国家，例如印度。同样，值得关注的是，中国目前仍然拥有大量的农村人口。在宏观水平上，农业目前仍然雇用着中国全部劳动力的 30%，尽管其在全国 GDP 中的比重已经不到 10%。考虑到中国目前不完全的结构变迁，从乡村到城市的劳动力迁移大军，仍然会给中国未来经济增长提供强劲的动力。

（五）宏观经济稳定性

失败的经济体通常会以宏观经济不稳定来进行刻画。这种宏观经济不稳定，通常会对经济增长造成极大的伤害。与其他转型经济体相比，中国在这一方面表现得更好。图 16 展示了中国 1978~2012 年的通货膨胀率水平。通货通胀率的最高水平发生在 20 世纪 80 年代晚期，以及 1992~1995 年。前

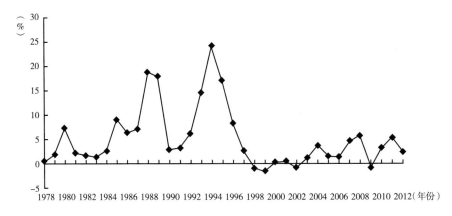

图 16　1978~2012 年通货膨胀率

资料来源：国家统计局，http：//www.stats.gov.cn。

者是由价格改革所引起的，后者反映了 1992 年改革重启之后的投资狂热。然而，这些高通胀时期并没有持续多久。1995 年之后，通货膨胀温和下来，表明政府对于经济的管理更加谨慎。

宏观经济的稳定性也可从中央政府的财政政策中反映出来。图 17 显示了中央政府的财政赤字和债务变动趋势。财政赤字占 GDP 的份额在观察期内保持着相对平稳的水平。作为对亚洲金融危机的反应，2000 年财政赤字收益率为 45%，达到了顶点。从那以后，财政赤字收益率就一路下滑。当然 2008 年和 2009 年除外，尽管当时的财政赤字收益率要温和许多，但全球性金融危机导致了政府另一轮的刺激政策。换句话说，中国政府在过去很长一段时间内，成功地保持了一个稳健的宏观经济环境，这对于可持续增长是非常重要的。

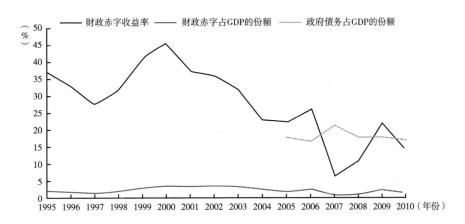

图 17　1995～2010 年中央政府赤字和债务变动趋势

资料来源：国家统计局，http：//www. stats. gov. cn。

（六）风险：不断上升的不平等

中国和成功经济体之间最为显著的差异，就在于日益恶化的收入分布状况。图 18 很清晰地展示了这样一个趋势。不仅在全国，农村和城市地区的收入基尼系数也都剧烈地上升。对于整个国家而言，收入的基尼系数从 20 世纪 80 年代的不到 0.30 增加到 2007 年的 0.45。它持续上升直到 2010 年才开始轻微下降。今天，官方给出的收入基尼系数为 0.48，而独立研究机构给出的收入基尼系数为 0.50。除了有关基尼系数的计算存在较多争议，现在广为人知的是，中国目前的收入不平等趋势正在扩大，并在最近几年达到相当高的水平。

图 18　1981～2012 年收入的基尼系数

资料来源：Cheng（2007）；Li 和 Luo（2011）；ISSS（2010，2012）；NBS（2013）。

中国目前正在扩大的收入不平等，与东亚成功经济体平等的收入分布，形成了鲜明的对比。例如，韩国在整个快速发展的阶段，其基尼系数均在 0.30 上下。这一差异可能是由中国特别的历史和社会特征所引起的，应该谨慎地给出解释，它为中国的政策制定者敲响了警钟。

尽管不平等可能会因为各种原因延迟一国的经济增长，但是教育的渠道可能是对中国最为严肃的挑战。尽管中国每年毕业大学生达到 700 万人，但是底层工人绝大部分是从乡村出来的移民，他们仅仅获得较低水平的教育。从中国家庭跟踪调查（Chinese Family Panel Studies，CFPS）得到的证据显示，21 周岁到 30 周岁之间的青年的平均受教育年限，在 2010 年的时候，仅仅是 7 年多一点。中国家庭跟踪调查，是由北京大学主持的全国的面板数据调查。这一调查说明，在加入劳动力大军之前，绝大部分的农村青年没有完成中学教育。对于中国要成功实现向知识经济体转型的雄心来说，中国居民的受教育水平远远不够。这也会阻止中国逃离中等收入陷阱。几乎可以确定的是，在现有的受教育状况下，移民工人的收入不可能达到美国居民收入水平的 45%。因为移民工人和农民占到中国整个劳动力的 60%，这一缺陷将不可避免地阻碍中国进入高收入国家的行列

农村地区较低的受教育水平，主要与农村地区居民不得不承受的低收入

紧密相关，农村地区居民的平均收入，还不到城市居民平均收入的 1/3。这一如此宏大的差距使得许多农村地区的居民没有激励去尝试跨越这一鸿沟。另外，中国目前的工资率增长导致了一个矛盾性的结果：它并不鼓励农村家庭让其子女继续完成教育。许多农村家庭将他们的子女带出学校，走向城市，获得 2000～3000 元的月收入。因为按照他们的生活水平来说，这一工资水平算得上是非常高的收入。然而，这样的行为，对子女的长期收入能力有着巨大的损害效应。如果说，中国将来要落入中等收入陷阱，那么它必将被当前的成功所打败。

五　结论

这一部分给出了中等收入陷阱的比较分析方法和中国的增长前景。绝对收入准则和相对收入准则，同时证实了中等收入陷阱的存在性。基于我们对绝对收入水平的定义，我们将成功经济体和失败经济体做了一系列的比较。描述性分析显示，成功的经济体一般由以下特征描述：高储蓄率、稳健的制造业部门、较高的受教育水平、更具优势的人口结构、相对和平的发展环境和更加平等的收入分布。中国在这些方面，大部分与成功的经济体十分相似，不同的就是不断加剧的收入不平等。所以，中国目前还存在较大的增长潜力，仍然需要有关收入分布的成熟政策。

特别地，中国应该更加注重提高农村地区青年的受教育水平，并对移民工人提供合适的职业培训。现如今，教育的供给绝大部分是地区政府的职责。目前许多人强烈建议，中央政府接管教育事业这一任务，并对全国提供 12 年的全额教育基金。正如许多经验研究所示，相比物质资本的投资，对于人力资本的投资具有更长期的收益。中国的中央政府，应该调整角色，从帮助地方政府为基础设施建设融资，转移到直接为地方教育融资的道路上来。

参考文献

Barro, R. and Lee, J. - W. , 2010, a New Data Set of Educational Attainment in the

World, 1950 – 2010, NBER Working Paper No. 15902, *National Bureau of Economic Research*, Cambridge, Mass.

Cai, F. and Wang, D., 2005, Demographic Transition: Implications for Growth, Working Paper, Institute of Population and Labor, *Chinese Academy of Social Sciences*, Beijing.

Center for Systemic Peace, 2012, *Polity IV Data Series*, Version 2012, Polity IV Project, Center for Systemic Peace. Available from http://www. Systemicpeace. Org/Polity/Polity4. htm.

Cheng, Y., 2007, "China's Overall Gini Coefficient and Its Decomposition by Rural and Urban Areas Since Reform and Opening", *Social Sciences in China* (4) [in Chinese]: 45 – 60.

Eichengreen, B., Park, D. and Shin, K., 2012, "When Fast – Growing Economies Slow Down: International Evidence and Implications for China", *Asian Economic Papers*, 11 (1): 42 – 87.

Eichengreen, B., Park, D. and Shin, K., 2013, Growth Slowdowns Redux: New Evidence on the Middle – Income Trap, NBER Working Paper No. 18673, *National Bureau of Economic Research*, Cambridge, Mass.

Feenstra, R. C., Inklaar, R. and Timmer, M. P., 2013, the Next Generation of the Penn World Table, NBER Working Paper No. 19255, *National Bureau of Economic Research*, Cambridge, Mass.

Felipe, J., Abdon, a. and Kumar, U., 2012, Tracking the Middle – Income Trap: What Is It, Who Is It, and Why? Working Paper No. 715, Levy Economics Institute, Annandale – on – Hudson, NY.

Gill, I. and Kharas, H., 2008, *An East Asian Renaissance: Ideas for Economic Growth*, Washington, D. C. : the World Bank.

Institute of Social Science Survey (ISSS), 2010, *Chinese Family Panel Studies*, Beijing: Peking University. Available from http://www. Isss. Edu. Cn/Cfps/EN/.

Institute of Social Science Survey (ISSS), 2012, *Chinese Family Panel Studies*, Beijing: Peking University. Available from http://www. Isss. Edu. Cn/Cfps/EN/.

Kharas, H. and Kohli, H., 2011, "What Is the Middle Income Trap, Why Do Countries Fall into It, and How Can It Be Avoided?", *Global Journal of Emerging Market Economies*, 3: 281 – 90.

Li, S. and Luo, C., 2011, "How Unequal Is China?", *Economic Research Journal*, 4: 68 – 79.

Marshall, M., 2010, *Major Episodes of Political Violence* (MEPV) and Conflict Regions, 1946 – 2008, July, Center for Systemic Peace. Available from http://www. Systemicpeace. Org/Inscr/Mepvcodebook2012. Pdf.

National Bureau of Statistics (NBS), 2010, *China Educational Statistical Yearbook 2009*, Beijing: Renmin Education Press.

National Bureau of Statistics (NBS), 2013, *China Statistical Yearbook*, Beijing: China Statistics Press.

National Bureau of Statistics（NBS）（Various Years），*China Statistical Yearbook*，Beijing：China Statistics Press.

United Nations University-World Institute for Development Economics Research（UNU-WIDER）2008，*World Income Inequality Database*，Version 2. 0c，May 2008. Available from http：//www. Wider. Unu. Edu/Research/Database/En_ GB/Database/.

World Bank，2013，*World Development Indicators* 2013，Washington，DC：the World Bank. Available from http：//Data. Worldbank. Org/Data – Catalog/World – Development – Indicators.

Yao，Y.（Forthcoming），"the Chinese Growth Miracle"，*Handbook of Economic Growth*，pp. 952 – 2012

（陈三攀 译）

经济改革日程的短期效应[*]

Rod Tyers　张　莹

一　引言

过去三十年里东亚增长模型在中国及其贸易伙伴中运行良好。它要求那些没受过什么训练的农民转变为工业和服务业的工人。这些工人又能够从境内外的储蓄中吸引资本的投入，提升生产率，进一步推动农村居民向城市转移。这个过程的障碍在于工人并未经过充分的培训来参加重工业或复杂的服务业工作，而轻工业的生产变得高度专业化。这种转变依赖大量的贸易。根据东亚的经验，由此产生的收入增长将可能超过预计的"永久收入"（Modigliani 和 Cao，2004），所以高储蓄率导致了经常性账户盈余。增长本身可以提升境内收入，但通过贸易的产品和融资条件，其贸易伙伴也从中得到了好处（Tyers，2014b）。

中国的规模和其贸易伙伴数量的缓慢增长限制了它在这个模式下持续增长的能力，所以转向内需拉动增长是不可避免的。转型中的关键要素是财政扩张和公共投资，而将来地方政府债务将会对这些产生限制。因此，中国政府进行了改革以解除将来可能对内需增长产生的限制，包括进一步改革产业政策、贸易政策、土地所有权法、计划生育政策、财政和税收改革、金融市场监管、城市化（户口）和国际化议题下的资本

---

* 本文研究的资金来自澳大利亚研究咨询发现基金 DP0879094 号，感谢 Jane Golley 和宋立刚教授关于本文内容的讨论。

账户自由化（State Council，2014）。这其中大多数的改变都将是渐进的，只有很小的短期影响，但产业政策和资本账户改革对整体经济的短期影响是重大的。

本文采用的研究方法聚焦于一个整体经济的模型，对17个工业和服务业部门的寡头垄断行为进行了清楚的阐释。这个模型可以检验产业改革、监管政策和资本账户自由化之间的关系。结果显示，重工业和服务业的产业改革能够显著减少成本，促进产出增长、个人消费和现代部门就业。资本和金融账户自由化的效应则不那么确定，国外资产受外部资本控制的限制，而基于是否存在对国外资产的需求，资本和金融账户自由化的效应可能为负。

第二部分回顾了中国正在进行的转型及其起因和效果。第三部分详细描述了中国经济的特殊结构，讨论了就业率对于实际汇率变化特殊的敏感性。第四部分对模型进行了描述。第五部分是对内需拉动型增长改革效果的估计。第六部分提出了放松资本控制的影响以及外部资本流动可能产生的变化。最后一部分是结论。

二 中国的转型：重要改革的动机

中国在过去三十多年改革开放中的扩张率很惊人，并且在过去十年它的经济总量已经超过了日本并很快将超过美国和欧盟。21世纪以来，中国的出口增长非常迅速，现在其轻工业主导着世界贸易[①]。2011年，根据现行汇率计算的中国占世界GDP未经调整的份额已经超过了日本，中国占全球出口、储蓄和投资的份额超过了美国，与欧盟相近（见表1）。中国的人均收入不高，其他国家也不可能有像中国出口那样高的增长率。中国的劳动力成本正在加速上升，预示着刘易斯拐点的出现[②]，这与农村流动劳动力的耗尽和计划生育政策导致的人口减少相关。

---

① 根据 http://data. worldbank. org 的贸易数据，中国的产成品出口总量现在已经超过了美国、欧盟和日本进口总量的1/3，2001年时中国的份额仅占7%，这以后增长显著。

② 关于中国的刘易斯拐点何时到来是一个充满争议的论题，Cai（2010）、Garnaut（2010）、Golley 和 Meng（2011）都提出了自己的观点。但毫无疑问的是拐点正在到来，尽管对最近的实际工资上涨是否意味着拐点的到来还没有达成共识。

表1 2011年中国和其他国家与地区的相对经济规模

占全球的比例	中国	美国	欧盟（26）	日本
GDP	11	22	26	9
消费，C	8	27	26	9
投资，I	20	15	22	8
政府支出，G	7	20	30	10
出口，X	17	17	25	7
进口，M	15	21	23	8
总国内储蓄，SD	19	13	20	9

资料来源：IMF *International Financial Statistics* Database 是主要的数据来源，同时经常查询国家统计数据。

从出口导向型到内需拉动型增长的转变仅仅是保持高投资率和用消费替代出口的问题。但这也可能存在一定的问题，因为目前的增长方式强调轻工业的增长，而中国正在扩大着的中产阶级群体需要的有质量的产品和服务却在他们的一篮子产品中没有被充分表现出来。要让中国的产出向这些产品方向转变，需要重工业和服务业部门进行重大改革，并进行相应的人力资本投资[①]。这需要对目前受保护的重工业和服务业进行深刻的行业改革，成本和价格的降低将会对整体经济产生刺激作用。

中国对全球不均衡的一个重要贡献是它的高储蓄率。居民永久收入增长速度落后于国家的增长速度，中国的产出大于消费。这会使其在产品和贸易的金融条款方面从世界其他地区获益，但也会在刚性工资、劳工替代和分配压力方面承受损失（Tyers，2014b）。发达国家的政治反对也加强了中国的改革需求，催生了更多的内需拉动增长。计划中的金融改革与人民币的国际化一起，并不仅仅在于将大量的储蓄存量导向投资、提升效率，也是为了恢复平衡。因此，中国的储蓄和经常性账户的模式与发展趋势是转型和改革的指示器。

（一）储蓄

国家储蓄包括家庭储蓄、公司储蓄和政府储蓄。超过国内私人和公共投

[①] 关于机构与行业改革的日程和难度的讨论可参见 Riedel（2011）以及 Deer 和 Song（2012）。

资价值的储蓄（超额储蓄）导致了对境外资产的净购买，这通过经常性账户盈余来衡量（见公式1）。

$$CA = S_{HH} + S_C + (T - G) - I = S_D - I = \Delta R - FI_{Inward} + FI_{Outward} = X - M + N \quad (1)$$

在公式1中，CA 是经常性账户余额，S_{HH} 是家庭储蓄，S_C 是公司储蓄，$(T - G)$ 是政府储蓄或财政盈余，S_D 是总国内储蓄，I 是投资（包括公共投资），ΔR 是累积官方外汇储备，N 是净境外要素收入[①]，FI 代表境外投资，流入或者流出。自从中国跨境组合投资受限，这些项目一直由境外直接投资（FDI）主导（Ma 和 McCauley，2007）。因此投融资和不均衡的程度依赖家庭储蓄、公司储蓄和政府储蓄。

（二）家庭储蓄

中国的家庭储蓄在他们可支配收入的 1/4 和 1/3 之间。Horioka 和 Wan（2007）、Horioka 和 Terada – Hagiwara（2012）都分析过这个模式和时间趋势。他们认为中国的储蓄正处在下降阶段——Yang（2012）提出的一个观点，引用了一系列主要社会和贸易政策改革，这些政策能够减少对家庭储蓄的刺激。其中的许多政策都被列在了官方的改革日程上。此外，最近的研究表明家庭储蓄率下降得比官方统计数据显示的要快（Ma 和 Yi，2010）[②]。很多证据都显示出中国家庭储蓄率的下降路径[③]。

[①] 通过将支出合并得到这个公式 $Y = C + I + G + X - M$，将 GNP 带入 $Y + N = C + T + S$，其中 $S = S_{HH} + S_c$。

[②] 用与消费相关的零售和服务销售的加权平均增长率来预测 GDP 中的消费份额（Huang et al.，2013），结果显示 2008 ~ 2010 年 GDP 中的消费份额从 49% 上升到 54%，中国国家统计局（NBS）的数据显示的是从 48% 降到 47%。Huang 等从 2000 年的官方消费份额开始，用真实 GDP 增长和他们估计的消费增长率来推算后来年度的 GDP 份额。用类似的数据，Garner 和 Qiao（2013）认为中国官方的消费支出被低估了 1.6 万亿美元，并总结出它的 GDP 份额正在扩张。

[③] Wei 和 Zhang（2011）以及 Wen（2011）都提出了反对意见。Wei 和 Zhang（2011）提出了储蓄和企业家以及中国持续上升的男女人口比例之间的关系。对生儿子的偏好和选择孩子性别的科技使得找不到配偶的男性数量增多，有儿子的家庭竞争程度不断上升。关于是这种力量推动储蓄率上升还是教育、医疗、养老保险改革推动储蓄率上升的争论还在持续。Wen（2011）使用了一个固定比例非系统性风险的快速增长模型，在 Modigliani 和 Cao（2004）之后，得出这样的结论：储蓄会随着人均收入的上升而上升，但在医疗和养老改革的系统中关于固定比例风险的假设很强。

(三) 公司储蓄

国家账户"资金流动"数据显示公司储蓄在整个 2009 年都相对稳定地保持在 GDP 的 1/5。从那以后总公司储蓄变动的原因应该有三个。一是国际金融危机后全球降低的增长速度和 2011 年来中国的增长影响了国有部门的利润率,公司储蓄率在近年来也相应降低。二是产业政策改革使得经济中私人部门的份额大大增加,这也减少了垄断利润。三是金融改革以及整个国家正式和非正式的金融市场的融合加速,也为公司储蓄施加了下行压力。

(四) 政府储蓄

自从 1994 年实施税法以来,中国经济活动中越来越多的部分发生在"正式部门"。这意味着中央政府税收收入的增长速度明显快于 GDP 的增长速度①。中央政府财政盈余也在不断增长。但从省级层面来看,国有企业和地方政府在国内商业银行的借款越来越多,赤字在急剧增长②。2007 年以后,省级财政赤字的总和已经超过了中央的盈余,使得总赤字的回报率超出预期 (见图 1)。政府储蓄在后金融危机时代也是负向变化,这使得将来利用政府支出平衡经济的余地减少了。

(五) 经常性账户余额

我们可以从上述讨论中看出中国国内储蓄率的下降趋势,尽管官方统计数据并没有完全显示出这种趋势,只是显示出 2010 年以来有着轻微的下降。从那以后,总投资 (私人投资和公共投资) 上升到 GDP 的近一半③。因此,2010 年以来投资的变化成为中国官方经常性账户盈余下降的主要推动力。家庭储蓄和公司储蓄的下降来源于金融和产业改革的结合,这也显示出经常性账户盈余会进一步下降。

---

① 根据《中国统计年鉴》,中央政府收入占 GDP 的份额从 1994 年的 10% 上升到 2012 年的 23%。

② 参见 Zhang 和 Barnett (2014),这与 2011 年中央政府和地方政府对财政收入的五五分成不符。

③ 至少在中期与 Lee 和 McKibbin (2007) 的预测相一致,即投资会对中国的"再平衡"有着显著贡献。

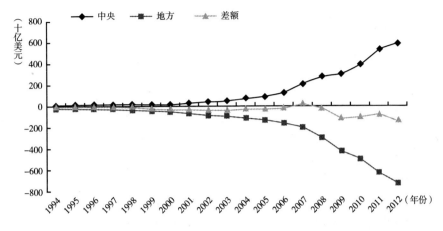

图1　中国政府的净盈余

资料来源：政府债务和一般性政府总债务数据来自 IMF Fiscal Monitor（2013）；外部债务数据来自 NBS（2012）。

三　国际化和私人金融资金流的新角色

国际资本账户的改革将使境外资金流（公式1中境外投资的流入和流出）更加有影响力，这最终会使得两个方向中个人对境外金融资产的持有都上升。但图2显示目前这还没有实现。国际金融危机以来，中国的总资金流入相对于 GDP 已经下降了，最新的形势也显示出负向发展的趋势。与此同时，官方统计数据显示至少 3/4 的流入和 90% 的流出不属于境外直接投资或组合投资。因为这些比例中还没有显示出长期的趋势，主导这些资金流的传统债务工具还会继续。

总资金流的扩张是无可避免的。这加大了资金流不均衡的可能性，例如，资本控制就抑制了对境外资产的需求。He 和 Luk（2013）与 He 等（2012）的研究都没有预测出这样不均衡的资金流。He 等（2012）描述了一个向贸易均衡发展的趋势，通过对经常性账户中持有境外资产的高收益率（最近的私人持有）来抵消不均衡。事实上并不需要担心抑制需求的原因，对资本的控制其实有很多漏洞，有钱人是可以获取他们想要的境外资产的，中国的外汇储备巨大，如果个人对境外资产的需求上升，国家的储备是可以相应减少的，因此在一定年度内政府是可以将均衡保持在理想水平的。根据

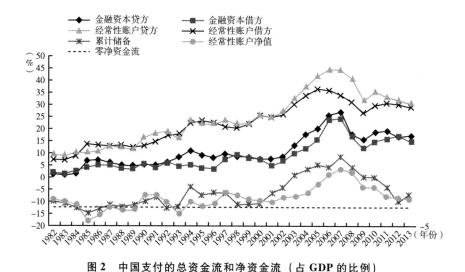

图 2　中国支付的总资金流和净资金流（占 GDP 的比例）

资料来源：China SAFE, The Balance of Payments Table, Available from http：//www. safe. gov. cn/。

巴拉萨－萨缪尔森效应，只要中国经济相对于发达国家仍在增长，其货币就会升值，中国也能像日本一样，能够忍受境内资产非常低的回报率而厌恶境外资产。中国的资本账户自由化可能在储蓄率下降和缺乏对需求的抑制的情况下进行。

自由化有可能会导致资金大量外流，这反映出有些被抑制的需求是未被观察到的。美国非常规货币政策的结束使得中国私人金融资本流出加速，这也使得上述情况受到关注。人民币的升值趋势停止了，亚洲的经常性账户对其有临时的支持作用（Burns et al. , 2014）。Eichengreen（2014）考虑了人民币因此显著贬值的可能性。这些情况对中国经济意味着什么将在第六部分进行讨论。

四　对实际汇率的特殊敏感性

中国经济表现对实际汇率的特殊敏感性源自其经济结构，表 2 总结了这个问题。注意几点：一是绝大多数非农业就业方向都是出口导向型的轻工业制造业，实际上这部分就业已经超过了农业就业；二是这个领域竞争较为充分，价格升水较低，利润只占总收入的很小一部分；三是国有企业主导的能源、金属和服务业劳动力较为不密集，并且它们都是寡头垄断，有相当大的租金可以抵御下行风险。这些证据都表明中国现代化部门的总劳动力需求对于家庭工资收入和出口之间的关系很敏感，因此对实际汇率很敏感。

表 2　中国经济结构

单位：%

占比	增加值占 GDP 的比例	占总产出的比例	占总出口的比例	净利润占总收入的比例
农业	13	24	2	0
石油、煤、金属	16	11	10	20
轻工业	29	33	82	5
服务业	42	32	6	20
总　　数	100	100	100	12

注：净利润由国家统计数据对会计利润的估计得到，减去了服务业的必要回报率。这里的数据是总税收和公司储蓄占总收入的份额。

资料来源：模型数据（社会会计矩阵）来自 Dimaranan 和 McDougall（2002），这里将国家数据更新到 2005 年，正如 Tyers（2014a）中描述的。

这里考察的关键敏感度是中国的实际汇率与垄断的重工业和服务业的定价行为之间的敏感度以及实际汇率和资本账户开放程度之间的敏感度。之前已经讨论过金融和产业改革会使得个人储蓄持续下降，这会减少收入流向外汇储备。结果是中国更多的支出花费在境内而非境外，使得实际汇率上升。这所导致的结果是要么国内通货膨胀率上升，要么人民币的名义汇率上升。不管是哪种结果，这种趋势都会使经济活动从轻工业转向重工业和服务业。

这种效果的大小对一种没有被广泛认识到的垄断租金的变化很敏感。因为通过提供少于完全竞争市场提供的数量可以获得超额利润，他们就在经济中大量的非贸易部门削减产量。将商品和服务区分为可贸易的和不可贸易的，图 3 显示了这种产量削减对于相对价格的作用。它提升了非贸易商品相对贸易商品的价格，因此中国的实际汇率会上升。促进竞争的进一步改革政策和实践能够减少垄断租金产生一种反向作用，通过支持劳动密集型和对实际汇率敏感的轻工业产业的扩张来刺激中国的就业。现在我们引入一个更完备的模型来对实际汇率的改变和对中国经济的影响进行定量分析。

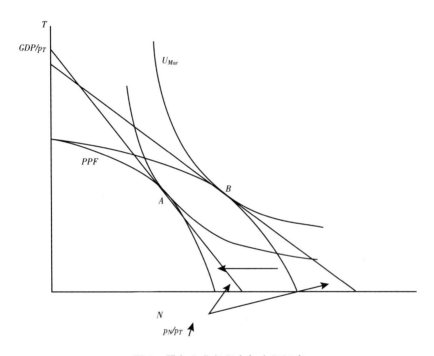

图3 服务业垄断租金与实际汇率

五 中国经济的一个垄断模型

我们使用一个相对静态的宏观经济模型,它包括一个多产业结构,将每个产业都当作垄断产业,每个行业的公司提供差异化的产品并且在定价上相互影响①。通过嵌套一个固定弹性替代物(以下简称 CES)的偏好和来源于劳动力和资本收入的直接税收以及来自消费、进出口的间接税收的政府收入,政府支出能够创造对商品和服务的需求②。此模型

---

① 这是 Tyers(2005)研究结果的进一步推演,它将价格和短期宏观经济行为做了一般化。

② 收入税是根据固定税率减去收入份额估算出来的。

中包含了一个资本商品部门，它能够将投资支出转化为对商品和服务的需求，仍旧嵌套了一个 CES 偏好结构。总投资支出水平表现出 Q 形，受到已投资资本境内回报率（影响公司资产市场价值）的正影响和从一个区分境内、境外以表示中国资本管制的债券市场（驱动资本重置成本的利率）获得融资的负影响①。所有家庭有一个固定比例储蓄，公司储蓄率则依据纯（经济）利润的大小按行业进行划分。境外直接投资和官方累积外汇储备都在公式 1 中表示。

（一）模型结构

模型的细节列示在表 3。所有行业的公司定价行为都是寡头垄断，它们定价共谋的程度由代表监管监督水平的猜测度差参数表示。每个公司的资本成本和劳动力成本是固定的，代表了未实现的规模经济。每个行业的家庭产品通过种类、柯布－道格拉斯函数中的可变要素和中间产品投入的产出来进行区别。这些公司在产品市场上是寡头，但在要素市场上没有寡头的力量②。

经济模型很小，表明它不能影响进口的价格，但出口产品则与国外产品竞争而产生了差别化，因此面临着有限弹性需求③。消费价格指数（CPI）被构造为一个复合柯布－道格拉斯 CES 指数，来自聚集的家庭支出函数的消费税后的国内产品和关税后的进口价格。CPI 的构成有助于对福利影响的分析。因为总效用也被定义为一个对一般产品消费量和总经济福利与实际国民收入（GNP）成比例变化的柯布－道格拉斯复合函数④。

---

① 长期来看没有这样一种稳定状态让预期净回报率与当期债券回报率相等。
② 每个行业的进口都是同质的，与国内产品相区分，即进口产品没有变化。因为国内产品都出口，所以在 Melitz（2003）和 Balistreri 等（2007）的模型中非同质出口行业这种类型的外延边际没有变化。
③ 有效货币计价标准是进口产品束。消费者和 GDP 价格指数用来表示实际聚集效应，这始于 Dixon 等（1982）和 Harris（1984）的国家模型。
④ 消费量的效用函数是柯布－道格拉斯型的，价格的支出函数也是柯布－道格拉斯型的。将消费价格水平定义为价格的柯布－道格拉斯指数，收入的对等变量能够表示为这个指数的比例变化。这样在任何冲击下，收入和价格的变化都近似于实际 GNP 的比例变化。

表 3 模型范围

地区	中国
	世界其他地区
基本投入	土地
	自然资源(矿产、能源储备)
	专业劳动力
	非专业劳动力
	物质资本
行业	农业
	金属,包括钢铁、矿产和非煤炭采掘
	煤炭开采与生产
	石油生产与精炼
	农产品
	电动设备
	机动车
	化学、橡胶和塑料制品
	纺织品
	其他制造业
	电力供应和分配
	天然气供应和分配
	通信业
	保险和金融
	交通运输
	建筑业
	其他服务业

资料来源:根据 Dimaranan 和 McDougall(2002)数据中 GTAP Version 6 的 57 个行业整合。

　　境内持有的物质资本数量在短期是固定的,因此总资本存量影响境外持有的份额并因此影响境外收入水平。可以进行长期和短期的封闭,但这里的分析聚焦于短期:物质资本投入固定并且不能在行业中转移。劳动力是可以在行业间转移的,但实际工资水平是固定的(CPI调整),所以就业是内生的,其他的要素也可以在行业间转移,投入固定、弹性定价。没有公司的进入或退出,纯利润的大小也是内生的。与中国的保守财政相一致,基本财政状况保持不变,内生收入的改变导致了政府支出的相应变化。

1. 宏观经济表现

　　作为一个比较静态分析,内嵌的宏观经济也是一个要素。短期封闭固定

了所有行业的生产资本但允许进行投资，影响了将来的产出。核心在于开放
经济构建在市场出清水平附近的资本市场——公式 1 的一个版本——向内和
向外的个人金融资金流集中在"净境外储蓄"：$S_{NF} = FI_{Inward} - FI_{Outward}$。因
此，我们得到了公式 2：

$$I(r^{ce}, r) = S_D(Y_{DH}, \pi, G) + S_{NF}(r, r^*, \hat{e}_R^e) - \Delta R(r) \tag{2}$$

在公式 2 中，r 是境内实际利率（债券收益率），r^* 是境外债券实际收
益率（这两项被区分开，因此收益率不同），$\hat{e}_R^e$ 是实际汇率升值预期，ΔR
是官方外汇储备的年均增加值。总境内储蓄是家庭储蓄、公司储蓄和政府储
蓄的总和：$S_D = S_H(Y_{DH}) + S_C(\pi) + (T - G)$，$Y_{DH}$ 是家庭可支配收入。
家庭储蓄率被假定为固定值，因此 $S_H = S_H Y_{DH}$。中国格外高的公司储蓄 S_C
被假定为仅仅来源于纯利润 π，每个行业有一个固定的储蓄率（见公式 3）。

$$S_C = \sum_i S_{Ci} = \sum_i S_{Ci} \pi_i \tag{3}$$

r^{ce} 是已投资资本的平均净回报率，在行业水平上表现为如下形式（见公
式 4）：

$$r_i^{ce} = \frac{P_i^{Ye} MP_i^K}{P^K} - \delta_i \tag{4}$$

在公式 4 中，P^K 是资本产品的当前价格，P^{Ye} 是未产成产品的价格水
平，δ 是折旧率。部门的平均收益率，是将每个行业按增加值进行加权平均
得出总经济水平 r^{ce}。公式 5 决定了投资支出 I：

$$I = P^K I_0 \left\{ \frac{r^{ce}}{r} \right\}^{eV} \tag{5}$$

这个等式反映出 Q 值、r^{ce} 决定了公司资本的当前价值，r 决定了当前的
重置成本。

在我们对净境外储蓄进行的比较静态分析中，S_{NF} 的激励因素是包含境
内外不同债券收益率和实际汇率预期的利率等价函数的变化。这里利用一个
线性关系可以表示出冲击下净资金流方向的改变（见公式 6）。

$$S_{NF} = a_{SF} + b_{SF}(r - r^* + \hat{e}_R^e), \quad b_{SF} > 0 \tag{6}$$

在严格的资本控制下反应水平很低，b_{SF} 很小（净境外私人储蓄的供给

是无弹性的）。与此相应的，中国的高储蓄率与资本流出控制的结合使得储蓄相对于投资有了盈余，达到了 GDP 的 1/10，被中国人民银行（PBC）作为官方外汇储备。这种行为依赖于一种线性关系，就像公式 6 中的那样。

$$\Delta R = a_{DR} - b_{DR} r \tag{7}$$

公式 7 中，在资本管制的情况下，外汇储备的变动对境内实际利率的弹性要比私人金融资本高，因此 $b_{DR} > b_{SF}$。这会使得境内实际利率在冲击下更稳定，会导致外汇储备的弹性变动[①]。中国资本和金融账户的自由化被 b_{DR} 和 b_{SF} 之间缩小的差距所代表。

资本市场出清状态决定了境内实际利率和外部金融赤字的大小（$\Delta R - S_{NF} = S_D - I$）。这与经常性账户盈余的大小相同，$X - M + N\ (r,\ r^*)$，其中 N 是来自境外的净要素收入[②]。在引发储蓄和投资的冲击以及外部资金流方面，模型基本是瓦尔拉斯型的，使得境内（相对于境外）产品价格（由此影响实际汇率）调整至市场出清状态，保持支付的均衡。

2. 实际模型中的短期效果

短期来看，名义工资刚性很重要，但在实际模型中并未被充分表现，就像这个模型一样。我们来对比两个极端的货币政策：一是固定的名义汇率；二是随 GDP 价格平抑指数浮动的汇率。对于固定汇率，实际汇率的任何改变都会以国内价格水平变化的形式表现出来。如果将名义汇率 E 定义为一单位本币能够兑换多少外币，那么实际汇率 eR 可以被定义为境内一篮子商品和境外一篮子商品之间的兑换比率。实际汇率可以被近似为两个国家 GDP 价格的一般货币比率，P^Y 和 P_F^Y / E（见公式 8）。

$$e_R = \frac{P^Y}{P_F^Y / E} = E \frac{P^Y}{P_F^Y} \tag{8}$$

E 若是固定的，则世界其他地区的外币价格水平不会受到间接影响，实

---

① 别处有关于此的论述（如 Tyers and Zhang, 2011），在中国资本管制和高储蓄率的情况下，中国人民银行对于每年外汇储备增量的决定权并不多。这是因为中国的商业银行没有动机不将未使用的外汇让渡给中国人民银行。因此，外汇储备的规模并不是中国人民银行的货币政策工具。公式 7 仅仅是这个过程的一个简略形式。

② N 由一个固定的来自境外资产的净私人收入流入、对政府固定的支援和少量中国的境外持有物质资本的收入构成。

际升值以通货膨胀的形式表现出来：

$$e^R \uparrow = \bar{E} P^Y \uparrow / \bar{P}_F^Y$$

如果我们假设短期实验足够抵抗产品工人的名义工资刚性，那么实际工资的变化将会反映出汇率上升：

$$\bar{W}/(P^Y \uparrow) = w \downarrow$$

因此，$\dot{w} = -\hat{e}_R$。

相反，维持固定价格水平的灵活汇率制度在价格水平和实际工资方面不会发生变化，但汇率的名义上升将与实际汇率的变化比例相等。

正如三元悖论所说的，资本控制的自由化将使得名义汇率自由度上升。我们保持实际汇率为内生，在实验中封闭了它与价格水平和实际工资的联系。

3. 垄断供给

每个行业的公司都提供差别化的产品。每个产品的固定成本是不同的并在价格上互相影响。柯布－道格拉斯产出决定着可变成本，因此平均成本在要素和中间产品价格不改变的情况下是固定的，但平均总成本随产出增加而下降。公司将标价定得高于平均可变成本，这种抬升价格而不受现存竞争者影响的能力决定了纯利润水平，并在长期决定了新进入者的可能性。

我们认为行业里的每个公司 i 都制造独特的产品，面临一个向下倾斜的需求曲线，弹性为 ε_i（<0）。最佳标价即为公式9：

$$m_i = \frac{P_i}{V_i} = \frac{1}{1 + \dfrac{1}{\varepsilon_i}} \qquad \forall i \tag{9}$$

在公式9中，P_i 是产品价格，V_i 是平均可变成本，ε_i 是需求弹性。每个公司根据需求弹性选择它们自己的最优价格，这也依赖于其他公司的定价行为，我们通过猜测度差来衡量。在行业 i 中，将其定义为公司 k 对公司 j 定价的影响：

$$\mu_i = \partial p_{ij} / \partial p_{ik}$$

这些参数是内生的，反映出各行业的搭便车行为和监管机构价格监督的力量。纳什均衡的案例是伯特兰垄断的非共谋变形，每个公司在给定其他公司定价的前提下选择它的价格。这里猜测度差 u 是 0。当公司行为是完全的卡特尔的时候，它就被赋值。这个参数是通过多种需求弹性进行分析的。

模型中不完全竞争的关键是每个行业的产品都面临五种不同需求来源。行业 i 的需求弹性 ε_i 依赖于这五个市场的需求弹性，以及每个行业国内产品的份额。它们是最终需求 F、投资需求 V、中间需求 I、出口需求 X、政府需求 G。对行业 i 来说，公式 9 中的弹性是五种需求弹性的组成部分[①]。

$$\varepsilon_i = S_i^F \varepsilon_i^F + S_i^V \varepsilon_i^V + S_i^I \varepsilon_i^I + S_i^X \varepsilon_i^X + S_i^G \varepsilon_i^G \qquad \forall i \qquad (10)$$

在公式 10 中，S_i^j 代表对每种需求 j，行业 i 中境内产品的份额，这些参数在模型中都是内生的。

因此，公司的战略选择与垄断的经济成本都受到共谋行为和需求构成的影响，通过不同需求的平均弹性起作用。共谋行为通过猜测度差和需求构成 S_i^j 进入模型。每种需求弹性依赖于公司间替代品和境内外替代品的弹性，以及猜测度差。这种关系很复杂，通过需求来源进行区别[②]。出口需求比别的更有弹性，因此最终需求比中间需求、政府需求和投资需求更具弹性。当冲击改变需求分配的时候，公司面临的平均弹性和标价也因此改变。

为研究垄断定价中价格上限的效果，我们构造了 Ramsey 标价——$m_{i:}^R$

$$m_i^R = \frac{afc_i + V_i}{V_i} \qquad (11)$$

在公式 11 中，afc_i 是平均固定成本，V_i 是行业 i 的平均可变成本。可以通过改变参数 φ_i 来模拟标价的改变：

$$m_i^C = (\varphi_i - 1)m_i^R + (2 - \varphi_i)m_i \qquad \forall i$$

当 $\varphi_i = 1$，$m_i^C = m_i$，垄断利润最大；当 $\varphi_i = 2$，$m_i^C = m_i^R$，纯经济利润为 0。

（二）基础数据及其所代表的中国经济结构

模型数据来自 2001 年 GTAP 版本 6[③]。它包含双边贸易、运输和地区间

---

① 对这些弹性的描述很复杂，参见附录。
② 公司面临的需求弹性构成和参数见作者的附录。
③ GTAP 6 的数据参见 http：//www. gtap. agecon. purdue. edu/databases/。

经济联系保护数据，以及单个国家账户、政府账户、支付均衡数据和投入产出表，这使得我们可以对不同地区行业间资金流进行定量分析。这些数据中 2001 年的要素份额和投入产出系数与 2005 年的中国国家账户和收支平衡数据相结合被进行了扩展和修正。表 2 已经列明了关键的结构性要素，显示出中国的 GDP 是由轻工业和服务业所主导的。对出口量最主要的贡献也来自于此。一般贸易行业和轻工业是劳动力格外密集的，农业和纺织业也是如此。

对纯利润的度量及垄断系数。基础数据中的资金流并未显示出行业间的具体细节。为了表现出寡头垄断行为，在有效公司数量、纯利润、固定成本和每个行业的最小规模系数方面需要一些额外的信息。根据中国的官方统计数据，这些变量以如下的方式进行衡量。首先，纯利润是每个行业总收入中的一部分，将市场间和跨市场资本回报分开[1]。这是衡量行业竞争结构的起点。其次，需要粗略估计每个行业中战略互动的公司数量以及相应的猜测度差。官方统计数据提供了公司数量、规模以及国有和民营的比例[2]。最后，要完成对行业需求弹性、每个行业国内产品间替代品弹性、一般国内产品与国外产品间的替代品弹性的构造。这些最初都是从资料中提取的[3]。根据需求来源（最终、间接、投资、政府和出口）计算了每个基本行业的需求弹性。从基础数据中提取每个行业的初始需求份额。通过公式 9 将这些从基本标价率中减去。初始的均衡行业份额、每个行业的弹性和标价率列示在表 4 中[4]，这就完成了需求方向的初始度量。对于供给方向的度量首先应用标价率来减少每个行业的平均可变成本。然后从标价中减去纯利润占总收入的份额得出固定成本收入份额[5]，接着是每个行业周期性固定成本，总

---

① 2005 年纯利润占总收入的份额在金属和矿产、石油和能源、通信、保险和金融以及交通运输行业较高。后三个行业的会计利润数据相对较薄弱是有些依赖于判断的，这些国有企业主导行业的借款率较低，因此资本成本较低，参见 Tyers 和 Lu（2008）。

② 因为每个行业都由几个大公司主导价格，所以有效公司的数量比总数要少。对于中国的寡头垄断行业来说，这些公司是国有企业。

③ 关于这个资料的总结参见 Dimaranan 和 McDougall（2002），http：//www.gtap.purdue.edu/databases/。

④ 弹性看起来很大的原因是它们没有代表一般产品的行业需求曲线，而是单个供给者面临的弹性。

⑤ 根据经验法，固定成本有物质资本和人力资本两种形式，物质资本占 5/6［基于（Harris 和 Cox，1983）的估计］。

周转率中的固定成本份额中有些矛盾的信息，建议用新的初始弹性来进行衡量①。

表4 初始需求份额、弹性和标价

	需求份额（%）					需求弹性					平均需求弹性	行业价格升水
	中间	最终	出口	投资	政府	中间	最终	出口	投资	政府		
农业	53	40	4	3	0	-10.2	-28.6	-40.1	-15.6	-16.0	-18.8	1.06
金属和矿产	84	3	10	2	1	-2.9	-4.4	-8.9	-2.8	-2.8	-3.5	1.39
煤炭	61	4	33	0	2	-3.6	-6.1	-11.2	-2.4	-2.5	-6.2	1.19
石油和能源	58	12	5	14	12	-2.1	-2.8	-6.2	-2.3	-2.1	-2.4	1.69
加工农业	50	34	15	0	1	-12.0	-30.8	-26.8	-16.4	-17.0	-20.7	1.05
电子	24	4	65	6	0	-2.7	-6.4	-9.8	-2.9	-2.9	-7.5	1.15
机动车	46	8	15	29	1	-4.8	-10.0	-16.9	-3.4	-3.7	-6.6	1.18
化工	77	6	17	0	0	-3.6	-6.3	-10.4	-2.5	-2.5	-4.9	1.26
纺织品	45	11	44	0	0	-6.5	-16.9	-25.7	-10.4	-10.2	-16.1	1.07
其他制造业	43	5	35	16	0	-2.6	-7.1	-9.5	-4.0	-4.0	-5.5	1.22
电力	84	13	1	1	1	-6.4	-12.3	-21.0	-7.5	-7.7	-7.3	1.16
天然气	50	10	0	8	32	-4.9	-7.7	-13.4	-4.8	-4.9	-5.2	1.24
通信	42	24	1	5	27	-1.7	-1.4	-5.1	-1.5	-1.7	-1.7	2.45
保险和金融	57	29	2	3	8	-1.8	-2.6	-6.6	-2.2	-2.2	-2.2	1.86
交通运输	53	18	8	7	14	-1.3	-1.6	-5.9	-1.6	-1.5	-1.8	2.26
建筑业	4	2	0	86	8	-2.5	-5.1	-12.3	-4.4	-4.0	-4.3	1.30
其他服务业	46	21	4	4	25	-3.4	-8.6	-11.7	-3.1	-2.8	-4.7	1.27

资料来源：Dimaranan 和 McDougall（2002）。

表4也显示出五种需求来源的弹性是怎样的不同。出口和最终需求是最有弹性的，中间需求是最没弹性的②。出口导向型行业和国有企业主导的石油和能源、金属和矿产、通信、保险和金融和交通运输等行业总收入中的纯利润份额很小。

在模型中，标高售价使得弹性与基础资金流相关，如果不重建整个基础数据就很难改变它们。短期来看，小的弹性更敏感，出口弹性在模拟中降低

① 实际的度量过程要比这复杂，因为中间需求的弹性取决于中间成本份额，这又取决于可变成本份额。因此很有必要度量弹性和份额的一致性。

② 境外的可替代产品很多，使得出口需求更具弹性。中间需求弹性相对较小是因为公司不愿意改变中间投入供给安排。Harris 和 Cox（1983）用实证阐述了这个问题。

了70%（特别是境内外替代品的境外弹性）[1]。垄断定价聚焦于比我们模型中更长的一个时期，因此这些外部弹性的减少不会影响境内定价决策。它们仅仅代表期限长于公司本身计划的外部调整。

六　进一步的产业改革与短期增长

在过去的二十年里，中国的产业改革对于它的经济增长有着重要的贡献，这就包括它在非农就业方面的显著增长。这些改革措施在国有企业主导的行业中的推进以及更少的外商直接投资都是政府官方改革日程的重要内容（State Council，2014）。这里我们介绍两个产业改革计划的关键要素：私有化与竞争政策。私有化本身就使得之前可能由国有公司流向投资领域的收入转入家庭部门，因此它是公司储蓄率的减项[2]。其他的产业改革包括垄断定价监督和产出定价监管，或者说价格上限，这些在发达经济体中都很常见，特别是在网络服务方面。总的来说，这些都能降低垄断价格，特别是中间投入的价格，因此能够在降低整个经济的成本的同时提升消费支出占 GDP 的比重。本文的实验将这些要素进行了整合来反映改革在一个单独年度的可能效果。

上述要素的集合使得公司储蓄率减少了 10 个百分点。影响规模和经济利润的改革进一步降低了公司储蓄率。所有行业的猜测度差减少了 10% 代表价格监督（对于每个部分，0 值代表非共谋垄断）[3]。让公司感知到更有弹性的需求，它们通过第四部分的公式 9 减少了利润最大化价格升水。通过加上一个价格上限使得所有行业的利润最大化产出价格与平均总成本之间的差额减少了 10%，这直接限制了超额利润（正如第四部分公式 11 的讨论，参数 φ_i 上升了 10 个百分点）。

表 5 第一列总结了这个冲击的效果，显示出足以支持几年的中国经济高速发展。由垄断租金减少引起的成本降低促进了整个经济产出和就业的扩张，

---

① 关于弹性和期限的比较静态分析，参见 Cooper 等（1985）。关于短期改变出口需求的分析参见附录。

② 此处忽略了与收购风险相关的直接生产率效应和取得境外直接投资，Tyers（2013）的长期分析中考虑了这些。

③ 具体分析参见附录。

表5　行业进一步改革的短期经济效果

	短期模型模拟	
	资本账户控制与固定汇率	自由资本账户与浮动汇率
变化百分比		
实际 GNP	5.5	6.7
实际 GDP	7.4	8.8
实际投资	10.8	13.4
实际汇率	− 2.2	− 2.2
生产就业	5.5	8.2
平均总回报率	7.4	9.4
生产规模	0.5	0.6
纯利润/GDP	− 5.6	− 4.4
变化占初始 GDP 的比例		
投资支出 I/YO	2.6	3.5
私人金融资金流 SNF/YO	0.1	2.6
累计储备	− 2.3	− 0.1
经常性账户	− 2.2	− 2.6

注：A. 这些模拟假设在短期公司数量是固定的，纯利润是内生的，物质资本在行业水平是固定的，回报率是内生的，生产工人的实际工资与实际汇率的变化相反（与固定名义汇率保持一致）。政府赤字以及收入和支出都是内生的。假设对实际汇率的预期没有变化。没有李嘉图等价，所以家庭和公司储蓄率是固定的。

B. 多项改革是同时引入的：1）公司储蓄率下降10%代表了进行中的私有化；2）价格监督缓解了垄断定价，使得所有行业的猜测度差减少了10%；3）通过设置价格上限以及减少所有行业产出价格与平均总成本之间的差距，直接限制了超额利润。

C. 这里用了标准模型，弹性 S_{NF} 和 ΔR 对利率平价值为 0.2 和 − 10。生产工人实际工资的变化与实际利率的变化数量相等、方向相反。

D. 模型代表自由资本账户与浮动汇率和固定 GDP 价格目标。弹性 S_{NF} 和 ΔR 对利率平价值为 20 和 − 0.2。生产工人实际工资固定。这些重要参数的变化只适用于财政政策的边际改变。私人资金流的初始水平很小，累积储备很大。

EGNP 利用消费价格指数表达以代表福利水平。

FGDP 的表达是相对于 GDP 的价格。

G 是相对于境内 GDP 价格。

H 是总产出或低技能就业水平的比例变化。

I 表示物质资本回报率是贬值和纯经济利润的总数，显示的是这个比率的比例变化。

J 是总产出的加权平均比率的比例变化，以最小化所有行业的有效规模。

K 是所有纯利润或经济利润的总变化比例占 GDP 的份额。

资料来源：本文的模型模拟。

特别是在中间产品和服务的供给行业。此外，实际汇率也因此降低，促进了出口的长期增长[①]。产出平均接近于最小规模，尽管减去了垄断租金（纯利润），平均资本回报还是由于现存资本的市场租金上涨而上升了。资本回报的上涨使得投资支出上涨，净金融资本流出因此以累计外汇储备减少的形式减少。

多数行业的价格升水和纯利润都减少了，特别是在那些初始租金就很高的行业。劳动力也经历了再分配，从农产品和纺织品行业进入成本减少最多的行业。这些都是劳动力不密集的行业，包括金属和矿产、机动车、其他制造业、保险和金融以及交通运输。产品工人的实际工资略高一点，技术工人的实际工资显著提高，因此额外产出比劳动力密集型的行业要小。至于更高的单位要素回报，大多数行业的单位固定成本都由于产出扩张而降低了，包括金属和矿产、化工、机动车、其他制造业、交通运输和建筑业。最后，出口的变化集中在金属和矿产以及机动车行业的增长上，并且中国的交通运输服务业的外部作用增强了。

总的来说，尽管改革使得某些垄断的扭曲加剧了，但它提升了现代行业的就业和产出，提升了消费支出的显著性，减少了外部不均衡。此外，它将经济结构从之前依赖于缺乏经验的劳动力转向更成熟的阶段，即中国的服务业更有竞争力，贸易结构也与发达经济体更相似。

七 资本账户自由化

经验数据显示中国整体储蓄率呈下降趋势，同时，迄今为止已有的调查结果并没有显示出个人调整投资组合支持境外资产存在显著被抑制的需求。这意味着无论资本账户自由化程度如何，都将平滑过渡到平衡增长。这种情形是与资本账户自由化后被抑制的境外资产需求导致向外调整的情形相比较的。因此，实验数据一方面呈现出储蓄率适度下降，另一方面呈现出结构调整，反映出被压抑外国资产需求的释放。每种情

---

① 在短期模拟中，出口弹性要小于激励公司定价行为的那些因素（见表4），所以出口增长缩减了。但在关键行业还是显著的，采矿、电力、机动车和其他制造业的出口量增长都为3% ~10%。

况影响因素的评估都假设采取名义利率或浮动利率的货币防御政策。结果见表6。

表6　资本账户自由化的短期影响

单位：%

	资本账户自由化在现有储蓄利率下降情况下，同时采取		资本账户自由化在境外资产需求被抑制的情况下，同时采取	
	固定汇率政策	自由资本账户和浮动汇率政策	固定名义汇率政策	自由资本账户和浮动汇率政策
变动百分比				
实际国民生产总值	2.1	1.2	− 1.7	− 0.7
实际国内生产总值	2.4	1.4	− 1.9	− 0.7
实际投资	2.1	1	− 12.7	− 11.5
实际汇率	1.7	2	− 2.1	− 2.4
生产劳动	2.7	0.6	− 1.8	0.8
平均收益率	2.9	1.5	− 3.5	− 1.8
生产规模	0.1	0.04	− 0.1	− 0.01
纯利润/国内生产总值	1.1	0.3	− 5.0	− 3.9
初始国内生产总值变动百分比				
投资支出 I/YO	1.2	0.9	− 5.3	− 5.0
个人现金流 SNF/YO	2.5	2.5	− 19.5	− 19.6
外汇储蓄积累 $\Delta R/YO$	− 0.9	− 1.0	− 16.2	− 16.1
活期存款账户 CA/YO	− 3.3	− 3.3	3.4	3.4

资料来源：本文的模型模拟。

首先考虑中国储蓄率下降平缓延续的影响。这以降低家庭和企业的储蓄率10个百分点为代表。这收紧了国内金融市场，同时，资本和金融账户自由化吸引了外国私人投资。这种影响一部分被减少外汇储备所抵消。然而，私人流入足以削减经常账户盈余的一半。国内消费支出的提高伴随储蓄率的减少，这一新的流入提高了对相关国外产品和服务的需求，所以实际汇率增加。

考虑到中国对外资本管制约束限制了相当大的国内对境外资产需求这种可能性。为了表现在资本和金融账户自由化后的各种因素，在表6的方程常数项中引入一个随意变量 a_{SF}（最初是负的），从而降低了所有国内债券收益的私人净流入。表6的第三列表示，这种变量在实验中足够导致私人流出金额约占 GDP 的 1/5。部分由汇出外汇冲销，这一冲击将使国内金融市场收紧。然而这一次，更少的投资资金，挤压了经常账户盈余，它对总需求的影响是消极的。实际汇率贬值，如果货币政策的目的还是保护名义汇率，将导致通货紧缩加剧、生产劳动的显著萎缩和实际 GDP 的收缩。

表 6 的最后一栏显示，如果名义汇率向下浮动，结果并不可怕。私人流出会损害投资融资和活期存款账户，但不会产生通货紧缩，因此也没有减少就业，并且国内生产总值下滑程度将大大降低。很明显，这表明资本和金融账户自由化应允许名义汇率的调整，特别是向下调整，以避免通货紧缩。有趣的是，被压抑的需求对中国增长的影响是消极的，如果允许汇率调整以避免通货紧缩，成本主要由富人承担。寡头垄断租金以及整体的资本回报率将大幅下降，然而产业工人就业将扩大，技术工资以及土地和自然资源租金将增加。因此，灵活的货币政策，甚至大量的、持续的私人资本流动不会损害中国的短期增长。

这种结论唯一需要警惕的是忽视了银行或更广泛的金融危机的假设。国内产量上升约 17 个百分点，预示着资产价值的崩溃，这将威胁到主要的金融机构，将导致现有实体资本被暂时扣押和潜在的大规模失业。

八　结论

中国目前的快速增长和其经济体量限制了资源扩大出口的能力，由此不可避免地转型到内部增长，相对于金融危机以来 GDP 的持续增长，在收支平衡基础上保持总量的下降被作为建议提了出来。由于财政扩张和相关的公共投资，能够产生巨大盈余的经济繁荣期正在结束。改革在短期内产生积极影响的关键在于在国际化准则下实行的产业政策和金融自由化改革。寡头垄断行为和短期内资金流动的中国经济 17 部门模型，能够检验这些政策的短期影响。

结果证明，进一步的财政扩张，甚至是伴随着巨大公共投资的财政扩张并不能成为新一轮经济增长的主要贡献力量，但在重工业和服务业领域进行的产业改革将降低成本和增加产出、私人消费和现代部门的就业。此外，结构化改革通过削减企业储蓄减少外部失衡、扭曲的垄断租金和增加之前低效率工业的产量，从而提高现有物质资本和劳动力的生产率。同时，境外私人投资的大量涌入，将释放出更多的国内消费需求和就业与国内生产总值的双增长。在金融自由化的背景下，降低储蓄和增加私人消费的预期趋势将被加强。随着自由化程度的加深，对国外资产的需求将被释放出来，资金流出将对试图保护名义汇率的货币政策造成严重破坏，或者如果资产价格下降，将导致一场国内金融危机。此外，在没有金融危机和灵活汇率的缓冲下，伴随着在人均收入方面的短暂负面影响，像这样暂时的资金流出有利于中国就业和收入水平的提高。

参考文献

Balistreri, E. J., Hillberry, R. H. and Rutherford, T. J., 2007, Structural Estimation and Solution of International Trade Models with Heterogeneous Firms, Presented at the 10th Annual Conference on Global Economic Analysis, Purdue University, Lafayette, Ind., July.

Burns, A., Kida, M., Lim, J., Mohapatra, S. and Stocker, M., 2014, "Unconventional Monetary Policy Normalisation and Emerging – Market Capital Flows", *VOX*, 21 January.

Cai, F., 2010, "Demographic Transition, Demographic Dividend and Lewis Turning Point in China", *China Economic Journal*, 3 (2) (September): 107 – 19.

Cooper, R. J., Mclaren, K. R. and Powell, A. A., 1985, "Short – Run Macroeconomic Closure in Applied General Equilibrium Modelling: Experience from ORANI and Agenda for Further Research", in J. Whalley and J. Piggott (Eds), *New Developments in Applied General Equilibrium*, pp. 411 – 40, Cambridge: Cambridge University Press.

Deer, L. and Song, L., 2012, "China's Approach to Rebalancing: A Conceptual and Policy Framework", *China & World Economy*, 20 (1): 1 – 26. De Gregorio, J., Giovannini, A. and Wolf, H., 1994, "International Evidence on Tradables and Non – Tradables Inflation", *European Economic Review*, 38: 1225 – 34.

Dimaranan, B. V. and Mcdougall, R. A., 2002, *Global Trade, Assistance and Production: the GTAP 5 Data Base*, May, Center for Global Trade Analysis, Purdue University, Lafayette, Ind.

Dixon, P. B., Parmenter, B. R., Sutton, J. and Vincent, D. P., 1982, *ORANI, A Multi – Sectoral Model of the Australian Economy*, Amsterdam: North Holland.

Eichengreen, B., 2004, *Global Imbalances and the Lessons of Bretton Woods*, NBER Working Paper 10497, National Bureau of Economic Research, Cambridge, Mass.

Eichengreen, B., 2014, "Yuan Dive?", *Project Syndicate*, 12 March.

Fleming, J. M., 1962, *Domestic Financial Policies Under Fixed and Floating Exchange Rates*, IMF Staff Papers 9, International Monetary Fund, Washington, DC.

Froot, K. A. and Rogoff, K., 1995, "Perspectives on PPP and Long Run Real

Exchange Rates", in G. M. Grossman and K. Rogoff (Eds), *Handbook of International Economics. Volume III*, Amsterdam: Elsevier.

Galstyan, V. and Lane, P. R. (Forthcoming), "The Composition of Government Spending and the Real Exchange Rate", *Journal of Money, Credit and Banking*.

Garnaut, R., 2010, "Macroeconomic Implications of the Turning Point", *China Economic Journal*, 3 (2): 181 – 90.

Garner, J. and Qiao, H., 2013, "China—Household Consumption Most Likely US1.6 Trillion Larger Than Officially Stated", *Asian Insight*, 28 February 2013, Morgan Stanley Research. Available from: http://Www. Morganstanleychina. Com/Views/121217. html.

Golley, J. and Meng, X., 2011, "Has China Run Out of Surplus Labour?", *Chinese Economic Review*, 22 (4): 555 – 72.

Gunasekera, H. D. B. and Tyers, R., 1990, "Imperfect Competition and Returns to Scale in a Newly Industrialising Economy: a General Equilibrium Analysis of Korean Trade Policy", *Journal of Development Economics*, 34: 223 – 47.

Harris, R. G., 1984, "Applied General Equilibrium Analysis of Small Open Economies with Scale Economies and Imperfect Competition", *American Economic Review*, 74: 1016 – 32.

Harris, R. G. and Cox, D., 1983, *Trade, Industrial Policy and Canadian Manufacturing*, Toronto: Ontario Economic Council.

He, D. and Luk, P., 2013, *A Model of Chinese Capital Account Liberalization*, Working Paper No. 12/2013, Hong Kong Institute for Monetary Research, Hong Kong. He, D. and Mccauley, R. N., 2013, *Transmitting Global Liquidity to East Asia: Policy Rates, Bond Yields, Currencies and Dollar Credit*, Working Paper No. 15/2013, Hong Kong Institute for Monetary Research, Hong Kong; BIS Working Papers 431, October, Bank for International Settlements.

He, D., Cheung, L., Zhang, W. and Wu, T., 2012, "How Would Capital Account Liberalization Affect China's Capital Flows and *Renminbi* Real Exchange Rates?", *China and the World Economy*, 20 (6): 29 – 54.

Horioka, C. Y. and Terada – Hagiwara, a., 2012, "The Determinants and Long Term Projections of Saving Rates in Developing Asia", *Japan and the World Economy*, 24: 128 – 37.

Horioka, C. Y. and Wan, J., 2007, "The Determinants of Household Saving in China: a Dynamic Panel Analysis of Provincial Data", *Journal of Money, Credit and Banking*, 39 (8): 2077 – 96.

Huang, Y., Chang, J. and Yang, L., 2013, "Consumption Recovery and Economic Rebalancing in China", *Asian Economic Papers*, 12 (1): 47 – 67.

International Monetary Fund (IMF) (N.D.), International Financial Statistics, International Monetary Fund, Washington, D.C. Available from http://www. econdata. com/databases/imf-and-other-international/ifs.

Fiscal Monitor: Fiscal Adjustment in an Uncertain World, International Monetary Fund, Washington, DC, April. Available from http://imf. org/external/pubs/ft/fm/2013/1/fmindex. htm.

Kuijs, L. , 2006, *How Will China's Saving-Investment Balance Evolve?* World Bank Policy Research Working Paper 3958, July, the World Bank, Beijing.

Lee, J. W. and Mckibbin, W. J. , 2007, *Domestic Investment and External Imbalances in East Asia*, CAMA Working Paper 4 – 2007, Centre for Applied Macroeconomics, the Australian National University, Canberra.

Lu, F. , Song, G. , Tang, J. , Zhao, H. and Liu, L. , 2008, "Profitability of Chinese Firms, 1978 – 2006", *China Economic Journal*, 1（1）.

Ma, G. and Mccauley, R. N. , 2007, "How Effective Are China's Capital Controls?", in R. Garnaut and L. Song（Eds）, *China: Linking Markets for Growth*, pp. 267 – 89, Canberra: Asia – Pacific Press.

Ma, G. and Yi, W. , 2010, "China's High Saving Rate: Myth and Reality", *International Economics*, 122: 5 – 40.

Melitz, M. J. , 2003, "The Impact of Trade on Intra-Industry Reallocations and Aggregate Industry Productivity", *Econometrica*, 71（6）: 1695 – 725.

Modigliani, F. and Cao, S. , 2004, "The Chinese Saving Puzzle and the Life – Cycle Hypothesis", *Journal of Economic Literature*, 42（1）: 145 – 70.

Mundell, R. a. , 1963, "Capital Mobility and Stabilization Policy Under Fixed and Flexible Exchange Rates", *The Canadian Journal of Economics and Political Science*, 29（4）: 475 – 85. National Bureau of Statistics（NBS）（2012）, *China Statistical Yearbook 2012*, Beijing: China Statistics Press.

Riedel, J. , 2011, *The Slowing Down of Long Term Growth in Asia: Natural Causes, the Middle Income Trap and Politics*, School of Advanced International Studies, The Johns Hopkins University, Baltimore.

Singh, A. , Nabar, M. and N'Daiye, P. M. , 2013, *China's Economy in Transition: from External to Internal Rebalancing*, November, International Monetary Fund, Washington, DC.

Song, L. , Yang, J. and Zhang, Y. , 2011, "State – Owned Enterprises Outward Investment and the Structural Reform in China", *China and the World Economy*, 19（4）: 38 – 53.

State Council, 2014, "Decision of the Central Committee of the Communist Party of China on Some Major Issues Concerning Comprehensively Deepening the Reform", State Council of the People's Republic of China, Beijing. Available from http://www.china.org.cn/China/Third_ Plenary_ Session/2014 – 01/16/ Content_ 31212602_ 2.htm.

Tyers, R. , 2005, "Trade Reform and Manufacturing Pricing Behaviour in Four Archetype Asia – Pacific Economies", *Asian Economic Journal*, 19（2）: 181 – 203.

Tyers, R. , 2014a, *Looking Inward for Transformative Growth*, *China Economic Review*, Forthcoming. Also Available from CAMA Working Paper No. 48/2013, March, Centre for Applied Macroeconomic Analysis, The Australian National University, Canberra.

Tyers, R. , 2014b, *International Effects of China's Rise and Transition: Neoclassical and Keynesian*

Perspectives, CAMA Working Paper No. 5 – 2014, July, Centre for Applied Macroeconomics, the Australian National University, Canberra.

Tyers, R. and Zhang, Y. , 2011, "Appreciating the *Renminbi*", *The World Economy*, 34 (2): 265 – 97.

Tyers, R. , Golley, J. , Bu, Y. and Bain, I. , 2008, "China's Economic Growth and Its Real Exchange Rate", *China Economic Journal*, 1 (2): 123 – 45.

Wei, S. - J. and Zhang, X. , 2011, "The Competitive Saving Motive: Evidence from Rising Sex Ratios and Saving Rates in China", *Journal of Political Economy*, 199 (3): 511 – 64.

Wen, Y. , 2011, *Explaining China's Trade Imbalance Puzzle*, Working Paper 2011 – 018A, August, Federal Reserve Bank of St Louis, Mo.

Yang, D. T. , 2012, "Aggregate Savings and External Imbalances in China", *Journal of Economic Perspectives*, 26 (4): 125 – 46.

Zhang, Y. S. and Barnett, S. , 2014, *Fiscal Vulnerabilities and Risks from Local Government Finance in China*, IMF Working Paper 14/4, January, International Monetary Fund, Washington, DC.

（曲 玥 译）

低碳增长和气候变化政策

绿色发展如何成为促进欠发达
地区发展的新杠杆[*]

张永生

一　导论

工业革命以后，人类社会开启了所谓现代经济增长的进程，物质财富得到前所未有的膨胀。但是，由于这种增长范式建立在高碳排放、高环境污染和高物质资源使用的基础之上，它虽然给以工业化国家为主要代表的少数人口带来了繁荣，但当地球上所有人口都要以这种方式实现繁荣时，人与自然的边界就会被突破，各种危机就会不可避免地出现（Rockstroem et al.，2009）。

因此，工业革命以来建立的这种"先污染、后治理"的发展范式已经不可维系。人类必须从根本上改变这种发展范式，转变到新的绿色发展范式。对于包括发达国家在内的所有国家而言，绿色发展不是一个"要不要走"的问题，而是一个"如何走"的问题。不仅后发国家和贫困地区不可能再依靠传统发展范式实现经济发展，而且发达国家也必须加快进行绿色转型。这意味着，贫困地区也必须走上一条绿色发展的道路。

那么，作为一种新的发展范式，绿色发展能否帮助贫困地区摆脱贫困？目前，不同的研究有不同的结论（比如，UNEP，2011；King，2013；

---

[*] 本文是 2013 年作者在贵州省的一次演讲的基础上形成的。贵州省是中国最贫困的省份之一。作者正在用严格的分析框架对文中的观点进行发展和完善。

Dercon，2012）。对于绿色发展如何有助于减少贫困，目前典型的论述遵循以下思路：由于农村贫困人口主要依赖农业，而农业又更多地依赖自然环境，当自然环境被破坏时，他们赖以生存的产业基础被削弱，导致收入减少。向绿色经济转型有利于改善气候环境和保护生态环境，通过绿色转型能消除贫困。对贫困地区人口来说，绿色经济在许多行业中的发展潜力较大，如农业、林业、渔业和水资源管理。投资这些绿色行业，包括扩大小额信贷，发展生态系统服务，不仅可以为贫困人口提供工作机会，也可以为他们解决生计（Barbier，2005）。

但是，如果绿色发展对减贫的含义仅限于此的话，那它至多只能将贫困地区人口从贫困中解脱出来，却不可能使他们过上富裕的生活。绿色发展是一种发展理念和发展范式的根本性变革。这种变革意味着，生产的内容和方式、消费的内容和方式、交易的内容和方式、商业模式、资源的概念、城镇化模式、居住方式等方面，均将发生根本性变化。这些变化使得贫困地区过去面临的很多传统发展约束被突破，新的机遇正在浮现。因此，绿色发展对减贫的效果，更应该从这种发展范式的根本性变革的视角，来揭示其对贫困地区发展的含义。

本文旨在揭示，绿色发展为何有可能成为加快贫困地区发展的新杠杆。本文从中国的背景出发讨论这一问题，进而讨论其对世界其他国家的普遍意义。在接下来的第二部分，我们揭示在新的历史条件下，贫困地区促进绿色发展有哪些独特的优势。第三部分，我们揭示绿色发展范式变化对促进欠发达地区发展的含义。第四部分讨论让绿色发展成为"新杠杆"的体制条件和政策框架。最后一部分是简短的结语。

二　贫困地区绿色发展的新优势

（一）新的历史条件下贫困地区发展的根本性变化

按照传统的发展观，贫困地区由于地理偏僻，交通不便，市场狭小，缺乏资源，资金、人才、技术等匮乏，其发展遇到各种障碍。但是，这种传统的发展观已然不再适用，因为我们正经历两个历史条件的变化，贫困地区发展的优劣势正发生根本性逆转。

　　第一个变化是，贫困地区经济起飞适逢全球范围内发展理念和范式正在发生根本性变化。发达国家和中国沿海发达地区之所以走上传统高碳排放、高污染、高环境破坏的工业化道路，很大程度上是经济起飞时，不知道还有其他道路可走。中国沿海地区通过成功复制发达国家传统工业化道路，实现了经济起飞，却造成了一系列环境问题。相反，欠发达地区，正是因为不发展，总体而言，反而幸运地保留了其优美的自然生态和人文特色。在绿色发展兴起的今天，这些优美的自然生态和人文环境，就成了经济发展最稀缺和最宝贵的资源，优势一下就凸显出来。贫困地区可以将其优美的自然生态和人文资源转化为财富，从一开始就走上一条新的发展之路。

　　第二个变化是，全球经济和技术条件的历史性变化，使贫困地区具备了走绿色发展的技术条件和市场条件。在全球范围内，技术条件和基础设施已发生了巨大的变化，宽带、信息通讯技术（ICT）、大数据、高速公路和铁路网、快速物流等，已经将贫困地区和发达地区紧密联系在一起。以中国为例，经过30年的高速发展，中国的综合实力、市场规模、基础设施等都发生了巨大变化。当年中国沿海地区发展的时候，走外向型经济只能向欧美这些地方去出口，因为中国内地市场规模很小。但是，现在中国的发达地区，可以为贫困地区提供足够大的市场容量，让贫困地区充分利用这些优势来生产产品和提供服务。

（二）历史条件变化如何突破传统发展约束

　　由于上述两个大的历史条件的变化，贫困地区面临的传统发展约束，很多已不再成为约束。贫困地区的很多优劣势甚至已经发生逆转。

　　第一，贫困地区的地理偏僻不再是一个突出问题。随着互联网通信技术、交通运输、物流体系等的快速发展，这种状况已有根本性改变。

　　第二，狭小的本地市场也不再是一个问题。随着网上购物和快速物流体系的兴起，贫困地区可以直接同外部的发达市场进行直接连通。在贫困地区，同样可以通过电子商务购买全世界的商品。同样，本地生产的商品，也可以便捷地通过网上交易卖到全球市场上。

　　第三，资本缺乏也不再是一个问题。经过30年的高速发展，中国现在总体上资本已经非常充裕。而且，只要实现金融开放政策，在很穷的地方，小微金融同样可以发展起来。因此，资本并不是一个问题，只是由于金融组织的创新和改革滞后，资源难以配置到最需要的地方。

第四，贫困地区的人口素质，也不再是一个突出问题。一是可以用新的组织模式来解决劳动力素质问题。例如，特许连锁商业模式，由于有一个强大的特许分工网络提供支持，它并不需要加盟者具备非常高的素质。二是由于有 ICT 技术、大数据等，加上快速的交通体系，人才的大规模远程利用已经完全可能。例如，专业人才在北京、纽约、伦敦等大都市，就可以远程为世界任何地方提供高水平的医疗服务、教育服务、咨询服务。三是从贫困地区出来的大量在外务工的农民，他们通过干中学，人力资本有了很大的提高。这些都是贫困地区经济发展的重要人力资本。

第五，关于资源问题。在传统的发展模式下，贫困地区要发展首先就想到矿产、石油等有形物质资源，但是在新的绿色发展模式下，贫困地区拥有最稀缺的自然环境资源。尤其是，发达地区的环境因为"先污染、后治理"的传统工业化模式被破坏后，贫困地区的生态环境优势就更为凸显。

可见，如果用一个新的思维、新的发展模式来看，长期困扰贫困地区发展的那些传统约束，很多都已不复存在，或者说大大减轻。贫困地区有可能在这种新的思维下，走出一条跨越式发展的新路。而且，较之已经锁定在非绿色发展路径的发达国家和发达地区，贫困地区绿色转型的成本相对较低，因为它们不像发达地区那样，需要先淘汰非绿色的基础设施和产能，而是可以直接以新的绿色方式来发展经济。

因此，贫困地区有条件实现这样一种愿景：让绿色转型成为欠发达地区加快发展的新杠杆。通过充分利用发达的 ICT 技术、电子商务、大数据、高速铁路公路、快速物流等条件，欠发达地区可以同发达的外部市场进行对接，将优美的自然生态和人文资源转化为财富。在新的发展范式下，在相对短的时间内，一些贫困地区有望跳跃式地进入现代社会（WB/DRC，2012）。

三 绿色发展：欠发达地区的新机遇

那么，这个新杠杆，或者说绿色转型给贫困地区带来的新机遇，究竟体现在哪些方面？要理解绿色发展对于贫困地区发展的新机遇，就必须理解经济发展的内在机制，以及这种内在机制如何在绿色发展范式下发挥作用。

（一） 经济发展的内在机制

从一定意义上说，古典主流经济学的核心就是发展经济学（Yang，2003）。这一核心的主体是斯密定理，即分工是经济增长的源泉（Smith，1776），分工依赖于市场的大小，市场大小又取决于运输条件。Young（1928）则进一步指出，"不仅分工取决于市场的大小，市场的大小同样取决于分工"。对于分工结构的演进而言，交易效率起着决定性作用。科斯关于交易费用的研究，则为理解分工的演进提供了一个新的视角（Coase，1937）。当交易效率改进时，分工水平亦会随之提高，从而带来生产力的提高（Yang，2001）。尤其是，随着交易效率和分工水平的提高，企业家组织分工的可能的方式，会呈现几何级的增加，从而为企业家创造财富提供更大的空间。

目前这个世界面临的最戏剧性的变化，就是交易效率的大幅提高。具体表现在三个方面。第一，信息流的便捷。信息通讯技术（ICT）、大数据、物联网、智能手机等的普及，使信息流变得非常快捷。第二，人口流动的便捷。这得益于高速铁路、高速公路、航空、私人汽车等的快速发展和普及。第三，物流的便捷。快速、便捷、智能的物流体系，大大提高了交易效率。

交易效率的大大提高促进了分工的演进，为经济增长提供了内在的动力机制。但是，更为实质的变化是，经济发展的内容，也正发生实质性变化，从非绿色增长转向绿色发展。一个非常本质的变化是，传统发展方式下更注重物质的生产和消费，而在绿色发展模式下，生产和消费内容呈现非物质化的特征，价值创造越来越依赖于信息、知识、环境等无形要素①。例如，人们在网上阅读和娱乐的时间大幅增加，使得相应的服务供给可以不受时间和空间限制，分散、便利地提供；又如，大规模网络公开课程、远程医疗、农业生产等服务；再如，从波音747到iPhone，有形的原材料在产品市场价值中的比重越来越低，大部分价值都是信息、科技的附加值。

这种发展内容的本质变化，有着重要的"绿色"含义。由于非物质产

---

① 这种去物质化的过程，同经济发展到一定阶段后服务业比重的提高有实质性的区别。它是在新的发展范式下生产和消费内容的实质性变化，这种变化同发展阶段并没有内在的关系，而是非物质的产品和服务的价值被重新认识和充分利用。

品（比如环境、知识）具有非竞争性的特性，它们可以被无数次地使用和消费。这不仅带来投入产出效率的大幅提高（所谓递增报酬和生产力提高的效果），而且在经济增长的同时，带来可持续的低物质消耗、低碳排放和环境保护。同时，由于非物质化的产出和消费并不需要过于依赖人口和货物的物理集中，反过来这又大大提高了交易效率，促进分工结构的加快转变。

（二）绿色转型给贫困地区带来的机遇

绿色发展不同于工业革命以来形成的传统工业化发展范式。在这种新的发展范式下，尤其是在新的技术和基础设施条件下，在传统发展范式基础上形成的很多发展观，均不再适用，而很多新的机遇，正一一浮现。

第一，贫困地区的人口不一定非要转移到大中城市，就可以获得同样的经济发展机会。在传统发展方式下，经济发展依赖于人口从农村向城市集中，因为人口集中可以大大提高交易效率，也能够共享很多公共产品和服务，产生所谓的聚集效应、专业化经济和规模经济等。因此，城市集中的实质，是为了提高交易效率。但是，当互联网、ICT、快速交通和物流体系的发展使得交易效率极大提高时，对经济发展而言，人口在物理意义上向城市的集中，其重要性就会大大下降，贫困地区的经济发展就不一定要完全通过向城市转移人口来实现。而且，如果贫困地区依托其优美的自然生态和浓郁的人文风情等禀赋发展其特色经济的话，这些资源是分散且不可移动的。这样，传统的集中的城市化模式，就不一定适用。

第二，资源概念的变化，使得贫困地区的优势凸显。良好的生态环境可以成为经济增长的稀缺资源。传统工业化模式主要强调有形的物质资源的投入，对无形的资源并不重视，而现在像生态自然环境、网络社会资本等无形资源，都可以转化为财富。例如，一个人将一部分钱花在吃饭、汽车上，一部分钱花在看演出、旅游和体验各种各样的地方文化上，这类体验同样满足其效用，也是有价值的。通常，越贫困的地区，这种无形的地方文化资源和旅游资源禀赋就越丰富。这种资源是世世代代可持续的，且是一种非竞争性的资源，增加一个人的使用并不会增加成本。不像煤矿，终有一天会枯竭。

第三，商业模式变化给贫困地区带来新机遇。电子商务催生了很多新兴的商业模式。中国的电子商务后来居上。根据麦肯锡（McKinsey, 2013）的报告，2012 年，中国的电子商务交易额达到 1900 亿美元，基本上同美国相当。到 2020 年的时候，中国的电子商务交易额将达到 6500 亿美元，超过美国、日本、德国、法国的总和。这种惊人的变化，对贫困地区经济发展有什么启示？根据斯密定理，"市场大小决定分工"。过去，贫困地区本地市场狭小，没有足够大的市场支撑经济发展。现在，由于网上交易的兴起，贫困地区可以直接同全国乃至全世界的发达市场便捷地连通，市场得以戏剧性地扩大。不仅如此，在贫困地区还可以便捷地买到全国乃至全世界的东西。这种交易条件的便利，带来市场规模的迅速扩大，为贫困地区产业链条的形成创造了前所未有的条件。

第四，贫困地区基于环保的绿色现代农业，可以成为高价值的产业。农业不再是一个落后的概念。传统意义上的经济发展，就是要通过工业化来"消灭"农民。但是，现在有了很大的变化。首先，现在基于良好的生态环境和利用现代企业组织的现代农业，可以成为最挣钱的行业。农业不再是像过去那样落后的行业。之所以落后，是因为还在用传统的方式组织农业生产。其次，用现代组织模式组织起来的农业生产，已经成为集农业、加工、服务为一体的行业，很难说它是农业、加工业还是服务业。最后，由于交易效率大幅改进，非常偏远的农村，现在也可以同发达的市场直接连接，从而使环境优美的贫困地区农产品的市场价值大幅提高。

第五，新的发展范式下，农民活动的附加值会相应增加。例如，传统上认为，农民在水稻田里面劳作，他生产的就只是水稻这样一种产品。但是，农民在田里劳作，产出的其实不再只是单一的农产品，它甚至是一种景观，是一种体验服务。在很多地方，大量游客正是冲着这种体验服务去旅游的。但是，由于传统发展范式下形成的对现代化的认识误区，很多非物质的文化资源，都在所谓"现代化"的过程中被无视、被毁灭。

第六，第三次工业革命，使贫困地区有可能走新的工业化道路。传统的工业方式以大规模生产为特征，而以 3D 制造等为代表的第三次工业革命，使得工业由传统的集中生产转向分散的定制式生产，将更多的信息知识压缩进更少的材料中，同时消耗更少的资源。一些贫困地区现在将承接所谓来自沿海淘汰的产业转移当作一个重要机遇。但是，这种所谓的机遇，仍然是一种传统的工业化思路。贫困地区和贫困国家，不能通过承接来自发达地区的产业转移，又走一条"先污染、后治理"的老路，而是需要抓住第三次工业革命的机遇，实现后来居上。

第七，ICT的出现可以在短时期内突破贫困地区发展的瓶颈。很多我们过去闻所未闻的新兴服务业，正在不断地出现，包括农民提供生态服务、文化创意、休闲产业、教育培训、碳资产管理等。又如，大规模网络公开课（MOOC）、远程医疗服务等的出现，可以使贫困地区与发达地区实现资源的共享。这些模式超越了传统时空的限制，不需要通过高端人才物理地集中到贫困地区，就能够为贫困地区提供高质量的服务。这样的话，贫困地区落后的教育、医疗以及人力资源匮乏等问题，就可以通过ICT的优势来解决。

第八，新能源在贫困地区发展的潜力。就中国而言，包括太阳能和风能等在内的新能源，主要分布在相对贫困的地区。尤其是，以Feed-in-Tariff政策驱动的分布式能源发展模式，可以为单个农民家庭提供稳定的收入来源。随着新能源技术的快速发展，成本正快速下降。根据联合国《2011年可再生能源报告》，2050年，新能源有望满足全球近八成的能源需求，它在经济上是可行的。

第九，贫困地区生态环境保护可以成为新的收入来源。两个故事可以用来说明，生态环境保护如何促进经济发展。第一个故事是，一些人争辩，将一个每年产生100万元增加值的污染工厂关掉，就会减少100万元的GDP。但是，这100万元的增加值，也许是以更大的损失为代价的。而且，这种损失是持续的和非竞争性的，多一个人就多一个受害者。因此，关掉这个工厂，或者让它投入成本来进行治理的话，这些损失就可以避免，从而整个社会的产出和福利水平会提高。这个故事是在一个传统边际分析下的故事，并不是太有意思，因为它没有涉及环境保护有可能使经济跳跃到一个新的结构的内容。第二个故事是，生态环境服务可以带来经济结构的变化。生态保护本身就具有很大价值（Vincent，2012），即农产品产出功能、生态调节功能、文化服务功能以及生态支撑功能。以环境保护的生态调节功能为例，上游的环境保护如果做得好的话，会使下游的损失大大减少，甚至使产值增加。但是，上游提供的生态保护服务，不像生产玩具可以在市场上直接出售，因此提供生态服务就很难直接从市场上获得收益。这样，上下游"双赢"的格局就难以形成，上游会采取毁林等行为获得短期收益，带来生态环境持续的恶化，本来可以实现的上下游"双赢"的格局，就变成一个"双输"的格局。此时，政府必须介入，以大致界定下游生态服务受益者，通过中央或者跨地区的转移支付对上游进行支付，类似现在的生态补偿服务。

第十，碳减排的地区合作，可以为贫困地区带来可观的收益。由于碳排放空间有限，当国家层面设置碳减排目标后，碳排放许可就成为稀缺的资源。如果按照人均的原则在各地区分配碳排放权，则人均实际排放低的贫困地区，就可以将碳排放权出售给发达地区来获得收益，而自身则走一条低碳的新型发展道路。

第十一，对贫困地区的人口来说，他们除了从生态服务中获得收益外，还能从基于良好环境而发展起来的产业中获益。在一个很贫穷但自然生态环境很好的地方，借助现代 ICT 技术，现代国际会议中心、休闲中心、运动中心、医疗中心、养生会所、教育机构、文化创意中心、高端商务中心、养老机构等的建立，都可以通过大推进的方式，在相对短的时期内发展起来。

四 绿色发展成为新杠杆的机制和政策

（一）绿色发展对中国发展模式带来的挑战

绿色发展是以高度分散为特征的新的增长模式，它对中国长期以来形成的政府主导型发展模式来说是一个大的挑战。不管是基于 ICT 的新兴产业，还是基于分布式新能源的产业，都是高度分散，且高度基于市场的。但是，中国传统的增长模式，尤其是近年来的部分中西部欠发达地区的快速发展，大都是依赖大型央企等，虽然 GDP 增长了，但环境被破坏，老百姓收入没有同比例地提高。

过去 30 多年，中国作为追赶型经济，主要靠模仿西方国家的发展路径，但绿色发展必须依靠制度的创新能力。当有目标可以追赶时，政府决策不太容易犯大错。但是，因为绿色发展对全球各国来说都是一个新事物，中国失去了模仿的目标。只有那些具有很强创新能力的国家，才可能在绿色发展中成为领跑者。

（二）如何在贫困地区实现绿色发展

绿色发展要成为促进贫困地区发展的杠杆，基本思路是将其良好的自然生态环境转化为财富。它包括以下"三个支柱＋五大政策"框架。

支柱一：对自然生态环境进行严格保护。

这是贫困地区经济发展的立足之本，是最为稀缺的资源。政府实施最严格的生态环境保护和减排的政策，是其履行公共职能的一个重要表现。强有力的政府行为是市场发挥较好功能的需求，也能提升整个社会的福利水平。

支柱二：加快绿色基础设施建设。

政府在贫困地区大力推行绿色基础设施建设，为将自然生态资源转化为财富创造硬性条件。这些建设，主要是互联网、ICT、快速交通和物流体系等。

支柱三：建立有效的财富转化机制。

在具备上述条件后，政府和市场分别扮演各自的角色，促进"绿色"向财富转化。具体而言，政府应围绕以下五个方面的政策框架来建立这种财富转化机制。

一是政府用新模式直接为贫困地区提供优质的公共资源和服务，即通过ICT等现代技术手段，通过远程利用的方式，将外部最优质的教育、医疗、生产性服务、人才等资源，作为公共产品直接提供给贫困地区，从而在短期内突破贫困地区发展面临的瓶颈。

二是推进深层次的市场化改革，为贫困地区引入外部市场力量创造条件。尤其是，通过土地制度改革，吸引城市资本和人才向贫困地区流动。贫困地区不可能依靠自身相对低素质的人口实现经济起飞，必须要将城乡之间的壁垒完全消除，促进城市资本、人才和其他各种资源向农村自由流动。如果土地制度改革能让城市居民向农村流动，则大量沉睡在贫困地区的财富将被"唤醒"。

三是为严格的环境保护政策建立起基于市场的政策实现机制，包括进一步建立和完善生态补偿制度；建立包括排放权的交易市场在内的多元化的减排政策体系。

四是能力建设和促进绿色产业发展，包括一系列的财税体制和政策设计等内容。目前，影响贫困地区走绿色发展道路的一个重要原因，是财税制度上的缺陷。在这种制度下，地方政府激励引进一些有污染但产值高的工业项目，以快速获得税收，提高地方进行公共服务的能力。

五是进行地区试验。中国已经启动新一轮的全面深化改革方案。这种体制上的改革，将会为中国经济发展提供巨大的红利。根据十八大提出的生态文明的概念，国家可以设立一些生态文明特区，很多改革措施可以在这里先行先试。

五　结语

总的来说，贫困地区已经不可能通过工业革命以后形成的传统发展范式摆脱贫困并走向繁荣。无论是贫困地区还是发达地区、西方发达国家，都不得不走一条新的绿色发展道路。绿色发展代表一种发展范式的变化，它有可能成为促进贫困地区加快发展的新杠杆。

贫困地区走绿色发展有其独特的优势。正是因为不发展，这些地区大都保留了良好的自然生态和人文优势，这些成为它们发展经济重要的稀缺资源。在现代互联网、ICT、网上购物、快速交通和物流体系的支持下，贫困地区过去面临的传统发展约束，大都发生了实质性的改变，很多新的机遇正在出现。

虽然本文主要从中国的背景出发，讨论绿色发展可能给贫困地区带来的发展机遇，但本文揭示的绿色发展新范式下正在发生的很多变化，却是全球正在发生的共同变化，同样适用于最不发达国家的经济发展。贫困地区实现绿色发展有其独特的优势。如果这种探索能够在个别地区率先成功，则它对全球其他地方，包括非洲在内的欠发达地区，将是一个非常大的世界性的贡献。这个意义，甚至要超过工业革命以来发达国家提供的成功经验的意义，因为发达国家的道路，只能使地球上少数的人口享受到繁荣，而新的绿色发展道路，则要让全球所有人口共享繁荣。

参考文献

Barbier, E.B., 2005, *Natural Resources and Economic Development*, Cambridge University

Press, Cambridge.

Coase, R., 1937, the Nature of the Firm, *Economica*, 4 (16): 386 – 405.

Dercon, S., 2012, *Is Green Growth Good for the Poor?* Policy Research Working Paper 6231, The World Bank, Washington, D. C.

IPCC, 2011, *IPCC Special Report on Renewable Energy Sources and Climate Change Mitigation. Prepared by Working Group III of the Intergovernmental Panel on Climate Change*, Cambridge University Press, Cambridge, United Kingdom and New York, NY, USA, p. 1075.

King, M., 2013, *Green Growth and Poverty Reduction: Policy Coherence for Pro – Poor Growth*, OECD Working Papers No. 14, Paris: OECD Publishing. Available from http: // dx. doi. org/10. 1787/5k3ttg45wb31 – en.

McKinsey & Company, 2013, China's E – Tail Revolution: Online Shopping as a Catalyst for Growth, March 2013. Available from http: //www. mckinsey. com/insights/asia-pacific/china_ e-tailing.

Rockstr. m, J., Steffen, W., Noone, K., Chapin, F. S., Lambin, E. F., Lenton, T. M., Scheffer, M. and Folke, C., 2009, A Safe Operating Space for Humanity, *Nature*, 461: 472 – 75.

Smith, A., 1776, *An Inquiry into the Nature and Causes of the Wealth of Nations*, London: W. Strahan & T. Cadell.

United Nations Environment Program (UNEP), 2011, *Towards a Green Economy: Pathways to Sustainable Development and Poverty Eradication—A Synthesis for Policy Makers*, Washington, D. C. : UNEP. Available from http: //www. unep. org/greeneconomy.

Vincent, J. R., 2012, Ecosystem Services and Green Growth, *Policy Research Working Paper* 6233, The World Bank, Washington, D. C.

World Bank and Development Research Center of the State Council (DRC), 2012, Seizing the opportunity of green development in China, in *China 2030*, Washington, D. C. : The World Bank.

Yang, X., 2001, Economics: New Classical versus Neoclassical Frameworks, New York: Blackwell.

Yang, X., 2003, Economic Development and the Division of Labor, New York, Blackwell.

Young, A., 1928, Increasing Returns and Economic Progress, *The Economic Journal*, 38: 527 – 542.

中国气候与能源政策

——是否走在通往低碳增长的道路上？

Frank Jotzo 滕 飞[*]

一 引言

中国已经成为全球温室气体排放量最大的国家，从许多方面来看，也是全球气候变化政策的关键所在。如果中国的煤炭使用量和二氧化碳排放量继续随着 GDP 的增长而增加，那么当前控制气候变化的全球目标将无法实现。然而，如果中国设法将其排放轨迹从经济增长中分离出来，那么全球减排的雄伟设想就可以实现，并且其他工业化国家可能愿意效仿中国的发展道路。

对于中国的政策制定者而言，气候政策与其他目标紧密相连，包括减少地区性空气污染，增强能源安全，以及实现先进生产技术的领先地位。关于排放、能源使用和能源技术的 2020 年目标反映了这一特点。中国似乎正走在实现这些目标的道路上，然而在接下来的几十年中，需要持续、不断增强的政策努力。

中国的气候变化政策与中国经济发展轨迹的两个基本方面有着复杂的联系。首先，中国经济中宏观经济"调整"、GDP 增长减缓以及正在进行的结构变化，有助于显著降低能源需求增长速度。其次，新领导层决心进行的中

---

* 本文得到澳大利亚－中国有关气候变化减缓政策研究项目的澳大利亚政府基金的部分资助。感谢研究助理 Shenghao Feng。

国经济市场化改革有助于中国以较低经济成本实现减排。为碳排放设定价格，通过排放交易或征收碳排放税，与迄今为止占主导地位的命令与控制手段相比，成本效益更好。然而，为了更好地发挥其作用，需要中国能源部门进行市场化改革。因此在中国，气候政策是更为广阔的经济与市场改革图景中的一部分。

市场机制应该在中国长期气候政策中发挥关键作用，这个观念现已得到普遍认可，政策声明中七项地区性排放交易机制十分引人注目。

本文中，我们将介绍中国排放趋势以及向 2020 年排放强度目标迈进的最新状况；对中国向以市场为基础的减缓气候变化政策的转变进行概述，简要讨论七项排放交易试点计划，大部分计划于近期开始实施；并对中国能源政策改革，以促进市场工具在气候变化政策中发挥有效作用的必要性进行探讨。

二　中国能源使用与排放：最近进展

（一）国际比较中的中国

2006 年中国超过美国，成为二氧化碳排放量最大的国家（IEA，2013a）。2011 年，中国占全球能源需求的 21%、全球煤炭能源使用的 49%、全球能源相关二氧化碳排放量的 26%（IEA，2013b）。中国人均排放量已超过世界平均水平，几乎与欧盟人均排放量一样高，略高于美国、加拿大和澳大利亚人均排放量的三分之一。图 1 是 2000～2011 年全球二氧化碳排放量。

中国排放量增长的主要原因是中国快速的经济增长，随之而来的是能源使用的快速增长，大部分额外能源使用来自化石燃料，尤其是煤炭——碳强度最高的燃料。

面对控制排放增长，中国的挑战和机遇在于对其经济而言相对较高的排放强度。根据 2011 年购买力调整后的中国每美元 GDP 的二氧化碳输出，是美国的两倍、欧洲的三倍。表 1 是 2011 年部分国家与地区排放与能源强度。

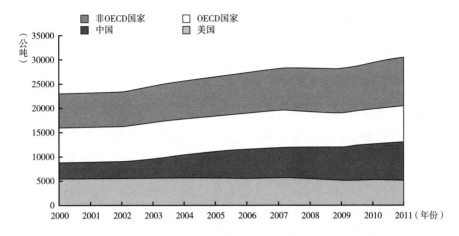

图1 2000～2011年全球二氧化碳排放量

资料来源：IEA（2013a）。

表1 2011年部分国家与地区排放与能源强度

项目	人均排放量	经济排放强度		经济能源强度		能源供给排放强度
	二氧化碳排放量/总人口（二氧化碳吨/人）	二氧化碳排放量/购买力平价GDP	二氧化碳排放量/按汇率计算的GDP	初级能源供给总量/购买力平价GDP	初级能源供给总量/按汇率计算的GDP	二氧化碳排放量/初级能源供给总量（二氧化碳吨/万亿焦耳）
		[二氧化碳吨/1000美元（2005年价格）]		[PJ/十亿美元（2005年价格）]		
中国	5.9	0.78	1.81	11.2	25.9	69.7
美国	16.9	0.40	0.40	6.9	6.9	57.6
欧盟（27国）	7.0	0.25	0.24	4.9	4.7	51.2
OECD国家平均	9.9	0.33	0.32	5.9	5.8	55.6
非OECD国家平均	3.1	0.55	1.26	9.6	21.9	57.4
世界平均	4.5	0.45	0.60	7.8	10.5	57.1

资料来源：IEA（2013a）。

中国经济相对较高的排放强度主要源于相对较高的单位GDP能源使用量，也因为单位能源使用的二氧化碳排放量相对较高。

高能源强度的部分原因可以在中国经济结构中找到，重工业在经济活动中所占比重较高，为迅速扩张的出口和国内基础设施建设提供资源；部分原因则在于许多（尽管并非全部）产业部门生产过程中的能源效率相对较低。

这两方面都蕴含着改善中国能源强度的巨大潜力。中国的基础设施建设投资热潮正在消退，GDP中投资比例预期将会下降，中国出口结构很可能向高附加值制造业发展。

工业生产设备的不断现代化使得生产的平均技术能源效率稳步提升，例如在发电（新型燃煤发电厂通常能源效率很高）、炼钢、化学制造以及其他工业活动领域。在建筑和汽车制造业方面也存在很大的能源效率提升空间。

中国能源供给排放强度相对较高（大约高于美国和全球水平的20%，高于欧盟平均水平的36%），其主要原因是煤炭在中国能源供给中占主要地位。降低能源供给中的煤炭份额是中国的一项政策目标，这将使得能源系统中碳强度降低。

（二）能源使用、能源构成与二氧化碳排放的趋势

中国能源消费在2001～2011年十年间按照平均每年8%的速度增长。然而，2012年和2013年的原始数据显示，能源消费的增长正在减缓，煤炭——碳强度最高的燃料——的消费在过去两年增长速度低于总体能源消费（见表2）。因为GDP增长减缓，以及GDP能源强度降低速度更快，因此，二氧化碳排放的增长减缓，尽管年增长率与其他大多数国家相比仍然很高，能源供给的碳强度几乎没有变化。根据我们的计算，GDP排放强度在2012年和2013年分别下降了3.9%和3.5%。

2012年和2013年的数据传递了一个警告信息。以《中华人民共和国国民经济和社会发展统计公报》（国家统计局各年份资料）的报告数据为基础，依据2012年和2013年每种化石燃料的消费增长率，得出表2中的计算结果，较早年份的数据依据国际能源机构的报告数据（IEA，2013a）。将燃料的能源使用增长数据与国际能源机构2011年二氧化碳排放数据相结合，据此推断出2012年和2013年的排放水平。《中华人民共和国国民经济和社会发展统计公报》中的数据通常在随后的《中国统计年鉴》中做出修改，《中国统计年鉴》被看作更权威的数据来源。

没有可供使用的中国二氧化碳排放水平官方数据，能够获得国际认可的排放数据（例如，国际能源机构的数据）仅到2011年。然而，最近一份官

方通报公布，2010~2013年，排放强度下降了10.7%，而能源强度下降了9%。

研究燃料的能源使用原始数据，可以看出排放增长减缓主要是由于煤炭使用增长的减缓。2005~2011年，煤炭使用的平均年增长率大约为8%；根据2012年和2013年的原始数据，过去这两年的增长速度降低到每年仅3%（见表3）。2011年，煤炭占中国化石燃料排放的比例为83%，石油为14%，而天然气为3%（IEA，2013a）。

2012年是不同寻常的一年，由于强降水，该年有少见的大量的可用水电资源。但是，2013年煤炭使用增长并没有恢复到历史水平，这一事实说明某种因素发挥着长期作用。

人们讨论得更多的是煤炭需求增长的减缓是一次性的还是长期的，如果是长期的，那么有可能致使中国经济中绝对煤炭使用水平保持稳定，并最终下降。在接下来的部分将深入讨论。

表2 中国GDP、能源使用、二氧化碳排放和二氧化碳强度的增长率

单位：%

年份	实际GDP	能源消费	二氧化碳排放	GDP排放强度	GDP能源强度	能源碳强度
2005	10.4	10.6	11.7	1.2	0.1	1.0
2006	12.7	9.6	9.4	-2.9	-2.7	-0.1
2007	14.2	8.4	6.8	-6.5	-5.0	-1.5
2008	9.6	3.9	2.7	-6.3	-5.2	-1.1
2009	9.2	5.2	4.7	-4.1	-3.6	-0.5
2010	10.4	6.0	6.8	-3.3	-4.0	0.8
2011	9.3	7.0	9.7	0.3	-2.1	2.5
2012a	7.7	3.9	3.5	-3.9	-3.5	-0.3
2013a	7.7	3.7	4.0	-3.7	-3.7	0.3
2005~2011年平均值	10.8	7.2	7.4	-3.1	-3.2	0.1
2012~2013年平均值a	7.7	3.8	3.8	-3.7	-3.6	0.0

注：2012年和2013年的排放量和排放强度数据是基于下述数据计算的近似值。

资料来源：2005~2011年GDP和能源消费数据来源于《中国能源统计年鉴》（国家统计局2011）；2012年和2013年增长率来自《中华人民共和国国民经济和社会发展统计公报》（国家统计局，不同年份），数据经过修正；2005~2011年二氧化碳排放数据来自IEA（2013a）；2012年和2013年二氧化碳排放增长率根据推算得出（见表3），推算方法为将2012年和2013年煤炭、石油、天然气使用增长率应用于IEA（2013a）2011年燃料排放数据，并进行加总。更多信息见正文。

表3 中国化石燃料能源使用增长率

单位：%

年份	能源总消费	煤炭消费	石油消费	天然气消费
2005	10.6	10.6	2.1	20.6
2006	9.6	9.6	7.1	19.9
2007	8.4	7.9	6.3	19.9
2008	3.9	3.0	5.1	10.1
2009	5.2	9.2	7.1	9.1
2010	6.0	5.3	12.9	18.2
2011	7.0	9.7	2.7	12.0
2012	3.9	2.5	6.0	10.2
2013	3.7	3.7	3.4	13.0
2005~2011年平均值	7.2	7.9	6.1	15.6
2012~2013年平均值	3.8	3.1	4.7	11.6

资料来源：2005~2011年的能源总消费来源于《中国能源统计年鉴》（国家统计局，2011）；2012年与2013年的增长率来源于《中华人民共和国国民经济和社会发展统计公报》（国家统计局，不同年份），数据经过修正。

（三）排放强度目标

中国从经济的能源强度和排放强度的角度出发，制定其能源使用与排放总体目标，即每单位GDP所产生的能源使用量与二氧化碳排放量。

2005~2020年，将经济的排放强度（单位国内生产总值二氧化碳排放比）降低40%~45%是中国的一项国家目标。45%的目标的实现要求15年间的排放强度平均每年降低3.9%。相较于过去的情况，预测如果要实现该目标将需要付出更多的努力（Stern and Jotzo，2010；MKibbin et al.，2011）。"十一五"规划和"十二五"规划中也出现有关排放强度的目标（见表4）。

从国际背景来看，排放强度目标并不常见，大多数发达国家采用的是绝对减排目标。然而，排放强度目标也是制定政策目标的一种方式。它直接强调了减缓气候变化政策的关键因素，即经济活动的脱碳化，不论经济增长率如何。排放强度目标也可以在经济增长不稳定时发挥自动调节的作用。在GDP出现高增长时，它可以预防过于繁重的减排任务，并且在GDP增长低于预期时，保证绝对减排量高于绝对目标（Jotze and Pezzey，2007）。

表4 排放强度和能源强度目标与表现

单位：%

年份	排放强度变化 （单位 GDP 与二氧化碳排放比）		能源强度变化 （GDP 与初级能源总需求比）		碳强度变化 （排放与能源需求比）
	目标	实际	目标	实际	实际
2005～2010	n. a.	－21	－20	－19	－3
2010～2013	n. a.	－10.7	n. a.	－9	－1.7
2010～2015	－17	—	－16	—	—
2005～2020	－40 to －45	—	n. a.	—	—

注：n. a. 表示不可获得；—表示缺少数据。

资料来源：2005～2010 年的实际数据来源于 IEA（2013a），2010～2013 年的实际数据来源于 Xinhua（2014）；目标数据来自 Lewis（2011）。

2005～2013 年，经济的能源强度和排放强度均降低了 26%，而单位能源二氧化碳排放量（能源的碳强度）保持稳定水平。经济能源强度的降低源于两个因素。首先，能源效率的提高。例如，部署能源效率更高的发电站、工厂设备和汽车。其次，源于经济结构的变化，较低能源使用的产业部门占 GDP 的份额逐渐增长。

（四）排放强度展望

鉴于中国经济增长迅速变化的特点以及充满变化的政策环境，我们很难对排放强度的未来发展轨迹做出预测。然而，我们可以确定其中部分因素。

首先，随着容易实现的目标已经完成，例如用新科技替代低效落后的工厂，技术能源效率的进步可能更加难以实现。

其次，经济结构的继续变化能在多大程度上带动能源强度的进一步降低，该问题还尚未得到解答。有可能结构变迁将成为排放强度降低的更为重要的因素，并在很长时间内扮演重要角色。这个问题对于中国长期排放轨迹而言十分关键。

最后，降低中国能源供给的碳强度将在未来发挥更为重要的作用，特别是在能源需求增长率降低的情况下，加之越来越多限制煤炭使用的政策努力，我们很可能将看到可再生能源，例如风能、太阳能、水电以及核能在总体能源结构中所占比例的增加。

天然气已经取代单位能源碳强度大约是其两倍的煤炭，在电力系统和电力工业中发挥更重要的作用,这也许能够帮助预测碳排放的未来发展。然而,中国没有大量常规天然气储备(中国页岩气的可开发程度尚不明确),并且对于大规模天然气进口的依赖程度也是有限的,中国天然气来自俄罗斯或中亚的管道输送,或通过海运以液化天然气的形式进口。

长期来看,化石燃料发电厂和工业生产设备的碳捕获和储存,存在着大幅降低能源系统碳强度的潜在可能。但是从全球来看,目前的科技仅仅应用在少量工业生产设备中,也并没有用于大规模发电站。同样重要的是,预计碳捕获和储存的应用成本仍然很高。

(五) 中国2020年排放强度目标意味着什么?

2005~2013年排放强度下降了26%,总体上来说中国正在走向实现2005~2020年降低40%~45%的目标的轨道上。

专家群体的主流观点认为中国能够实现2020年目标。一项基于中国专家的调查(Jotzo et al.,2013)显示他们对实现或超越目前的2020年目标抱有很强信心。87%的受访者表示他们预期中国将会实现或超越其排放强度目标,其中1/3的人认为将会超越该目标。

对于绝对排放水平而言,排放强度目标意味着什么呢?如果GDP增长率高于目标去碳化率(Targeted Rates of Decarbonization),那么绝对排放可以继续增长;然而,如果经济增长率放慢,那么"可允许的"二氧化碳绝对排放量将大幅缩减。

把2005~2013年数据和2014~2020年的假定GDP增长率相结合,可将排放强度目标转化为绝对排放水平。2014年的GDP增长率官方目标为7.5%。Huang等(2013)认为中国近十年的GDP增长率可能为每年6%~8%。因此,任何对经济增长的干扰可能导致GDP增长率显著低于常用默认的7%的年增长率,虽然也有可能出现更高的增长率。

为了进行说明,假设2014~2020年GDP年平均增长率8%为"高增长"的情况,5%为"低增长"的情况。实际上后者被看作极低的情况,前几年这种"低增长"情形常被认为是不现实的。然而,已经有迹象表明中国GDP增长正在减缓,并且中国政府将把增长质量作为比经济扩张速度最大化更重要的目标。

如果2014~2020年GDP按照每年8%的速度增长,那么2005~2020年排放强度下降 45% 意味着，到 2020 年中国的绝对排放将从 2013 年的水平增长 29%（见表 5）。

表 5 不同 GDP 增长假设与 2005～2020 年不同排放强度降低
情况下，2014～2020 年"可允许的"排放总增长

	40% 降低目标	45% 降低目标
5% 的 GDP 增长率	15%	6%
8% 的 GDP 增长率	40%	29%

注：为了此计算目的，2013 年二氧化碳水平为超过 2005 年水平的 58%，2013 年的 GDP 水平为超过 2005 年水平的 116%。

资料来源：2005～2011 年的 GDP 与能源消耗来源于《中国能源统计年鉴》（国家统计局，2011）；2012 年和 2013 年的增长率来源于《中华人民共和国国民经济和社会发展统计公报》（国家统计局，不同年份），数据经过修正；2005～2011 年的二氧化碳排放量来自 IEA（2013a）；2012 年和 2013 年的二氧化碳排放增长率通过估算得出，估算方法为将 2012 年和 2013 年煤炭、石油与天然气的使用增长率应用于 IEA（2013a）的 2011 年燃料排放数据，并进行加总。

与此相反，假如 2014～2020 年 GDP 以每年仅 5% 的平均速度增长，相同排放强度目标意味着，2014～2020 年，排放增长仅超过 2013 年的水平，或按照较不严格的排放强度目标，排放增长为 15%。在这种低增长的情况下，可以清楚地看出当前的排放趋势下 2020 年之前剩余的排放增长"空间"。

（六）2020 年之后的发展轨迹与目标

预计中国和其他主要国家将提交一份关于 2020～2025 年或 2020～2030 年的排放目标计划，为 2015 年底即将召开的联合国气候变化会议做准备，该会议目标是通过新的国际气候变化协议。该排放目标被称作"国家确定目标贡献"（Intended Nationally Determined Contributions），并不期望其具有法律约束力。

中国尚未给出一份 2020 年之后排放目标性质与要求的官方指标。现在存在一种质疑的声音，认为中国将执行绝对排放水平目标而不是排放强度目标。一项对专家开展的调查（Jotzo et al.，2013）显示，约 40% 的受访者预计 2025 年之前将实行绝对目标，而大约 70% 的受访者认为将在 2030 年之前实行。但是应该注意的是，该绝对目标可能不是绝对减排目标——有可能将

给出一个2020年后中国的排放上限，但是仍允许排放量适当增加，达到峰值后降低。

越来越多的定量研究关注的问题是中国的排放何时将达到峰值，以及达到多高的水平。

分析员对中国的排放轨迹做出种种预测，请参阅图2中IEA《世界能源展望》中所描述的三种核心情景。在IEA特定假设之下，如果继续实行当前政策，中国的排放将持续增长至2035年之后。另一种情况下，如果新的附加政策出台，到2030年排放将维持在稳定水平，约低于"当前政策"情况20%。一种符合全球共同目标——将全球变暖控制在2°以内——的发展轨迹，即所谓的"450情景"之下，中国的排放将在21世纪20年代及之后大幅下降，到2035年约下降到当前水平的一半。

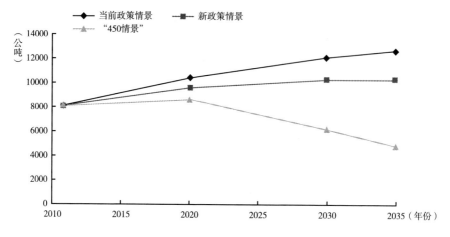

图2　未来的国家排放水平的不同情景

资料来源：IEA（2013b）。

排放量在早期达到峰值，随后迅速下降，几乎没有分析员认为这种情况是可能的；然而，正如技术分析所示（Jiang et al.，2013），如果整个经济进行能源节约和燃料转换，并且生产和消费模式发生转变，中国的碳排放可能在接下来几十年增长至最高水平。

中国的碳排放量达到峰值也与中国经济增长未来发展状况的不确定紧密相关。过去30年，中国的GDP增长率大约是每年10%，排放强度年降低率大约为每年4.5%。因此，过去几十年中国的碳排放量平均每年增长5%~

5.5% 。如果中国能够继续保持降低排放强度的趋势，碳排放量将在 GDP 增长率从当前每年的 8% 下降到每年的约 5% 时达到峰值。

因此，产生如下问题：中国的 GDP 增长率何时将下降至与碳排放强度降低率相同的水平？未来是否会实行更加强有力的政策，在 GDP 增长率相对较高的情况下进一步降低年排放强度，推动中国碳排放量达到峰值？

三 中国能源部门面临的挑战

（一） 能源部门当前面临的挑战

因为经济发展面临着能源限制的条件，因此为了发展中国的经济，有必要对经济结构进行调整。中国的能源系统面临许多问题，其中三个问题比较显著：能源结构调整存在困难，化石燃料能源增长的困境，以及对进口能源依赖的不断增加。

1. 能源结构的调整

中国目前处于能源需求持续增长的工业化时期。尽管近年来新的可再生能源迅速发展，但是在总能源供给中所占的比例仍然相对较低，并且可再生能源容量 （Renewable Energy Capacity） 的增长不能满足能源需求的增长。

2. 化石燃料能源总体规模的增长

能源需求的快速增长导致煤炭、石油以及其他化石燃料能源消费的不断增长。虽然增长率有所降低，但是化石燃料能源的增长引发了严重的环境问题，这些问题受到越来越多的关注。北京、天津以及河北持续雾霾天气，主要是由煤炭燃烧和汽车尾气排放导致的。因此，为了从根本上解决环境问题，必须对能源结构做出调整，必须控制煤炭消费总量。北京、天津与河北目前已经制定了控制煤炭消费的目标。

3. 对进口能源依赖的不断增加

随着能源需求的增长，中国的能源愈发依赖外国资源。据估计，到 2020 年进口石油的比重将达到 70% ，天然气将达到 50% ，因此对境外资源依赖使得能源安全成为政策的一项重要关注点。因为目前国际环境和平，能源供给不太可能受到干扰；但部分地区的突发事件和地缘政治因素可能导致暂时性供给短缺以及价格波动，会给经济稳定运转带来风险。

因此，如何平衡能源安全，增加能源供给，并解决环境问题成为中国能源系统所面临的重要挑战。

（二）应对需求的一种能源战略

保证能源供给长期以来就是中国能源战略的主要考虑问题。供给水平与国家经济和社会发展协调一致。然而，中国当前情况下，特别是在气候变化的背景下，减少化石燃料能源消费是一项重要目标。中国能源战略的目标不仅仅是保证供给，还包括调整和引导需求，运用政策对需求进行管理和控制。

中国在"十二五"规划中提出"要促进能源生产和使用的转型"，这意味着提高能源效率，以对能源生产进行规划，向可再生清洁能源转变。

中国共产党第十八次全国代表大会报告进一步强调了这个问题，并将该计划从"能源生产和使用的转型"修改为"能源生产和消费的革命"。这里有两个关键变化。一个是用"消费"替代了"使用"。对能源消费的强调反映了减少不合理或可调整的能源需求的愿望。用"革命"替代"转型"则意味着，为了适应经济和社会发展的需要，能源系统的改变将进行得更为激烈与彻底。

（三）逐步淘汰煤炭

中国快速增长的煤炭消费引发了许多问题。第一，煤炭被当作一种本土安全资源，但是中国从 2010 年起成为煤炭净进口国，这给中国的能源安全增加了挑战。第二，煤矿开采与煤炭消费给地区环境带来了新的问题。大规模煤矿开采和煤炭消费消耗了大量水资源，并且导致煤渣渗透与沉积（Slag Penetration and Deposition），造成了地下水资源的严重污染。此外，煤矿开采可能引起挖掘地表的塌陷。中国地层下陷的地区面积已达 10000 平方公里。而且，煤炭燃烧是常见污染物的主要来源，如二氧化硫、一氧化氮，以及北京、天津等地经历的雾霾天气的粉尘。最后同样重要的一点，煤炭燃烧是中国碳排放的主要来源。

因此，现在普遍认为，对煤炭消费设置最高限额对于中国强调多种政策问题而言是十分关键的。中国逐步淘汰煤炭的政策路线图虽然现在尚不明确，但是在对空气质量关注的驱动下，学界逐渐形成一种共识，认为短期内制定煤炭限额是十分必要的。

四　政策工具与目标

中国新一届领导班子重申了限制能源消费和二氧化碳排放增长的目标。习近平总书记在近期的一次演讲中表示，中国目前的增长模式"不平衡、不协调、非可持续"，中国应该追求一种新的增长模式，推动"更有效、更平衡以及可持续的经济增长"。

提高能源效率、降低中国能源系统碳排放强度的一系列监管干预措施已经到位。

一项新的发展是，以市场为基础的控制碳排放措施很可能开始发挥作用，其形式为碳排放权交易试点计划，以及国家碳排放权交易计划的筹备，或者可能是碳税。

为碳排放设置价格，通过碳税或排放权交易的方式，已经被认为是实现广泛排放控制成本效益最佳的政策方针。直接监管和补贴措施在特定情况下有效，但是如果作为单独的政策工具效果较差。

然而，碳定价要发挥效果，需要若干前提条件。首先是相关经济部门中市场的运转，允许来自税收或碳排放交易的价格信号发挥刺激作用，进而最终影响企业与个人的投资和消费决定。在中国，总体上这些前提条件还尚未实现（Howes and Dobes, 2010; Baron et al. , 2012）。

（一）碳排放权交易试点计划

中国已经发展了七项碳排放权交易试点计划，其中六个省份在 2014 年 4 月本文写作时已经启动。2010 年，七个试点省市的人口数约占中国总人口数的 19%，GDP 占全国 GDP 的 33%，能源使用量占全国总量的 20%，二氧化碳排放量占全国二氧化碳排放总量的 16%（见表 6）。

虽然碳排放权交易试点计划仅涵盖每个省市总排放量的一部分，但其总和仅次于欧洲碳排放权交易计划，并远超澳大利亚和加利福尼亚碳排放交易计划。

表6 2010年试点省市相关指标

项目	人口（百万）	GDP（亿元）	人均GDP（万元）	能源使用量（百万吨SCE）	人均能源使用量（吨SCE/人）	二氧化碳排放量（百万吨）	人均二氧化碳排放量[吨二氧化碳/（人·年）]	排放强度（千克二氧化碳/元）
深圳	10	9030	8.7	49	4.7	n. a.	n. a.	n. a.
北京	20	11820	6.0	70	3.5	103	5.2	87
天津	13	7810	6.0	68	5.3	134	10.3	172
上海	23	15560	6.8	112	4.9	211	9.2	136
重庆	29	6160	2.1	79	2.7	125	4.3	203
湖北	57	12500	2.2	151	2.6	320	5.6	256
广东	104	40160	3.9	269	2.6	444	4.3	110
中国	1341	312340	2.3	3895	2.9	8146	6.1	261
试点计划合计	256	103030	4.0	798	3.5	1337	5.2	130

注：n. a. 代表不可获得；SCE 代表标准煤。

资料来源：《中国统计年鉴》（国家统计局，不同年份）。排放数据（中国官方统计数据未包含排放数据）来自 Guan 等（2012）以及笔者计算。

七项计划在重要设计特点方面有所区别，反映了不同的背景和不同的优先考虑因素（Zhang et al.，即将发表；Qi and Wang，2013；Zhang，2013）。它们的设置目的是提供一个政策实验室，收集不同设计与实施方法的经验，以及不同经济背景下碳定价的效果，涵盖了严重依赖重工业的经济快速发展的省份，如湖北，以及服务业和高附加值制造业主导的发达城市，如北京、上海和深圳。

（二）全国性碳排放权交易计划

中国曾表示有意在未来建立起全国性碳排放权交易计划，作为其气候变化和能源战略的核心。在"十二五"规划中首次提到了这个设想（Zhang et al.，即将发表）。

全国性计划最初预计于2015年或2016年开始实施。而现在看来这个时间表并不现实。最近官方通讯中并没有给出引入全国性碳排放权交易计划的时间表。然而，学术界预期可能到2020年前后引入全国性计划，和"十四五"规划与中国2020年后排放目标时期相同。

全国性碳排放权交易计划设计工作的蓝图（NDRC，2013）确定了未来分析的重要领域。该文件预示着未来的计划可能不仅总体上模仿欧盟碳排放交易计划所采用的措施，而且还将参考澳大利亚和加利福尼亚计划的某些特征，并根据中国具体国情做出重要修改。该文件强调，需要对电力部门进行分析并且做出细致的规划设计，同样适用于国有企业。文件也提出了发展企业层面对于排放可靠的测量、报告和修正的实际问题。

（三）政策目标

政策创新的目标与步骤需要放到更为广阔的"绿色增长"愿景的背景下来看，强调经济增长的质量。这将带来经济扩张的重新定位，朝着对自然环境影响较小的方向发展，例如先进信息网络和低碳交通系统，以及健康、教育和其他服务业，优先于材料密集型增长结构的继续扩张（Zhang and Brandon，2012）。中国共产党在第十七次全国代表大会上所使用的更为广义的概念是"生态文明"，该概念将自然看作"我们生活的一部分，而不是可以无节制开采的物品"，并强调发展过程中的社会正义与公平。

将经济发展模式转变为"绿色"模式，中国还有很长一段路要走，资源密集型、污染型和社会不公平的经济扩张还将持续很长一段时间。"绿色"增长受制于"棕色"（Brown）增长，并且大部分地区还将在一段时间内继续该发展模式。

中国领导层之所以追求绿色目标有着很重要的原因，并且在政策中有所体现。地区性空气污染长期以来都是推进生产设备现代化与减少城市与周边煤炭燃烧项目实行的动力。近年来，北京以及其他城市严重的空气污染让公众更加关注健康和日常生活质量。减少污染是一项与维持社会稳定紧密相关的紧急优先政策。

在中国，气候变化也被看作一项真实而紧迫的关注议题，包括国家北部面临的更为干旱的风险。这将可能导致水资源短缺情况加剧，为经济和社会带来潜在的不利影响，并且将国家南部的水资源送往北部需要大量基础设施投资。中国的温室气体排放轨迹足以影响全球气候变化结果。此外，中国对气候变化的行动很有可能影响其他国家，因此增强中国政策决定的效果。

一个推动变革的深层影响因素（Boyd，2012）则是中国希望在技术发展和制造业发展中处于领先地位。低碳政策被看作一个培养创新精神的机会，并且对于中国的企业来说，是一个在新兴能源科技领域中取得主导地位的机会，正如中国企业在风力发电机和太阳能电池板制造领域处于领先水平一样。

能源安全是相同方向的另一项重要政策目标。降低能源消费的政策减少了对包括石油在内的进口能源的依赖，因此使得中国经济面对国际价格冲击或地缘政治动乱更为稳定（Wu et al.，2012）。中国煤炭使用的迅速增长也带来了煤炭进口的快速增长，这也可能对国家能源安全造成威胁。相反，可再生能源（包括水力、风能和太阳能）不依赖于国际贸易。在减少排放、空气污染和气候变化的目标和增强能源安全的目标之间有着明显的协同效应。

关于中国的变革潜力和现代化速度的一种观点认为，这些新的政策努力完全有机会成功，甚至能够获得超出预期的成功，如同世界上大部分基于市场的污染控制计划的情况一样（Daley et al.，2011），并且中国的经济结构能够很快完成向"更清洁"、更高附加值产业和服务部门的转变（Garnaut，2012）。

在这些背景下，中国有可能实现比当前目标更快的去碳化速度。用Ross Garnaut（2013）的话来说，"超出'2015碳强度'承诺的表现似乎是有可能的，在全球共同努力增强的背景下，加强承诺是切实可行的"。

相对快速地向更为低碳的经济体转变是否能够实现，取决于政治意愿、制度因素、经济发展以及政策工具的有效性。

五　结论

由于经济能源效率的提高和结构转变，中国继续降低其经济的碳排放强度。原始数据表明，2012～2013 年排放增长显著减缓，主要是因为能源需求和煤炭使用的增长减缓。煤炭使用增长有可能进一步减缓，使得未来几年的排放增长将有可能远远低于过去十年。经济结构继续变迁，技术效率的持续提高，将有可能带来能源需求增长的降低。

清洁能源部门的动力不仅来源于气候变化目标，而且源于减少城市空气污染的要求。这意味着，通过提高能源效率，让可再生能源和核能在能源结构中发挥更重要的作用，以阻止煤炭使用的增长。

政策努力也发挥着重要作用。中国政府更为强调市场机制的作用，包括在气候变化政策之中发挥其作用。碳排放权交易试点计划正在进行中，尽管真正的考验将是全国性碳定价计划是否可行——如果答案是肯定的，那么该计划是有效的。要让定价机制在中国经济中创造减少能源使用和降低排放的动力，从而有效地发挥作用，中国的能源市场需要进行市场改革。

随着中国对于市场全面改革的政策兴趣日渐增加，更广泛的经济政策改革所面临的问题在能源和环境政策之中将有所体现。

参考文献

Baron, R., Aasrud, A., Sinton, J., Campbell, N., Jiang, K., & Zhuang, X., 2012, Policy Options for Low-Carbon Power Generation in China: Designing an Emissions Trading System for China's Electricity Sector, *International Energy Agency*, Paris.

Boyd, O., 2012, *China's Energy Reform and Climate Policy: the Ideas Motivating Change*, CCEP Working Paper No. 1205, Centre for Climate Economics and Policy, Crawford School of Public Policy, the Australian National University, Canberra.

China Daily, 2007, "Ecological Civilization", *China Daily*, 24 October: 10. Available from http://Www. Chinadaily. Com. Cn/Opinion/2007 – 10/24/Content_ 6201964. htm.

Daley, J., Edis, T., Reichl, J., 2011, *Learning the Hard Way: Australian Policies to Reduce Carbon Emissions*, Grattan Institute, Melbourne.

Garnaut, R., 2012, "The Contemporary China Resources Boom", *Australian Journal of Agricultural and Resource Economics*, 56 (2): 222 – 43.

Garnaut, R., 2013, "China's Climate Change Mitigation in International Context", in R. Garnaut, F. Cai and L. Song (Eds), *China: a New Model for Growth and Development*, pp. 281 – 300, Canberra: ANU E Press.

Guan, D., Liu, Z., Geng, Y., Lindner, S. and Hubacek, K., 2012, "The Gigatonne Gap in China's Carbon Dioxide Inventories", *Nature Climate Change*, 2: 672 – 5.

Howes, S. and Dobes, L., 2010, *Climate Change and Fiscal Policy: a Report for APEC*, Washington, D. C.: the World Bank.

Huang, Y., F. Cai., X. Peng. and Q. Gou, 2013, "The New Normai of Chinese Development", in R. Garnaut, F. Cai and L. Song (Eds), *China: a New Model for Growth and Development*, Canberra: ANU E Press.

International Energy Agency (IEA), 2013a, CO_2 *Emissions Indicators 2013*, Paris: International Energy Agency.

International Energy Agency (IEA), 2013b, *World Energy Outlook 2013*, Paris: International Energy Agency.

Jiang, K., Zhuang, X., Miao, R. and He, C., 2013, "China's Role in Attaining the Global 2oc Target", *Climate Policy*, 13 (Sup01): 55 – 69. Jotzo, F. and Pezzey, J., 2007, "Optimal Intensity Targets for Greenhouse Gas Emissions Trading Under Uncertainty",

Environmental and Resource Economics, 38 (2): 259 – 84.

Jotzo, F., De Boer, D. and Kater, H., 2013, *China Carbon Pricing Survey 2013*, CCEP Working Paper No. 1305, Centre for Climate Economics and Policy, Crawford School of Public Policy, The Australian National University, Canberra.

Lewis, J., 2011, *Energy and Climate Goals of China's 12th Five-Year Plan*, Washington, DC: Pew Centre.

Mckibbin, W. J., Morris, A. C. and Wilcoxen, P. J., 2011, "Comparing Climate Commitments: a Model-Based Analysis of the Copenhagen Accord", *Climate Change Economics*, 2 (2): 79 – 103.

National Bureau of Statistics (NBS), 2011, *China Energy Statistical Yearbook 2011*, Beijing: China Statistics Press.

National Bureau of Statistics (NBS) (Various Years), *China Statistical Yearbook*, Beijing: China Statistics Press.

National Bureau of Statistics (NBS) (Various Years), *Statistical Communiqué of the People's Republic of China*, Beijing: China Statistics Press.

National Development and Reform Commission (NDRC), 2013, *Market Readiness Proposal: Establishing a National Emissions Trading Scheme in China*, Prepared for Partnership for Market Readiness Program, the World Bank, Beijing.

Qi, S. and Wang, B., 2013, "Fundamental Issues and Solutions in the Design of China's ETS Pilots: Allowance Allocation, Price Mechanism and State-Owned Key Enterprises", *Chinese Journal of Population Resources and Environment*, 11 (1): 26 – 32.

Stern, D. I. and Jotzo, F., 2010, "How Ambitious Are China and India's Emissions Intensity Targets?" *Energy Policy*, 38 (11): 6776 – 83.

the Economist, 2013, "The Party'S New Blueprint", *The Economist*, 16 November 2013. Available from http: //Www. Economist. Com/Blogs/Analects/2013/11/Reform-China.

Wu, G., Liu, L. -C., Han, Z. -Y. and Wei, Y. M., 2012, "Climate Protection and China's Energy Security: Win-Win or Tradeoff?" *Applied Energy*, 97: 157 – 63.

Xinhua, 2014, "China Struggling to Meet Emission Targets: Minister", *Xinhua Net*, 21 April 2014. Available from http: //News. Xinhuanet. Com/English/China/2014 – 04/21/C_126416067. htm.

Zhang, H., 2013, "Design Elements of Emissions Trading Regulation in China's Pilot Programs: Regulatory Challenges and Prospects", *Environmental and Planning Law Journal*, 30 (4): 342 – 56.

Zhang, Y. and Brandon, C., 2012, *Seizing the Opportunity of Green Development in China*, Supporting Report for World Bank, *China 2030: Building a Modern, Harmonious, and Creative High-Income Society*, Beijing: the World Bank.

Zhang, D., Karplus, V. J., Cassisa, C. and Zhang, X. (Forthcoming), "Emissions Trading in China: Progress and Prospects", *Energy Policy*.

（陈玉佩 译）

金融体系改革

中国金融改革最后的战役

黄益平　李　冉　王碧珺

一　引言

1978 年 12 月，领导层决定将政策的焦点由阶级斗争转向经济发展，中国的金融改革便始于此刻。Nick Lardy 在 1998 年出版了一本名为《中国未完成的经济革命》（*China's Unfinished Economic Revolution*）的著作，在这本书中他讨论了改革时期金融领域发生的变化并列举了一些必要的进一步的举措（Lardy，1998）。15 年过去了，这项"革命"仍然未完成。在 2013 年 11 月召开的中国共产党第十八届中央委员会第三次全体会议通过的改革方案中，金融自由化是一个重要的组成部分。

在金融自由化方面，中国明显落后于许多其他新兴市场。很多发展中国家在 20 世纪 80 年代初已经实现了利率市场化、浮动汇率制以及资本账户开放。中国官方最近才加快了在上述领域的改革步伐。但与此同时，中国经济在改革期间实现了飞速增长。这就自然引发了一个疑问：快速的金融自由化通常被认为是正确的战略，但中国的经验是否为其他发展中国家指出了不同的道路？

过去几十年中国的金融改革呈现出一种独特的模式，即在构造行业框架和增加交易量方面表现不凡但在市场机制自由化及改进公司治理方面则略逊一筹（Huang et al.，2013）。中国已经建立了一个包含各种金融机构的金融体系——从商业银行到资产管理公司，从保险代理公司到监管机构应有尽有。中国的金融资产规模巨大，即使以国际标准来衡量亦然。中国的债券市场规模排名世界第三。广义货币供给 M2 与 GDP 的比率接近 200%，几乎是全球最高比率。

中国的金融体系仍然受到严格的管制。例如，一项研究表明中国的金融管制不仅比中等收入国家要严格，而且比低收入国家要严格（见图1）。监管机构在信用配额和跨境资本流动方面设定了一系列的限制，它们直接或间接地监管了利率和汇率，这就使得市场作用的发挥空间很有限。此外，很多金融机构虽然已经在境内外上市，却仍然表现出强烈的旧式国有企业行为风格。

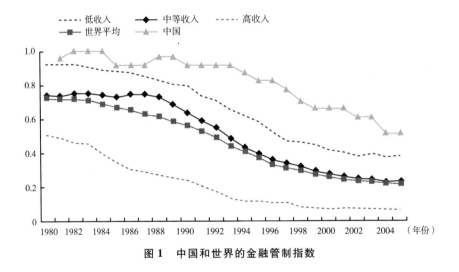

图1 中国和世界的金融管制指数

图1采用了由五个部分集合而成的金融管制指数，数值越高表明管制强度越大。本文试图探讨的核心主题是中国的金融改革在未来几年如何发展，特别是改革将会带来什么样的变化、机会和风险。为了厘清这些重要问题，我们首先分析中国过去的金融改革独特模式背后的逻辑，接下来评估这种改革战略带来的挑战和取得的成就。

全面改革方案包含了十一个领域的改革措施，包括扩大金融业对内对外开放，健全多层次资本市场体系，发展普惠金融，加快推进利率市场化，完善人民币汇率市场化形成机制，健全反映市场供求关系的国债收益率曲线，加快实现人民币资本项目可兑换，完善监管协调机制。这些改革举措核心的动机在于完善金融市场体系，关键的步骤包括境内的利率自由化以及境外的人民币国际化。

金融自由化是否会使金融风险增加，甚至带来金融危机？这个问题很难回答。中国也许是唯一一个未曾遭遇严重金融危机的新兴市场经济体。没人知道这个记录能保持多久。监管机构需要做出一系列困难的决策。以允许信托产品违约为例，允许违约会使得金融体系的不稳定性增强，不允许违约则会增大道德风险。这表明虽然政府决定在自由化方面大胆改革，但这种改革举措的实际应用则将相对谨慎。这种转变最终将助力中国增长模式的转变。

二　中国金融改革的逻辑

尽管三十多年来改革进行得很成功，中国经济仍然表现出金融管制的典型特征。首先，中国人民银行仍旧为商业银行设定基准利率，并且过度干预外汇市场。其次，政府干预资本的分配，通过直接融资和间接融资渠道融得的资金大部分都流向了国有企业。再次，中国人民银行频繁地调整商业银行存款准备金率，2011 年中期，存款准备金率超过了 20%。最后，官方仍旧对资本账户进行严格的控制，特别是对于证券投资、债务融资和外商直接投资的管制非常严格。

但这并不能阻止中国金融业迅猛发展的步伐。中国的金融行业从 30 年前大一统的银行体制成长为一个涵盖各种机构、客户、市场和资产的综合体系。中国的广义货币供给（M2）已经超过了美国。很多中国商业银行的市值已经位列世界前十名。中国的金融体系明显偏重于银行系统，到 2011 年中期银行存款总额已经占 GDP 的 190%，股票市场资本规模占 GDP 的 80%，债券市场资本规模占 GDP 的 40%。

金融管制也并未影响中国宏观经济的良好走势。在过去三十年中，除了有几年例外，中国的宏观经济一直很平稳，通货膨胀率保持在 3% 左右。在改革期间，GDP 平均每年增长 10%。中国是最大、最有动力的新兴经济体，也是世界第二大经济体，很快将在购买力平价基础上超越美国经济，对全世界人口的收入和福利产生重大影响。

在本文中，我们从四个方面回顾政策改革与金融发展：银行体系、资本市场、中央银行和金融监管、汇率和对外账户。总的来说，中国在银行体系和资本市场的发展中都取得了重大进展。中央银行和资本账户是主要的滞后领域。

我们也可以将中国金融业的变革分为四种类型。第一种类型是金融基础框架的构建。中国决定发展市场经济，其发展现代金融业就成为必然。例如，政府在 20 世纪 80 年代曾着力将中国人民银行建设成为一个真正意义上的中央银行。它们重构了货币政策的工具和目标，创造了许多新的金融机构，诸如大大小小的银行、保险公司和证券公司。20 世纪 90 年代，政府又建立了上海证券交易所、深圳证券交易所和银行间市场。显然，决策者是以发达市场经济的金融体系为蓝本而采取这些行动的。

第二种类型是金融领域数量上的发展。金融发展既可以用数量来衡量，也可以用质量来衡量。例如，金融的发展可以用未偿还贷款总额和银行总资产的增长来衡量，也可以通过全国迅速增长的金融机构数量来反映。同时，资本市场在全国金融领域的重要性增强也能反映出金融业的发展。中国的金融发展非常迅速，M2 占 GDP 的比重不断上升，但在金融深化已经领先于多数发展中国家和发达经济体的同时，中国的金融中介仍然过度依赖银行体系。

第三种类型是金融机构的治理结构及行为方式的改革。银行体系的所有制改革就是一个典型的例子。20 世纪 90 年代一个大而全的银行体系建成之后，由于很多银行并未有效地分配资金和控制风险，中国面临着巨大的金融风险。造成这种情况的原因部分是落后的银行实务，但更重要的是多数银行的公有制本质。政府从 21 世纪初开始改变银行的治理结构，引入境外战略投资者并在股票市场上市。现如今多数中国的大银行都在境内外股票市场上市了，其股权结构相对多元化。多数金融机构也引入了独立董事制度、新的会计制度、风控机制和信息披露制度。

第四种类型是金融行业和市场的自由化。这里所说的自由化可以指市场竞争的增强，诸如引入境外和民营金融机构。以国有商业银行为例，在改革期间其在银行体系中的占比从 80% 多降到了接近 50%。自由化也可以指放开金融市场的价格管制，诸如利率、债券收益率、股票价格和汇率。虽然对商业银行的存贷款利率管制依旧，但政府已经取消了大多数对利率的管制。自由化意味着最终将取消对境内市场及资本账户的管制。从改革早年起，政府就开放了对内直接投资的跨境资本流动渠道。

相对来说，中国在建设金融系统的基本框架和促进金融资产增长方面取得了令人瞩目的成就。尽管仍然与发达经济体有一些重要的差异，但中国已经建成了一个发达经济体中的现代金融体系。中国在放开金融市场关键价格上仍旧非常滞后，特别是体现在利率和汇率方面。中国在金融机构的运作方式和金融资源的分配方面也取得了重要进展。但多数商业银行仍旧表现得更像是国有企业而非上市公司。中国政府虽然努力想要建设一个现代金融体系，但却不愿意完全放弃管制。

为什么金融改革呈现出这样一种独特的形式，在基本框架和数量方面表现突出，却在价格和质量方面表现不佳？

我们将运用 Huang（2010）在最近一系列研究中采用的方式来解释中国金融改革的逻辑，即产品市场和要素市场自由化的不均衡。Huang 注意到在中国的改革期间，最终产品市场几乎完全自由化了，其价格完全由需求和供给决定，但中间产品和要素市场仍然存在着广泛和严重的扭曲。例如，政府仍旧干预电力、天然气和石油等重要能源产品的定价，影响关键利率和汇率的确定。其中一些扭曲是中央计划体制的遗毒，另一些则是改革期间新产生的。

这些扭曲有一个共同的特点，即降低要素价格和投入成本并降低产出成本。例如，当国际原油价格位于 150 美元/桶的峰值时，国内同等价格仅仅为 80 美元。改革期间中国的实际存款利率经常为负值。这些扭曲像是对生产商、出口商和投资者的补贴，因为它们人为地提高了生产利润、投资回报和出口竞争力。这虽然对经济增长有利，但同时也引起了严重的内外部失衡。

Huang 和他的合著者指出，不均衡的自由化背后主要的逻辑源于政府追求快速经济增长的目标。在典型的市场经济中，政府的主要功能应该是提供公共产品和服务，例如社会保障和法律保障。然而在中国，政府的首要目标是推动经济增长。邓小平曾说发展是硬道理。经济学家发现 GDP 增长是决定地方官员晋升的最重要的经济指标。这也许解释了中国的市长们看起来更像是公司的首席执行官而非地方政府领导。中国政府有时被描述为生产或发展导向型的政府。

因此，非均衡自由化是中国政府在既定的政策目标下做出的理性决策。产品的自由市场可以纠正中央计划体制的低效率。同时，政府通过维持要素市场的扭曲来补贴某些经济活动、分配资源以实现政策目标。事实上，在改革以前中国就采取了类似的策略来促进增长。20世纪50年代中期，政府设计了所谓的农产品"统购统销体系"，即以低于市场价的价格收购农产品，再以低于市场价的价格卖给城市居民。这使得城镇工业产生超额利润以便进行再投资。这是推动城市工业化的一种手段。

中国的金融自由化也遵循着同样的逻辑。经济改革伊始，中国的决策者们就认识到金融对于经济增长的重要性。因此，政府直接从零开始着手构造现代金融体系。银行体系和资本市场的金融基础设施迅速建立，包括贷款、股票、债券和其他金融产品在内的金融资产也迅速增长。金融业的迅猛发展与市场化改革的整体方向相一致。实证检验确认了金融发展在中国改革期间对经济增长的正效应。

McKinnon、Shaw和其他人（McKinnon，1973；Shaw，1973）的研究中强调决策者们或许也清楚金融自由化的好处。因此政府在金融系统中持续地强化市场机制的作用，引入合资和外资银行来加强竞争，逐渐允许市场决定同业利率和国债收益率并增强了汇率的灵活性。政府甚至渐渐减少了对某些跨境资本流动的限制，特别是外商直接对内投资的限制。

但自由化并不是中国金融改革的全部。政府仍旧在金融系统的运作中扮演着重要的角色，例如控制利率和汇率，干预资本分配，限制跨境资本流动。

政府为什么在改革期间进行金融管制而非实行完全自由化呢？第一，金融管制政策与整体的非均衡自由化相一致，即通过压低要素价格来促进经济增长。在金融领域就是通过压低利率和汇率来补贴投资者和出口商，从而有利于促进投资和出口。例如，货币被低估有利于出口，不利于进口。这特别体现在亚洲金融危机后的几年中政府实现的强劲经济增长和巨大经常账户盈余。与此类似，超低的实际利率鼓励了投资，对改革期间的GDP中投资份额的增长做出了贡献。

第二，金融管制政策保障了经济活动能够获得充分的资源，特别是保证那些政策要求优先发展的领域能够获得资源。在利率低于市场正常水平的情况下，过量的资金需求使得强制的资本分配成为必须。更重要的是，政府常常将金融作为支持经济政策的手段。例如，在全球金融危机时政府投放了四万亿元刺激经济增长，同时调动了大量的银行贷款。如果不是因为政府是许多金融机构的大股东，这是无法实现的。20世纪90年代后期，政府让银行支持其西部大开发政策也是同样的道理。

第三，金融管制政策对于渐进的双轨制改革来说是很有必要的。中国改革的一个主要特点是在最初不破坏计划经济的前提下让经济活动在计划体系之外增长。这就意味着政府需要一直支持国有企业，甚至当国有企业不赢利时也是如此。20世纪90年代，许多银行向濒临破产的国有企业提供所谓的"稳定贷款"或政策贷款。政府最终不得不放弃这种操作，因为这会让银行系统的金融负担越来越重。但在金融管制政策下，最初的支持措施对于保证经济改革的平稳进行是至关重要的。

第四，在经济发展的初期，金融管制政策对于维持金融系统稳定有着重要作用。关于完全自由化的金融体系能够提升效率、促进增长的预测是建立在一系列重要的假设之上的，诸如完全竞争和完备的信息。如果没有这些假设，政府也许更容易处理市场失灵和金融不稳定而产生的问题。中国的经验为这个问题提供了论据。如果不是国家持有国有商业银行的控股权以及维持对资本账户相对严格的管制，中国可能会在亚洲金融危机时发生严重的银行危机，或者在全球金融危机期间产生经济衰退。

三 加速金融改革的理由

如果过去中国的金融政策运行非常良好，或者至少可以说其并未妨碍经济增长，那么政府现在为什么应该加速改革呢？我们在此举出了三个理由来解释为什么不应该继续维持现状。

第一个理由是金融管制政策对经济增长的影响由积极转为消极。Huang和Wang（2011）通过对中国经验的实证检验确证了金融管制对经济增长的两种理论效应——"麦金农效应"和"斯蒂格利茨效应"。麦金农效应是指金融管制会降低经济效率，抑制金融深化。斯蒂格利茨效应是指金融管制对金融中介有利并且能够支持金融稳定从而促进经济增长。在实证研究中，Huang和Wang先是运用成分分析方法建立了一个金融管制的复合指数，这个指数在经济改革的头三十年表现出稳定下降的趋势，这与金融自由化的趋势相符合。

然后他们应用了一个典型的增长方程，将实际GDP增长率作为因变量，采用中国的省级面板数据。除了金融管制（FREP）之外，他们还将投资率

（INV）、贸易开放度（TRADE）、政府规模（GOV）和经济总量中国有企业的比重（SOE）作为解释经济增长的自变量。基本的估计结果显示出几个重要发现：1979～2008 年，金融管制对经济增长有正效应，1979～1999 年亦然。用斯蒂格利茨的话来说，这也许是因为在不完全竞争和信息不完全的情况下，金融管制政策使得政府能够更好地处理市场失灵（Stiglitz，2000；Hellman et al.，1997）。

但将实证检验聚焦于 2000～2008 年这个时间段时，金融管制对于经济增长的效应则显示为负效应（见表 1）。这也许是因为此时麦金农效应大于斯蒂格利茨效应。如果这个结果是可靠的话，那么结论就很明显了：20 世纪 80 年代和 90 年代金融管制政策并未阻碍经济增长，但现在它正在阻碍经济的增长。

表 1　中国金融管制政策对经济增长影响的估计结果

	全样本	1979～1989 年	1990～1999 年	2000～2008 年
金融管制	0.167 ***	0.787 ***	0.313 ***	−0.132 ***
	（0.041）	（0.132）	（0.073）	（0.037）
投资率	0.133 ***	0.068	0.191 ***	0.100 ***
	（0.022）	（0.069）	（0.047）	（0.021）
贸易开放度	0.010	0.025	0.010	0.007
	（0.008）	（0.034）	（0.014）	（0.012）
教育水平	2.361	1.934	0.561	0.438
	（0.539）	（6.445）	（0.627）	（0.745）
政府规模	−0.189 ***	−0.225	−0.518 ***	−0.169 ***
	（0.055）	（0.141）	（0.191）	（0.083）
经济总量中国有企业的比重	−0.039 *	−0.048 ***	−0.119 ***	−0.039 *
	（0.020）	（0.011）	（0.031）	（0.023）
时间趋势	0.002 ***	0.008 ***	0.003 ***	0.002
	（0.0008）	（0.002）	（0.002）	（0.014）
特定年度效应	是	是	是	是
特定省效应	是	是	是	是
样本数量	750	275	250	225
判定系数（R^2）	0.179	0.138	0.326	0.187

注：* 显著性水平为 10%；** 显著性水平为 5%；*** 显著性水平为 1%。特定年度效应（Year-specific Effect）是指有特定事件诸如亚洲金融危机和全球金融危机发生的年份。估计值下面括号中的数字是相关标准误。

资料来源：Huang 和 Wang（2011）。

第二个理由是金融管制政策已经越来越多地助长了宏观经济和金融风险。第一个问题与金融机构的运作方式有关，中国许多的金融机构都进行了市场化改革，但是大多数金融机构的运作仍然更像是国有企业而不是市场主体。例如，在过去的十年间国有商业银行进行了重大改革，包括减记不良贷款、注入公共资本、引入境外战略投资者以及上市。尽管采用了现代公司制结构，这些国有商业银行仍然被国家牢牢控制。包括董事长在内的银行高管仍然由中国共产党任命。重要的商业和人事决策仍然由党委会决定而不是由董事会决定。一个令人震惊的例子是在全球金融危机时金融机构本应变得非常谨慎，但中国的银行却全都大量增加贷款以支持政府的政策。如果金融机构仍在根据政府的政令而非市场情况运作，那么将来会出现严重的金融危机。

第二个问题是国家对资本分配的干预。例如，银行仍旧格外倾向于向国有部门放贷。鉴于现在中小企业对推动中国经济增长的作用越来越大，这种放贷倾向会对资本分配的效率造成严重的限制。因为银行利率过低，所以信贷供给不足。例如，2011 年 6 月的一年期基本贷款利率是 6.25%，但在浙江的场外市场借款利率是 24%。如今国有企业在工业产值中的比重不到 30%，但它们却仍然拿走一半以上的贷款。如果将地方政府平台的借款算进来，那么这个比例还会更高。越是有活力的中小企业越是发现其难以从银行获得贷款。中小企业融资发展较为良好的浙江省在 2009 年也只有 20% 的中小企业获得了贷款。其余的中小企业则只能通过别的渠道来满足其融资需求，例如从场外市场借钱。这就表现出资本分配缺乏效率的一个重要方面。

第三个问题是利率和汇率被严重扭曲，导致了过度投资、消费不足和巨额对外账户顺差等严重的经济不平衡。最初政府利用低利率和汇率来推动投资及出口，但在 2010 年投资占 GDP 的份额已经达到 48.5%，经常性账户盈余也超过 GDP 的 5%。2010 年实际存款的负利率鼓励了资产市场的投机行为。当股票和房地产市场价格上升的潜力消失后，投资者们又涌向了商品市场，利用棉花、大蒜、黄豆、苹果、糖等商品进行投机。这些商品的价格一个接一个地飞速上涨。此外，货币被低估又成为大量热钱涌入的主要原因。这在为国内市场增加大量流动性的同时破坏了货币政策的独立性。所有这些因素都增加了宏观经济和可持续增长的风险。

第四个问题是对资本账户控制的有效性减弱，使得跨境资本流动不稳定并且降低了货币政策的独立性。本文的实证分析证明了政府越来越难以推行对资本账户的控制措施，结果导致了短期的跨境资本流动巨大且波动性强，这会威胁到金融系统的稳定性。根据蒙代尔三元悖论，一个国家只能实现如下三个国际经济政策目标中的两个：自由的资本流动、固定汇率，以及独立的货币政策。弱化对资本的限制使得中国人民银行对于国内市场流动性及利率的控制能力减弱。在一个正常年度，中国人民银行由于对外汇市场干预而注入的人民币流动性中，只有80%可以被消解。这也增加了通胀压力。

第三个理由是许多政策限制已经不能持续起效。一个很好的例证是虽然官方仍然对短期跨境资本流动进行较为严格的限制，但当经济或金融活动波动时，所谓的热钱流动已经是一种主流现象。这也许意味着随着时间推移，对资本账户控制的有效性正逐渐减弱。另外一个例子是信托产品和委托贷款等影子银行活动的迅速增长。影子银行业务是利率自由化的后门，市场对于严格的利率限制越来越没有耐心，于是脱离了银行的媒介开发了大量的非信贷金融产品。所有这些都说明我们不能再维持现状不做改变了。

四 未来将会发生什么？

为什么现在应当加速金融自由化，这里我们提出另一个原因。Huang 等（即将发表）在近期的研究中分析了金融自由化在经济发展不同阶段中对经济增长的影响。利用一个增长模型和1980～2010年80个国家的数据，他们发现金融管制对于经济增长的作用对低收入经济体不显著，对中等收入经济体显著为负，对高收入经济体显著为正（见表2）[1]。这些发现与 Huang 和 Wang（2011）的研究结果相似。中国现在已经是一个中等收入国家，人均 GDP 达到6700美元。因此，哪怕仅仅是为了维持经济的快速增长及避免中等收入陷阱，中国也应该加速进行金融自由化改革。

---

[1] 增长回归方程仍将实际 GDP 作为因变量。自变量是金融管制（FREP）、法规（LAW）、民主（DEMC）、初始收入水平（LogGDPP）、政府规模（GOVN）、教育（EDU）、通货膨胀（CPI）、生育率（LogFERTI）、平均寿命（LogEXPECT）、投资率（INVR）、贸易开放度（OPEN）（Huang 等，即将发表）。

表 2　80 个国家的增长方程估计结果（1908～2010 年）

	低收入		中等收入		高收入	
	（1）	（2）	（3）	（4）	（5）	（6）
金融管制	-0.0302	0.0062	-0.0803 ***	0.0789 ***	0.0394 ***	0.0390 **
	（0.0379）	（0.0342）	（0.0203）	（0.0202）	（0.0148）	（0.0150）
法规		0.0945 ***		0.0301 **		0.0067
		（0.0219）		（0.0151）		（0.0161）
民主		0.0101		-0.0160		0.0044
		（0.0186）		（0.0121）		（0.0174）
初始收入水平	-0.0673 ***	-0.0812 ***	-0.1258 ***	-0.1293 ***	-0.1189 ***	-0.1224 ***
	（0.0193）	（0.0178）	（0.0143）	（0.0143）	（0.0163）	（0.0186）
政府规模	0.0828	-0.0618	-0.4517 ***	-0.4386 ***	-0.3984 ***	-0.3831 ***
	（0.1361）	（0.1233）	（0.0821）	（0.0816）	（0.1073）	（0.1126）
常数	0.0130	0.0049	0.0165 *	0.0150 *	0.0199 ***	0.0193 **
	（0.0099）	（0.0088）	（0.0085）	（0.0085）	（0.0073）	（0.0074）
教育	-0.0338 **	-0.0080	-0.0025 **	-0.0026 **	-0.0648	-0.0629
	（0.0158）	（0.0156）	（0.0010）	（0.0010）	（0.0733）	（0.0740）
通货膨胀	-0.0966 **	-0.0478	0.0184	0.0257	-0.0394 **	-0.0386 **
	（0.0434）	（0.0428）	（0.0250）	（0.0251）	（0.0178）	（0.0183）
生育率	0.0359	-0.0469	-0.1445	-0.1827 *	-0.0286	-0.0266
	（0.0732）	（0.0688）	（0.0935）	（0.0945）	（0.2367）	（0.2385）
平均寿命	0.1186	0.0997	0.1929 ***	0.2004 ***	0.2194 ***	0.2215 ***
	（0.0748）	（0.0670）	（0.0494）	（0.0492）	（0.0615）	（0.0640）
投资率	0.0002	0.0010 *	0.0005 *	0.0006 **	0.0010 ***	0.0010 ***
	（0.0006）	（0.0006）	（0.0003）	（0.0003）	（0.0002）	（0.0002）
贸易开放度	0.4794	0.7533 **	1.7030 ***	1.8743 ***	1.2671	1.2813
	（0.3390）	（0.3035）	（0.3865）	（0.3911）	（1.0771）	（1.0862）
年度效应	是	是	是	是	是	是
国家效应	是	是	是	是	是	是
判定系数（R^2）	0.511	0.636	0.606	0.618	0.655	0.656
样本数量	103	103	242	242	158	158
国家	21	21	47	47	24	24
霍斯曼检验	0.0000	0.0000	0.0000	0.0000	0.0000	0.0000

注：括号中数字是标准误。由于霍斯曼检验显示固定效应模型在此处更适用，所以我们只保留了固定效应的结果。

资料来源：Huang 等（即将发表）。

那么在即将到来的几年中金融改革将会怎样呢？全面改革方案列出了以下 11 个领域要做出的关键改变。

- 扩大金融业对内对外开放
- 推进政策性金融机构改革
- 健全多层次资本市场体系
- 完善保险经济补偿机制
- 建立普惠制金融机构
- 鼓励金融创新
- 加快推进利率市场化，完善人民币汇率市场化形成机制，健全反映市场供求关系的国债收益率曲线
- 加快实现人民币资本项目可兑换
- 完善监管协调机制
- 建立存款保险制度
- 加强金融基础设施建设

中国人民银行副行长易纲指出，这些改革主要涉及三个领域，即减少进入壁垒、市场自由化、完善金融基础设施[①]。这些是建立一个市场化金融系统的三大基石，既能提升效率又能控制风险。此外，我们还可以将全面改革计划看作两个重要的任务：一是境内利率自由化；二是境外人民币国际化。

利率自由化改革已经在进行中。在改革的早年间中国人民银行负责设定各种利率，金融机构必须严格遵循其设定。随着时间的推移，中国人民银行渐渐放松了管制。如今，货币市场和债券市场的利率都由供求自由决定。尽管中国人民银行仍旧设定存贷款基准利率，商业银行在利率上已经有了一定程度的弹性。虽然仍保留对下限的要求，贷款利率不再设上限，存款利率的上限仍旧处于严格的监管下。贷款利率的下限和存款利率的上限保证了商业银行的最低利差。许多经济学家指出利率自由化改革最重要的一步是取消存款利率上限。

取消存款利率上限是利率市场化具有象征性意义的最后一步，但仅仅这一步就需要满足大量的先决条件。例如，为了避免发生不考虑后果就大幅提升存款利率的恶性竞争，商业银行必须进行有效的改革。商业银行的改革至少应当包括两个重要步骤：一是通过破产和违约来强化市场约束；二是建立存款保险制度以控制系统性风险。与此相似，诸如国有企业和地方政府投资

---

① 易纲2014年4月19日在北京大学中国经济研究中心二十周年庆典上的讲话。

平台等机构的预算软约束应当予以强化，否则这些机构将接受高得离谱的利率以挤出那些更加有效率的民营企业。

与此同时，如果中国人民银行取消对基准利率的管制，那么它就需要一个新工具来实施其货币政策。上海银行间同业拆借利率（Shibor）是一个潜在的选择。中国人民银行可以通过在市场上投放或收回流动性来影响上海银行间同业拆借利率水平，就像美联储通过公开市场操作来影响联邦基金利率一样。但是目前上海银行间同业拆借利率仍然波动性太大，市场需要引入更多的机构参与人来持续地提升流动性。此外，中国需要一个完善的政府债券市场以建立有效的收益率曲线来作为市场基准利率。

人们经常谈到这样一个有趣的问题：在利率自由化之后，中国的利率会涨还是会跌？这个问题的答案很复杂。从短期来看，商业银行等正规部门的利率将会上升。目前存在大量的非正规信贷市场就说明正规部门的利率过低。过量的需求涌向了非正规市场，例如私人借贷和影子银行的利率通常很高。利率自由化将导致这两个市场的利率趋同。长期来看，中国的利率是上升还是下降依赖于两个因素：一是增长潜力（增长缓慢意味着低利率）；二是资本流动（资本外流意味着境内利率高）。

还有一个关键任务是人民币国际化。在国际金融危机之后，政府明显加大了推进人民币国际化的力度。这部分是因为许多人认为次贷危机是美元走弱的伏笔，更重要的是许多人还认为人民币国际化会为中国经济带来巨大的好处，例如更加稳定的汇率和更低的收支平衡风险。

中国人民银行在 2006 年第一次阐述了人民币国际化战略，它提出了一个双轨制策略：在贸易和投资结算中推进人民币的应用，同时放开资本账户。许多官员认为人民币国际化可以作为推动国内改革的手段。但在官方文件中，"国际化"一词从未出现过。1996 年底，中国实现了经常性项目可兑换。最近通过的全面改革方案特别指出了将资本账户可兑换作为一项重要任务。

但是人民币想要成为国际储备货币还有很长一段路要走。许多乐观主义者非常关注中国已经取得的巨大经济总量。其中的道理很简单：中国已经是一个世界主要的经济体，因此它的货币也应当发挥一些国际作用。对于 20 世纪国际化货币的经验进行一个快速的浏览就可以发现：经济体的规模可能是一个重要的有利因素，但绝不是充分条件。我们利用数量方式来识别出国际储备中国际货币份额的决定因素，然后利用这个结果来预测人民币的潜在份额。我们发现如果仅仅考虑 GDP 和贸易的权重，那么人民币在国际储备中的潜在份额到 2011 年底可以高达 10%。但是如果将资本账户控制和经济自由化等政策与制度因素也考虑进来，那么人民币的潜在份额就只有 2% 左右（见图2）。这说明人民币成为国际储备货币的主要障碍是政策限制和制度障碍。

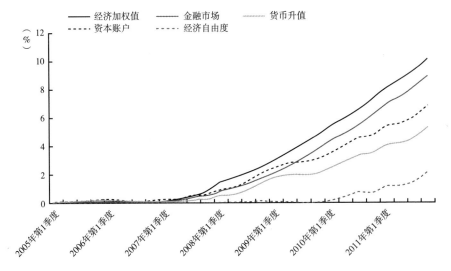

图 2　人民币在国际外汇储备中的预计份额

资料来源：Huang 等（2014）。

中国应该怎样有效推进人民币国际化呢？当然可以在第一个轨道上继续推进，即在国际经济交易中推广人民币的使用，包括建立更多的离岸市场，在境外发行更多以人民币计价的资产，以及将人民币用于贸易和投资结算。为实现这个目的，中国也可以采取两种额外的战略：一是使人民币进入国际货币基金组织（IMF）特别提款权的范围，这将显著增强人民币的国际性，让人民币更易于国际化；二是引入一个在亚洲内部地区间互相持有他方货币作为储备货币的机制。

然而，为了实现人民币国际化，双轨制策略的第二步也许更为关键，因为这将奠定人民币作为国际储备货币的基础。从这个目的出发，我们关注以下三个领域的改革。

一是支持中国经济的持续增长。尽管经济权重并不是人民币成为国际储备货币的充分条件，但如果中国经济就像20世纪90年代的日本那样突然变萧条，那么人民币成为国际货币的愿景就难以实现了。中国经济现在即将面临的一个挑战是改变增长模型，即改变目前将强劲增长与极度不均衡结合为一体的增长模型。应对挑战的关键是继续推进经济改革。政府新的经济政策框架，即所谓的"李克强经济学"包括三个重要的基石：不再进行强刺激、去杠杆以控制金融风险、体制改革。政府官员和政策顾问正在设计一个涉及广泛领域的改革方案，包括金融体系、财政政策、土地使用、行政控制、要素价格、收入差距和户籍制度。增长模型的成功转变取决于以下领域的改革：利率、汇率以及资本账户的自由化；将地方政府的角色由直接介入生产和投资转变为提供公共产品；打破国家控制领域的垄断。

二是一个开放的、大规模的、有效的、流动性强的金融市场。要作为国际储备货币，人民币需要一个非居民也可以轻易进入的金融市场作为支撑。这其中重要的一步就是资本账户的自由化。资本账户自由化其实已经在进行当中，资本账户控制指数在 2011 年已经从 1977 年的 100% 降到了 53%。政府计划在 2015 年实现资本账户基本可兑换，在 2020 年实现资本账户完全可兑换。但这也引起了人们的争论，即这样做是否过于激进从而可能引起金融危机。应对这种担忧的方式是密切关注自由化的必要条件及其排序。然而，资本账户自由化是人民币国际化进程中的必要步骤。同时，金融市场应当是开放的、流动性强的、有效的，并且有发达的对冲工具。

三是提升中国政治经济体制的可信度。人民币成为国际储备货币的核心在于国际投资者对其有长期信心。要支撑这种信誉，中国需要健全其经济、法律和政治体系。因为其他国际储备货币都来自拥有发达政治经济体制的发达经济体，这一点对中国来说就显得尤为重要。我们建议中国采取三个初步举措：①独立的货币政策制定机制；②保护财产权利和强化破产法律的良好法律体系；③更加透明和更受尊重的政治体制。

即使这些努力都能成功，人民币国际化也将是一个漫长的过程。我们认为，人民币在未来十年间不会成为国际储备货币，但人民币的国际角色会变得越来越重要，也许是先在周边国家，然后扩展到整个地区，最终在全球变得重要。

五　结论

中国的金融自由化已经进行了三十多年，但它的金融政策仍然是高度管制性的。之前的研究表明这些政策并未抑制经济的迅速发展。相反，这些政策可能还通过有效地将储蓄转为投资及保持金融稳定性而促进了经济增长。但如今改革必须加速了，理由有以下三个：金融管制对经济增长的负面影响，管制政策导致宏观经济和金融风险增大，中国目前的发展阶段下政策限制本身的不可持续性。中国领导人采取了一个金融领域的全面改革方案，包含十一个领域的具体改革措施。这些改革围绕两个主题，短期来看主题是利率自由化，长期来看主题是包括资本账户可兑换在内的人民币国际化。

我们认为金融自由化的重要意义不仅仅在于中国向市场经济转型，更在于实现可持续经济增长。国际经验表明金融自由化的结果是高度不确定的。我们通过对金融自由化以及金融风险和金融危机的讨论来结束本文。

我们相信中国领导人对金融自由化是高度重视的。新一届领导集体反复强调现在是时候推进困难的改革了，哪怕要降低增长速度也要进行改革。政府的官方增长目标从8%降到了7.5%。但当经济增速放缓时政府还是万分紧张的，哪怕仅仅是低于目标一点点也不行。政府的谨慎也表现在其迟迟不允许金融市场出现违约，政府担心一些金融产品的违约会导致市场对这些资产重新定价，从而使得融资条件恶化影响经济增长。关于违约另一方面的担忧是害怕引发金融体系的崩溃。但不允许违约就无法强化市场约束，减少道德风险。

中国能否避免发生金融危机从而成为发展中经济体的例外呢？我们对这个问题的回答是：这是可能的，但这取决于中国如何进行改革。金融自由化有着其两面性，一方面它能提升资本分配的效率，但另一方面它也会增加金融波动性。避免金融系统在自由化改革中发生严重问题的关键是强调其先决条件和改革的顺序。如果在商业银行和其他金融机构尚未得到有效改善、利率失准问题尚未解决之前就放开资本账户，那么必然将发生金融危机。因此，虽然政府应当加速推进金融自由化，但必须注意遵循适当的程序。

国际投资者每六个月都照例预测中国经济或其金融系统将崩溃，他们经常提及房地产市场、商业银行、影子银行、地方政府平台的风险。尽管这些领域确实存在风险，但我们认为这在短期内并不会造成崩溃，其中涉及的大多数机构要么是国有企业，要么是与政府直接相关的企业。因此，目前中国发生金融危机的风险也许会由流动性短缺所引起，但不可能由偿付能力不足引起。政府仍然拥有一个能将金融风险维持在个别领域的良好财政体系，但这也可能成为令人担忧的问题来源，中央政府的信用已经透支了，因此如果不尽快停止的话，最终将产生严重的问题。

参考文献

Abiad, A. , Detragiache, E. , & Tressel, T. , 2008, *A New Database of Financial Reforms*, IMF, Washington, DC.

Hellmann, T. , Murdock, K. , & Stiglitz, J. , 1997, "Financial Restraint: Toward a New Paradigm", in M. Aoki, H. -K. Kim & M. Okuno-Fujuwara (eds.), *The Role of Government in East Asian Economic Development: Comparative Institutional Analysis*, Clarendon Press, Oxford.

Huang, Y. , 2010, "Dissecting the China Puzzle: Asymmetric Liberalization and Cost Distortion", *Asian Economic Policy Review* 5 (2): 281 – 95.

Huang, Y. Wang, X. , Wang, B. and Lin, N. , 2013, "Financial reform in China: Progress and Challenges", in Y. C. Park and H. Patrick (eds), *How Finance is Shaping the Economies of China, Japan and Korea*, Columbia University Press, New York.

Huang, Y. , Gou, Q. , and Wang, X. (forthcoming), "Financial Liberalization and the Middle-income Trap: What Can China Learn from Multi-country Experience?", *China Economic Review.*

Huang, Y. , Wang, D. and Fan, G. , 2014, "Paths to a Reserve Currency: Internationalization of Renminbi and Its Implications", Paper Presented at the Concluding Workshop on Currency Internationalization and Lessons for RMB, Asian Development Bank Institute, National School of Development, Peking University, Beijing, 28 March 2014.

Huang, Y. , & Wang, X. , 2011, "Does Financial Repression Inhibit or Facilitate Economic Growth?" A Case Study of Chinese Reform Experience, *Oxford Bulletin of Economics and Statistics*, 73 (6): 833 – 55.

IMF, 2013, *People's Republic of China: 2013 Article IV Consultation*, Staff Report, IMF, Washington, DC.

Lardy, N. , 1998, *China's Unfinished Economic Revolution*, The Brookings Institution Press, Washington, DC.

McKinnon, R. I. , 1973, *Money and Capital in Economic Development*, The Brookings Institution Press, Washington, DC.

Shaw, A. S. 1973, *Financial Deepening in Economic Development*, Oxford University Press, New York.

Stiglitz, J. E. , 2000, "Capital Market Liberalization, Economic Growth and Instability", *World Development*, 28: 1075 – 1086.

（曲玥 译）

澳大利亚和中国的金融改革

Alexander Ballantyne　Jonathan Hambur

Ivan Roberts　Michelle Wright[*]

一　导论

中国目前的金融架构与 20 世纪 70 年代晚期和 20 世纪 80 年代早期放松监管之前的澳大利亚金融制度有若干相似之处。20 世纪 70 年代晚期，澳大利亚实行的是有管理的浮动汇率制度，资本账户交易受到限制，银行制度受到严格监管。从表面价值上看，当时的澳大利亚与今天的中国有相似之处。例如，中国至今仍然对投资组合资本进行多方限制，人民币汇率仍然为有管理的浮动汇率，仅在某些方面放开了银行业利率管制。

当然，今天的中国与当时的澳大利亚也有一些重要差别。与今天的中国相比，当时的澳大利亚在全球经济中所占的比重小，进行金融改革时全球金融的体系小，澳大利亚融入全球金融的程度低。虽然与其他类似经济体相比，澳大利亚资本账户在 20 世纪 70 年代和 20 世纪 80 年代早期所受限制更为严格，但澳大利亚在外国组合性证券投资方面比今天的中国更为开放。与实行资本账户自由化之前的澳大利亚相比，今日中国所接受的外国直接投资规模相对更大。此外，与放松金融监管前的澳大利亚相比，今日中国在金融

---

　* 四位作者均来自澳大利亚储备银行国际与经济研究部。本文作者在讨论澳大利亚金融改革时，从 Lynne Cockerell 尚未发表的研究成果中受益良多。四位作者感谢 Chris Ryan、Alexandra Heath、James Holloway 和 Chris Becker 提供的众多意见和建议。本文的观点仅仅代表作者个人见解，不代表澳大利亚储备银行的观点。如有任何错误，均由作者负责。

...

体系方面则更为发达。

目前，公认的观点是，浮动汇率制度在关键时刻帮助经济体实现了成功转型（Beaumont and Cui, 2007; Stevens, 2013）。不过，在澳大利亚的经济主体适应资本账户自由化、澳大利亚经济政策框架和机构的公信力确立之前，放松金融监管、实行浮动汇率和资本账户自由化的全部好处并未充分显现。

虽然澳大利亚在20世纪70年代就开始放松对银行体系的监管，但直到实行浮动汇率和资本账户自由化之后，这一过程才算最终完成。刚刚开放的金融领域与资本账户相结合，就暴露了澳大利亚在审慎监管框架上的不足和银行在风险定价上的经验相对不足。于是，澳大利亚的信贷业在20世纪80年代出现了不可持续的繁荣局面，之后被迫进行大幅回调，对实体经济产生了严重影响。同样的，在实行浮动汇率之前，外汇市场已经开始发展起来，但只有在经纪人自行承担外汇汇率的巨额波动风险之后，在外汇自由市场制度建立——有可信赖的监管机构和经济政策保障之后，澳大利亚的套期保值及外汇市场才能得到充分发展。

20世纪70年代末，中国启动了经济改革和对外开放。它从中央计划经济体制转型，最初始于农产品和工业品市场的改革，然后推进到对外贸易开放和国内企业改革，后来再深入到劳动力市场和房地产市场领域。中国金融改革开始的时间较晚。20世纪90年代末期，中国政府开始逐步放开贷款利率管制，并在2013年几乎完全取消了对贷款利率的各种限制，达到了利率改革的最高峰。不过，中国至今没有实现存款利率完全市场化。2005年以来，中国人民币对美元的汇率逐渐变得更有弹性，但中国政府仍然对其波动幅度实行严格管理。

近年来，中国金融改革的最优顺序一直是个热门话题。自2000年以来，国内利率自由化、汇率自由浮动和资本账户自由化一直都在监管部门的正式议程之中（PBC, 2003; Zhou, 2005），属于国家优先解决事项，先后列入"十一五"规划和"十二五"规划，并在2013年召开的中共十八届三中全会上讨论。但中国决策层中对于中国未来的金融改革一直争论不已，立场两极分化，迄今未能统一。

一些观察家建议，中国不应当把取消资本管制当作优先任务，理由在于国内金融基础设施和监管框架不够成熟，不能应对经济开放后出现的短期资本流入（Yu，2013）。由于 2008 年全球金融危机期间中国采取了政策刺激措施，中国银行业资产的质量恶化，企业债务和地方政府债务开始上升，银行的表外活动得到扩张，这些都成为延缓资本账户可兑换性的理由。有人认为，如果短期资本流入不会破坏经济稳定，则应当先行放松国内金融管制和扩大汇率波动幅度（He，2013）。

另外一些人则呼吁，中国应当在 5～10 年内实现资本账户自由化，理由在于中国外汇储备庞大、外债规模较小、现行银行资产负债表中货币错配记载事项的缺乏显著降低了投机性资本流入可能带来的金融动荡风险（PBC Department of Surveys and Statistics Task Force，2012a，2012b）。根据这种说法，在推进资本账户自由化时，应当与完全取消国内利率管制和实行浮动汇率同时进行。其中，取消利率管制优于资本项目可自由兑换，实行浮动汇率则并非必要条件：只有条件成熟后，才能启动改革，而且改革应当集中于一个领域，不宜遍地开花；之后，再启动其他领域的改革。中国人民银行调查与统计任务特别工作组（2012b）认为，日本、韩国、美国、英国和德国的历史经验并不能证明：在实行资本项目自由化之前，必须先行放松国内金融管制。

一般情况下，在论述金融改革的先后顺序时，倾向于认为国内金融改革和实行浮动应当先于资本账户自由化。McKinnon 在研究大量案例之后（1982，1991）认为，要想资本项目自由化，就必须先行发展国内金融机构、金融市场和金融工具；因而在改革进程的较晚阶段才宜启动资本项目自由化。Johnston（1998）强调应当优先建立一个健康的国内金融监管制度，同时他也指出，提前实行资本账户自由化会对范围广泛的经济改革产生重要的催化作用，有助于克服根深蒂固、可能会以其他方式推迟必要改革的既得利益集团。Ishii 和 Habermeier（2002）则建议，为了避免动荡，应当在短期资本自动流动之前，先行实现长期资本流入自由化，特别是先期实行外国直接投资自由化。Fry（1997）强调指出，要顺利取消利率上限，就要满足一些先决条件，包括对商业银行实行足够审慎的监督管理。

本文讨论不同金融体系下的金融自由化，以此前有关澳大利亚金融管制放松（Battellino and McMillan，1989；Grenville，1991；Debelle and Plumb，2006；Battellino and Plumb，2011）和中国金融改革（McKinnon，1994；Lardy，1998；Prasad and Wei，2005；Prasad et al.，2005；Allen et al.，

2012；Huang et al.，2013；Eichengreen et al.，2014）的大量文本研究为基础。不过，应该强调的是，本文并不认为澳大利亚的经验可以作为中国金融改革的指南。事实上，澳中两国在金融改革的初始条件和金融安排之间存在差异，因而中国在进行金融改革时，可以将澳大利亚的具体改革步骤作为一个次优选择，以资参考。同时，本文还强调了金融改革和金融深化之间的相互依存关系。

本文的论证顺序如下。本部分之后，第二部分讨论澳大利亚在放松金融管制方面的历史经验。然后，我们将对迄今为止的中国金融改革进行考察，逐项列出那些仍然在影响中国利率改革、汇率改革和资本流动改革的种种限制措施。最后，我们将对中国与澳大利亚在金融改革经验方面的异同进行概括，并提出一些结论性意见。

二　澳大利亚的金融改革经验

在 1983 年澳元自由浮动之前，澳大利亚决定建立一系列的更具灵活性的汇率体制，以实行汇率制度的渐进式转型。这个转型与澳大利亚金融市场发展，包括澳大利亚日益融入全球金融市场密切相关，使得澳大利亚政府越来越难以对汇率进行管理和对国内货币条件进行控制。从 20 世纪 70 年代到 80 年代，澳大利亚政府进行了一系列金融改革，以应对这些挑战。

20 世纪 50 年代和 60 年代

在 20 世纪 70 年代之前，澳大利亚实行固定汇率制度，其基础是资本管制系统和受到严格管理的国内银行业。尽管国内银行业仍然不够发达，当时澳大利亚决策者中的主流观点认为，固定汇率一直以来都是有益于澳大利亚的。战后澳大利亚经济的总体强劲势头表现证明，这一观点基本正确。同时，布雷顿森林体系下的全球金融一体化正处于起步阶段，要求偏离框架的压力相对较小。例如，在资本流入流出方面，就很少听见要求放松管制的呼声。

固定汇率制度和资本管制制度

从 1931 年到 20 世纪 70 年代初，澳大利亚货币都是盯住英镑，实行固定汇率。在20世纪30年代的绝大多数时间内，澳大利亚在货币兑换方面都没有实质性的管制，但在之后的年份里，首先是在第二次世界大战期间，澳大利亚引入了全套外汇管制制度，实行固定汇率，作为一项应急措施（Phillips，1985；Laker，1988）。在这个制度下，除非经澳大利亚储备银行批准或从其处获得特别豁免外，不得进行任何外汇交易；外汇交易只能与指定的，作为澳大利亚储备银行代理商的"交易"银行进行。

不过，在实践中，那些与贸易有关的外汇交易和大多数经常收入都会被认为是私人资本流入或外国投资者汇回资本而得到澳大利亚储备银行的批准。也就是说，虽然当时澳大利亚的外汇交易制度在法条上十分严格，但在实践中相对宽松。这种在管理上对外国资本流入（流出）相对宽松的做法符合决策者们对于外国投资在澳大利亚经济发展中重要作用的认识。相比之下，澳大利亚的境外投资受到了严格限制，表明政府鼓励国内储蓄转化为国内投资（Battellino，2007）。

前述外汇管制制度中的非对称性反映了当时澳大利亚的资本流动构成状况。20世纪50年代和60年代，澳大利亚几乎没有私营资本对外投资，其投资额仅占GDP的0.2%，而在1983年实行浮动汇率、取消资本管制后的十年间，这一比重上升到年均2%的水平。相比之下，在20世纪50年代和60年代，澳大利亚私营部门中的外国直接投资总额占GDP的年均比重约为2.5%，在实行浮动汇率后的十年里，则上升到6%左右[1]。

为了维持盯住英镑的固定汇率，澳大利亚把外汇储备增加看作官方资本流出，从而在数量上抵消外国资本的净流入。这在20世纪50年代和60年代澳大利亚储备银行相当一致的资本净流出数据中得到了反映，并且这一情形一直持续到20世纪70年代中期（见图1）。[2]

澳大利亚的国内银行业监管

澳大利亚也对国内银行业实行严格监管，对银行借贷进行数量和质量控

---

[1] 除非另有说明，有关澳大利亚金融发展的历史数据均来自《澳大利亚经济统计数据》（1949~1950年，1996~1997年）。该数据最初发表在第8号临时报告中，目前可以查询的网址为http：//www.rba.gov.au/statistics/frequency/occ-paper-8.html。

[2] 值得注意是，1952~1953年，因为朝鲜战争结束、相关羊毛价格上涨和净出口大幅上升，出现了一个例外。如欲了解更多信息，请参阅Atkin et al.（2014）。

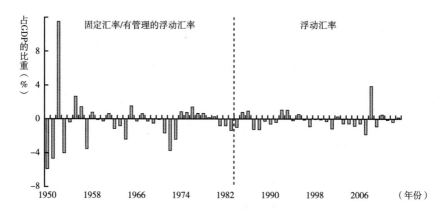

图1　澳大利亚储备银行统计中的资本净流入

资料来源：澳大利亚统计局，澳大利亚储备银行。

制，对银行存贷款利率进行上限管理，并实行存款准备金制度。① 这些规定，尤其是存款准备金制度，成为 20 世纪 50 年代、60 年代和 70 年代执行货币政策的主要工具。

　　除了确保达成审慎货币政策的执行外，这些措施还有另外一个目的，那就是通过对流入澳大利亚银行业的资本进行限制，维持澳元的固定汇率制度。例如，存款利率上限使国内交易银行吸引境外资金的能力受到限制，而国内储蓄银行因为不能使用大额融资而又不能有效地从境外筹集资金。②

　　与此同时，对银行业的严格监管阻止了澳大利亚银行业的发展。1975年，澳大利亚银行业资产占 GDP 的比重为 50% 左右，远远低于今天的200%。相比之下，同年的英国银行业资产占 GDP 的比重远远高出澳大利亚，约为 100%（Davies et al.，2010）。同时，澳大利亚银行也缺乏外汇市场交易经验，仅仅在 1971 年后才被允许作为委托人进入外汇交易市场，而之后澳大利亚又实行了固定汇率制度。③

---

① 如欲了解这些监管措施的更多信息，请参阅 Grenville（1991）、Battellino 和 McMillan（1989）。

② 一般来说，家庭用户从储蓄银行贷款，企业用户从交易银行贷款。储蓄银行仅能吸收家庭用户和非营利组织的存款，交易银行可以吸收大额存款。虽然它们都受到"存款准备金"的若干限制，但储蓄银行所受的限制更为严格。如欲了解更多信息，请参阅 Battellino 和 McMillan（1989）。

③ 1971 年以前，银行只能以澳大利亚储备银行代理人的身份从事外汇交易。

澳大利亚金融业落后的一个重要原因是：20 世纪 70 年代早期，布雷顿森林体系瓦解时，澳大利亚政府决定维持固定汇率制度（Phillips，1984a）。在当时，当今的其他大多数发达国家都实行了浮动汇率，但澳大利亚政府决定继续实行固定汇率，只不过盯住的货币从英镑变成了美元（以适应对外贸易中美国所占比重不断攀升这一现实）。

20 世纪 70 年代

20 世纪 60 年代晚期和 70 年代早期，流入澳大利亚的非官方资本数量日益增多、性质多样，维持固定汇率制度的做法日益受到挑战（见图 2）。尤其是资本流入规模日益扩大、非银行金融业务日益发展、与政府债务市场相关的结构性问题日益突出时，这些问题结合在一起，严重消解了货币政策的有效性（Grenville，1991）。因此，澳大利亚政府发现越来越难以控制国内货币条件。

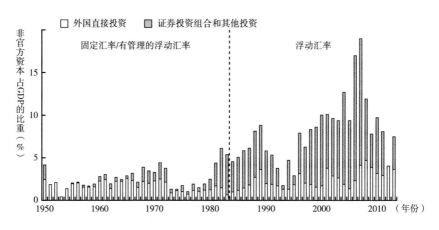

图 2　澳大利亚的资本总流入

注：其他投资流入包括贷款、存款、应付账款和应收账款，但不包括数据可获的金融衍生工具。

资料来源：澳大利亚统计局，澳大利亚储备银行。

资本流入增长在某种程度上助推了非银行金融业的增长，后者又促使澳大利亚政府决定采取一些初步步骤，以放宽对银行业的管制。它在若干方面为十年后最终实行浮动汇率奠定了基础。银行业管制放松后，不仅资本流动管理面临的挑战（可以认为它加速了澳大利亚从固定汇率走向浮动汇率）

日益增多，而且促进了国内金融市场的发展和创新，为市场参与者适应新的浮动汇率奠定了基础。

对资金流入管理的挑战

20世纪60年代晚期和70年代早期，超大规模资本流入澳大利亚，与国内采矿业的繁荣相互呼应；1971~1972年，每年流入"非官方"领域的外国资本总额几乎占澳大利亚 GDP 的4%，比五年前提高了2.5个百分点。此外，这些流入资本日益采取投资组合或除直接投资以外的其他投资形式；在1971~1972年以前的五年时间里，这些流入资本的总量占澳大利亚每年流入资本总额的40%，比此前的五年时间里高出20个百分点。[①] 资本流入构成之所以出现这种转变，部分原因在于国际商业银行进入澳大利亚市场，提高了国内公司对境外资本的认识水平，拓宽了它们获取境外投资的途径（Australian Treasury，1999）。[②]

在较大规模资本流入面前，澳大利亚政府越来越难以控制国内货币情况。由于实行固定汇率制度，资本流入意味着国内流动性的直接增加（反之，资本流出必然会导致国内流动性下降），澳大利亚储备银行不得不以官方汇率满足澳元的各种兑换要求。虽然政府可以（并且确实）试图通过提高存款准备金率来抵消流动性增加所带来的冲击，但由于银行在非银行金融机构中没有市场份额，这一机制收效甚微。政府还可以（并且确实）试图通过国内的公开市场操作来抵消流动性增加所带来的冲击，但利息率攀升常常接踵而至，并可能鼓励更多的资本流入。由于政府证券市场存在结构性问题，作为流动性管理工具的公开市场操作在效用上也因此大打折扣。[③]

在银行业管制放松中所采取的初期步骤，加重了流动性对国内经济的影响。特别是在1971年取消对银行贷款的数量管制和在1972年初取消对大额贷款利率的上限管理后，银行从此可以将这些额外资金进行放贷，以获取利润。此外，澳大利亚在1973年取消了对定期存款（CD）应付利率的上限管

---

① 其他投资主要包括贷款（包括贸易信贷）和存款。

② 由于管制方面的原因，澳大利亚的国内银行不能为采矿提供资金支持，因此在进入澳大利亚的这些商业银行中，意在投资采矿业的为数不少。

③ 这些问题包括与政府证券首次发行"随要随供"制度相关的程序性问题以及银行对政府证券的大规模"专属"持有。如欲了解更多信息，请参见 Grenville（1991）。

理，银行可以展开更加有效的竞争，以获取资金。这些因素促使银行贷款大量增加，在 1973 年底时增幅达 30%（见图 3）。

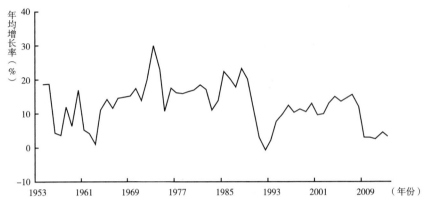

图 3 澳大利亚国内信贷增长

注：增长数据的连续性时有中断，并根据可获数据进行了季度调整。
资料来源：澳大利亚储备银行（RBA）。

政策回应

为了应对这些大型投资组合的流入，更确切地说，为了减轻这些流入对国内流动性和信贷增长的影响，澳大利亚政府在 1972 年对澳元进行了重新估值，对美元汇率调整幅度达 7%。同时引入了一系列"补充性"的外汇交易管制措施，包括禁止对到期时间不足两年的境外贷款进行兑付、对到期时间超过两年的境外贷款设置可变存款条件（VDR）。该可变存款条件是一个更加"市场化"的机制，因而优先其他资本管制措施（Australian Treasury，1999）。

最初，可变存款条件要求，商业银行在澳大利亚储备银行开立无息账户时，应当在该账户中配置 25% 的境外借款，从而起到了征税的效果。这些措施在很大程度上是成功的，显著缩减了资本流入，尤其是投资组合流入的规模，大幅收紧国内货币条件（Australian Treasury，1999；Debelle and Plumb，2006）。在接下来的十年中，为了应对澳大利亚资本流入数量和结构上的变化，可变存款条件和禁止兑付措施都进行了很多调整。

大约在同一时间，澳大利亚开始放松银行业的管制。之所以出现管制放松的举措，是因为银行业的市场份额开始下降，银行发现越来越难以与非银行金融机构（NBFIs）进行竞争。对非银行金融机构的监管不像银行那样严格，因而它们在资金市场上竞争时更富有攻击性，能够向范围更广的贷款人（包括风险更大的贷款人）放贷。

非银行金融机构增长后，银行存款准备金变化、利率上限管理和信贷指南变动对经济的影响力开始减弱，货币政策的作用随之下降。[1] 虽然一些决策者倾向于将监管扩大到非银行金融机构，但日益扩大的共识是政策应当以市场化为导向，而不是进行直接控制（Phillips，1984b）。因此，澳大利亚政府决定取消对银行资产负债表的某些管制，转而通过一般利率水平来传递货币政策，但货币政策又受到澳大利亚储备银行公开市场操作的影响。[2]

1973 年，澳大利亚政府取消定期存款（CD）利率上限管理，成为放松对银行业监管的第一步。交易银行由此可以就资金争夺开展竞争，可以对其资产负债表的大部分内容进行控制。[3] 尤其是它们从此可以更加灵活地对其债务进行管理；银行在之后的时间里屡次援引这一权力，在应对大额资本流入时发挥了关键作用，而归根到底，这些大额资本流入与 20 世纪 80 年代早期的资本账户自由化有关（Battellino and McMillan，1989）。

市场反应

虽然发生了这些政策变化，澳元盯住美元浮动的政策还是难以为继。自 20 世纪 70 年代早期以来，澳元先后进行了一系列升值重估，最终在 1974 年取消了盯住美元浮动的政策，改为盯住按照其占澳大利亚对外贸易比重的一篮子货币浮动，澳元对美元汇率贬值 12%。图 4 是 1970 年以来澳大利亚的名义汇率和实际汇率。

1976 年，投机者们发起攻击，澳元大幅离散贬值，被迫实行爬行盯住汇率制（Laker，1988），以防止累积升值或抵御（大规模离散调整所带来的）贬值压力。每天，澳大利亚储备银行、财政部和澳大利亚总理内阁部

---

① 银行对银行票据市场使用的日益增加进一步削弱了货币政策的影响。银行票据市场属于表外业务，政府监管较松（Grenville，1991）。

② 货币政策执行方式上发生的这种转变，与低水平政府债务的促进作用有关。1950 年，澳大利亚政府债务占 GDP 的 100%；到 1970 年时，这一比值下降到 30%。因此，政府对于利率变化更愿意乐观其成（Grenville，1991）。

③ 储蓄银行在发放住房贷款时，依然实行利率上限管理，同时不得揽存大额存款。因此，定期存款利率上限管理取消后，储蓄银行的业务基本上没有变化（Battellino and McMillan，1989）。

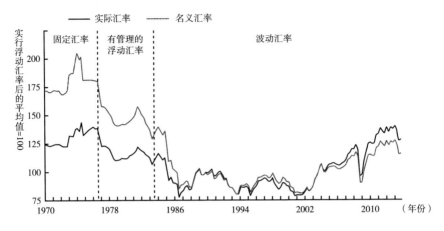

图4　澳大利亚的名义汇率和实际汇率

资料来源：澳大利亚统计局、澳大利亚储备银行、汤森路透、基准汇率服务网
（http：//www.wmcompany.com/wmr/index.htm）。

一起决定澳元的币值。在最初的时间里，澳元币值每天波动幅度不大、波动次数不多，但随着时间的推移，其波动幅度越来越大、波动次数越来越频繁。例如，1977年，贸易加权指数（TWI）盯住值曾经在46个交易日内进行过调整，但在1983年调整时已经过了121个交易日（在12月12日澳元最终波动幅度之前）。尽管如此，与实行浮动汇率的其他货币相比，澳元每天的波动幅度仍然较小：澳元贸易加权指数的每日波动幅度很少超过0.2%，而其他主要货币的每日波动幅度一般都高于1%（Laker，1988）。

在过去数年里，澳元发生大规模离散型币值重估之后，新增了对贸易加权指数的盯住浮动且日益灵活，意味着澳元与美元之间的双边汇率变化更加频繁。与此同时，企业也越来越多地利用其在国外的资金来源。这样一来，企业就面临着比以前更大的外汇风险，它们就有着更加强烈的动机积极管理其外汇敞口。

作为回应，私营部门在民间外汇对冲市场上进行发展，以便弥补当时澳大利亚储备银行提供的但相对受到限制的远期抛补。① 这是一个境内无交割

---

① 澳大利亚储备银行不为资本交易，但为与贸易有关的交易提供远期抛补。此外，从1974年5月起，必须在交易之日起七日内获得远期抛补，被称为"七天规则"。引入"七天规则"的目的是防止参与者仅在澳元预期重估前提出远期抛补（Manuell，1986：177；Debelle and Plumb，2006）。

远期（NDF）外汇市场：因为合同规定结算货币为澳元，因此它们并未违反现行的外汇管制规定。现在，人们认为，这种境内无交割远期外汇市场是当今对冲市场的重要先行者，在保护澳大利亚实体免受浮动汇率体制的外汇风险冲击方面发挥了关键作用。[1]

20 世纪 80 年代

虽然金融市场上新出现的创新与融合是放松管理的自然结果，它们还是让澳大利亚的外汇管制体系日渐失效。例如，通过境内无交割远期外汇市场，参与者们无须大笔预付款，就可以对汇率进行投机，而对存款利率管制的逐步放松（包括 1980 年最终取消对存款利率进行上限管理和全部措施），让银行可以更容易地吸收外国资本（Battellino，2007）。

澳大利亚资本管制措施的有效性下降后，爬行盯住汇率制面临的压力增大。在预期未来汇率会发生变化，或者澳大利亚储备银行准备收紧货币政策时，经常会有大笔资本流入澳大利亚。在有管理的汇率制度下，这些流动会影响货币的供应量，造成 20 世纪 80 年代早期货币目标大面积落空和短期利率、长期利率波动。[2] 因此，虽然在 20 世纪 70 年代末和 80 年代初，澳大利亚就实现了汇率相对稳定，但其代价是国内金融条件出现了波动（Debelle and Plumb，2006）。

同时，澳大利亚政府还采取了一些措施，企图对这些资本流动产生抵消作用，但最终都没有成功。[3] 1983 年 12 月 9 日，由于预期会有更大规模资本流入澳大利亚，政府决定银行暂停外汇交易活动，以便有时间考虑下一步的决策。之后的决策是，自 1983 年 12 月 12 日起，澳元实行浮动汇率制。在决定对强化资本管制做法采取替代性管制措施时，似乎进行了一些简单考虑。不过，人们认为这些管制措施代价昂贵、未起作用且效率低下（Laker，1988）。

---

[1]　关于澳大利亚外汇对冲的更多信息，请参见 Becker 和 Fabbro（2006）、Rush 等（2013）。

[2]　尽管在政府证券首次发行中实行了"招标"制度，货币目标还是大面积落空了，促使澳大利亚政府对国内流动性进行更严格的管制。如欲了解更多详细信息，请参阅 Grenville（1991）。

[3]　需要特别指出的是，一些措施目的在于防止参与者就次日澳元－美元汇率中间价进行投机，其基础是在澳大利亚交易日出现的主要货币之间的流动。这些措施包括：在下午而不是在上午公布汇率中间价，不定期地进行出乎预期的贸易加权指数（TWI）盯住值调整（Debelle and Plumb，2006）。

虽然澳大利亚是在同一天实现浮动汇率制和资本账户自由化的，人们还是逐渐接受了这一政策，认为在若干年内实行灵活的汇率制度能给澳大利亚带来潜在的益处。例如，坎贝尔委员会在1981年对澳大利亚金融体系进行调查时，曾经建议改成浮动汇率制，并指出，外汇管制代价昂贵、效率低下，不可能对短期资本流动进行有效调节（Laker，1988）。由于资本管制措施存在的主要目的之一就是维持固定汇率制，因而在实行浮动汇率制的同时，大多数资本管制措施都取消了，但有一个重要的例外，外国政府和外国中央银行仍然不能购买澳大利亚的生息资产，以确保澳元不会成为外国的储备货币（Phillips，1985）。

在实行浮动汇率时，澳大利亚并未全部取消对银行业的管制措施。虽然不再对各种存款利率进行上限管理，但仍然对10万澳元以下的贷款实行利率上限管制。此外，银行业也仍然受到一些资产负债表的约束。这些约束，连同对小规模贷款的上限管理，一直维持着，直到20世纪80年代中期才取消。①

澳元实行浮动汇率制和资本账户自由化后产生了直接的影响，这与人们的预期基本相同。尤其是取消澳大利亚居民境外投资的相对限制措施之后，资本外流规模显著增加（见图5）。然而，资本流入规模更大，资本净流入规模略高于资本账户自由化之前（Battellino and Plumb，2011）。

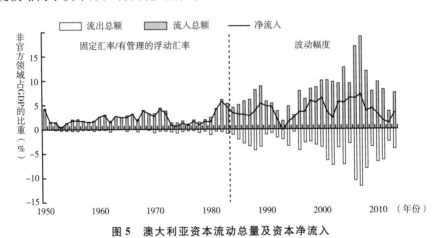

图5　澳大利亚资本流动总量及资本净流入

注：不包括数据可获的金融衍生工具。
资料来源：澳大利亚统计局、澳大利亚储备银行。

---

① 关于银行管制措施的变更时间表，参见 Battellino 和 McMillan（1989）。

同时，实行浮动汇率后，当然汇率更易出现波动，但利率反而更加稳定，政府也能更好地对国内金融条件进行控制（见图6）。20世纪90年代初，澳大利亚政府引入通胀目标管理，加强了对金融条件的控制（Stevens et al.，2010）。

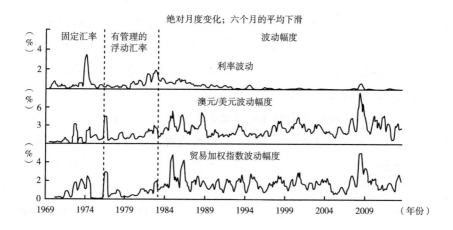

图6 澳大利亚的利率和汇率波动幅度

资料来源：澳大利亚金融市场协会官方网站（http：//www.afma.com.au/home.html）、彭博社、全球金融数据公司、汤森路透。

实行浮动汇率的本来目的是想让汇率变动比较透明，不受人为干预，但在20世纪80年代的大部分时间里，澳大利亚储备银行频频进行干预，以便影响外汇市场。在这段所谓的"测试和熨平"期间，澳大利亚储备银行对交易的干预规模虽然小，但次数频繁。这样设计的目的在于让澳大利亚储备银行增进对外汇市场运作的了解，抑制汇率的大幅度波动（Becker and Sinclair，2004；Newman et al.，2011）。在早期的那些年里，减少汇率波动是中心任务，主要原因在于外汇市场参与者在管理已属外汇风险时，经验仍然相对不足。不过，随着外汇市场的发展，尤其是以对冲为目的的外汇衍生产品供给增加后，澳大利亚储备银行对于市场参与者的自有外汇风险对冲能力的担忧越来越少了。结果是，对交易的干预次数减少了，但对市场失灵的关注更有针对性了。当干预的目的是影响汇率水平而不是市场失灵本身时，也会有汇率波动的情形发生，但是这种情形非常少见。

实行浮动汇率制以来的发展情形

目前，公认的观点是浮动汇率的实行对澳大利亚经济发展产生了实质性的促进作用（Beaumont and Cui，2007；Lowe，2013；Stevens，2013）。除了能够保持货币政策独立性的优势之外，汇率灵活浮动也在保护经济免遭外部冲击。在1997～1998年澳大利亚金融危机期间，在21世纪初的技术繁荣与技术萧条时代，在2008～2009年全球金融危机期间，汇率都在澳大利亚起到了经济震荡缓冲器的作用。在上述期间，澳元都出现了大幅贬值，但其负面作用都在部分程度上被浮动汇率所抵消。

不过，也有人质疑澳大利亚的浮动汇率制度，这在实行浮动汇率制度初期表现得特别明显。最值得注意的是，审慎监管框架与尚不发达的外汇对冲市场都存在种种不足之处，这意味着汇率制度转型不会顺利。不过，这两个因素现在都被认为是与浮动汇率和资本账户开放相联系的金融动荡风险最小化的关键所在，都随着时间的推移发展起来。从某种意义上讲，这是对浮动汇率制度本身所产生的诱因的一种反映。

银行监管

尽管在20世纪70年代就采取了一些意在放松金融管制的初步措施，但在实行浮动汇率制度时，澳大利亚的银行和监管机构在风险评估与风险定价方面还是比较缺乏经验。这反映了一个事实，即银行业监管措施曾经起到了信贷配给的作用，银行对此已经习以为常，只向那些具有最佳信誉的贷款人发放贷款。因此，它们无须提高自己的风险评估与风险定价能力，以便向信用贷款人发放贷款（Thompson，1991；Lowe，2013）。

澳大利亚政府取消这些监管措施以后，银行就试图向具有高风险的贷款人发放贷款，以便提高其市场份额。20世纪80年代中期，外国银行进入澳大利亚，加剧了各银行对市场份额的竞争。这种竞争，至少在部分程度上，得益于资本管制取消后新增流入资本的资金支持。对信贷的潜在需要、比较落后的风险评估框架（包括银行和审慎监管两个方面）、境外资本的自由获取、日益激烈的竞争——这些因素一经结合，就导致了信贷热潮的出现，继而产生泡沫。最终，在20世纪80年代晚期，商业地产价格泡沫破灭，多家银行损失惨重。图7是澳大利亚信贷走势。经过此劫后，澳大利亚加快了对银行和监管机构风险管理的改革步伐。后来，澳大利亚又对监管框架进行了全面检讨（Gizycki and Lowe，2000）。

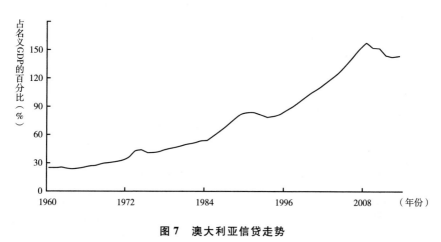

图7 澳大利亚信贷走势

注：未对中断期间的情形进行调整。

资料来源：澳大利亚统计局、澳大利亚储备银行、澳大利亚审慎监管局（http：//www. apra. gov. au/Pages/default. aspx）。

澳大利亚对冲市场的发展

在澳大利亚实行浮动汇率制度以前，市场参与者们就已经建立起一个规模较小的外汇衍生品市场。然而，事实证明，浮动汇率制是澳大利亚（无本金交割）对冲市场和（交割）外汇市场进一步发展的催化剂：仅仅在一年之内，这些市场就在交易数量上增加了一倍，在规模上增加了两倍（Phillips，1984a）（见图8）。

不过，对冲市场的发展需要时间。当一些参与者在浮动汇率制度实行以前的时间里已经在管理自有外汇风险方面积累了经验时，其他参与者尚未充分意识到浮动汇率体制实行初期的这种风险。例如，在20世纪80年代中期，一大批贷款人在尚未就对冲市场有关的潜在汇率风险做好充分准备的情况下，就从银行借瑞士法郎贷款。1985～1986年，澳元大幅贬值，许多贷款人毫无准备，没有想到可以用升值的澳元偿还这些贷款。当贷款规模和相关损失较小时，这种情形就屡见不鲜了。此种情形引人注目，与代理人在情势难测的浮动汇率方面日益增长的经验一起，可能有助于解释今日澳大利亚

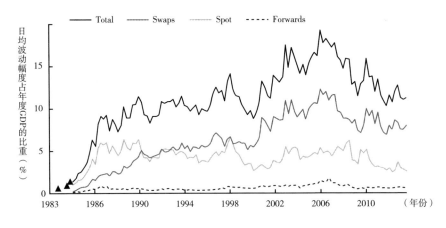

图8 澳大利亚市场的外汇交易量

注：不包括直到 20 世纪 80 年代晚期仍然存在的无交割对冲市场。

资料来源：Phillips（1984a）、澳大利亚储备银行。

经济中对冲水平为什么比较高（Becker and Fabbro，2006；Battellino and Plumb，2011）。

最后，市场也需要参与者具有专业水准、来源多元化。尤其是，澳大利亚实体对冲自有外汇风险的能力最终取决于外国人愿意承担澳元的持有风险。[①] 对澳元风险的这种需求取决于该种投资的回报和预期风险。随着时间的推移，预期风险逐渐与投资者对于澳大利亚经济政策框架和机构可信性的看法产生了关联关系。

三 中国金融体系改革

与 20 世纪 80 年代早期的澳大利亚不同，中国金融体制改革是其从中央计划经济向市场经济渐进式、受到严格管制的转型的一部分。在决定进行"改革开放"的 1978 年 12 月以前，中国中央政府直接决定贷款利率和存款利率，银行间市场、股票市场和债券市场都不存在，无论是经常项目交易，还是资本项目交易，人民币基本上都不可兑换，外国投资微不足道。在初

---

① 有些对手，如袋鼠债券发行人，天生愿意用澳元风险对冲外国货币风险，但这并不足以满足将外国货币风险对冲澳元的需求。因此，外国投资者往往倾向于对澳元持有净多头头寸（McCauley，2006）。

期,中国就决定改革金融体系,以便从中央计划经济体制大幅后撤,最终建立一个混合经济模式。在这个模式下,市场经济所起的作用越来越大,但依然保留着较高层次的政府干预。

20 世纪 90 年代启动的这些改革雄心勃勃,旨在构建现代金融体系,降低政府在经济发展中的作用。这些改革加快了中国放松金融管制的步伐,但也日益暴露了银行业的脆弱性,并在 20 世纪 90 年代后期爆发了不良贷款危机。该危机与 1997~1998 年亚洲金融危机相互交织,使金融改革步伐过快的潜在风险凸显,促使中国决定在 21 世纪初进行一个缓慢的渐进式金融改革。

不断扩张的金融体系

最初,中国经济改革重点在农业领域,表现为放松价格管制、创造市场激励机制,在以前由国有企业控制的工业领域则表现为减少准入限制。通过改革,生产率和产值得以快速增长,金融体系也随之进行扩张。

20 世纪 80 年代的银行体系和利率调控

中国放松银行管制的路径与澳大利亚明显不同,其部分原因是国有企业和国有银行在中国经济中居于主导地位。在开放之前,中国居民储蓄额低,银行实际上是国有企业贸易信贷和流动资本的渠道,其自主范围仅限于中央确定的信贷计划之内。在改革之初,中国有三家国有银行和一家农村信用合作社,前者为城市提供金融服务,后者为农村提供银行服务。从 20 世纪 80 年代中期到 80 年代晚期,中国政府批准新建若干家全国性和地区性银行及非银行金融机构,均由中国人民银行(1983 年成为指定的中央银行)统一管理。[①] 20 世纪 80 年代中期时,出现了一大批非银行金融中介机构,包括城市信用合作社、信托公司和投资公司,对银行所从事的以国有企业为主的借贷活动进行补充,满足了日益增长的非国有部门的资金需求(Lardy, 1998:61 – 76)。

在改革开始时,各种存款利率、各种期限和类型的贷款利率方面的规划

---

① 中国人民银行配合国家计划委员会制定全国信贷计划。1995 年,中国法律规定,中国人民银行为中国中央银行。

均由中国中央政府制定。不过，随着银行体系的扩张，政府开始尝试提高利率的灵活性。1983 年，国务院（中国内阁）授权中国人民银行在中央确定的基准利率上下 20% 的范围内自行确定利率。[1] 然而，政策制定者们最初并不愿意扩大利率的浮动范围，担心这样会损害企业的赢利能力（Yi，2009）。[2]

中国政府也允许农村信用合作社、信托公司和投资公司试行浮动存款利率，但之后出现了竞争性揽存（业绩较差的金融机构尤其如此），这项试验性改革就此夭折，引发跨机构的存款大规模流动和其他产品利率上限大幅波动（PBC，2005）。1987 年，中国人民银行允许大型银行在基准利率上将流动资金的贷款利率上限提高 20 个百分点。1990 年，这种弹性利率的试验范围扩大到商业银行和城市信用合作社的贷款利率上，但在存款利率浮动先行试验中出现了一系列问题，促使中国政府在当年做出决定：禁止任何金融机构在基准利率上提高存款利率（PBC，2005）。

20 世纪 80 年代的资本管制和人民币汇率

在经济改革之前，中国政府已经实行的是中央集权式外汇制度。根据该项制度，一切与贸易有关的或与外国投资有关的外汇交易、外商投资项目或国外贷款，都必须事先制订详细用汇计划，上报主管部门批准（Prasad and Wei，2005）；一切外汇收入都必须以结汇形式出售给政府。这种限制性的外汇交易制度对中国对外贸易同时产生了两个方面的限制作用：在改革早期，贸易经营权、进口许可证、配额和复杂的关税程序，起到了对进口和出口进行控制的作用（Lardy，2002）。

20 世纪 80 年代，与中国日益对外开放相适应，国内金融体系出现增长，取消了改革前实行的中央计划式进出口制度，资本的国际流动由此增加。为了吸引外来直接投资，建立了若干"经济特区"，以税收优惠和其他激励措施来吸引外国投资。在 1980 年公布的条例中，保留了中央计划式外汇管理制度（也就是说，个人经常项目和资本账户交易用汇仍需报请批

---

[1] 授权依据为《关于国营企业流动资金改由人民银行统一管理的报告的通知》（国发〔1983〕100 号文）。

[2] 由于这个原因，贷款利率上幅上限在 1996 年被降低到 10%（Yi，2009）。

准），但居民实体和外国人可以保留其外汇或出售其外汇中的一部分。

随着中国境内外汇可兑换性的日益增加，在官方外汇市场之外出现了一个以市场为基础的外汇市场（为政府所禁止），汇率双轨制由此出现。以官方汇率计算，其交易量仅占中国外汇交易量的 20%（Yi, 2008）。从 20 世纪 80 年代中期到 80 年代晚期，官方汇率多次贬值，逐渐接近市场化汇率，但汇率双轨制一直存续到 1994 年。

20 世纪 90 年代金融市场的增长和银行业的脆弱性

从 20 世纪 90 年代中期开始到 21 世纪初，中国金融市场基础设施出现扩张势头，但也面临金融动荡的风险。为了使企业资金来源多元化，中国政府于 1990 年在上海和深圳设立了证券交易所，随后又批准设立了若干地区交易所。这些交易所成为包括股票、政府债券和公司债券在内的各种金融工具的交易平台。1991 年，本币债券回购协议（Repos）首次引入若干证券交易平台，1993 年时又引入上海证券交易所。

证券交易是中国资本市场基础设施建设的重点，证券公司和机构投资者由此进入股票市场，银行融资地位有所下降。决策者们因此担心，资产价格的飞速上涨会引发系统性风险。因而，1997～1998 年，中国政府对银行业、信托业、证券业和保险业实行分业监管，关闭了规模较小的证券市场，要求所有银行从外汇市场业务撤回到银行间市场，自 20 世纪 80 年代以来开始扩张的银行间外汇业务就此中止（Zheng, 2007：52；Tan, 2007：223 - 4）。1997～1999 年，开始出现银行间债券市场和本币债券回购协议，政府债券和政策性金融债券也实行了浮动利率。①

虽然 20 世纪 90 年代中国金融市场规模有所扩大，但与正规的银行体系相比仍然规模较小，其脆弱性在 20 世纪 90 年代的不良贷款危机中暴露无遗。这场危机起源于国有企业的杠杆率攀升。来自私营部门的竞争日益激烈，国家财政支持逐渐减少，越来越多的银行被迫向亏损的国有企业发放贷款，企业间债务飙升，企业相互欠款（通常体现为未付账单），形成"三角债"。一些观察家估计，到 20 世纪 90 年代中期，超过半数的中国国有企业

---

① 政策性金融债券是中国政策性银行，即国家开发银行、中国农业发展银行和中国进出口银行的资金来源之一。

被迫破产（Lardy，1998：175）。

中国政府采取了许多措施，通过私有化对国有企业进行改革，提高银行资产负债管理水平（包括强制实行最低比例为75%的存贷比率），但收效甚微。1997~1998年，中国四大国有银行的不良贷款总额飙升到其总资产的1/4到1/3（Bonin and Huang，2001）。虽然中国通过严格的资本管制渡过了1997~1998年亚洲金融危机，但在此期间暴发的不良贷款危机加剧了中国决策者对国内金融脆弱性的担心。中国政府迅速做出反应，对国有银行进行资本重组，实行债转股，设立四大资产管理公司，按账面价值购买四大国有银行的不良贷款，并对不良贷款进行处置（PBC，2000：31-8）。随后，不良贷款问题逐步缓解，但20世纪90年代晚期时，银行体系的脆弱性还是暴露出来，促成了后来的渐进式金融改革。

20世纪90年代晚期到21世纪早期中国利率管制放松的若干步骤

20世纪90年代，中国逐步放松了对银行贷款和存款利率的管制。1993年，国务院决定，实行金融体制改革，制定了利率市场化的改革战略（PBC，2003：14）。从20世纪90年代中期到晚期，中国放松了对银行间贷款和本币债券回购协议利率的管制，中国人民银行继续采取多种措施，以增加银行贷款利率的灵活性。中国人民银行的目标是鼓励银行向中小企业发放贷款。这些企业与大企业相比，信用较低，获得的贷款更少（Yi，2009）。20世纪90年代晚期和21世纪初，银行获准可以在中小企业所获银行贷款利率、外汇贷款和农村信用合作社贷款的利率上限方面享有更大的自主权（PBC，1999：22，2000：26）。2004年10月，贷款利率上限管理措施几乎全部取消，但利率下限不得低于基准利率的90%。

20世纪90年代末期，存款利率改革也重新启动。1999年，中国人民银行决定采取试验性措施，实行大额存款利率自由化，允许银行与保险公司就大额商业存款协商确定利率（PBC，2003：15）。与20世纪80年代的经历相类似，对于存款利率的广泛改革还是推迟了，原因在于担心允许利率上浮后，会导致银行间的恶性竞争，从而减少银行利润。2002年，中国决定在小范围内开展试验，减少农村信用合作社存款利率上限管理措施，但未能实现预期目标，中国存款利率改革再次推迟（Guo，2013）。不过，越来越多的人认识到，对存款利率进行下限管理已属多余。2004年10月，中国完全取消了对存款利率的下限管理措施（Yi, 2009）。2004 年的存款利率改革是一个标志，中国此后只对贷款利率下限和存款利率上限进行管理，有效地保证了银行可以获得最低限度的净息差利润。

20 世纪 90 年代的汇率体制和资本管制

在采取措施增强利率灵活性的同时，中国外汇政策也在发生变化。1994年 1 月，人民币官方汇率与外汇调剂价并轨，统一到当时的外汇调剂价格上，导致人民币官方汇率大幅贬值（见图 9）。最初，中国实行有管理的浮动汇率，使得人民币出现渐进升值，但在亚洲金融危机期间，中国政府将人民币汇率重新盯住美元进行浮动，这种盯住美元浮动的做法一直延续到2005 年。

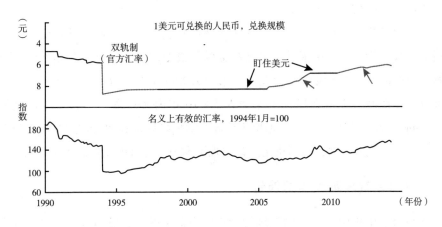

图 9　中国人民币汇率

资料来源：国际清算银行、彭博社、澳大利亚储备银行。

1994 年汇率改革后，中国外汇管制措施执行情况发生若干变化。中国外汇交易中心暨全国银行间同业拆借中心（CFETS）得以建立，但在最初阶段，中国人民银行是唯一的做市商和交易对手。大多数企业都需要将其超过一定限额的自有外汇收入出售给受权银行，从而将这些资金转为中国外汇交易中心暨全国银行间同业拆借中心（CFETS）的人民币。进口商在申请贸易结算购汇时，需要向受权银行提交进口合同和其他文件。

1996 年，中国正式实现经常项目可兑换，范围涵盖货物贸易、服务贸易、国外投资净收入和劳务汇款。尽管经常账户交易还需要提交证明文件，大部分外汇收入还必须出售给银行，但这些交易不再需要政府正式批准。不过，资本账户交易仍然受到严格控制：所有外汇交易，只要影响国内居民外汇资产或负债，都必须获得官方批准，否则就为非法交易（Le，2007：114）。

与澳大利亚经历相类似，外国直接投资虽然需要中国相关机构审批并符合中国政府的产业政策，但它们在中国还是继续受到鼓励，并自20世纪90年代中期起显著增长。相比之下，除经事先批准外，普遍禁止资本市场证券交易、货币市场工具交易等投资组合流动（Prasad and Wei，2005）。

在20世纪90年代初期到21世纪初这段时间内，中国在资本管制方面发生了细微变化，很可能是中国在亚洲金融危机期间积累了经验，它对当时流行的各种协议之好感有所增加（Yu，2013）。尽管中国贸易伙伴在危机期间货币大幅贬值，中国出口商的竞争力由此削弱，中国决策者们还是决定不进行竞争性货币贬值；相反，决定人民币盯住美元，并承担由此遭受的出口损失（Hu，2010）。中国外贸虽然在金融危机期间表现不佳，但由于当时资本管制严格，基本上没有受到投机资本的大规模冲击。1996年中国实行经常项目可兑换时，决策者们原本希望在5～10年内实现资本项目可自由兑换（Huang et al.，2013：109），但由于亚洲金融危机爆发和20世纪90年代晚期银行面临的压力日增，中国决定推迟实现资本项目可自由兑换的改革计划。

中国金融改革议程的演进

在过去十年中，中国仍然维持严格的内部金融监管总体框架，对组合投资资本流动实行严格控制，对人民币实行渐进式贬值，当然其间也发生了若干显著变化。第一，监管框架得到加强，包括在2003年设立了一个独立的银行监管机构。第二，扩大了利率和外汇的波动幅度。第三，货币政策的重点发生转移。中国人民银行继续指导单个银行向优先领域发放贷款（"窗口指导"），维持非正式的贷款额度管理制度，但淘汰了强制性的信贷上限管理制度，更偏好使用利率变化进行管理，实行存款准备金制度，进行公开市场操作。第四，取消了对资本流动的附加限制措施。虽然对投资组合流动依然实行严格控制，但中国政府自2000年以来还是进行了各种努力，以提高人民币的国际化水平，离岸人民币存款数额因此上升，人民币跨境流动的渠道也因此拓宽。

银行业管制的放松

根据 Huang 等（2013：97），1996～2007 年，中国对大约 120 种利率进行了改革。一般说来，利率自由化的路径所遵循的顺序原则为"先外币利率后本币利率"、"先贷款后存款"、"先长期大额利率后短期小额利率"和"先农村后城市"（PBC，2000：26；2005）。2012 年，中国人民银行降低了贷款利率下限，小幅扩大了各银行在存款利率方面的灵活性。2013 年，中国人民银行取消了对贷款利率的各种限制措施（但个人按揭贷款利率除外）。[①]

尽管目前已经基本上放开了贷款利率管制，中国政府仍然不愿意取消对存款利率上限的管制。2013 年，中国人民银行宣布，作为存款利率自由化的初步步骤，银行将在银行间定期存款的利率协商方面拥有更大的灵活性。2014 年 3 月，中国人民银行行长称，可能会在一到两年内实现存款利率自由化（PBC，2014）。

在中国决策者们仍然对正式取消存款利率管制有所担忧时，一个显著的事实是，存款利率自由化已经在中国存在多年了。为了应对 2008～2009 年全球金融危机，支持经济增长，中国政府大幅放松了信贷条件（见图 10）。受银行在发放贷款时的存贷比例要求和地方政府直接从资本市场融资的限制，宽松政策实行后，地方政府组建的公司实体所发放的贷款数量上升，非银行金融机构，尤其是信托公司，与商业银行一起合作，在资金中介方面发挥了显著作用。比法定存款利率上限高很多的"理财产品"，能够在贷款和表外业务为地方政府、房地产开发商和制造商提供资金支持。

资本管制

2000 年以来，中国虽然继续对服务业（包括金融业）的外国直接投资进行限制，继续普遍禁止投资组合流入，但还是继续逐渐放松资本管制。就占 GDP 的比重而言，虽然资本流入总额与净流入仍然维持在远高于 20 世纪 80 年代的水平之上，但也不像 20 世纪 90 年代那样出现巨大增长了（见图 11）。21 世纪初，中国取消了对外汇贷款偿还购汇和预先批准的对外战略项

---

① 在本阶段，不再强制执行贷款利率下限管理措施；自 2013 年 1 月以来，只有大约 37% 的贷款按基准利率或低于基准利率执行。

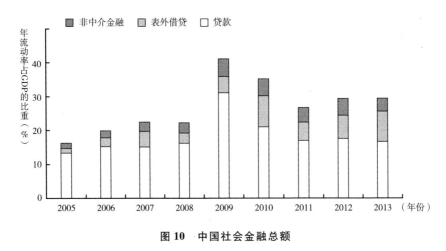

图 10　中国社会金融总额

资料来源：司尔亚司数据信息有限公司数据（http：//dev. ceicdata. securities. com/
about_ ceic. html)、澳大利亚储备银行。

目购汇的各种限制措施，并在 2002 年允许外国投资者根据合格境外投资者
（QFII）计划，用外汇投资于中国国内的股票市场。这一方案已经扩大，获
批的合格境外投资者现在能够将外汇投资于中国境内的股票、债券、证券、
基金、股指期货和证券监管部门许可的其他金融工具。2011 年，中国启动
人民币合格境外投资者（RQFII）计划，允许选定的外国金融机构将其获得
的离岸人民币投资于批准的离岸资产。2006 年，中国启动了合格境内机构
投资者（QDII）计划，允许授权的国内机构将其在境内获得的资金用于指
定的离岸投资。

　　虽然这些合格机构投资者计划在近年逐步扩大，外国直接投资仍然是中
国资本账户的最大资本流入来源；同时，还有"其他"资本（与银企间短
期内部融资和贸易信贷有关）流入（见图 12）。2013 年，外国直接投资总
额（即对内直接投资和对外直接投资总和）约为 3300 亿美元，约占中国
GDP 的 3.5%。比较而言，跨境投资组合方案在规模上相对适中。中国人民
银行的数据显示，截至 2013 年 2 月，在华银行和其他存款吸收机构的对外
负债（国内债权人和国外债权人）总额约为 3600 亿美元，远高于合格境外
投资者与人民币合格境外投资者计划下的对外净投资总额（约 760 亿美
元）。不过，即使是对外负债总额，也仅占银行系统总负债的 1.4%。这表
明，在目前，中国银行体系与国际市场的接轨还微不足道。

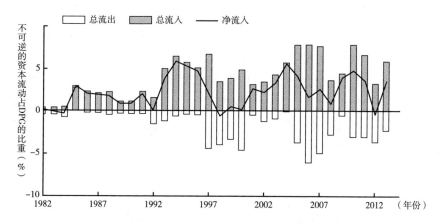

图 11　中国资本总流入与资本净流入

资料来源：司尔亚司数据信息有限公司数据（http：//dev. ceicdata. securities. com/ about_ ceic. html）、澳大利亚储备银行。

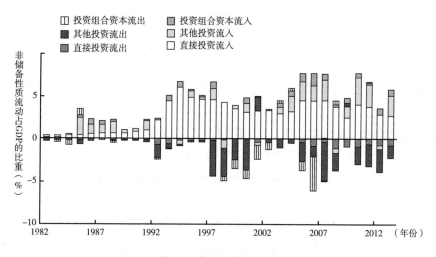

图 12　中国总资本流动

资料来源：司尔亚司数据信息有限公司数据（http：//dev. ceicdata. securities. com/ about_ ceic. html）、澳大利亚储备银行。

汇率

亚洲金融危机期间人民币再次盯住美元浮动。之后，美元/人民币汇率保持固定不变，这一情况一直持续到 2005 年 7 月。当时，中国人民银行宣布，人民币汇率将对未公开一篮子货币进行上下浮动，浮动范围为0.3%（后来调整为0.5%）。这项安排之后，人民币对美元开始稳定升值，但在2008年中期金融危机爆发后的两年内除外。2001年，中国加入世界贸易组织，中国人民银行为了维持人民币汇率的交易区间，需要干预即期外汇市场；由于贸易顺差增加（同时，资本账户流入也日益飙升），人民币面临升值压力，流入中国的外币数量稳定增长。[①] 由于这些原因，2005～2013年，中国外汇储备翻了两番，高达3.8万亿美元。

2005年中以来，人民币对美元名义上升值33%，实际升值42%。2012年4月，中国人民银行将人民币对美元的每日交易区间从汇率中间价（"固定利率"）的±0.5%扩大到±1%左右。该汇率中间价由中国人民银行（通过中国银行间外汇交易制度）在每个交易日内确定，是中国人民银行对人民币与一篮子货币兑换进行管理的一部分。[②] 自2014年3月起，该交易区间进一步扩大到±2%。中国官方表示，人民币汇率在交易区间内是自由浮动的，中国人民银行的介入只是为了维持这一交易区间。如果允许每日波动幅度超过前一个交易日的即期汇率2%，将等同于实行弹性汇率，从而与实行浮动汇率制的大多数国家类似。然而，当交易区间参考政府在每个交易日内确定的基准利率时，中央银行就能对外汇流动方向拥有相当大的控制力。

在过去的十多年里，中国境内外汇市场稳步发展，运用金融工具对冲外汇风险的情形越来越多。2005年，中国实行外汇（交割）远期制度；2006年，实行外汇掉期制度（Xie，2009：476），目前的月交易量可以与现货外汇市场相媲美。

近年来，中国官方已做出种种努力，以推动人民币"国际化"，允许若干离岸人民币自由交易（根据当地法规），促进了以离岸人民币计价的系列金融产品，包括外汇产品和对冲工具的发展。人民币国际化进程给中国公司带来显著利益。随着国际贸易中人民币结算的日益增多，中国企业可以更好地在资产负债表中减少货币错配，减少汇率波动可能受到的损失。另一个可

[①] 为了冲销美元购买时或人民币出售时产生的国内流动性，中国在21世纪初频繁地对存款准备金进行调整（Ma et al.，2011）。

[②] 在2008年人民币成功盯住美元浮动的基础上，中国人民银行在2010年6月宣布，将增强汇率的灵活性，对人民币盯住未指定的一篮子货币进行管理。

能的好处是，随着资本账户自由化进程的推进，外国非居民的进入将促进中国国内金融市场深入发展。例如，中国实体在寻求对冲其外汇负债时，将有机会选择更多的交易对手（Lowe，2014）。

四 澳大利亚与中国的金融改革的比较

目前，中国正处于金融自由化的进程中，正面临着一系列的政策性挑战。从某些方面来讲，这一点与20世纪70年代晚期和80年代早期澳大利亚面临的挑战相似。这些挑战来自中国国内金融系统，包括在管制严格的银行业外，出现了融资渠道的快速增长；外汇波动日益频繁，公司对此的防范能力令人担忧。因为这些挑战，一些观察家（Yu，2013）强调，如果中国迅速放松资本管制，可能会带来若干风险。然而，中国目前进行改革的国内环境和国际环境与过去的澳大利亚完全不同。从一定程度上讲，这些差异正是两国不同改革路径的反映。

改革背景

与30年前相比，全球经济和金融体系的相互关联度大大提高了。澳大利亚开始资本账户改革和金融改革进程时，布雷顿森林体系刚刚崩溃不久，全球金融一体化也还处于早期阶段。固定汇率制、日益增长的跨境资本流动和非银行金融机构部门的扩张，使得澳大利亚在控制国内金融条件时面临的挑战日益增大。

无论20世纪90年代前的中国，还是实行非对称资本管理和浮动汇率制前的澳大利亚，都对居民境外投资实行严格管理，而对外国前来投资，尤其是对外国直接投资的政策则相对宽松。然而，与今天中国在非外国直接投资的资本流入管理相比，澳大利亚在1983年前的资本账户管理可能更为开放。[①]现代全球金融体系一体化程度更深，全球资本市场规模更大，非外国直接投资的资本流入起点相对更低，这些都表明，如果实行资本账

---

① 20世纪70年代之前，在全球经济和澳大利亚经济中，与投资组合有关的资本账户所起的作用较小。因此，从某种程度上说，澳大利亚正是基于对该作用的认识，才决定先行开放这些资本账户。

户自由化，中国的资本流入规模将远远超过 20 世纪 80 年代的澳大利亚。
图 13 是澳大利亚和中国的总外部收支情况。

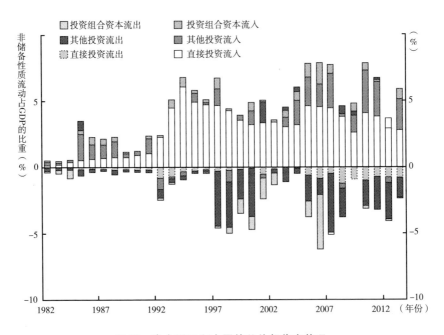

图 13　澳大利亚和中国的总外部收支状况

注："债务"包括投资组合债务、贷款和存款；"其他"包括应收账款和其他流出但未在其他地方记录的账款。

资料来源：澳大利亚统计局、彭博社、司尔亚司数据信息有限公司数据（http：//dev. ceicdata. securities. com/about_ ceic. html）、澳大利亚储备银行。

　　中国已经在全球金融体系中发挥着十分重要的作用，其资本流动规模及其产生的波动性有可能因此而被夸大；而在 20 世纪 80 年代早期，澳大利亚决策者们完全无须考虑这一问题。在实行浮动汇率制时，澳大利亚还是全球金融市场上的一个体量相对较小的参与者。因此，澳大利亚的金融发展与全球金融体系之间几乎没有"反馈"。相比之下，今天的中国经济体量和金融实力都远远超过实现资本自由化时的澳大利亚。1983 年，澳大利亚金融业总资产为本国 GDP 的 1.3 倍，而在 2013 年，中国金融业总资产为本国 GDP 的 2.7 倍。中国经济规模巨大，意味着中国实行资本账户和金融业自由化后，将很有可能出现规模大幅度增长的向内向外跨境资本流动，会对全球资本市场产生显著的溢出效应。

不过，中国也可以由此吸收更多的投机资本，使其巨大的经济规模和金融业成为这些资本流动的压舱物。此外，中国拥有巨额外汇储备，占2013年GDP的40%左右，可以成为应对全球资本流动负面影响的缓冲器（1983年时，澳大利亚实行资本账户自由化时，外汇储备还不到其GDP的5%）。

尽管中国拥有这些有利条件，如果对过程缺乏精细管理，一个更加开放的资本账户仍然有可能引起金融动荡。例如，与澳大利亚相类似，中国最近快速增长的非银行金融机构对政府金融总流动管控形成挑战。一旦跨境资本流入和流出出现激增，这些挑战很有可能更加严重。

资本账户自由化的路径

澳大利亚和中国实行资本账户自由化的起点不同，这在两国自由化的不同路径上得到了一定程度的反映。世界金融流动中日益增长的一体化对澳大利亚经济产生了巨大的外部压力，澳大利亚资本账户相对开放但经济规模较小，两者结合在一起，最终促成了澳大利亚资本账户和金融的自由化。在实行浮动汇率前，澳大利亚汇率浮动改革顺序的特点是先后盯住一系列货币进行浮动（包括英镑、美元、贸易加权指数、爬行盯住贸易加权指数），先取消存款利率上限，再取消贷款利率上限，逐渐放松金融业管制和资本管制（当然，在产生严重后果时，也重新实行某些管制措施）。与学术界关于浮动汇率改革顺序的意见相反的是，澳大利亚在实行浮动汇率时，只部分完成了对银行业管理的放松工作，同时澳大利亚在宏观经济政策和审慎监管方面还缺乏可信的框架。[①]

尽管如此，澳大利亚的改革路径并非完全没有"反馈"。在大多数情况下，澳大利亚政府都提前考量过改革的必要性及其实现方式。那个时代的文件显示，坎贝尔委员会在20世纪70年代后期对金融部门放松管制的行为进行过调查，表明相当数量的规划都成为澳大利亚资本账户改革和金融体系改革的蓝本（Cornish，2010）。然而，澳大利亚改革路径的一个特点是，做出改革决策时实际上比较快速，以便对外部变化做出反应，这些变化暴露了现存制度的各个薄弱环节。

---

① 例如，虽然在存款面临危机时，澳大利亚储备银行有权力采取行动，但直到1989年，它才正式获得这一监管权力（Thompson，1991）。

21世纪初以来（确切地讲，是自20世纪90年代中期以来），中华人民共和国金融改革路径的特点是就最终利率、汇率和资本账户自由化设定既定目标。中国改革路径包括：先制定试点计划，再进行部分改革，再扩大改革的范围和/或规模。从某种程度上讲，澳大利亚政府也曾经用过这种方法。例如，先取消定期存款利率上限管理，再消除各种存款利率上限管理。相比之下，中国在进行利率改革时，强调严格控制的先行试验，以便增加各金融机构、特定类型企业的各金融产品利率的灵活性。

在提高汇率灵活性和开放资本账户方面，澳中两国在改革路径上的差异特点明显。例如，2005年以来，人民币对美元的每日交易区间不断扩大，在确定合格境外投资者和合格境内机构投资者的投资规模时，确定的配额管制数额虽有增长但走势不定。在进行国内金融改革时，也努力提高汇率的灵活性，以避免发生动荡，但在投资组合流动管制的改革方面一直进展缓慢。

中国的这一改革遇到了各种风险。例如，中国在这一改革初期曾经采取各种措施，以提高存款利率的灵活性，提高20世纪90年代后期银行业的抗压能力，应对亚洲金融危机对汇率稳定性所带来的威胁。因此，中国政府采取的惯常做法是放慢金融管理放松的步伐。这在一定程度上也得益于中国对投资组合的资本流动所进行的管制。决策者们借助这些管制措施，在国内金融改革时有了更大的回旋空间，在抵抗外来压力时有了更大的缓冲余地。[①]相反，从20世纪70年代到80年代初，澳大利亚政府最后都屈从于短期投机资本流入的规模冲击，国内货币改革政策因此受到限制，被迫实行浮动汇率制。

后改革时代的挑战

金融业发展和资本账户自由化之间的相互作用是澳大利亚金融改革进程的一个特点。尤其需要指出的是，澳大利亚经验表明，改革进程一旦开始，就有可能面临一个积极的反馈循环发展（Lowe，2014）。这方面有两个具体例子，即审慎监管和外汇对冲市场，但直到澳大利亚实行金融自由化一段时间之后，它们才在澳大利亚得以充分发展。

---

① 澳中两国在政治安排和行政安排上存有差异。这些差异无疑是导致两国选择不同改革路径的重要原因，但对这些原因的研究不在本文的讨论范围之列。

澳大利亚实行浮动汇率制以后，信贷和商业价格都经历了繁荣与萧条，反映了澳大利亚金融机构和监管者在对贷款人进行风险评估时经验相对不足。在新的宽松环境现实中进行痛苦调整后，澳大利亚金融机构和监管者才掌握了这些技巧。这一插曲表明，Fry（1997）、Johnston（1998）和 Mishkin（2001）的观点是正确的。他们认为，在理想情况下，应当在金融业和资本账户自由化之前，建立一个运行良好的审慎监管框架，以减轻金融动荡所带来的各种风险。不过，他们也强调，建立这样一个监管框架困难重重，因为这样一个实行严格监管的制度尚未完全受到冒险行为的冲击（Lowe，2013）。

就审慎监管框架而言，中国可能在某些方面比实行浮动汇率制度以前的澳大利亚更为先进。20 世纪 90 年代晚期，中国爆发不良贷款危机，银行业随后进行资本重组，促使中国政府在 21 世纪初把重点放在审慎监管上。在将现代商业银行制度引入中国银行业时，中国取得了显著进步；在增强银行金融产品供给能力和构建资本流动缓冲器方面，银行监管机构起到了积极作用（Huang et al.，2013：132；Turner et al.，2012）。当时，中国的主流观点是，不管一些国有企业的资产质量如何，国家都为国有企业所借贷款提供隐形担保；但是，政府仍然尚未完全放开利率管制，不利于金融机构对风险进行精确定价。在成功实现制度转型、不再提供这些隐形担保、利率自由浮动之前，中国的银行和监管者可能难以充分养成风险管理能力。

在对冲市场的发展方面，可以找到类似的例子。对于澳大利亚来说，时间已经证明，要想让居民既有途径获取境外资金，又能保证对外汇和利率风险进行有效管理，关键是得有一个交易量大、流动性强的外汇衍生品市场。尽管在实行浮动汇率以前，澳大利亚已经有了私营部门经营的非官方境内外汇对冲市场，但决定改革汇率制度仍然是现代对冲市场和实践出现的主要催化剂。

直到今天，在培育对冲市场发展方面，中国政府所起的作用比实行浮动汇率制度以前的澳大利亚更为直接。2000 年代中期，中国推出了外汇衍生品和场外人民币交易。最近，中国政府决定建立人民币离岸市场，加快了外汇产品的发展步伐，奠定了最终放松资本管制的基础。这些离岸市场潜力巨大，在未来可以容纳更多的市场参与者。

最近，中国人民银行采取若干举动，以增强汇率的双向波动，可能促使参与者更好地利用境内对冲市场。当然，有管理的浮动汇率体制和资本管制措施继续控制着对冲市场的交易量和流动性，限制着境内外市场参与者的互动行为，这一点甚至超过了实行浮动汇率之前的澳大利亚。目前，中国这方面的基本条件，包括全球市场和国内市场的专业知识积累与基础设施建设、相对广泛的潜在对冲工具已经准备就绪。不过，这些条件也表明，一旦中国像澳大利亚那样，取消现在的各种限制措施，中国的对冲市场就会得到快速发展。

五　结论

与 20 世纪 70 年代晚期和 80 年代早期的澳大利亚相比，中国今天面临的国内与全球情势都截然不同。澳大利亚的例子对于中国的现实意义在于：它表明，在决定实行金融业自由化时，需要注意其所带来的潜在催化效应。此外，它表明，一旦改革后的政策框架和机构的可信度确立，就可以享受到取消全部金融管制措施，如放松利率管制、开放资本账户、实行浮动汇率所带来的好处。

对于目前处境的中国来说，澳大利亚放松金融管制的具体顺序可能并不是最优选择。从某些方面看，中国目前所处的改革阶段远远高于 20 世纪 70 年代的澳大利亚，这在对冲市场和审慎监管的金融体制建设方面表现得特别明显。从广义上讲，澳大利亚的经验倾向于支持 Johnston（1998）与 Ishii 和 Habermeier（2002）三位学者的观点，即改革为自己创造动力。放松国内金融管制可以增加资本流动新渠道，降低资本管制效率，形成要求取消资本管制的压力。同样的，资本账户自由化会增加在银行业进行广泛改革的紧迫性，以便应对日益增加的资本流动。无论采取哪种方式，改革路径都有风险；与 20 世纪 80 年代的澳大利亚相比，中国今天面临的风险无疑会更高。

参考文献

Allen, F., Qian, Q. J., Zhang, C. and Zhao, M., 2012, "*China's Financial System: Opportunities and Challenges*", NBER Working Paper No. 17828, National Bureau of Economic Research, Cambridge, Mass.

Atkin, T. , Caputo, M. , Robinson, T. and Wang, H. , 2014, "*Macroeconomic Consequences of Terms of Trade Episodes, Past and Present*", RBA Research Discussion Paper No. 2014 – 01, Reserve Bank of Australia, Sydney.

Australian Treasury, 1999, " Australia's Experience with the Variable Deposit Requirement", Economic Roundup (Winter): 45 – 56.

Battellino, R. , 2007, Australia's Experience with Financial Deregulation, Address to the China Australia Governance Program, Melbourne, 16 July 2007. Available from http: // www. rba. gov. au/speeches/2007/Sp-Dg-160707. html.

Battellino, R. and Mcmillan, N. , 1989, *Changes in the Behaviour of Banks and Their Implications for Financial Aggregates*, RBA Research Discussion Paper No. 8904, Reserve Bank of Australia, Sydney.

Battellino, R. and Plumb, M. , 2011, "a Generation of an InternationalisedAustralian Dollar", in a. Filardoand J. Yetman (Eds), *Currency Internationalisation: Lessons from the Global Financial Crisis and Prospects for the Future in Asia and the Pacific*, BIS Papers No. 61, pp. 202 – 17, Bank for International Settlements, Basel.

Beaumont, C. and Cui, L. , 2007, *Conquering Fear of Floating—Australia's Successful Adaptation to a Flexible Exchange Rate*, IMF Policy Discussion Paper No. 07/2, International Monetary Fund, Washington, DC.

Becker, C. and Fabbro, D. , 2006, *Limiting Foreign Exchange Exposure Through Hedging: the Australian Experience*, RBA Research Discussion Paper No. 2006 – 09, Reserve Bank of Australia, Sydney.

Becker, C. and Sinclair, M. , 2004, *Profitability of Reserve Bank Foreign Exchange Operations: Twenty Years after the Float*, RBA Research Discussion Paper No. 2004 – 06, Reserve Bank of Australia, Sydney.

Bonin, J. P. and Huang, Y. , 2001, "Dealing with the Bad Loans of the Chinese Banks", *Journal of Asian Economics*, 12 (2): 197 – 214.

Chinese Communist Party (CCP), 2013, *Decisions by the Central Committee of the Chinese Communist Party on Several Large Questions Concerning the Comprehensive Deepening of Reform*, Beijing: Readings on Party Construction Publishing House.

Cornish, S. , 2010, *the Evolution of Central Banking in Australia*, Sydney: Reserve Bank of Australia.

Davies, R. , Katinaite, K. , Manning, M. and Richardson, P. (2010), "Evolution of the UK Banking System", *Bank of England Quarterly Bulletin* (December): 321 – 32.

Debelle, G. and Plumb, M. , 2006, "The Evolution of Exchange Rate Policy and Capital Controls in Australia", *Asian Economic Papers*, 5 (2): 7 – 29.

Eichengreen, B. , Walsh, K. and Weir, G. , 2014, *Internationalisationof the Renminbi: Pathways, Implications and Opportunities*, CIFR Research Report, March, Centre for International Finance and Regulation, Sydney. Available from http: //www. cifr. edu. au/Assets/Document/ CIFR% 20Internationalisation% 20of% 20the% 20RMB% 20Report% 20Final% 20web. Pdf.

Fry, M. J. , 1997, "In Favour of Financial Liberalisation", *Economic Journal* 107 (May):

754 – 70.

Gizycki, M. and Lowe, P. , 2000, "The Australian Financial System in the 1990s", in D. Gruenand S. Shrestha (Eds), *The Australian Economy in the 1990s*, pp. 180 – 215, Sydney: Reserve Bank of Australia.

Government of the People's Republic of China, 2005, *Summary of the Eleventh Five-Year Guideline for National Economic and Social Development*, Beijing. Available from http: // www. qibebt. cas. cn/Kxcb/Kpwz/Nyzcgh/200906/P020090630584175269777. Pdf.

Government of the People's Republic of China, 2011, *Summary of the Twelfth Five-Year Guideline for National Economic and Social Development*, Beijing. Available from http: // ghs. ndrc. gov. cn/Ghwb/Gjwngh/201109/P020110919590835399263. Pdf.

Grenville, S. , 1991, "The Evolution of Financial Deregulation", in I. Macfarlane (Ed.), *The Deregulation of Financial Intermediaries*, pp. 3 – 35, Sydney: Reserve Bank of Australia.

Guo, J. , 2013, "Interest Rate Marketisation and the Interest Rate Pricing Mechanism", *China Finance*, Republished by Sina Finance. Available from http: //finance. sina. com. cn/ Money/Bond/20131118/095417352836. Shtml.

He, F. , 2013, "Reform in a Time of Slowing Growth", *China Finance*, Republished by Sina Finance. Available from http: //Finance. Sina. Com. Cn/Money/Bank/Bank _ Hydt/ 20130516/134615487270. html.

Hu, X. , 2010, A Managed Floating Exchange Rate Regime Is an Established Policy, Speech Given by People's Bank of China Deputy Governor, Hu Xiaolian, 15 July. Available from http: //www. pbc. gov. cn/Publish/English/956/2010/20100727144152118668062/2010 0727144152118668062. html.

Huang, Y. , Wang, X. , Wang, B. and Lin, N. , 2013, "Financial Reform in China: Progress and Challenges", in Y. C. Park and H. Patrick (Eds), *How Finance Is Shaping the Economies of China, Japan, and Korea*, pp. 44 – 142, New York: Columbia University Press.

Ishii, S. and Habermeier, K. , 2002, *Capital Account Liberalization and Financial Sector Stability*, IMF Occasional Paper No. 232, International Monetary Fund, Washington, DC.

Johnston, B. , 1998, *Sequencing Capital Account Liberalization and Financial Reform*, IMF Paper on Policy Analysis and Assessment No. PPAA/98/8, International Monetary Fund, Washington, DC.

Laker, J. , 1988, Exchange Rate Policy in Australia, Paper Presented at the 17th South East Asia, New Zealand and Australia Central Banking Course, Sydney, 2 November.

Lardy, N. R. , 1998, *China's Unfinished Economic Revolution*, Washington, DC: Brookings Institution Press.

Lardy, N. R. , 2002, *Integrating China into the Global Economy*, Washington, DC: Brookings Institution Press.

Le, J. , 2007, "China's Bond Market", in S. N. Neftciand M. Y. MéNager-Xu (Eds), *China's Financial Markets: an Insider's Guide to How the Markets Work*, pp. 137 – 70, New York: Elsevier.

Lowe, P. , 2013, The Journey of Financial Reform, Address to the Australian Chamber of

Commerce in Shanghai, Shanghai, 24 April. Available from http: //www. rba. gov. au/ Speeches/2013/Sp-Dg-240413. html.

Lowe, P. , 2014, Some Implications of the Internationalisation of the Renminbi, Opening Remarks to the Centre for International Finance and Regulation Conference on the Internationalisationof the Renminbi, Sydney, 26 March. Available from http: //www. rba. gov. au/Speeches/2014/Sp-Dg-260314. html.

Ma, G. , Yan, X. and Liu, X. , 2011, *China's Evolving Reserve Requirements*, BIS Working Paper No. 360, Bank for International Settlements, Basel.

Mccauley, R. , 2006, "Internationalisinga Currency: the Case of the Australian Dollar", *BIS Quartely Review* (December): 41 – 54.

Mckinnon, R. , 1982, "The Order of Economic Liberalization: Lessons from Chile and Argentina", in *Carnegie-Rochester Conference Series on Public Policy*. Volume 17, pp. 159 – 86, Amsterdam: North-Holland.

MckinnonR. , 1991, "Financial Control in the Transition from Classical Socialism to a Market Economy", *Journal of Economic Perspectives*, 5 (4): 107 – 22.

Mckinnon, R. , 1994, "Financial Growth and Macroeconomic Stability in China, 1978 – 1992: Implications for Russia and Other Transitional Economies", *Journal of Comparative Economics*, 18: 438 – 69.

Manuell, G. , 1986, *Floating Down Under: Foreign Exchange in Australia*, Sydney: The Law Book Company Limited.

Mishkin, F. S. , 2001, *Financial Policies and the Prevention of Financial Crises in Emerging Market Countries*, NBER Working Paper No. 8087, National Bureau of Economic Research, Cambridge, Mass.

Newman, V. , Potter, C. and Wright, M. , 2011, "Foreign Exchange Market Intervention", *Reserve Bank of Australia Bulletin* (December): 67 – 76.

People's Bank of China (PBC), 1999, *Almanac of China's Finance and Banking 1999*, Beijing: People's China Publishing House.

People's Bank of China (PBC), 2000, *Almanac of China's Finance and Banking 2000*, Beijing: People's China Publishing House.

People's Bank of China (PBC), 2003, *2002 Monetary Policy Report*, Beijing: People's China Publishing House.

People's Bank of China (PBC), 2005, *Report on Gradually Pushing Forward Interest Rate Marketisation*, People's Bank of China, Beijing. Available from http: //www. pbc. gov. cn/ Publish/Zhengcehuobisi/606/1276/12766/12766. Html.

People's Bank of China (PBC) , 2014, "People's Bank of China Governor Zhou XiaochuanResponds to Journalists' Questions Regarding Financial Reform and Development", 26 March, People's Bank of China, Beijing. Available from http: //www. pbc. gov. cn/Publish/ Goutongjiaoliu/524/2014/20140311120919964302085/20140311120919964302085. html.

People's Bank of China (PBC) Department of Surveys and Statistics Task Force, 2012a, *the Conditions for Accelerating the Opening of the Capital Account Are Basically Mature*, People's Bank of China, Beijing. Available from http：//www. pbc. gov. cn/Publish/Diaochatongjisi/866/ 2012/20120523135503424585606/20120523135503424585606. html.

People's Bank of China（PBC）Department of Surveys and Statistics Task Force, 2012b, *Push Forward Interest Rate and Exchange Rate Reform and Capital Account Opening in Harmony*, People's Bank of China, Beijing. Available from http：//economy. caijing. com. cn/2012 – 04 – 17/111815022. html.

Phillips, M. J. , 1984a, Now for 1985, Address to the Australian Forex Association Second Annual Conference, Canberra, 10 November.

Phillips, M. J. , 1984b, Financial Reform—the Australian Experience, Address to the Pacific Basin Financial Reform Conference, Federal Reserve Bank of San Francisco, San Francisco, 2 – 5 December.

Phillips, M. J. , 1985, Policy on Exchange Rates and Foreign Exchange Controls Since the Late 1960s, Address to the Australian Shippers' Council Shipper/Exporter Workshops, April-May.

Prasad, W. E. and Wei, S. – J. , 2005, *The Chinese Approach to Capital Inflows: Patterns and Possible Explanations*, IMF Working Paper No. WP/05/79, International Monetary Fund, Washington, DC.

Prasad, W. E. , Rumbaugh, T. and Wang, Q. , 2005, *Putting the Cart before the Horse? Capital Account Liberalization and Exchange Rate Flexibility in China*, IMF Policy Discussion Paper No. PDP/05/1, International Monetary Fund, Washington, DC.

Rush, a. , Sadeghian, D. and Wright, M. , 2013, "Foreign Currency Exposure and Hedging in Australia", *Reserve Bank of Australia Bulletin*（December）：49 – 58.

Stevens, G. , 2013, The Australian Dollar：Thirty Years of Floating, Speech to the Australian Business Economists' Annual Dinner, Sydney, 21 November. Available from http：//www. rba. gov. au/Speeches/2013/Sp-Gov-211113. html.

Stevens, G. , Kent, C. and Cagliarini, a. , 2010, "Fifty Years of Monetary Policy：What Have We Learned?", in C. Kent and M. Robson（Eds）, *Reserve Bank of Australia 50th Anniversary Symposium*, Sydney：Reserve Bank of Australia.

Tan, W. , 2007, "A History of China's Stock Markets", in S. N. Neftciand M. Y. MéNager-Xu（Eds）, *China's Financial Markets: an Insider's Guide to How the Markets Work*, pp. 215 – 36, New York：Elsevier.

Thompson, G. , 1991, "Prudential supervision", in I. Macfarlane（Ed. ）, *The Deregulation of Financial Intermediaries*, pp. 115 – 42, Sydney：Reserve Bank of Australia.

Turner, G. , Tan, N. and Sadeghian, D. , 2012, "The Chinese Banking System", *Reserve Bank of Australia Bulletin*（September）：53 – 63.

Xie, D. , 2009, "China's Money, Bond and FX Markets", in M. Zhu, J. Caiand M. Avery（Eds）, *China's Emerging Financial Markets: Challenges and Global Impact*, pp. 459 – 80, Singapore：Wiley.

Yi, G. , 2008, "RenminbiExchange Rates and Relevant Institutional Factors", *Cato Journal*, 28（2）：187 – 96.

Yi, G. , 2009, "the Thirty Year Course of Interest Rate Marketisation in China's Period of Reform and Opening", *Financial Research*, 343 (1): 1 – 14.

Yu, Y. , 2013, The Temptation of China's Capital Account, 27 March. Available from http://www. project-syndicate. org/Commentary/the-Risks-of-Easing-China-S-Capital-Controls-by-Yu-Yongding.

Zheng, X. , 2007, "China's Money Markets", in S. N. Neftciand M. Y. MéNager-Xu (Eds), *China's Financial Markets: an Insider's Guide to How the Markets Work*, pp. 41 – 86, New York: Elsevier.

Zhou, X. , 2005, "Thoughts on Financial System Reforms in the Period of the Eleventh Five-Year Plan", *Study Times* 311, Reprinted by Xinhua. Available from http://news. xinhuanet. Com/Politics/2005 – 11/18/Content_ 3798040. htm.

Zhou, X. , 2013, "Comprehensive Deepening of Financial Industry Reform and Opening: Accelerating the Improvement of the Financial Market System", in Chinese Communist Party, *Decisions by the Central Committee of the Chinese Communist Party on Several Questions Concerning the Comprehensive Deepening of Reform*, pp. 145 – 56, Beijing: Readings on Party Construction Publishing House.

（袁仁辉 译）

中国和印度的金融开放度：
对资本账户自由化的启示

马国南　Robert N. McCauley[*]

一　导论

近年来，中国和印度的决策者们都宣布，他们计划让本国仍然受到严格管理的资本账户进一步自由化。全世界都与中国和印度存在重大利害关系，都希望两国金融在融入全球市场时，不会产生破坏性的溢出效应（Hooley，2013）。中国的情况更重要，因为与印度相比，中国的经济规模更大，其在未来若干年内更愿意渐进实现资本账户自由化。

这两个经济体在全球金融一体化方面的融合程度是决策者们对未来资本账户开放进行管理时的一个实际出发点，因为人们可以发现资本账户开放面临的潜在挑战和随之而来的风险。例如，如果金融融合程度高，中国和印度就可以用资本以账户开放"倒逼"国内金融自由化，所失甚少，所获颇多。但是，如果金融一体化的程度较低，双方都会面临更大的风险，国内经济和市场需要对资本账户开放进行更大规模的调整。

我们在对资本账户开放程度进行研究时，大多使用金融开放指数 Chinn-Ito（2008）。该指数是一个区间值和法律意义的标准，源于国际货币基金组织《交

* 马国南是 Bruegel 智库访问学者，Robert N. McCauley 是国际清算银行货币与经济部高级顾问。两位作者感谢 Claudio Borio 提供的意见，感谢 Bat-el Berger 和 Tracy Chan 出色的研究助理工作。本文在写作过程中，部分地方参考了 Ma 和 McCauley（2013）一文。本文中的全部观点纯属作者个人见解，不代表国际清算银行的意见。

易安排与限制年度报告》中规定的 4 个变量（见图 1 上）。对事实上的资本账户开放程度而言，"使用最广泛的标准"（IMF，2010：51）是一国的国际资产和负债的总和与其 GDP 的比值（Lane and Milesi-Ferretti，2003，2007）（见图 1 下）。

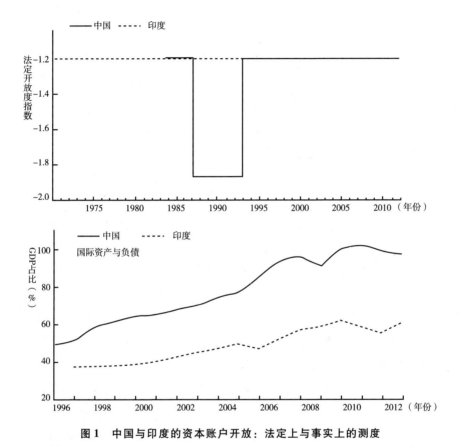

图 1　中国与印度的资本账户开放：法定上与事实上的测度

注：①它以二进制虚拟变量为基础，对国际货币基金组织《交易安排与限制年度报告》中所列举的跨境金融交易的限制措施表进行法典化而成。更多细节问题，参见 Chinn and Ito（2006）。

②2004 年以前的中国相关数据，载于 Lane and Milesi-Ferretti（2007）。

资料来源：国际货币基金组织《国际金融统计》（http：//www. econdata. com/databases/imf-and-other-international/ifs/）和《世界经济展望》（http：//www. imf. org/external/pubs/ft/weo）。

我们怀疑，这些标准能否正确反映中国和印度在国际金融一体化之路上的改革进程和相对地位。[①]　我们不同意 Chinn-Ito 关于中国和印度在金融开放之路上止步不前的说法，我们赞同 Lane 和 Milesi-Ferretti 的观点，即中国和

---

① 见 Lane 和 Schmuckler（2007）以及 Aizenman 和 Sengupta（2011）。

印度对外开放都保持前进姿态。诚然，这个过程有时是进两步、退一步。此外，从过去 10 年的平均情形看，在中印两国金融开放中的相对地位方面，我们对 Chinn-Ito（中印两国不相上下）或 Lane 和 Milesi-Ferretti（中国领先于印度）的观点提出质疑。

我们对开放资本对资本流动的意义形成的一个新共识也提出怀疑。Heet et al.（2012）和 Bayoumi and Ohnesorge（2013）认为，中国全面开放资本账户后，不仅外部总头寸规模会变大，私人资产净值也会相对增加。相比之下，Bayoumi and Ohnesorge（2013）则预计，印度会出现的私人资本净流出规模很小。由于银行相关的资本流动在本质上难以建模，因而两篇文章均没有展开这方面的研究。本文对这 3 个金融工具的境内价格和离岸价格的研究发现，相对价格差异会鼓励银行相关的资本流入。所以，我们对这一新共识表示质疑，尤其是，我们研究发现，中国境内货币市场工具相对离岸便宜，这使我们担心这些共识预计轻视银行相关的资本流动，没有注意巨额短期资本流入的可能。

在审视上述 3 个事实上的金融工具定价标准后，我们提出这些质疑。我们根据一价定律，对远期外汇、短期利率和股票价格的平均差价进行了分析。我们的基本观点是，在其他条件相同的正常的市场条件下，如果资本自由流动，同一原生工具金融工具的境内价格和离岸价格应当大体相等。此外，我们同时运用跨国基准和双边比较方法，衡量资本账户开放面临的挑战。最后，我们分析各种价差的正负符号，以发现各种金融工具的境内价格或离岸价格哪个更便宜，这些价差符号价格可以反映私人资本流入或流出的压力。

我们提出 4 个假设，其中包括 2 个时间序列（ts）和 2 个横截面（xs），并将其与过去 10 年（2003～2013 年）的证据相验证。

Hts1：Lane 和 Milesi-Ferretti 的观点都正确：中国和印度的资本账户正在开放之中。

Hxs1：Chinn-It. Lane 和 Milesi-Ferretti 的观点都是错误的：印度的资本账户比中国更开放。

Hts2：中国和印度都还没有实现金融开放。

Hxs2：开放时，中国会面临短期净资本流入压力，印度的资本流出流入可能会更加平衡。

本文的结构安排如下。第二节至第四节为 3 个境内－离岸价差提供证据：远期外汇、货币市场收益率和股票市场价格。第五节利用这些价差为证据，探讨资本账户开放对中国的影响。最后一节为结论部分。

二 境内和离岸远期外汇汇率

我们比较了上海或孟买的远期外汇汇率与中国香港、新加坡或东京的离岸外汇交易汇率。资本自由流动使在岸和离岸远期汇率趋同。资本流动性倾向于抹平境内与离岸远期汇率之间的差异，因此，如果某一货币的在岸和离岸远期汇率之间差距较小，则该国金融开放程度较高。在本文，我们对跨境价差进行了统一定义，如果价差为正值，则表明该金融工具境内价格较便宜。对远期外汇来说，正值价差意味着，美元可以在上海买得更多的人民币或在孟买买得更多的印度卢比。对货币市场来说，正值价差意味着，在上海或孟买交易时，货币市场工具的价格较离岸交易低（收益较离岸交易高）。对股市来说，正值价差意味着股票境内价格更便宜。

正如 Liu and Otani（2005）一文指出的那样，境内和离岸远期外汇价差可以用可观察的市场价格直接计算，但只有中国在 2003 年启动其境内远期外汇市场后，我们才能对其进行比较。由于交易者进入中国国内远期外汇市场必须以"真实需求"为基础，也就是说，基础交易需要外贸单证支持，而在离岸市场所有人都能从事远期外汇交易，因此境内远期可能与离岸非交割远期市场上的汇率不同。①

在公式（1）中，我们对境内－离岸远期外汇价差进行了定义。

$$远期外汇价差\ t = (Ft\text{-}NDFt)/St \tag{1}$$

在公式（1）中，Ft 是境内远期汇率，$NDFt$ 是无本金交割远期外汇（NDF）汇率，St 是境内即期汇率——均按 1 美元兑换的国内货币表示。如果远期溢价的境内离岸差值为正向，则表明相应的货币境内价格比离岸价格便宜，即升值少或贬值多。相应的，在开放资本账户时，资本流入量可能超过资本流出量。

图 2 的引人注目之处在于，它向人们表明：雷曼兄弟破产后，无论付款期限是 3 月期（左图）还是 12 月期（右图），两种货币的离岸价格是如何

---

① 关于无本金交割远期外汇（NDF），参见 Ma et al.（2004）、Misra and Behera（2006）、Ma and McCauley（2008a，2008b）和 McCauley et al.（2014）4 篇文献。

变得更便宜的。同样值得注意的是，当投机者在预期美元对人民币汇率将会从8.2元贬值到6.1元时愿意付出代价，当期限更长的离岸远期外汇用于交易时，成本是多么昂贵。我们同时也注意到，也许是因为下面即将讨论到的市场失灵的原因，在全球金融危机期间，境内/离岸外汇远期价差急剧扩大。人民币和卢比的远期价差，无论符号和规模，都有实质性的关联，甚至可能暗示：一些全球性因素，如全球投资者的看法和市场的不确定性，可能在远期价差的演进中发挥重要作用。

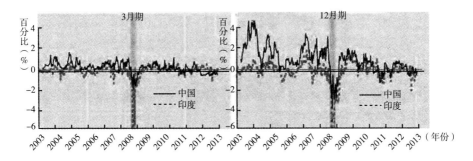

图2　境内远期汇率减离岸无本金交割远期汇率（占即期汇率的百分比）

资料来源：彭博社、司尔亚司数据信息有限公司数据。

表1证实，在过去10年（2003～2013年）中，人民币的境内/离岸外汇远期价差平均值远远大于卢比。因此，不论是3月期，还是12月期，不论是危机爆发前，还是危机爆发后，人民币的境内和离岸远期外汇市场远比卢比分割程度更大。从这个意义上说，印度在金融方面融入全球金融市场的程度高于中国。

然而，中印货币远期溢价差值的动态表现在全球金融危机前后差异很大，尤其是自从金融危机爆发以来，不论是3月期，还是12月期，人民币的境内－离岸远期外汇差值都显著缩小，这意味着在最近几年里中国在金融领域的开放力度更大。印度的情况就不是这样了，印度卢比远期溢价差值在全球金融危机后反而扩大了。一个原因可能是，中国政府鼓励人们在境外使用人民币，为跨境套利提供了便利条件。另一个原因可能是，在2013年第3个季度，在预期美国联邦储备银行削减量化宽松规模会成为大概率事件后，新兴市场货币随即被抛，这多半会伤及有经常账户赤字的新兴经济体。当然，人们会问，为什么这次金融危机对人民币和卢比的影响如此不同

（Ma and McCauley，2013；McCauley et al.，2014）。

此外，虽然人民币远期外汇的境内价格比离岸价格都便宜，但在大多数情况下，印度卢比的远期外汇的境内价格比离岸价格昂贵。不论是在全球金融危机前还是后，或在全部样本中，都是这样。换句话说，如果开放资本账户，人民币很可能会面临升值压力和私人资本净流入压力，而卢比则可能会面临贬值压力和私人资本净流出压力，即使是调整，方法也主要是调整头寸而不是实际跨境资本流动。如果境内远期外汇价格更便宜，预期可能导致更大范围的私人资本总流入。

总体而言，远期外汇交易表明，虽然全球金融危机爆发以来，中国在金融开放方面努力追赶，进步更大，与印度的差距也显著缩小，但在过去的10年中，印度在金融领域的平均开放程度还是高于中国，尤其是在金融危机爆发前。在其他条件相同的情况下，一旦实行资本账户开放，中国会比印度承受更大的资本流入压力。

如果远期外汇表明，印度在过去10年中总体而言，比中国更加开放，但两国之间的差距在缩小，那么，中国和印度在资本账户自由化方面还必须做什么呢？除了在最极端的市场条件以外，法兰克福和纽约的欧元/美元交易汇率都是相同的。在可以进行无本金交割远期外汇（NDF）交易的所有货币中，韩国韩元拥有全世界规模最大、一体化程度最高的无本金交割远期市场。2008年全球金融危机后，在各种付款期限中，卢比远期价差居韩元与其他6种有无本金交割远期（NDF）币基准之间（见表1）。与此相反，人民币远期汇率价差的较大平均绝对值则更接近其他6种无本金交割远期（NDF）币的基准，并且表明套利活动较弱。因此与印度相比，中国资本开放的道路更加漫长。

表1 境内减去离岸的外汇远期溢价

	3 月期			12 月期		
	危机前	危机后	全部样本	危机前	危机后	全部样本
期间平均值						
人民币 1	0.5126	0.0494	0.2508	1.8510	0.3851	1.0518
卢比	− 0.0399	− 0.0029	− 0.0928	0.0297	− 0.0745	− 0.1601
韩元	− 0.3007	− 0.0287	− 0.1726	− 0.1263	− 0.1015	− 0.1334
基准 1,2	− 0.1315	0.1019	− 0.0369	− 0.3403	0.2510	− 0.0766

续表

	3 月期			12 月期		
	危机前	危机后	全部样本	危机前	危机后	全部样本
平均绝对值						
人民币 1	0.5303	0.3279	0.4489	1.8549	0.7464	1.3290
卢比	0.2579	0.2849	0.3334	0.4476	0.6142	0.6511
韩元	0.4365	0.2056	0.3406	0.4676	0.2562	0.3865
基准 1,2	0.5828	0.3634	0.4628	1.1589	0.7246	0.8964

注：远期溢价差值的每日数据计算方式为：境内远期汇率与离岸非交割远期汇率之差（占即期汇率百分比）。结束时间：亚洲货币为东京时间晚上 8 点，俄罗斯卢布为伦敦时间晚上 6 点，巴西雷亚尔和哥伦比亚比索为纽约时间晚上 5 点。全部样本期间起于 2003 年 1 月 6 日，止于 2013 年 12 月 31 日；危机期间为 2008 年 9 月至 2008 年 12 月。基准 1,2 包括巴西雷亚尔、哥伦比亚比索（2004 年 1 月开始）、印度尼西亚卢比、菲律宾比索、俄罗斯卢布（2012 年 1 月开始）和新台币。人民币的计算是以 2003 年 4 月为开始点的。

资料来源：彭博社、路透社。

三 境内短期利率和离岸短期利率

接下来，我们比较境内和离岸的短期收益。Otani and Tiwari（1981）一文比较了日元的境内收益和离岸收益，Frankel（1992）一文将前述比较结果用于测试资本流动性。在 2010 年人民币离岸市场扩张之前，我们无法得知两种货币的离岸收益，而是从无本金交割远期外汇市场中进行推测，办法是假定它们以美元伦敦同业拆借利率来计价——在全球金融危机爆发之前，这是一个比较合理的假定。[①]

$$NDF_t = S_t(1 + i_t)/(1 + r_t \$) \tag{2}$$

在公式（2）中，i 代表本国货币的隐含离岸利率，$r_t \$$ 代表美元伦敦同业拆借利率。对公式各项进行调整后，我们得出了隐含离岸利率公式（3）。

---

① 全球金融危机打破了抛补利率平价（Baba and Packer, 2009），在观察效果上等同于普遍广泛的资本管制。在全球性"美元荒"情况下（McGuire and von Peter, 2009），将美元伦敦同业拆借利率直接输入公式 3 时可能会产生偏差。Mancini and Ranaldo（2011）一文不用伦敦同业拆借利率对利率平价进行测试。如果美元的境内收益与离岸收益相等，其远期汇率又以利率差额来定价，则我们的收益率差额只是上述远期汇率差价的简单变形。但是，境内美元收益能够并且事实上偏离其离岸水平。

$$i_t = NDF_t * (1 + r_t \$) / S_t - 1 \tag{3}$$

这样，$(r_t - i_t)$ 代表境内 – 离岸货币收益率差额，r_t 代表直接观察得到的 3 月期境内银行利率或者 12 月期的政府票据利率。如果 $(r_t - i_t)$ 值显著不是零，则离岸市场和境内市场相分割。如果货币收益差额为正，则表明货币市场工具的境内价格低于离岸价格（收益更高）。如果绝对收益率差额较小，则表明金融开放度更高。

2000 ~ 2009 年，中国和印度两大经济体的货币市场收益率的境内离岸差额有缩小（见图 3）。Ma et al.（2004）和 Kohli（2011）发现，在 2000 ~ 2009 年，卢比收益率差额也在缩小。但全球金融危机爆发以来，虽然人民币收益率差额在缩小，但卢布收益率差额却扩大了。同样，我们注意到，人民币和卢比收益率差额有显著的联动性，这表明除国内阻碍因素之外，全球性因素可能是收益率差额联动性的一个重要驱动力。

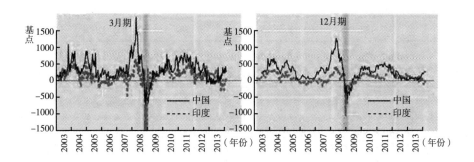

图 3   境内货币市场收益减离岸无交割隐含收益（基点）

注：每周数据。对中国来说，为 3 月期（12 月期）的无本金交割远期外汇（NDF）、3 月期的上海银行间同业拆放利率（2008 年 7 月前为一年期中国人民银行票据拍卖收益，2008 年 7 月后为二级市场收益）和 3 月期（12 月期）伦敦银行间同业拆放利率。对印度来说，为 3 月期（12 月期）的无本金交割远期外汇（NDF）、3 月期的孟买银行间同业拆放利率（364 天政府债券隐含收益）和 3 月期（12 月期）伦敦银行间同业拆放利率。阴影部分表示金融危机期间（2008 年 9 月至 2008 年 12 月）。2008 年 10 月 24 日的最小值为 –3310.89 基点。

资料来源：彭博社、司尔亚司数据信息有限公司数据。

总之，外汇远期外汇价差的主要结论，多数也适用于货币收益率差额。中印两国货币的每次成对比较都有力证明，在过去 10 年中，跨境套利在印度运作更自由，使境内离岸收益更接近（见表 2）。总的来说，境内货币和推断的离岸货币利率与远期外汇交易一样表明：在过去的 10 年中，就全部样本而言，不论是在危机爆发前还是后，印度金融开放程度都高于中国，但双方的差距已经缩小。更有趣的是，危机后的卢比收益率差额比危机爆发前的对应收益率差额有所扩大，但人民币的相应收益率差额则大幅缩小，并在金融危机之后，迅速缩小了与卢比之间的差距。根据这个标准来看，中国在金融开放方面正在赶上印度的脚步。

表2　境内货币市场收益率减去离岸无交割隐含收益（基点）

	3月期			12月期		
	危机前	危机后	全部样本	危机前	危机后	全部样本
期间平均值						
人民币	436.8	316.1	354.7	381.1	208.2	280.1
卢比	148.0	181.5	146.3	101.5	107.7	95.0
韩元	49.5	105.2	90.6	67.2	98.9	89.2
平均绝对值						
人民币	437.0	345.3	392.7	381.1	235.4	308.9
卢比	192.7	212.9	215.2	132.1	138.4	141.1
韩元	76.6	113.8	111.6	68.5	99.5	90.7

注：每日数据。对中国来说，为3月期（12月期）的无本金交割远期外汇（NDF）、3月期的上海银行间同业拆放利率（2008年7月前为一年期中国人民银行票据拍卖收益率，2008年7月后为二级市场收益率）和3月期（12月期）的伦敦银行间同业拆放利率。对印度来说，为3月期（12月期）的无本金交割远期外汇（NDF）、3月期孟买银行间同业拆放利率（364天政府债券隐含收益）和3月期（12月期）伦敦银行间同业拆放利率。对韩国来说，为3月期（12月期）的无本金交割远期外汇（NDF）、3月期定期存款利率（二级市场上的一年期财政债券收益）和3月期（12月期）伦敦银行间同业拆放利率。全部样本的时期起于2003年5月27日，止于2013年12月31日；危机期间为2008年9月至2008年12月。

资料来源：彭博社、司尔亚司数据信息有限公司数据。

货币远期和货币市场工具之间的一个主要区别是，对两种货币来说，货币市场工具的境内价格比离岸价格便宜。这表明：一旦资本账户进一步开放，中国和印度一样，货币市场工具方面的私人资本流入规模均有可能超过资本流出规模。

作为基准的韩元表明，人民币与卢比都与金融高度一体化还有一定的距离，尤其是它们的境内收益与离岸收益相互分离的程度仍然远大于韩元，即使韩元收益率差额在金融危机之后，与2003~2004年危机之前相比有所扩大（Ma et al.，2004：90）。如果卢比需要在金融开放之路上前行，人民币在金融开放方面则需要做出更多努力。同时，人民币正在迎头赶上，并且趋势明显。2008 年全球金融危机之后，卢比在金融开放方面似乎有所倒退，正在丧失其对人民币的领先地位。

四 股票市场的国际一体化

中国政府和印度政府都有股票市场的国际一体化自然试验，允许国内公司的股票同时在上海、孟买、中国香港或纽约的证券交易所上市。这样，虽然境内股票交易和离岸股票交易的计价货币不同，但资本自由流动会确保境内外股票在价格上只会出现微小差异。偏离一价定律表明，如果政府对国内市场上的外资股份进行限制，就不会形成统一市场。在 Levy-Yeyati et al. (2009) 一文的基础之上，我们分析了境内股价与离岸股价的差异，以及两者之间的趋同速度。

我们建立了一些股票指数。它们既涵盖了同时在上海、中国香港和纽约三大证券交易所上市中国公司股票（Penget al.，2008），也涵盖了同时在孟买和纽约证券交易所上市的印度公司股票。我们根据其在中国香港股市和孟买股市的市值来加权平均个股价差。我们将价差定义为离岸价格与境内价格的比例，如果比例超过 100，则表明股票的境内交易价格比离岸交易价格便宜。"跨市场溢价"越接近 100，则境内和离岸的股票市场一体化的程度越高。在图 4 中，我们看出中国股票指数与商业性的"中国恒生 AH（A：上海；H：中国香港）溢价指数"相似（Ma and McCauley 2013）。

一个重要的观察是，印度的跨市场溢价线高于 100，中国的跨市场溢价线低于 100。一般情况下，印度股票的境内价格比离岸价格便宜。与印度不同的是，中国股票在上海证券交易的价格高于在中国香港或纽约的股价。中国投资者都希望能够以中国香港价或纽约价购得股票，因此，在取消对私人资本账户的种种限制后，上海证券交易所的股票价格越高，私人资本流出超过私人资本流入的可能性就越大。印度在这方面的情形与中国刚好相反。不过，到 2013 年晚期时，上海证券交易所的股票溢价与孟买交易所的股票折扣基本消失了。事实上，中国股票市场整合已经经历多年，甚至在 2013 年

图4　境外股票价格与等量国内股票价格的比例（百分比，每周平均值）

　　注：1. 为印度工业信贷投资银行（ICICI）威普罗公司、维布络信息技术有限公司（Wipro）雷迪博士实验室（Dr. Reddy's Laboratories）印度房地产发展融资银行（HDFC 银行）、印度斯特里特工业集团（直到 2013 年 8 月）、印度国有电信公司 BSNL（Bharat Sanchar Nigam）、印度国有电信公司 MTNL（Mahanagar Telephone Nigam）、印度塔塔汽车公司、印度塔塔通信公司和印度印孚瑟斯技术有限公司的平均值，权重等于它们在印度国内股市的市值。

　　2. 同一日亚洲股市收盘价与纽约股市开盘价的比例。

　　3. 为中国东方航空股份有限公司、中国人寿保险股份有限公司、中国石油化工股份有限公司、中国南方航空股份有限公司、广深铁路股份有限公司、华能国际电力股份有限公司、中国石化上海石油化工股份有限公司、中国铝业股份有限公司和中国石油天然气股份有限公司的平均值，权重等于它们香港股市的市值。阴影部分表示 2008 年 9 月至 2008 年 12 月的金融危机期间。

　　资料来源：彭博社和作者们的计算。

股票市场一体化的程度已经小幅领先于印度。

　　表3证明，自 2008 年全球金融危机以来，中印的离岸价格与境内价格价差都已经缩小。在危机发生之前，在纽约上市的印度股票大约有 30% 的溢价，在中国香港上市的中国股票大约有 45% 的折扣。危机发生后，在纽约上市的印度公司股票溢价下降了 10%，在中国香港上市的中国公司股票折扣下降了 20%。因此，印度在股票市场成功地保持了继续金融开放，与其两个固定收益市场的倒退形成对比。

　　从 1999～2013 年的全部样本来看，印度在股票市场国际一体化方面远远领先于中国。然而，与在中国香港和纽约上的中国股票价差相比，印度股票市场国际一体化的道路还很漫长。同样，根据 Levy-Yeyati et al.（2009：441）一文，对新兴市场的抽样调查表明，境内股价与离岸股价间的平均差值为 0.12%。与之相比，印度股票市场还需要完善。

表3　境外股票价格与国内股票价格的比例及收敛速度

H 股 - A 股比例 （两地同时上市的 41 家公司）	H 股 - A 股比例 （三地同时上市的 9 家公司）	美国存托凭证 - A 股比例 （三地同时上市的 9 家公司）	美国存托凭证 - H 股比例 （三地同时上市的 9 家公司）	美国存托凭证 - 印度境内股价比例 （两地同时上市的 9 家公司）
平均周期(%)[1,2]				
危机前	53. 10	53. 30	53. 30	99. 89	128. 89
危机后	87. 67	79. 99	79. 93	99. 98	108. 07
全部样本	64. 91	62. 29	62. 25	99. 91	121. 64
预测的股价指数报酬半生命值（天数）[2,3]				
危机前	255	125	111	1	35
危机后	109	213	162	1	13
全部样本	259	174	142	1	49

注：1. 境外股票价格与交叉上市公司等量国内股票价格的比例，其平均权重基于该中国公司的中国香港股市市值和印度公司的国内股市市值。

2. 全部样本期间起于 1999 年 3 月 15 日，止于 2013 年 12 月 31 日；危机期间为 2008 年 9 月至 2008 年 12 月。

3. 以本文中公式（4）的估计为基础；详细情形参见附录 1。

资料来源：彭博社，作者的估计。

　　从表 3 中，可以看到对境内股票价格和离岸股票价格与其在危机前后重心趋同的半生命值的估算。此处的股价指数报酬半生命值系根据公式（4）估算而来的（Penget al.，2008）。

$$\Delta q_{1,t} = \alpha + \beta q_{1,\,t-1} + \Sigma \varphi_n \Delta q_{1,t-n} + \varepsilon_{1,t} \tag{4}$$

　　在公式（4）中，$q_{1,t}$ 代表交叉上市公司的境外股票价格与境内股票价格比例的对数，Δ 表示第一个差分算子。由于估算 $\beta < 0$，收敛速度或股价震荡报酬半生命值与溢价的关系可以看作 $-\ln$（2）$/\ln$（$1 + \beta$）。表 3 则显示为涨跌互见的结果，虽然在全球金融危机之后，中印两国的股票市场股价指数报酬半生命值都有所下跌，但两者与全球金融一体化的程度都更深了（Ma and McCauley 2013）。再从这个标准来看，平均而言，中国股票市场比印度股票市场分割程度多 3 ~ 5 倍。跟在纽约股市与中国香港股市之间的瞬

时套利相比①，要完成等量套利，在纽约股市与孟买股市之间需要费时数周，而在中国香港股市与上海股市之间则需要费时数月。

五　资本账户开放的影响和意义

在本节中，我们将集中分析中国案例，从境内与离岸价差分析中发现资本账户开放的影响。对中国中期国际资产与负债的可能分布进行的研究表明，如果实行资本账户开放，作为证券组合投资和直接投资的私人资本净流出将会很突出。在直接投资方面，中国长期以来都欢迎外国公司来华投资，但最近开始鼓励对外直接投资，尤其是鼓励大宗商品生产对外直接投资。在全球金融危机爆发之前，中国刚刚取消了对对外证券组合投资的种种限制措施，如今，这些限制措施不再具有约束力，但要点是，私人证券组合投资较低，但在资本账户开放和收入水平提高后，它可能出现大幅增长。

He et al. （2012） 和 Bayoumi and Ohnsorge （2013） 两篇文章对中国资本账户完全开放后、私人资产净流出的中期增长前景进行了合理展望。两篇文章都认为，总仓量、资产与负债都会出现大幅增长。两篇文章都预言，私人国际资产的增长速度将超过负债的增长速度。因此，两篇文章都预测，中国在资本账户完全开放后，会出现私人资本净流出。如果中国的经常账户仍能保持盈余，或者是中国采取缩减其超大规模官方外汇储备的政策，这种净流出就不一定会给人民币币值带来下行压力。

上述两篇文章的内容有些差异。He et al. （2012） 一文探讨了直接投资和证券组合投资存量，认为其结果受不对称资产管制历史政策影响（中国政府对私人收购境外资产进行严格控制，在对外直接投资方面尤其严格），受中国金融市场发展和中国经济高速增长的影响。他们预测，直接投资净资产的增幅会达到 GDP 的 10%，投资组合净资产的增幅会达到 GDP 的 7.7%（见表 4）。Bayoumi and Ornsorge （2013） 一文仅对投资证券组合存量进行了分析，发现私人净资产增加源于证券组合投资总资产和总债务的增加，前者的增加幅度大约为 GDP 的 10% ~ 25%，后者的增加幅度大约为 GDP 的 2% ~

---

① 或者是 Levy-Yeyati et al. （2009） 一文中提及的新兴市场 1 - 2 天的样本均值。

10%（见表4）。由此导致证券组合投资净资产增幅达 GDP 的 11% ~ 18%。这一预计增幅超过了 He et al.（2012）的估计值。[①]

表4　资本账户自由化对中国直接投资和证券组合
投资的影响（存量调整占 GDP 的比重）

	Bayoumi & Ornsorge(2013)		He et al. (2012) 2020	Memo(以2010年 实值为准)
		依小型国内证券 调整后的值		
FDI 资产占比			21.6%	5.3%
FDI 负债占比			11.2%	25.1%
FDI 净值占比			10.4%	− 19.8%
组合资产占比	15.4% ~ 24.9%	9.4% ~ 15.1%	24.2%	4.3%
组合负债占比	1.7% ~ 9.9%	1.7% ~ 9.9%	16.4%	3.8%
组合净值占比	10.7% ~ 8.1%	4.1% ~ 8.2%	7.7%	0.6%

资料来源：Bayoumi and Ornsorge（2013：28）；He et al.（2012）。

　　然而，中国决策者们不但要考虑中期的静止状态或稳定局面，还要考虑动态路径和伴随而来的波动情形。前面两篇文章都忽略了与银行相关的巨大波动的资本流动。因为一般模型难以解释银行外部资产和负债的跨境行为。

　　此外，这些金融资产和负债存量模型不允许价格本身成为证券组合投资和银行相关的资本流动的短期主要驱动力。我们在境内/离岸价差方面的研究可以帮助我们了解，一旦实行资本账户完全自由化，资本流动可能呈现短期动态。总之，我们认为，中国货币市场的流入压力非常强大，但证券组合投资和直接投资组合外流的中期前景则刚好相反，两者形成了鲜明对比。

　　尤其需要指出的是，我们已经表明，在对资本进行有约束力的管制时，既允许境内远期汇率和离岸远期汇率之间存在差异，也允许境内短期利率和离岸短期利率之间有所不同。一般对同样的金融工具来说，由于境内价格低于离岸价格，这一价差因此有利于私人资本流入而不利于私人资本外流。

---

① Bayoumi and Ornsorge（2013）一文认为，如果中国对国内股票上的非流通股和国内债券市场上的银行所持债券进行调整，则存量调整量仅占 GDP 的 4% ~ 8%。中国政府可以通过减少其规模庞大的外汇储备，轻松调整预估的证券组合投资净流出或境外私人净资产增长，从而在私人投资组合与公共投资组合之间实现再平衡。应当认为，只要中国允许私人在更大范围内购买外国股票和债券，中国国家所有的境外资产私有化就不可避免（Ma and McCauley，2014）。

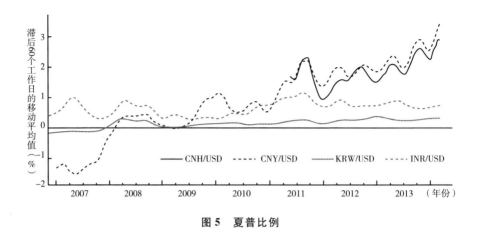

图5 夏普比例

注：定义为3月期利差（人民币的上海银行间同业拆放利率，卢比的孟买银行间同业拆
放利率，91天的韩元定期存单，美元的伦敦银行间同业拆放利率），除以隐含波动率，该隐
含波动率用相关货币的3个月货币兑换期权导出。

资料来源：彭博社和国际清算银行员工计算结果。

此外，通过对事前货币市场套利交易的风险调整后收益的标准进行分
析，我们可以更加清楚地看到证券组合投资资本流入压力。作为夏普比例的
一个简单版本，我们取短期利差被隐含在货币期权中的短期波动率除。图5
显示，近期货币波动性水平，中国如果开放中国货币市场将非常具有吸引
力。由于3月期上海银行间同业拆放利率高达5%、伦敦银行间同业拆放利
率低至0.25%和人民币隐含波动率低于2%，中国货币市场将对非居民产生
强烈的吸引力。

事实上，我们把最近数月内人民币平均值的简单夏普比例3.5%，与图5
中其他主要新兴市场货币0.3%～0.8%的波动幅度进行了比较。因此，在所
有主要新兴市场货币中，对套利货币交易者来说，人民币显然最具吸引力。
这意味着至少在短期内，国外银行和债券资本流动会对中国产生显著压力，
即使围绕着2014年3月扩大后的人民币每日交易区间波动，与人民币温和贬
值相联系的隐含波动率有所增加，收益风险比例也会非常有吸引力。①

我们已经对3月定息资本流入的强烈吸引力进行了说明，尽管程度较

---

① 要注意有一个相反的情形：印度货币市场利率为8%。虽然从孤立角度看，这个利率非常
有吸引力，但如果考虑到卢比对美元汇率的波动性，其套利交易的吸引力就有所下降。

轻，但在收益率曲线的长端能看出问题所在。也就是说，从 10 年期之内的收益率曲线可以看出，中国政府债券的收益率超过了美国政府债券的收益率。由于中国的收益率曲线比较平坦，两国收益率差额随着到期日的临近在缩窄。

近期的各种进展并不一定会降低中国货币市场的吸引力。虽然在一般情况下，美元利率在正常化后会缩短与中国收益率之间的差距，但预计中国利率市场化后，两者之间的差距又会拉大。He et al.（2014）一文使用多种估算方法后认为，中国利率市场化后，其均衡收益率会比在目前管制水平下提高 2.5% ~ 3%。该均衡收益率提高后，中国的收益率曲线在短端和长端会分别提高到 5% ~ 6% 和 6% ~ 7%。至于美国方面，来自美国国会预算办公室的 Laskey 和 Whalen（2014）则预计，美国联邦储备银行的短期利率会在 21 世纪 20 年代后期上升至 3.5%，而 10 年期美国联邦政府债券利率会上升至 5%。在完全实现美国利率正常化和中国利率自由化后，虽然难以准确预测这两个收益率曲线间的关系，但在中国资本市场更加自由化以后，外来资本流入，特别是在短端的流入压力会是近期需要严肃对待的一个问题。因此，虽然国内金融自由化通常被认为是进一步金融对外开放的前提条件，但国内金融自由化也会使中国对外开放短期直面更多的挑战。

在我们的研究成果中，有两个观点对管理资本账户开放的中国决策者非常有用。第一，我们认为的短期流入压力与公认的中期流出压力之间的对比表明，中国资本账户在完全开放的道路上会面临潜在的波动。决策者们需要对风险重重的这一过程进行把控。Ocampo and Erten（2014）一文建议，中国决策者们可以先行暂停实施现有的资本控制管理措施，以此作为资本账户开放的一条路径，而不是立刻取消所有资本控制的基本机构安排和工具；至少应当实行力度更大、透明度更高的报告与统计制度，这样可以及时、系统地追踪大范围的市场持仓量和跨境资本流动。

第二，如果在资本账户实质性开放之前，让汇率波动幅度持续扩大，可能有助于削减人民币对套利货币交易者的吸收力。2014 年 3 月，中国人民银行将人民币的每日交易区间从 ±1% 增加到 ±2%，起了减小对人民币套利货币交易者吸收力的作用，人民币的夏普比例降低超过一半。汇率风险增加会有助于短期流入压力与中期流出压力之间的再平衡。

六 总结

在这个结论部分中，我们将对证据进行概括，以证实我们提出的 4 个假充，并指出其可能产生的影响。

第一，中国经济和印度经济都正走在对外开放之路上。我们的价格证据可以明白地对 Chinn-Ito 之法律意义上的资本控制的金融开放指数相关性和有用性进行质疑。金融一体化的前进，允许决策者们积累经验和增强信心，促进而不是阻止计划中的资本账户自由化的加速实现。

第二，印度比中国更加开放，因此，我们对金融开放指数 Chinn-Ito 提出质疑，因为它暗示中国和印度对资本流动的限制程度基本相同。我们还对 Lane and Milesi-Ferretti 一文中认为中国经济比印度更加开放的观点表示质疑。[①] 总的来说，在资本开放方面，中国面临的任务比印度更艰巨。

迄今为止，为什么在金融领域中，印度比中国更开放？答案可能在于：印度经常账户赤字较多，更需要外来资金弥补这一赤字；中国的资本管制措施更严格；印度私营公司长期从事跨国经营，在境内市场和离岸市场进行套利（Subramanian，2009）；与中国相比，印度国内银行市场的全球性银行数量更多、作用更显著（Ma and McCauley，2013）。

无论中国和印度之间长期存在的这一差异的原因为何，我们都有证据表明，中国正在迅速蚕食印度在金融开放方面的领先地位。就政策意图而言，人民币国际化步伐远超印度。为此，中国在境外开立大量的人民币银行账户，发行大量的人民币债券，允许进行人民币离岸交付。这些政策对资本管制措施起了缓解作用，套利交易也由此得以运行。事实上，部分人已经认为，人民币国际化是中国资本账户自由化之路的一个重大步骤（Zhang，2014）。

[①] 我们希望研究人员在使用这些标准时更加谨慎，甚至在使用时要对其进行质疑，也希望他们会寻求新的标准。尤其需要指出的是，金融开放指数 Chinn-Ito 明显不适合于其通常使用的目的。此外，尚无充分理由认为，Schindler（2009）一文中"最精细排序"（Quinn et al. 2011：492）标准没有前述同样存在根本缺陷。各类调控措施本身并不能显示它们的限制之所在；恰恰相反，它们的限制功能体现在实施之中。事实本身才是研究者的关注之所在。

第三，我们研究的一个重要结论是，从全部 3 个标准来看，中国和印度两个经济体都需要在资本账户自由化方面继续努力。两国政策都继续将境内市场和离岸市场分割。最近，中国采取了与资本账户开放目标一致的诸多措施，可能有助于推动中国的资本账户自由化势头。

第四，虽然大多数人都认为，中国在中期内会出现境外私人净资产增加。但我们认为，3 个重要的金融市场的境内价差与离岸价差表明，一旦资本账户完全开放，中国可能会面临外来资本流入的巨大压力。尤其需要注意的两个事实是，人民币及货币市场工具的境内价格低于离岸价格，到 2013年，中国公司境内股票价格溢价基本消失。事实上，直到 2014 年 3 月人民币最近交易区间扩大以前，人民币还是最具吸引力的套利货币交易目标。至于人民币交易区间扩大的影响，还有待观察。人民币收益率曲线的更长端的现有和潜在收益也可以吸引大量资金流入。因此，对中国资本账户完全自由化过程中可能出现资本净流量的动态及波动，我们的价差证据可以对其提出诸多质疑和问题。

在实行资本账户自由化的过程中，中国决策者们需要考虑这些动态及波动的风险。实现资本账户自由化之后的潜在短期资本净流入与预计中期资本净流出可能会共同放大这种波动性。

起初，大规模的外来证券组合投资组和银行相关的资本流入可能以无法预测的方式与国内金融体系失衡相互作用。金融失衡并非以商业周期频率发生，而是在为期更长的金融周期内加重失衡（Drehmann et al.，2012）。在中国，政府资助的投资和信贷在 2008~2009 年大幅扩张（这与美国房地产市场从繁荣到萧条的周期相一致）使中国债务占 GDP 的比例大幅度上升。非金融领域私人债务（包括快速增长的"影子银行"）占 GDP 的比例，在全球金融危机爆发后提高了 60%，从 2007 年不到 120% 提高到 2013 年的 180% 以上。这可能是中国金融脆弱性增长的一个标志（Drehmann et al.，2012）。

在一个更加自由的环境中，金融失衡和金融脆弱性可能会触发资本外流。如果美元利率维持在低位，人民币利率处于上升值，人民币汇率预期也会表现稳定或者出现较大规模的单边升值，那么自由流动的银行资金会大量流入。同样，我们可以认为，最近阶段，中国金融周期有了明显转变，中国可能会出现大规模信贷损失，这些问题与美元利率正常化结合在一起，可能会在中国引发大规模私人资本外流的风险。从中期来看，这种私人资本净外流与理想的中国私人资本净外流增长有根本的不同。

在这种情况下，中国决策者们不仅需要关注货币市场的即期收益率差异及其与汇率波动性之间的关系，而且要关注中国信贷激增带来的难以预料的后果。这些因素并不意味着反对逐步资本账户开放，但这些因素至少表明，中国应当建立一个强有力的评价统计体系，以确保有关部门知道发生什么。

参考文献

Aizenman, J. and Sengupta, R., 2011. *The Financial Trilemma in China and a Comparative Analysis with India*, November, Mimeo.

Baba, N. and Packer, F. 2009. Interpreting Deviations from Covered Interest Parity during the Financial Market Turmoil of 2007 – 2008, *Journal of Banking and Finance*, 33 (11): 1953 – 1962.

Bayoumi, T. andOhnsorge, F., 2013. *Do Inflows or Outflows Dominate? Global Implications of Capital Account Liberalization in China*, IMF Working Paper No. WP/13/189, International Monetary Fund, Washington, D. C.

Chinn, M. and Ito, H., 2006. What Matters for Financial Development? Capital Controls, Institutions, and Interactions, *Journal of Development Economics*, 81 (1).

Chinn, M. and Ito, H., 2008. A. New Measure of Financial Openness, *Journal of Comparative Policy Analysis*, 10 (3): 309 – 322.

Drehmann, M., Borio, C. andTsatsaronis, K., 2012. *Characterising the Financial Cycle: Don't Lose Sight of the Medium Term*! BIS Working Papers No. 380, June, Bank for International Settlements, Basel.

Frankel, J., 1992. Measuring International Capital Mobility: A Review, *American Economic Review*, 82: 197 – 202.

He, D., Cheung, L., Zhang, W. and Wu, T., 2012. How Would Capital Account Liberalization Affect China's Capital Flows and the Renminbi Real Exchange Rates? *China and the World Economy*, 20 (6): 29 – 54.

He, D., Wang, H. and Yu, X., 2014. *Interest Rate Determination in China: Past, Present, and Future*, February, Mimeo.

Hooley, J., 2013. Bringing Down the Great Wall? Global Implications of Capital Account Liberalisation in China, *Bank of England Quarterly Bulletin*, 53 (4): 304 – 316.

提高中国金融业和全球
货币体系的应变能力

Wing Thye Woo

一 追求现代经济持续增长

根据 Woo（2012）一文中的追赶指数（CUI），中国在 2006 年就进入了中等收入国家行列。追赶指数是指人均按购买力平价（PPP）计算后，一国人均 GDP 与美国人均 GDP 的比例。在 Woo 的分类中，如果追赶指数值不低于 20%，该国则进入中等收入阶段；如果追赶指数值达到 55%，该国则进入高收入阶段。

我们不能想当然地认为，中国会继续快速发展，进入高收入国家行列。在拉丁美洲地区 5 个最大的经济体中，有 4 个经济体——阿根廷、巴西、智利和墨西哥——至少自 20 世纪 60 年代以来就一直居中等收入国家行列，但均未能向高收入国家成功跨越。此外，作为拉美地区第 5 个中等收入国家，委内瑞拉的追赶指数值出现长期下滑，未能维持其因石油收入而跻身的高等收入国家的地位，并在 20 世纪 80 年代跌落到中等收入国家行列。从时间上看，中国近邻马来西亚是困在中等收入陷阱里的一个案例。1993 年，世界银行将马来西亚经济发展称为东亚"奇迹"，但其在 1995 年就停止追赶式增长。

拉丁美洲这些规模巨大的经济体和马来西亚再也没有出现过 Simon Kuznets（1971）所称的"现代经济增长"（MEG）。现代经济增长是经济增长的一种类型，最初出现于 18 世纪晚期的西欧。它与早期经济增长类型有几个质上的不同：人均产值持续高速增长，产出构成出现大规模变化，生产的商品和服务日益多样化，能够进行体制和意识形态上的快速调整。由于现代经济增长的典型特征是社会多方面不断发生变化，因而要实现现代经济增长，国家在其经济发展进入新阶段后，就必须改变其经济政策，以便促进经济的持续增长。

我们在对其他国家的经济增长进行研究后认为，中国要实现由中等收入国家向高收入国家的成功转型，就必须改变目前的二元政策体系——在该政策体系下，国家对工业化进行主导，并且由国家指导下的资本配置来推动工业化，就不能再把满腔热情的私营企业主们的生产经营范围继续限制在轻工业领域、低附加值或中等附加值的服务业领域内。虽然苏联在没有私营企业参与的情况下跨入了中等收入国家行列，但它在 1991 年的政治和经济崩溃中瓦解了。马来西亚实行中国式的国家－私人二元政策体制，虽然跨入了中等收入国家行列，但由于政府"无问题，不处理"的短视态度，在政策上无所作为，因而马来西亚陷入了经济停滞状态。

目前，中国正处于这样一个发展阶段：亟须对政策进行若干根本性改革，金融改革就是其中之一；必须进行改革，才能避免陷入中等收入陷阱。如果继续无所作为，不进行全面的金融改革，中国在过去 200 年来，尤其是最近以来为达到发达经济体的生产率和生活水平所做的各种努力都将会付诸东流。

二　金融部门改革议程

在对中国金融业发展进程进行研究时，大多数学者都使用了股票流动比例，如 M2 与 GDP 的比例、股票市场资本化与 GDP 的比例。由于 M2 与 GDP 的比例从 1998 年的 124% 上升到 2010 年的 188%，上海证券交易所和深圳证券交易所的股票市场资本化也大幅攀升，从 1997 ~ 2005 年占 GDP 的平均值为 30% 上升为 2006 ~ 2012 年的 53%。许多中国分析家们在报告中普遍认为，中国金融业处于稳步发展之中。

然而，最近有两项研究表明，在诸如 M2-GDP 这种股票流动比例稳定上升的势头下，掩藏着中国金融业中的某些不利趋势，它们可能触发金融崩溃（Liu and Qin，2014；Arcand，2014）。

　　Liu and Qin（2014）一文对中国金融业发展取得了进步（虽然有，但不足）的传统观点进行了分析。他们设计出一个以价格为基础的指标，取代惯常的以数量为基础的指标，对中国银行体系的结构摩擦程度进行了测算。因为这个指标是影子利率与实际利率之间的差值，所以又称"去掉影子后的实际差幅"（SAS）。

　　为了估算实际平均利率（从银行贷款数据计算而得）和影子利率（从投资构成进行分析），Liu and Qin（2014）一文将借款人分为两大类。

　　（1）低风险企业（LREs）与国有企业和股份制企业（包括采取股份有限公司和有限责任公司形式的企业，多为国有控股企业）相对应。

　　（2）高风险企业（HREs）与民营企业、个体经营者、集体所有制企业（其中大部分实际上为私人所有的乡镇企业）和其他类型的企业相对应。[1]

　　Liu and Qin 对银行贷款的平均回报率进行了计算（公式1），其中，r 代表平均回报率。

$$r = w_{LRE}r_{LRE} + w_{HRE}r_{HRE} \qquad (1)$$

　　在公式（1）中，w_{LRE} 和 r_{LRE} 分别代表银行信贷中分配给低风险企业和高风险企业的份额。

　　他们对影子贷款利率 R' 进行了计算，把它作为整个投资中银行贷款的平均成本。

$$R' = v_{LRE}r_{LRE} + v_{HRE}r_{HRE} \qquad (2)$$

　　在公式（2）中，v_{LRE} 和 v_{HRE} 分别表示低风险企业和高风险企业投资份额。

　　由此可以从公式（3）中算出影子贷款利率与实际贷款利率的差值，以及去掉影子后的实际差幅（SAS）。

$$SAS = (R' - r) = (v_{HRE} - w_{HRE})(r_{HRE} - r_{LRE}) \qquad (3)$$

　　公式（3）告诉我们，关于去掉影子后的实际差幅（SAS）的一个关键

---

[1]　在低风险企业与高风险企业之间有两个关键性差异。首先，国有企业和国有控股企业违约风险较低，其原因在于中国的软预算约束制度，也就是说，在国有企业和国有控股企业濒临破产时，政府会对其进行救济（如通过财政补贴等渠道）。其次，在生产率方面，低风险企业远远低于高风险企业（Woo et al.，1994）。

性假设，即投资实际构成反映了高风险项目和低风险项目的社会最优比例。如果银行体系的风险偏好与社会风险偏好相同，则高风险项目中银行贷款所占的比重将与高风险投资中社会选择比例相等。

我们这一解释与 Liu and Qin（2014）一文的观点相同，即如果银行要给企业风险正确定价，就要根据经济标准分配信贷资源，低风险企业和高风险企业获得的贷款份额将与它们在投资支出方面的份额大致相同，也就是说，v_{LRE} 和 w_{LRE} 在价值上将会相等，去掉影子后的实际差幅（SAS）为 0。然而，如果银行系统在分配贷款时对低风险企业进行了倾斜，则 $v_{LRE} < w_{LRE}$，这意味着 $v_{HRE} > w_{HRE}$。Liu 和 Qing 两位专家认为，这是银行向低风险企业发放贷款时的一种偏见，是银行体系中的结构性摩擦（原文此处与前文语法上不能对接）。他们发现了一个令人不安的结果，即随着时间的推移，银行贷款的影子利率回报和实际利率回报差距已经扩大，已经从 2003 年的 1.02 个百分点增加到 2007 年的 3.25 个百分点，然后增加到 2010 年的 3.76 个百分点。他们认为，导致效率日益下降的原因有两个。

（1）国有控股企业获贷款总额不适当，使（$v_{HRE} - w_{HRE}$）值为正。

（2）与国内民营企业相比，国有控股企业的平均生产率较低，使（$r_{LRE} - r_{HRE}$）值较大。

Arcand（2014）也赞同 Liu and Qin（2014）一文中关于中国金融业已经在过去若干年里出现了功能失调的观点。他早先在对跨国数据的分析中（Arcand et al.，2012）发现，股票流动比例价值较低且对经济增长有积极作用时，该比例会有提高（例如，M2-GDP 的比例）；但是该比例也有一个阈值，如果超过这一阈值，则不利于经济增长。具体而言，这一早先研究发现，如果私营部分获信贷占比达到 GDP 的 100%，金融发展将会对经济增长产生否定性边际效应。

Arcand 在最近的一项研究中发现，这种效果从好到坏的逆转源于内生性违约概率、信贷配给和政府对国有企业进行救助这样一个简单模型。最重要的一点是，政府救助国有企业的行为导致在社会最佳分配方面的贷款水平"过高"。当 Arcand 运用这种模式对中国数据进行测试时，他发现，人们一直忽视了中国语境下的一条经验规律：未偿还贷款对中国各省（自治区、直辖市）经济表现有重大、负面、可统计的显著影响。

虽然现在中国政府启动了金融改革，但其显然姗姗来迟。中国政府认为如果要继续保持动态追赶的势头，政府在中等收入国家中的作用与在低收入国家中的作用会显著不同。具体而言，由于中国经济工业化的程度较高，中国政府目前的关注重点应当不再是以廉价资金推动工业化。对中国工业发展而言，目前的重点不是数量的扩张，而是质量的提升。

此外，中国政府目前财力充足，无须扭曲金融部门，就能对工业化提供间接的财力支持。自 2001 年以来，中国财政收入年均增长 20%，财政支出占 GDP 的比重已经从 1997 年的 10.7% 上升到近年的 20%。由于土地价格快速升值，政府的财政安全状况远胜从前。就政府目前的财力而言，其可以为全面工业化直接提供财政支持，因此它应当直接资助工业化本身，不再直接干预金融资源的分配活动，从而降低工业化推动进程中的经济成本。

目前，对中国金融业进行全面改革的时机已经成熟。改革可以帮助中国从中等收入国家进入高收入国家行列。金融改革需要在以下 4 个方面进行。

（1）壮大金融业，方法包括：推动金融机构多元化和金融资产多元化，尤其是要注意增加私营企业股票发行机会。

（2）放松银行业管制措施，实现银行业现代化。

（3）在金融体系中增加减震器和断路器，提高金融体系对金融违法行为和金融崩溃事件的应对能力，锻造监管机构的财务消防能力，最大限度地降低金融机构运营失败的成本，防范金融危机蔓延。

（4）提升金融业的国际化水平，适应全球化的发展要求，适应中国作为经济大国崛起的要求，增强全球金融的稳定性。

本文讨论了上述第 3 个方面和第 4 个方面的改革，特别关注了改革的步骤。要避免系统性金融崩溃，保持现代经济增长，就必须采取这些改革步骤。

三 稳步实现金融业现代化，提升金融消防能力

对如何避免系统性金融危机进行讨论，有助于分析最近若干发达经济体出现的金融崩溃，有助于为中国和其他发展中国家提供经验教训，而这些国家正在进行金融改革，以支持现代经济增长。在这方面，最近有学者发表了3 篇文章，他们分别是 Sachs（2014）、Boone and Johnson（2014）和 Honkapohja（2014）。

Sachs（2014）考察了过去 30 年美国的金融渎职记录，发现 2008 年全球金融危机的特征之一是在美国主要的投资银行、商业银行、对冲基金、金融集团和股票交易所，即统称的华尔街中，普遍存在违法行为。华尔街大公司中不时爆出作奸犯科者，令人吃惊的是，针对公司运营中核心业务提起的数十起民事诉讼和刑事诉讼，除了极少数以外，这些诉讼案件都有一个共同点，那就是虽然存在公司违法行为，但华尔街的高级经理人不必为此付出个人代价。当与美国证券交易委员会（联邦金融市场监管机构）就金融违法案件达成和解协议时，典型做法是被告公司只需缴纳一笔罚款就可以"既不承认，也不否认不当行为"（联邦法院法官 Jed Rakoff 对这一做法提出了批评，认为这不符合公共利益）。通常情况下，这种罚款只占公司从其违法行为中所获利益的一小部分。对这些违法行为，法院没有做出有罪判决，没有人承认应当负责，也没有人否认不应当负责，没有人对高级管理人员采取进一步行动（例如，取消管理人员从事金融业的权利）。

仔细考察一下 Jeffrey Sachs 一文，将会使我们受益，因为他找到了金融违法行为普遍存在的大多数体制性原因。所有的资本主义经济体都有这些体制上的不足之处，只不过程度不同而已。Sachs（2014）一文认为，美国金融机构之所以从事风险过高的交易，是因为其内在癖好中有 5 个主要的结构性原因：①对 CEO 们的监管不到位；②公司运营中高度杠杆化；③以股票价值为基础制定 CEO 的薪酬方案；④对金融业的监管不足；⑤华尔街在华盛顿特区拥有巨大的政治权力。对上述金融不法行为，美国大公司只承担有限责任。它们一般为上市公司，特点是股权高度分散，而不是掌握在一个家庭或一小群核心投资者手中。由于股权分散和有限责任制度，股东一般很少对公司治理进行监督。其结果是，CEO 们有相当大的自主权，董事会监督相对宽松，董事常常由 CEO 们提名任命。

与非金融企业相比，银行的杠杆率往往极高。银行的任务是吸收存款人、其他银行和金融市场的存款，将其变成贷款，投资于资产上。通过一个简单的算例，Sachs 向我们显示：高杠杆助长了股东的风险偏好，使其位于社会最佳分配之上；如果在成功后果与失败后果之间存在非对称性的话，股东从成功后果中所获利益大于从失败后果中所获利益。存款保险的存在和政府在危机事件中会对银行债权人进行救助这一隐含性期待助推了杠杆化。全球金融危机爆发以前，美国的投资银行和欧洲的商业银行杠杆率达到历史最高水平，平均约有 30 倍（总资产与股权之比）。美国的商业银行杠杆相对较低，但也达到 10 倍，与非金融公司相比，这一数值还是很高的。

Sachs 认为，在过去的 30 年里，公司对 CEO 们的补偿一路飙升，其原因在于人们越来越多地使用基于股权的补偿方式，尤其是股票期权方式。他列举了几个简单杠杆化数例，表明股票期权如何刺激了 CEO 的胃口，使其将风险置于股东利益之上。高杠杆率公司与饱含股票期权的 CEO 薪酬待遇一经结合，就成为 CEO 将公司放手"赌博"而为自己致富的强烈动机。

金融管制放松进程始于存贷款（S & L）业务中的保证金，时间为 20 世纪 80 年代早期。在短短几年内，整个行业就破产了，实际上是被 CEO 们"洗劫一空"了（Akerlof and Romer，1993）。破产中的存贷款金融机构利用联邦存款保险制度吸收新存款，然后利用流入的存款向业主兼经理进行破产虚假利润支付和其他内部人支付，最后，联邦政府不得不赔偿储户存款，但已破产存贷款金融机构的所有者多有贪污行为，并已携款潜逃了。

1999 年，金融管制放松的高峰时刻到来，美国国会通过了金融管制放松进程中最重要的法律——《金融服务现代化法》（The Gramm-Leach-Bliley Act），废止了大萧条时期制定的对银行存款业务和投资业务进行分业管理的《1933 年银行法》（Glass-Steagall Act）。国会两党都大力支持废止该法。领导废除该法的为美国财政部长罗伯特·鲁宾（Robert Rubin），他不久便成为花旗银行集团董事长。由于美国对金融业管制的放松，花旗银行集团这样一个金融巨无霸才得以成立（该集团通过花旗公司与旅行家集团之间价值高达 1400 亿美元的并购而成立，这是美国历史上规模最大的并购之一）。

Sachs（2014）认为，华尔街的高级经理人虽有金融违法行为，但其面临的刑事处罚风险极低，同时金融业管制放松稳步进行，出现这种局面的原因在于华尔街在华盛顿拥有巨大的政治影响力。金钱流动主要有两种形式：竞选捐款和游说支出。它们通过雇佣政客进入游说公司（和律师事务所），最终大部分以间接方式落入政客们的口袋里。

更有争议的是，Sachs 假设美国的道德精神发生变化，人们更能接受利己行为或不法行为。他认为，给予公司高级管理人员超高薪酬并不是发达资本主义国家的社会规范。为此，他引用了瑞典首席执行官 Percy Barnevik 的案例。该 CEO 深具领袖才能，公司运营非常成功，曾经设计出一个具有美国 CEO 典型特点的退休方案。几年以后，这个退休待遇已经广为人知，公众哗然，迫使这位已经退休的 CEO 公开宣布放弃退休方案，并从其他公共职位上辞职。不过，在美国，对高管高薪酬待遇的社会限制有所减少，从而使美国 CEO 们更容易借机给自己加薪。

Sachs 根据他自己对华尔街不法行为的了解，建议政府对以下 7 个方面给予高度重视，以便促进金融业健康发展。

(1) 对金融机构的杠杆率进行限制，因为它起了促进过度冒险或明火抢劫的作用。

(2) 像欧盟那样，对 CEO 们的薪酬待遇实行严格审查和监管。股东应当自动获得对该薪酬待遇的投票权，应当限制股票期权的使用，以避免 CEO 们的过度冒险行为。

(3) 显著增加边际税收的税率，以便在某种程度上防止管理层滥用激励机制。

(4) 通过立法手段，规范 CEO 们和高级管理人员的行为，使其对在职期间的公司重大不法行为承担个人责任。个人责任可能包括：吊销从业资格；强迫其从管理职位上辞职；发布关于奖金方面的禁令；在可以确定 CEO 的责任和疏忽的情形下，令其根据公司所受罚款或民事和解赔偿金额的一定比例承担个人责任。

(5) 发生大规模金融违法行为的，对公司和个人提起刑事诉讼。

(6) 禁止华尔街公司进行游说活动，禁止银行高级管理人员进行政治捐款。

(7) 就如何恢复华尔街的伦理规范进行研究。

Boone and Johnson（2014）一文对发达国家金融机构中系统性不慎行为的根源进行了调查。他们的调查结果表明，广义上发达国家为何难以实现审慎金融监管。经济刺激和政治力量促进了资本不足的金融机构的发展，过度杠杆化的生产企业和资金不足的公共权力持续地以多种方式战胜了欧洲、美国、加拿大和日本的审慎监管制度。这一结果使很多富裕国家虽然取得间歇式发展，但在增长的同时也出现了金融危机，尤其是由于这些国家都已经出现人口老龄化，加上年轻一代未能参与决策过程，因而这些国家都沉迷于债务融资的经济管理方法（例如，通过发行新的政府债券对银行进行资本重组）。

金融危机中，公司相继亏损，国家出面进行救助，使因人口老龄化的财政赤字雪上加霜，政治激励措施受到限制，无法实现预算平衡。一般来说，经济快速增长会让人难以发现企业已经濒临破产的局面。只有增长停止时，这些困难才浮出水面。一旦出现大规模资金不足的系统性问题和结构性财预算赤字，就难以改变发展方向，财力下降和危险上升的情形就会持续下去。富裕国家由于审慎监管的系统性缺失，就会出现通货膨胀、金融抑制和新危机。

有人声称，在发达国家"不爆发危机"的情形下，也"可以实现足够的变化"。对此，Boone and Johnson（2014）一文"表示怀疑"。他们认为，快速增长的经济体（如中国）如果采取以下3方面的行动，就有可能避免重蹈发达国家的覆辙。

首先，中国必须提高其金融机构的安全性，方法包括以下几个方面。①制定法律，严格规定对金融机构不得给予救助，让债权人监督金融机构；在公共资金可以使用之前，需要债权人纾困。②要求金融机构建立大的权益缓冲区，提取大额应急资本金。③对金融监管机构从业人员，禁止其离职后若干年内在私营金融企业任职，以强化金融监管；也就是说，在金融领域关上国家与私营部门之间的旋转门。

其次，中国必须促进公共财政稳定。①通过宪法修正案，强化预算平衡规则（为此需要对经常性支出进行检查，但不能防止政府在养老金方面做出过度承诺）。②需要对养老金进行测试，这将缩减为高额养老金进行游说的团体规模，从而减轻未来几代人的负担。③增强财政行为之财政意义的透明度。例如，应当设立一个无党派机构（像美国的国会预算办公室那样）对预算进行预估。④定期提交审计长报告，起诉不法行为。

最后，中国必须认识到，如果没有中央银行作同谋，金融泡沫通常不能持续很长时间。在格林斯潘就任主席期间，美联储向具有系统重要性的金融机构提供隐性救助担保（例如，通过对长期资本管理公司和贝尔斯登公司的干预），吹大了泡沫。因此，建立一个独立的"金融稳定监督委员会"至关重要，其能对央行和其他金融监管者的职责履行情况进行监督。这一监管机构财政独立；它的存在将会鼓励那些检举揭发舞弊内情的人们及时预警，有助于避免金融崩溃。

Honkapohja（2014）一文通过回顾北欧国家金融自由化的进程，找到了20世纪80年代芬兰、挪威和瑞典金融危机爆发的原因。在讨论上述3国陷入金融危机和经济危机的原因之后，他得出了4个重要结论。

第 1 个结论是，北欧国家过于关注"怎么办"而忽略了"是什么"。人们过多关注什么是政策行动的最优顺序，以便取消对金融市场和资本市场的管制措施。相反，他们对以下问题没有给予足够的重视：①如何对不同市场与不同生产部门进行调整，以适应政策行动；②银行及其他市场机构所处的条件是什么。据认为，公司和家庭会知道如何适应新制度并会以灵活的方式去适应。然而，事实证明，银行及其客户在适应这个平衡时都速度过快，产生了信贷膨胀，出现了资产价格泡沫，最后引发银行危机。北欧国家没有足够清楚认识到金融自由化会增加金融风险，其应当改变行为方式，以应对金融自由化。由于管制机制本身能从实质上保证银行的稳定性，审慎监管并没有在金融体系管制期间发挥重要作用。在管制体制下并不需要审慎监管的现行制度，怎么可能指望在放松金融管制后，它就能立即承担更重大的责任呢？

重要的是，有关各方都认为，有必要改变思维方式和商业实践。传统的思维方式可能会变成一个陷阱。从根本上讲，以市场为基础的金融体系是不太可控的，因此市场参与者必须做好准备应对金融抑制体制下并不存在的新风险和不确定性。在放松金融监管的情形下，风险管理和监督非常重要。

第 2 个结论是，北欧国家要夯实银行的资本金，改革监督体制，这是采取金融自由化重大步骤的前置性重要条件。

第 3 个结论是，北欧国家应当知道，它们在转向以市场为基础的金融体系和实现跨境资本自由流动以后，就难以保持固定汇率。资本自由流动和固定汇率制度结合后，会形成巨大的投机压力，使汇率维持成本居高不下。

第 4 个结论是，北欧国家务必要做出努力，为自由化的主要部分（节点）制定时间表，以避免与商业上行周期相撞。

Honkapohja（2014）一文指出，中国经济的庞大规模使它在自由化进程方面不同于大多数其他国家。中国改革可能对其他国家产生重大溢出效应，这些国家可能会对此采取相应行动。因此，中国在制订放松金融管制的计划时，应当考虑其在金融领域的改革可能产生的国际影响及国外反应。

总之，对金融部门如何安全地实现现代化、如何加强审慎监管、如何锻造金融消防能力，Sachs（2014）、Boone and Johnson（2014）和 Honkapohja（2014）3 篇文章提出了 3 套备选方案。第 1 组改革方案旨在减少金融机构及其高级管理人员过度冒险行为的激励机制和防范措施，其办法包括以下几个方面。

（1）要求政府对金融机构的金融违法行为提起诉讼，使金融机构高级管理人员对其公司的不法行为承担个人责任。

（2）废除对债权人的救助制度，取消股东纾困制度。

（3）提升资本充足率的缓冲作用。

（4）降低金融机构杠杆化比例，减少高级管理人员对以股权为基础的薪酬制度的使用。

第2组改革方案是改变金融业与政治机构（政府机构）之间的舒适、自利关系，方法包括以下几个方面。

（1）限制金融业在政治捐款的花费数额。

（2）关闭华尔街与宾夕法尼亚大道之间的旋转门；对从其中一个地方到另一地方任职的人员，施加更多年限的从业限制。

第3组改革方案是加强国际金融机构的监管能力，限制央行和财政部门破坏宏观经济稳定性的能力，方法包括以下几个方面。

（1）建立一个独立的系统性金融稳定监督委员会，对中央银行的货币政策行为进行审核：①结束"格林斯潘对策"的做法（美国联邦储备局前任主席格林斯潘为防止股票市场崩溃而实行的政策），不再保护非理性繁荣的肇事者；②避免在对币值被高估的货币进行防守时出现偏差；③对金融监管部门批准金融新工具和起诉金融欺诈的行为进行审计；④监督各联邦金融机构在对破产金融机构进行有序重整、防止金融危机在国内国际蔓延方面的准备工作。

（2）通过法律停止对以债务融资为基础的政府支出的偏爱：①要求联邦预算在商业周期之上实现平衡；②建立独立的财政调解委员会，在全局性的支出－收入方面进行调解。

四 深化金融政策的国际合作

中国现在是世界第二大经济体，预计很快将成为世界第一大经济体。中国经济增长已经使国际劳动分工发生了显著变化，这可以从发达国家制造业相对下降中得到验证。国际经济力量之间的平衡发生变化，国家间相互依存日益加深，使世界经济结构发生了巨变，例如，出现了亚洲经济一体化这种新形态，使国际货币基金组织和世界银行等国际金融机构的治理进行改革——在资本流动监管和金融领域监管中进行新的国际合作，以便增强国际货币体系的稳定性。

为了与中国经济的大规模结构调整相一致，提升全球经济新秩序的效率和稳定，中国有必要进行汇率体制改革，以适应这一结构调整，提升全球性、系统性应变能力。在这方面，最近发表的 3 篇文章，其分析可供中国参考。这些文章分别是 Wu et al.（2014），Pan et al.（2014）和 Woo（2014）。

Wu et al.（2014）一文给出了人民币汇率体制改革的中期和长期备选方案。就中期而言，他们建议中国实行"一个货币篮子（Basket），一个浮动区间（Band），一个蛇形中间平价（Crawl）"（BBC）的汇率管理制度。具体而言，他们建议为方便对有效汇率的管理，应当建立一个动态的目标区间；在该区间内，汇率中间价（根据巴拉萨－萨缪尔森关于相对劳动生产率增长的假说）的实际有效汇率每年升值为 2%，允许人民币汇率在该目标区间内围绕着汇率中间价进行上下 5% 的波动。就长期而言，他们建议中国实行浮动汇率制度和广义通货膨胀目标相结合的货币制度。

由于中国对世界经济的影响日益增强，人民币会自然而然地成为国际货币——一种在国外用于对商品和金融资产计价的货币。Pan et al.（2014）一文认为，随着全球经济重心转向亚洲和全球经济多极化趋势的形成，一个具有稳定内部机制的多储备货币体系将会形成。人民币国际化就是这个改革方案的一个组成部分。Wu et al.（2014）一文认为，人民币国际化可以分两阶段进行。在早期阶段，主要任务是完成中国经济和金融体系的转型工作，培育人民币的国际需求；在后期，主要任务是开放资本账户，大幅增加人民币供给，以便人民币在全球范围内使用。

中国扩大金融开放的改革措施包括：向外国金融机构发放牌照，允许其从事人民币计价业务；允许对国有银行的分支机构进行兼并与收购。理想情况下的政策应当是能够促进资本外流，为大企业和金融机构"走出去"提供资金支持。但在 Woo（2014）一文看来，就中国金融改革而言，最重要的国际考量不是人民币是否或何时国际化，也不是上海是否以及何时成为国际金融中心（IFC）。他指出，因为中国大陆像中国台湾一样开放资本账户这一趋势是不可避免的，一旦开放，外国人可以自由使用人民币，所以人民币就会像瑞典克朗和瑞士法郎一样，自动国际化；外国居民可以投资中国的股票市场和债券市场，外国银行的上海分行可以经营任何货币业务，所以上海将会自动成为像斯德哥尔摩和日内瓦那样的国际金融中心。

Woo（2014）一文认为，中国金融改革会带来两个根本性的国际性后果。首先，人民币将成为像美元、欧元那样的国际媒介货币（IVC），也就是说，人民币将会成为国际货币小组的一员，而其他国家一般会使用国际媒介货币，对其商品贸易和相互之间的国际贷款进行计价。其次，上海会像伦敦和纽约两个城市一样，成为一线国际金融中心，而一线国际金融中心在交易量上，会远超法兰克福和东京这样的二线国际金融中心。

中国政府应当认为人民币的国际媒介货币地位和上海的一线国际金融中心地位是值得追求的目标。这两个方面的发展，如创建一个高附加值的金融服务业和降低国际交易成本，将使中国受益良多。同时，它们也使全球基本公共产品增加，从而给世界带来巨大好处。人民币作为国际媒介货币崛起后，将有助于满足国际储备的世界性需求，促使国际储备多元化。这将解决一个重要的系统性信心问题，从而增强全球金融的稳定性。

在目前全球货币体系中，美元是最主要的国际储备货币。国际经济交往增加后，美元会对全球流动性提出额外需求；作为全球储备货币，美元需要人们对其保持信心。在这样前述需求和需要之间，存在一个不可持续发展的平衡状态。非美国居民和外国政府持有的美元越多，他们就越担心美国政府无力维持美元购买力的稳定性（这个现今面临的平衡状态与特里芬困境并不同）。[①] 人民币的有益之处在于，它可以作为另外一种主要的价值储藏手段，可以方便地作为国际交换媒介使用，减少对美国联邦储备银行这一单一中央银行的能力之依赖，规避其在货币政策决策过程中的失误。因此，人民币国际化会提高国际社会对全球货币体系应变能力的信心。

五　结束语

金融改革对中国继续保持现代经济增长具有重要意义。重要的是，中国要注意吸取国际金融动荡方面的经验教训。

[①]　特里芬（1960）一文曾怀疑，随着时间的推移，美国可能无力满足布雷顿森林货币体系的要求，继续保持美元与黄金之间的自由兑换。

需要注意这样一个事实，那就是发达经济体至今还没有建构出一个使用起来绝对安全的金融体系。这一事实本身不应当成为拖延中国金融业结构调整的理由。关键在于，中国要认真学习外国经验，要对外国如何建立安全、有效的金融业的经验教训进行批判性思考，要思考如何吸取这些经验教训，以适应中国的具体情况。对中国的金融改革来说，本书将不无裨益。本书是一本经验教训集。从中可以看到，中国应当采取审慎措施，防止金融失败，保证高效监督，实行适度管制，同时要有利于扑灭"金融火灾"——时至今日，这些火灾还不时发生。

中国人在金融转型期间的安全问题上，争论最激烈。人们对是否应当、何时开始、如何进行资本账户开放争论得面红耳赤。人们担心，资本账户自由化后会带来以下两个方面的金融风险：①外国资本流入过多，导致资产泡沫和通货膨胀；②外国资本流入突然出现逆转，造成国内资本恐慌性外逃，使人民币和中国金融体系突然崩溃，正常的贸易信贷无法继续进行，附带引起中国生产下降。这些担心都是有根有据的。然而，中国的金融改革必须将金融开放的潜在成本与巨大收益进行比较。虽然无法根除这些灾难出现的可能性，但可以采取行动使这种可能性发生的概率最小化（例如，要求银行提取充足的资本金作为缓冲器，降低杠杆比率），采取各种行动，实现对灾难进行快速管控，在灾情发生后快速进行重建工作。

有人认为，在有效金融监督和审慎监管制度得以建立之前，中国不应当开放资本账户。这种观点是站不住脚的。首先，学习金融监管的最大好处是在课堂和市场。中国最近建立的上海自由贸易区（SFTZ）允许离岸国际金融中心出现，这使中国金融监管者有机会进行实战训练，对形成中的金融风暴信号进行识别和化解，并高效处理失败金融机构的资本重组和机构重建工作。其次，任何金融市场，既不可能永远开放，也不可能永远关闭。在何时开放到何种程度都是当时的政策选择。资本账户完全开放后，任何时候都可以基于正确原因（如阻止金融恐慌的蔓延）而关闭资本账户，也可以暂时部分关闭而不产生长期性不良后果。

金融灾难发生时，最重要的行动就是防止油污扩散。在大规模的金融危机中，会出现大规模的资本外逃，常用管理方法如提高利率和实施宏观紧缩政策，通常都会归于无效。要遏制这种特别不利于金融市场发展的情形，就只能由国家采取特别行动，打消公众对资产价值和经济前景的担忧。

参考文献

Akerlof, G. A. and Romer, P. M. , 1993. Looting: The Economic Underworld of Bankruptcy for Profit, *Brookings Papers on Economic Activity*, 24 (2): 1 −74.

Arcand, J. L. , 2014. *Credit Rationing, Bank Bailouts, and the Deleterious Impact of Credit: Evidence from China*, in W. T. Woo, Y. Pan, J. D. Sachs and J. Qian (Eds), *Financial Systems at the Crossroads: Lessons for China*, London: Imperial College Press and World Scientific Press.

Arcand, J. L. Berkes, E. and Panizza, U. , 2012. *Too Much Finance*, IMF Working Paper *WP/12/161*, International Monetary Fund, Washington, D. C.

Boone, P. and Johnson, S. , 2014. *Systemic Lack of Prudence in Wealthy Nations: Avoiding the Dark Side of Financial Development*, in W. T. Woo, Y. Pan, J. D. Sachs and J. Qian (Eds), *Financial Systems at the Crossroads: Lessons for China*, London: Imperial College Press and World Scientific Press.

Diaz-Alejandro, C. , 1985. Good-Bye Financial Repression, Hello Financial Crash, *Journal of Development Economics*, 19 (1 −2): 1 −24.

Honkapohja, S. , 2014. Lessons from the Financial Liberalization in the Nordic Countries in the 1980s, in W. T. Woo, Y. Pan, J. D. Sachs and J. Qian (Eds), *Financial Systems at the Crossroads: Lessons for China*, London: Imperial College Press and World Scientific Press.

Krugman, P. , 2010a. Chinese New Year, *The New York Times*, 1 January 2010.

Krugman, P. , 2010b. Taking on China, *The New York Times*, 15 March 2010.

Kuznet, S. , 1971. Modern Economic Growth: Findings and Reflections, Lecture to the Memory of Alfred Nobel, 11 December 1971. Available from http: //www. Nobelprize. Org/ Nobel_ Prizes/Economic-Sciences/Laureates/1971/Kuznetslecture. Html.

Liu, H. and Qin, T. , 2014. The Structural Friction in China's Banking System: Causes, Measurement and Solutions, in W. T. Woo, Y. Pan, J. D. Sachs and J. Qian (Eds), *Financial Systems at the Crossroads: Lessons for China*, London: Imperial College Press and World Scientific Press.

Liu, L. Y. and Woo, W. T. , 1994. Saving Behavior under Imperfect Financial Markets and the Current Account Consequences, *Economic Journal*, 104 (424): 512 −27.

Pan, Y. Xu, Y. and Wu, J. , 2014. *The Internationalization of the Renminbi in Accordance with China's National Interests and Global Responsibilities*, in W. T. Woo, Y. Pan, J. D. Sachs and J. Qian (Eds), *Financial Systems at the Crossroads: Lessons for China*, London: Imperial College Press and World Scientific Press.

Sachs, J. D. , 2014. *Wall Street Lawlessness*, in W. T. Woo, Y. Pan, J. D. Sachs and J. Qian (Eds), *Financial Systems at the Crossroads: Lessons for China*, London: Imperial College Press and World Scientific Press.

The New York Times. 2010a. Currency Dispute Likely to Fray US-China Ties, *The New York Times*, 4 February 2010.

The New York Times. 2010b. Will China Listen? [Editorial], *The New York Times*, 17

March 2010.

Tobin, J. , 1978. A. Proposal for International Monetary Reform, *Eastern Economic Journal*, (July-October): 153 −9.

Triffin, R. , 1960. Gold and the Dollar Crisis: The Future of Convertibility, New Haven, Conn. : Yale University Press. Wolf, M. 2010. China and Germany Unite to Impose Global Deflation, *The Financial Times*, 16 March 2010.

Woo, W. T. , 1999. The Real Reasons for China's Growth, *The China Journal*, Volume 49: 115 −37.

Woo, W. T. , 2008. Understanding the Sources of Friction in U. S. -China Trade Relations: The Exchange Rate Debate Diverts Attention Away from Optimum Adjustment, *Asian Economic Papers*, 7 (3): 65 −99.

Woo, W. T. , 2011. Understanding the Middle-Income Trap in Economic Development: The Case of Malaysia, Invited World Economy Lecture Delivered at the University of Nottingham, Globalization and Economic Policy Conference, Globalization Trends and Cycles: The Asian Experiences, Semenyih, Selangor, Malaysia, 13 January 2011. Available from http: // www. Nottingham. Ac. Uk/Gep/Documents/Lectures/World-Economy-Asia-Lectures/World-Econ-Asia-Wing-Thye-Woo-2011. Pdf.

Woo, W. T. , 2012. China Meets the Middle-Income Trap: The Large Potholes in the Road to Catching-Up, *Journal of Chinese Economic and Business Studies*, 10 (4): 313 −36.

Woo, W. T. , 2014. The Future of the Renminbi as an International Currency and Shanghai as an International Financial Centre, Working Paper, University of California at Davis.

Woo, W. T. Hai, W. Jin, Y. and Fan, G. , 1994. How Successful Has Chinese Enterprise Reform Been? Pitfalls in Opposite Biases and Focus, *Journal of Comparative Economics*, 18 (3): 410 −37.

Woo, W. T. Lu, M. Sachs, J. D. and Chen, Z. (Eds.), 2012. A. *New Economic Growth Engine for China*: *Escaping the Middle-Income Trap by Not Doing More of the Same*, London: Imperial College Press and World Scientific Press.

World Bank. 1993. *The East Asian Miracle*: *Economic Growth and Public Policy*, Washington, D. C. : The World Bank.

Wu, X. Pan, Y. Zhang, Z. Nie, J. and Zhou, S. , 2014. The Options for Reforming the Renminbi Exchange Rate Regime, in W. T. Woo, Y. Pan, J. D. Sachs and J. Qian (Eds), *Financial Systems at the Crossroads*: *Lessons for China*, London: Imperial College Press and World Scientific Press.

（袁仁辉 译）

要素市场改革

中国当前增长方式下的城市化模式与土地制度改革

——典型事实、主要挑战与政策突破

陶 然[*]

一 引言

进入 21 世纪以来，随着中国经济增长速度的进一步加快，中国的城市化进程也开始加速推进。城市化过程的加速在推动农村人口大规模向城市迁移的同时，也带来了城市实体规模的迅速扩大和城市空间范围的大幅度扩展。但是，在中国城市化的两个主要维度，也即"人口城市化"和"空间城市化"两个方面，都出现了一系列突出的矛盾和问题，而这些矛盾与问题都或多或少与我国现有土地制度，以及相关财政、户籍体制存在的缺陷有紧密关联。

本报告将首先分析当前阶段中国经济增长方式的制度背景与表现，在此基础上，我们界定了中国城市化模式的主要特点，以及这种城市化模式所带来的土地利用、住房价格、人口迁移等多方面的扭曲。在分析这些扭曲与既有土地管理、财政、户籍体制缺陷之间紧密关联的基础上，报告提出了未来我国以土地制度为核心、推动良性城市化模式建立之配套改革的主要方向和改革措施。

本报告剩余部分安排如下：在第二部分，我们将讨论中国当前阶段的经

---

* 中国人民大学经济学院清华－布鲁金斯公共政策研究中心。

285

济增长模式形成的制度背景及其主要特点，特别分析了土地作为一种地方政府主要政策工具在中国当前"竞次式"经济增长模式中所起到的关键作用。在报告第三部分，我们分析了目前的城市化模式中两个维度的问题：包括空间城市化"大跃进"中的用地结构失衡与房地产泡沫所导致的土地利用与房地产业发展困局，以及不完全人口城市化过程中的户籍改革和刘易斯拐点悖论问题。报告第四部分提出了一个为改变经济增长方式与实现良性城市化而必须进行的征地、集体建设用地、户籍、财政与土地发展权体制联动改革框架。最后是结论。

二 中国当前阶段经济增长方式：制度背景与主要特点

随着中国经济的高速增长与国际影响力的日益加大，目前国际与国内学术界对中国增长模式的讨论日益增加。一时间关于"华盛顿共识""北京共识"的争论此起彼伏。在这些学术与政策讨论中逐渐形成的共识，体现了改革开放以来中国经济的增长确实取得了重大成就，但与此同时，当前中国经济的增长方式仍然存在一系列重大矛盾和问题，必须通过前瞻性和配套性的深入改革进行调整来实现经济、社会乃至环境的可持续性发展。

本报告主要讨论中国城市化模式的问题。我们认为，对这个问题的讨论，确实离不开对中国当前阶段中经济增长方式形成机制与表现方式的讨论。正如本报告后面将展示的，中国目前阶段城市化进程的展开及其主要特征，与中国当前的经济增长方式密切相关。

我们认为，对中国当前阶段经济增长方式的讨论，可以从 20 世纪 90 年代中期以来经济体制中出现的一系列变化开始。这段时期之后，围绕着制造业投资进行的地区竞争浮出水面并逐步激化。对地区竞争格局产生根本性影响的因素主要有 3 个：首先，是源于中国改革第一阶段各地重复建设带来的产能相对过剩和 1992 年市场化导向改革共同作用而带来的激烈市场竞争，导致地方国有与乡镇企业开始逐步改制乃至私有化，区域之间水平的招商引资竞争开始启动；其次，是 1994 年后以收入集权为基本特征的分税制改革，给地方政府带来巨大财政压力，进一步强化了地方政府为扩大税基而卷入激烈竞争的动力；最后，也与分税制带来的地方财政依靠营业税与商住用地出让金相关，当一个地方制造业发展开始对本地服务业发生溢出效应时，必然会产生地方政府为获得服务业营业税与商、住用地出让金而进一步强化制造业招商引资的激励，甚至卷入"竞次式"竞争（陶然等，2009）。

在上述背景下，1992年以邓小平南方谈话为起点的新一轮市场化改革开始启动，FDI和私营企业开始迅速增加，地区间贸易壁垒逐渐瓦解，国内市场一体化加强，产品市场竞争日益激烈，这些变化迅速压缩了地方国有企业和乡镇企业的发展空间。中央政府在1993年发起的金融体制改革，在很大程度上抑制了地方政府影响国有银行地方分支机构通过行政性贷款扶持本地国有和乡镇企业的做法，结果是自20世纪90年代中期以后，地方国有企业和乡镇企业的盈利能力显著下降。地方政府先前控制并赖以获取各种财政资源的这些企业现在开始成为地方政府的负资产。为此，一场大规模的国有和乡镇企业改制不得不开始（Li，Li and Zhang，2000）。到1996年年底，70%的小型国有企业已在一些省份实现私有化，其他省份也有半数企业实现改制（Cao et al.，1999）。1998～2002年，约有2500万名国有、集体企业职工失业，而到21世纪初绝大多数的地方国有企业和乡镇企业已完成改制（Qian，2000）。20世纪90年代中后期开始，地方国有和乡镇企业实行大规模改制与私有化，这就使得地方政府角色发生变化，地方政府从企业的所有者变成征税者，那些原来必须在本地交税、提供就业、缺乏流动性的地方国有企业和乡镇企业，如今变成了具有更强流动性、更容易被那些提供包括税收和土地等优惠条件的地区所吸引的私营企业。由于无法继续从改制的国有、乡镇企业继续获取稳定财源，地方政府开始逐渐热衷于吸引包括外资在内的私人投资以培养新的地方税基。很明显，相比于原先那种地方政府所有因而必须在本地生产并为地方政府创造税源的国有、乡镇企业，这些私有企业不仅具有更大的流动性，而且也具备根据各地所提供的优惠投资条件来选择投资地的主动性。结果是，随着为扩大地方税基而争夺外来投资的地区竞争日趋激烈，20世纪90年代中后期各地展开了一波又一波开发区热潮。这是第一个原因。

导致20世纪90年代中后期以来开发区建设热潮的第二个原因，是1994年开始的以收入集权为基本特征的"分税制"改革。这个改革不仅在保持政府间支出责任划分不变的同时，显著地向上集中了财政收入，而且大大限制了地方政府利用正式税收工具扶持当地制造业企业的机会。在这次改革引入的几个主要新税种中，政府明确区分了中央独享税（如消费税）、地方独享税（如营业税、所得税）、中央—地方共享税种（如增值税）；同时，还建立了相互独立的国税局和地税局，前者负责征收中央独享税和中央—地方共享税，后者只负责征收地方独享税。国税系统的建立，不仅强化了税收监管，还大大压缩了地方政府原来通过转移收入来扶持本地企业发展的空间。

上述税制、征税方式两个方面的重大调整，与同一时期逐渐展开的地方国有和乡镇企业大规模改制一起，使地方政府难以继续沿用之前将本地国有和乡镇企业转移到地方预算外收入来避免中央收入集中的做法（Wong，1997；Wong and Bird，2005；World Bank，2002）。从税收工具来看，分税制改革后地方政府能用以扶持本地企业或争取外来制造业投资的方式已主要限于地方企业所得税。与此同时，虽然"分税制"改革显著向上集中了财政收入，但并没有相应调整不同级政府间支出责任的划分。实际上，地方国有和乡镇企业同一时期的改制、重组和破产大大增加了地方社会保障支出的压力，结果是地方政府的实际财政支出责任显著加大。收入上移及支出责任事实上的增加迫使地方政府不得不全力增加本地财源。除了强化新税制下属于地方独享税的营业税、所得税的征收外，地方政府不得不通过进一步招商引资来争夺制造业投资，同时开拓以土地出让、各种行政事业性收费为主体的新预算外收入来源。

导致地方政府采取各种优惠条件大规模招商引资的第三个原因，是制造业对服务业的溢出效应，以及由此产生的对地方政府预算内、外收入的激励。地方政府在招商引资过程中，其实并不只是希望获得制造业带来增值税和企业所得税。虽然增值税总额比较可观，但在分税制下，地方只能够获得其中的25%，剩下的75%被中央拿走。特别是在地方政府的招商引资优惠政策中，制造业企业在开始几年的所得税一般获得一些减免。比如，一些地方会给外来企业投资从获利年度起2年免征、3年减半征收企业所得税的待遇。有些制造业企业在享受完这些优惠政策后，完全可能转移到其他地区继续享受新的优惠政策。因此，仅从增值税角度考虑，如此不惜血本吸引制造业投资，这对地方政府未必是划算的。实际上，地方政府在制造业投资竞争中获得的好处并不限于制造业投产后产生的增值税收入，还包括本地制造业发展对服务业部门增长的推动并带来的相关营业税和商、住用地土地出让金等收入。我们不妨把这些收入称为制造业发展对服务业带来的财政"溢出效应"。笔者近年来在浙江、江苏、山东、成渝地区进行的大量实地访谈表明，地方政府官员都认为制造业发展将会大大推动本地服务业部门的增长。因此，如果能够通过提供廉价土地和补贴性基础设施之类的各种优惠政策来吸引更多制造业投资的话，这将不仅直接带来增值税收入，也会间接增加地方政府从服务业部门获得的营业税收入，以及增加服务业的用地需求，从而有助于地方获得高额土地出让金收入。由于营业税、土地出让金收入完全归地方政府所有，地方政府在工业用地出让上的盘算，是只要吸引到投资后直接带来的未来增值税流贴现值和其对本地服务行业推动后间接带来的营业税收入流贴现值，以及土地出让金收入，能够超过地方政府的土地征收和开发区基础设施建设成本，那么，就值得继续低价出让工业用地。正是出于上述盘算，地方政府在低价出让制造业用地的同时，往往以高价招、拍、挂来出让商、住用地来获得超额收益（陶然等，2009）。

这里不妨简单总结一下当前阶段中国的经济增长模式。这是一种可以以"竞次式区域竞争"为主要特点的增长模式。换句话说，从公共财政理论的角度看，20世纪90年代中后期以来，地方政府进行的、以提供廉价制造业用地、放松劳动和环境管制为主要手段的大规模制造业招商引资，根源于以下3类财政外部效应的同向作用：第一种是区域之间水平财政竞争产生的外部效应（Horizontal Fiscal Externality），它是指地方政府通过提供多种优惠政策（包括从农民那里征用廉价土地，放松环境管制和放松劳动保护）吸引制造业投资时，并不考虑这种投资竞争对其他地区税基的负面影响，结果是地方政府提供的优惠政策超过社会最优水平。第二种外部效应是分税制改革带来的中央—地方垂直税收竞争外部效应（Vertical Fiscal Externality），即中央通过分税制提高对制造业税收税率和分成比例时，对地方政府税基产生负面影响（降低了地方政府可征税的税基）。但在中国这样一个单一制国家，地方政府虽基本无权制定正式税率，但却可以在一定程度上操纵如土地、劳动力或环境在内的生产要素价格。地方政府于是选择通过进一步竞次，为制造业投资者提供更优惠条件来做大税基，从而实现地方税收入最大化。而第三种外部效应，即本地制造业对本地服务业发展的溢出效应（及其对归地方政府所有的营业税和商、住用地出让金的正向影响），则会使地方政府愿意进一步加大各种优惠政策来吸引制造业投资，因为制造业用地出让上的财政损失可以通过制造业发展后带来的服务业发展和相应营业税、土地出让金的增加而弥补（Tao et al.，2010）。

三　当前中国经济增长方式下的城市化模式及其扭曲

本报告上一部分对当前阶段中国经济增长方式的分析，有助于我们理解同一阶段中国城市化模式的本质，及这种城市化模式所带来的一系列经济与社会扭曲。后者主要表现为中国的空间城市化与人口城市化不平衡，即中国在空间城市化"大跃进"的同时，却无法实现人口的完全城市化。例如，表1所示，2001～2008年中国城镇人口年增长率只有3.55%，而城市建成区面积却高达6.2%，城市建设用地面积增加速度更高达7.4%，这表明了城市化过程中人口城市化的速度慢于空间城市化的速度。此外，正如本报告后面分析所指出的，由于工业用地比重过高，目前的城市化模式不仅带来城市用地结构的失衡并引致房地产泡沫，而且还造就了当前中国城市化过程中以流动人口与失地农民为主体的两个重要的弱势群体。

表1　中国城镇人口与城市建设用地面积年均增长率比较

单位：%

年份	城镇人口	城市建成区面积	城市建设用地面积
2001～2005	4.13	7.70	7.50
2006～2008	2.57	3.73	7.23
2001～2008	3.55	6.20	7.40

注：2005年城市建设用地面积缺北京和上海数据，系采用2004年和2006年数据的平均值替代。

资料来源：根据《中国城乡建设统计年鉴2008》和《中国统计年鉴2009》计算。

（一）空间城市化"大跃进"中的用地结构失衡与房地产泡沫

中国当前增长方式的一个最重要的特点，就是地方政府在区域竞争中为了招商引资，通过"竞次式"竞争，为制造业投资者提供低价土地、补贴性基础设施，并降低劳工基本权益和环境保护等方面标准。随着发端于 20 世纪 90 年代中期的国有、乡镇企业改制、重组乃至破产逐渐完成，地方政府特别是沿海地区地方政府，开始大规模建设各类工业开发区。2003 年 7 月，全国各类开发区清理整顿结果显示，全国各类开发区达到 6866 个，规划面积为 3.86 万平方公里，这些开发区到 2006 年年底被中央核减至 1568 个，规划面积压缩至 9949 平方公里。但事实上，这些被核减掉的开发区大多数只是摘掉了"开发区"名称而已，多数转变成所谓的"城镇工业功能区"或"城镇工业集中区"，原有的开发区功能，以及开发区的空间规模几乎没有任何改变。根据我们的观察，2006 年以后各地在实际运作的工业开发区（包括城镇工业功能区或工业集中区）非但数量没有减少，而且用地规模依然在不断扩大。

最近几年，随着沿海发达地区建设用地指标短缺、劳动力紧张，以及欠发达地区政府在农村税费改革后收入下降并追求新的税基，工业开发区建设热潮有从沿海发达地区向沿海欠发达和内地地区大规模蔓延的趋势。近几年来，我们在苏北、福建内地、安徽、江西、湖南、湖北、四川、重庆等地进行的调查发现，欠发达地区的工业开发区热潮一浪高过一浪，很多县、市乃至乡镇都在大搞开发区建设。在招商引资过程中，各地几乎毫无例外地为工业投资者提供低价土地和补贴性基础设施，局部地区一亩工业用地的出让金，扣除征地成本和基础设施建设成本后，地方财政净损失居然高达 10 万元甚至更多。

不可否认，以土地为主要优惠政策工具的经济增长与城市发展模式确实带来了 2002~2008 年中国经济的超常规增长，国内各个区域之间的激烈竞争也导致了中国制造业的超常规发展，并推动本地服务业部门尤其是房地产业的高速增长。但与此同时，我们也必须看到，上述增长模式的代价是很大的：以"区域竞次"的模式来吸引制造业投资并成为全世界中、低端制造业中心（往往也是低土地利用效率、高能耗、高材耗产业中心）的增长模式，实际上已经给中国造成一系列经济、社会和环境方面的长期负面影响；而土地的价格被人为扭曲，也必然带来城市发展过程中用地结构方面的严重失衡。

如表 2 所示，中国城市土地利用结构非常不合理，工业用地比重偏大，住宅、交通、环境绿化和第三产业用地比重却较低。这显然与土地出让价格紧密相关。比如 2006 年全国主要城市总体综合地价水平值为 1544 元/平方米，其中，商业用地平均地价为 2480 元/平方米，居住用地平均地价为 1681 元/平方米，工业用地平均地价为 485 元/平方米。到 2010 年，全国主要城市综合地价水平值为每平方米 2882 元，比上年增长了 229 元。其中商业用地地价最高，为每平方米 5185 元，其次为居住用地，每平方米 4245 元，工业用地地价最低，为每平方米 629 元。

表2　中国城市建设用地构成与比例

平方千米	2004 年	2005 年	2006 年	2007 年	2008 年	2009 年
城市建设用地	30781	29638	31766	33923	36711	38727
居住用地	9729	9297	9772	10497	11290	12056
公共设施用地	3772	3704	4229	4399	4678	4848
工业仓储用地	7900	7533	7998	8580	9265	9853
对外交通用地	1717	1448	1407	1498	1617	1673
道路广场用地	2989	2983	3378	3668	4031	4369
市政公用设施用地	1053	1069	1120	1164	1251	1300
绿地	2856	2911	3155	3404	3786	3868
特殊用地	766	694	708	713	794	760
百分比（%）	2004 年	2005 年	2006 年	2007 年	2008 年	2009 年
城市建设用地	100	100	100	100	100	100
居住用地	31.6	31.4	30.8	30.9	30.8	31.1
公共设施用地	12.3	12.5	13.3	13.0	12.7	12.5
工业用地	25.7	25.4	25.2	25.3	25.2	25.4
对外交通用地	5.6	4.9	4.4	4.4	4.4	4.3
道路广场用地	9.7	10.1	10.6	10.8	11.0	11.3
市政公用设施用地	3.4	3.6	3.5	3.4	3.4	3.4
绿地	9.3	9.8	9.9	10.0	10.3	10.0
特殊用地	2.5	2.3	2.2	2.1	2.2	2.0

注：2009 年、2008 年、2007 年、2006 年不含上海的数据，2005 年不含北京和上海的数据，2003 年和 2004 年没有数据缺失。

从城市建设用地出让的增量来看，工业用地占比为 40%～50%。例如，表3 所示，2003 年、2005 年、2007 年，中国分别供应工矿仓储地 9.94 万公顷、9.05 万公顷、13.56 万公顷，分别占建设用地供应增量总量的 51.4%、54.7% 与 57.7%，工业用地价格在这 3 年中增长缓慢，分别为每

公顷 125 万元、138 万元、156 万元，而同期商服用地价格分别为每公顷
355 万元、634 万元、871 万元，住宅用地每公顷 598 万元、680 万元、1131
万元。

表3　中国各类城市建设用地出让面积与比例与价格

2003 年	土地宗数 （宗）	面积 （公顷）	面积比例 （%）	成交总价款 （千万元）	单价 （万元）
总出让	207387	193603	100	54213	280
商服用地	59702	39082	20.2	13862	355
工矿仓储用地	58827	99435	51.4	12473	125
公用设施用地	3628	5815	3.0	939	162
公共建筑用地	1864	2929	1.5	582	199
住宅用地	81487	43323	22.4	25899	598
交通运输用地	581	600	0.3	107	179
水利设施用地	128	800	0.4	28	35
特殊用地	1170	1618	0.8	322	199
2005 年	土地宗数 （宗）	面积 （公顷）	面积比例 （%）	成交总价款 （千万元）	单价 （万元）
总出让	162112	165586	100	58838	355
商服用地	34386	23268	14.1	14741	634
工矿仓储用地	43027	90512	54.7	12500	138
公用设施用地	2134	1994	1.2	1067	535
公共建筑用地	1627	2436	1.5	586	241
住宅用地	80285	43675	26.4	29693	680
交通运输用地	161	1246	0.8	151	121
水利设施用地	311	268	0.2	22	82
特殊用地	181	2188	1.3	79	36
2007 年	土地宗数 （宗）	面积 （公顷）	面积比例 （%）	成交总价款 （千万元）	单价 （万元）
总出让	160404	234961		122167	520
商服用地	25737	26975	11.5	23495	871
工矿仓储用地	43477	135629	57.7	21102	156
公用设施用地	1702	1454	0.6	483	332
公共建筑用地	1507	2121	0.9	1201	566
住宅用地	87393	66575	28.3	75309	1131
交通运输用地	411	1414	0.6	489	346
水利设施用地	127	606	0.3	65	107
特殊用地	50	188	0.1	24	129

上述土地出让模式带来的负面结果相当突出。一方面，廉价的制造业用地导致各类工业开发区用地不集约，浪费了宝贵的耕地资源；各城市经济的高速增长大多依靠土地的"平面扩张"，土地和空间利用效率较低，尤其是一些城市大建"花园式工厂"，各种形式的"圈地"现象严重。工业用地规模过大、价格偏低、比例过高，利用效率太低（潘家华，魏后凯，2011）。一些工业企业以较低价格（往往是最低保护价）受让土地使用权后，经常是使用一部分，闲置一部分，有些企业甚至在厂区内搞大面积的绿化，土地利用率极低。但另一方面，城市发展占用了大量土地资源，而这些土地资源的绝大部分却没有用到人民生活最需要的居住用地上：地方政府为最大化商、住用地出让金收入而必然会进行垄断、控制性供给。

这里不妨再深入分析一下以工业用地低价、过度供给为重要特征的经济增长模式与当前房地产泡沫的关系："区域竞次"中的过低生产要素（包括土地，以及缺乏劳动保护及足额社会保险支付的劳工）价格，以及环境管制松懈必然导致经济体中制造业投资过多，形成过剩的、国内市场无法消化的制造业生产能力。同时，现有的低补偿征地模式和低水平（执行）社会保险也使得失地农民和流动劳工这两个巨大群体的消费水平很难随着经济增长而同步提升，而这又进一步恶化了中国经济增长中的内需不足问题。

为了消化积累的过剩制造业生产能力，政府不得不人为地压低人民币汇率，因为只有这样才可以把过剩的制造业生产能力输出到国际市场。而一旦人民币被人为低估，就会带来不断增加的制造业部门出口顺差。人民币汇率无法随生产力进步适时调整又自然会诱致那些认为人民币最后被迫升值的投机者向中国投入大量热钱，结果是外汇储备迅速累积。1995年中国的外汇储备只有736亿美元，2000年缓慢增加到1656亿美元，2004年就迅速达到6099亿美元，2006年更超过1万亿美元，在2009年4月突破2万亿美元后，到2011年3月更一举突破3万亿美元。央行被迫发放超过20万亿元的人民币对冲，结果是经济中出现严重流动性过剩（国家外汇管理局，2011）。

过剩的流动性自然会涌入因地方政府垄断少供的商、住用地上，导致房地产价格的飙升和畸高。2004年之前的大部分时间，中国房价仍然以低于5%的增长率稳定增长。但是，2004年第1个季度，房价迅速上升，增长速度甚至接近两位数。为稳定市场，中央政府开始推行房地产调控政策，当时主要是管理和规范土地供应，因为当时普遍认为土地市场中存在太多的腐败，并助长了投机和高价格。但这些规范土地市场的措施并没有解决问题，反而使房价增长率达到了两位数。2005年5月，另一轮房价调整措施出台，该措施除了增加中低收入阶层住房建设用地供应之外，还包括惩罚土地投机者，营业税也被用来当成管理房价的政策工具。此后，房价增长虽有所放缓，但仍保持了5%的增长率。中央政府发现这些政策无法实现控制房价的目标后，就开始采取更强硬的政策，强制规定住宅用地的供应比例，以及商品房比例甚至面积。税收和利率调控手段都被运用起来。特别是从2006年年底开始，随着经济流动性增加，加上招、拍、挂大规模推行，各地不断刷新"地王"纪录，出现了地价房价追涨的局面。尽管央行2007年前后连续4次加息，但均未遏制房价急速上涨之势。直到2008年金融危机时期，经历过2007年的两位数增长之后，中国房地产市场才开始出现调整，房价涨幅趋缓，2009年第一个季度价格同比下跌了1.1%。但随着4万亿财政投入、10万亿信贷投入政策的出台和一系列房地产刺激政策的出台，2009年第3个季度的房地产市场又出现了戏剧性的反弹，并在2010年上半年实现两位数增长。例如，2010年4月，房价增长了12.8%，这是自2000年以来的最快增长速度，而且房价增长是在全国大范围内发生的（Su and Tao，2011）。自2011年中央采取更严厉宏观调整政策以来，一线城市房地产价格上涨趋势得到遏制，但二三线城市住房却开始加速上涨。

上述房价在过去10年的迅速增长乃至泡沫化，使得成为人口城市化主力的绝大部分农村流动人口根本无法支付商品房价格。实际上，在当前发展阶段，即使那些具有高等教育学历的劳动力市场新进入者也往往发现现有住房价格远远超出其支付能力。这显然对中国农村人口城市化构成了主要约束。

（二）户籍制度改革中的人口不完全城市化：流动人口与失地农民

当前中国经济的增长模式带来的负面效果，不仅体现在经济中土地利用结构失衡，流动性过剩，以及很容易带来房地产泡沫方面，还体现在其重大的负面社会效应上，因为它很容易损害为数众多的农村打工者和被征地农民的利益。地方政府为吸引投资而放松劳工保护标准，有时连劳工的基本权益都不去保障，更不用说去推动能够为外来流动人口提供实质性公共服务（如最低生活保障、子女平等就学和廉租房）的户籍制度改革。同时，为推动制造业发展而进行的大规模低价圈地已经造成数以千万计的城郊失地农民。在地方政府可强制征地、单方面制定土地补偿标准，并垄断城市建设用地土地出让一级市场的体制下，绝大部分失地农民很难分享因城市化、工业化带来的土地增值收益，往往陷入失地又失业的情况。一旦处理不好，这很容易恶化城乡关系，造成极大的社会不稳定（陶然、汪晖，2009）。

1. 不完全人口城市化与刘易斯转折点悖论

在各级地方政府为追求财税收入最大化而努力营造"对商业友好"的投资环境过程中，地方政府在公共产品上的投资也自然而然地偏向于那些能够提高企业生产力的硬件投资，尤其是城市和工业园区的基础设施建设，而必然忽视为城市居民提供基本生活、住房、教育、医疗保障等公共服务而进行的软件投资。即使最近几年来"胡温新政"的推行在软件方面的投入有所增加，但这些政策一旦落实到地方层面，其瞄准的目标也往往是那些具有城市户口的本地常住居民，实质性的户籍制度改革基本停滞不前，那些特别需要在城市永久定居下来的外来农民工的利益很少或基本没有得到考虑。

在有关中国城市化问题的讨论中，学术界和政府部门没有分歧的一点，是城市化首先应该是人口的城市化，是把大量农民工变成市民的城市化。因此，只要大部分农民工没有在城市实现永久定居，任何根据人口城市化指标体系得出来的高城市化率都是"伪城市化"或"不完全人口城市化"。

但现实情况正是"伪城市化"或"不完全人口城市化"。据国务院发展研究中心2007年对劳务输出县301个村的调查，改革以来，累计迁移落户的外出就业农民工，只相当于目前外出就业农民工的1.7%。若照此计算，全国1.4亿名进城农民工中只有200万名左右通过买房、结婚等方式获得城镇户口。基于2000年的人口普查和2005年1%的人口抽样调查数据的计算，在这两个年份期间，城市人口比重从36.6%提高到44.7%。而与此同时，被算为城市居民的人口中仍持农业户口者的比重却从40.3%提高到了46.8%。也就是说，城市人口的增量中，71.8%是农业户口（崔传义，2007）。而根据最新的人口普查公报，到2010年，我国大陆地区的13.4亿人口中，居住在城镇的人口为6.66亿人，占49.68%；居住在乡村的人口为6.74亿人，占50.32%。同2000年第五次全国人口普查相比，城镇人口增加了 2.07 亿人,乡村人口减少了 1.33 亿人,城镇人口比重上升了 13.46 个百分点(国家统计局,2011)。在新增的城市人口中,仍然有相当一部分是农业户口。据估计,在目前统计的城镇人口中,包括 1.5 亿农民工在内,至少有 2 亿人并没有城市户口(陈锡文,2010)。

因此,我国城市化率近年来的迅速攀升在很大程度上是流动人口被统计为城市人口导致的。在户籍改革没有实质性突破的情况下,这些流动人口不能享受与拥有城市户口者相同的城市公共服务,其中,大部分人预期未来仍要回农村老家。换句话说,中国当前的城市化模式是在农民工黄金年龄段利用这些劳动力,而一旦他们年老或健康状况恶化时,再将其推回农村。这种模式,不仅从保障作为国家公民的农民工基本公民权利尤其是就业权利的角度看很不合理,而且也不利于中国经济为实现可持续发展而必须扩大的内需增加。由于缺乏对在城市居留的长久预期,其消费、储蓄乃至人力资本模式也必然与城市常住人口存在显著差异,不利于长久的人力资本投资,收入提高乃至消费模式提升。

要改变作为外来劳动力吸纳主体的沿海地区和内地大、中城市存在的城市常住与流动人口结构失衡的情况,关键是如何尽快改善农民工在城市的生活状态,把他们由单纯的劳动力转变成有助于城市持久发展的生产力。任何有关户籍制度的改革努力,如果不能切实以外来农民工为主体的外来人口为重点,就容易变成表面功夫。从这个意义上讲,对当前中国的发展阶段而言,更有意义的城市化不是城市常住人口的简单增加,更不是城市面积的扩大和开发区、新城的大规模建设,而是尽享城市公共服务的市民的增加。

为什么切实推进户籍制度的改革会这么困难?这本质上是一个地方政府激励的问题。当然,关于现阶段"城市户口"到底包含什么排他性公共服务,通过什么方式提供这些服务,也存在很多认识方面的误区。由于我国几乎所有的生活消费品都已市场化,而随着就业市场化和非国有企业成为城市就业的主要创造者,就业也逐渐与城市户口脱钩。即使是一些城市政府提供的就业岗位,比如环保、卫生之类的低端职位,也开始招纳外地人口。城市户口与就业的逐渐脱钩,也就意味着户口与就业相关的社会保险(即所谓的"五险一金":养老、医疗、失业、工伤、生育保险及住房公积金)脱钩,这些保险是由作为雇主的企业和作为雇员的个人(单独或共同)缴纳的。因此,如果劳动者就业单位为其雇员上了这些社会保险,则不管该雇员是否有本地城市户口，都可以享受这些保险。从这个意义上讲，当前阶段某地城市户口主要意味着那些由该地城市政府所提供的、与城市户口相关的、具有排他性的三项公共服务：以城市最低生活保障为主的社会救助服务，以经济适用房和廉租房实物或租金补贴为主的政府补贴性住房安排，以及迁移人口子女在城市公立学校平等就学的机会。

上述三项福利中，最困难的，或者换句话说，就地方政府而言成本最高的是"保障性住房"。近年来，中国在住房保障体系（如经济适用房和廉租房）建设上取得了相当快的进展，经济适用房和廉租房的建设已经初具规模或开始加速，特别是伴随着自2009年以来的房价调控，政府已经把保障性住房建设放到了前所未有的重要地位。"十二五"规划中关于房地产发展的一个重要举措是大大增加保障性住房供应。从2010年以来，我国城市住房保障对象已经大大扩展。这不仅要对没有购房支付能力的低收入家庭提供廉租房，还要对有一定支付能力的低收入家庭配售经济适用房，外加对中等收入家庭自住需求提供限价房，以及为夹心层和过渡期住房需求提供公租房。2010年全国各类保障性住房和棚户区改造住房已经开工的有590万套，基本建成370万套，而2011年计划保障性住房、各类棚户区改造要达到1000万套。从趋势上看，公共租赁住房将成为保障性住房的主要形式，来解决低收入和中等偏下收入群体、新就业职工和外来务工人员的住房问题。

应该说，在当前城市房价高企的情况下，适当增加保障性住房的供应，确有一定必要性。但是，如果不能通过采取有效增加供给的措施，让商品房市场的房价逐渐降下来，并使大部分需要购房的家庭通过房地产市场购买或租赁住房，那么政府就不得不大规模去建造保障性住房。但这里的关键问题是，覆盖面如此之广的政府保障房体系，在中国当前体制下是否可以切实建立起来？即使能够建立起来，这套体系是否能够实现有效的运作？从目前情况来看，即使中央不断施加压力，相当一部分的地区也没有很强的积极性去大规模建设保障性住房，尤其是没有积极性去为那些真正需要住房的外来农民工家庭，以及非本地户籍的大专毕业生提供保障性住房。其中的道理很简单，在地方财政垄断、过少供给商住用地、地方财政高度依赖商、住用地出让金来搞城市基础设施和工业开发区的情况下，要求地方大规模去提供保障性住房，如果不是与虎谋皮，也至少是勉为其难。因为一旦开始大规模供地以进行保障性住房建设，不仅地方政府的商、住用地出让金会显著下降，而且还需要直接增加建房和维护的财政支出。因此，不少地方政府，尤其是那些房价高、外来人口流入较多的地方政府，在建设保障性住房上缺乏积极性，这一点也不奇怪。即使在短期内地方迫于中央压力，不得不做出一些动作，但如果要求地方持续这样做，除非中央愿意大规模增加转移支付，或允许地方政府大规模从银行借钱。但如果中央不愿意出钱，就很容易出现"中央请客，地方买单"的情况，最后使政策难以实施。而如果允许地方大规模借钱，那么一旦控制不好，很容易出现银行坏账。

另外一个问题是，保障房盖起来后，如何能够真正实现公平分配，特别是不歧视那些外来人口？至少从中国保障性住房体系运行的有限历史情况看，根本没有有效的体制和机制来实现这一点。从既有的保障房建设瞄准目标来看，这些保障体系大都只面对具有本地户口的城市居民，流动人口的居住问题并没有得到充分考虑。

需要指出的是，"低收入人群住房"这个概念，是指广义上由各种主体提供的，可以解决低收入人群基本居住问题的住房，既不意味着一定要由政府来提供保障，也不意味着社会福利，而是"居者有其所"。以珠三角为例，该地区农民工有50%的人的居住方式是依附性居住——居住在企业提供的员工集体宿舍或干脆在工作场所居住。剩下的超过40%的流动人口则居住在以城中村、城郊村为主体的租赁房中，大部分地段基础设施和公共服务都不到位。在当前城市地价、房价飙涨的情况下，要这些以农民工为主体的外来人口自己购买商品房，或要求地方政府为广大流动人口提供保障性住房，缺乏现实性。但为绝大多数新增城市化人口提供其财力可支付、且能维持基本尊严的住房，是中国农民工市民化、农民工家庭永久迁入城市的必要条件。

与不完全城市化带来的人口单身、临时性迁移紧密关联的另一个主要问题，是流动人口子女在城市公立学校免费接受义务教育问题。实际上，这个问题与流动人口住房问题紧密相关，因为要实现举家迁移，不仅迁移家庭要在城市里找到符合其支付能力的住房，而且还要提供随迁子女在城市公办学校平等就学的权利。在我们近年来调研的多个省市中，中央政府关于"流动人口子女在迁入地城市公立学校平等入学"的政策只是近年来在部分地区开始得到了较好的执行。从总体看，农民工子女进入城市公立学校就读依然困难重重。很多农村流动人口，尤其是女性打工者，之所以在一定年龄后选择回乡，就是因为其子女无法在九年制义务教育阶段的城市公立学校顺利就学，更不用说在迁入地上高中和参加高考。

这里不妨进一步仔细考察国内经济学界近年来一直在争议的，我们称之为"刘易斯转折点悖论"的问题。"刘易斯转折点"论者指出，近年来中国的出生率、抚养比等人口结构数据的变化表明，随着出生率的下降，人口已经出现老龄化的趋势，同时，人口红利正在下降，以及劳动力工资的迅速上升，这些都预示着刘易斯转折点即将来临（Cai，2008，蔡昉，2010，Park et al.，2007）。有关学者采取直接观察农村劳动力加总数量、年龄结构和就业分布的方法，估算出目前农村只有最多不到 1.2 亿名剩余劳动力，剩余比例是 23.5%（蔡昉，2007）。蔡昉、王美艳（2007）估算了在目前劳动生产力水平下，农业究竟需要多少劳动力。结果是按照不同劳动用工假设，需要 1.78 亿~2.28 亿人，然后再根据农村劳动力总规模为 4.85 亿人减去已有的农村劳动力转移规模（从 2 亿~2.3 亿人不等），发现农村剩余劳动力最多为 1.07 亿人，最少甚至只有 0.25 亿人。而且，在目前真正剩余的农村劳动力中，其中一半超过 40 岁，这部分人在未来实现转移将存在较大困难，而 40 岁以下的农村剩余劳动力充其量只有 5800 万人，剩余比例为 11.7%。基于具有全国代表性的抽样调查资料，都阳、王美艳（2010）还测算了农村劳动力资源的配置状况，根据计量经济模型预测了样本中每一个劳动力的迁移概率，然后基于微观数据预测的劳动力外出概率，推算出现有劳动力市场状况和制度环境下农业中可供转移的劳动力规模仅有 4357 万人。他们也指出，在 3.26 亿农业劳动力中，年龄分布并不均衡，从事农业生产的农业劳动力中，40 岁以上的人占 52.1%，50 岁以上者占 28.7%，这些人的外出潜力较小。

但也有论者对"刘易斯转折点"提出质疑，认为"民工荒"的出现，以及非农行业工资上涨未必是转折点到来的证据。他们反对目前农村劳动力剩余有限的观点，指出即使不将城市中 1.5 亿名甚至更多的农民工计算在内，农村剩余劳动力绝对数仍然相当高，农村还有不少劳动力没有被充分利用起来。比如，Kwan（2009）、Islam and Yokota（2008）、Minami and Ma（2008）使用生产函数方法估计中国农村的剩余劳动力，都发现农村还有上亿的剩余劳动力。孟昕（2010）指出，如果将农村外出劳动力定义为 16~65 岁在镇外县内、县外省内和其他省份工作的农村劳动力人口，那么依据国家统计局的数据：2003 年中国转移的农村劳动力是 1.14 亿名，占农村劳动力总数的 23.2%；2004 年，这两个数据分别达到 1.18 亿名和 23.8%；2005 年，这两个数据分别达到 1.258 亿名和 25%。依据其 2008～2009 年中国农民工大型调查数据（RUMIC）发现，2008 年转移的农村劳动力占农村劳动力总数的 25%，2009 年这一比例甚至下降至 23%。周天勇（2010）认为，中国目前有 7.8 亿名左右劳动力，城市中有固定工作的大约有 2 亿名，还有 5.68 亿农村劳动力，城市中农民工大约有 2 亿名，在农村企业中有 0.8 亿名，从事农业的大约有 3 亿名。目前中国农业劳动力人均耕地排在孟加拉国和越南之后，为世界的倒数第 3 名。就是与日本、韩国和中国台湾地区这样的世界小规模的家庭农业比较，我国农场规模也只是他们的 1/4～1/3。这意味着农村剩余劳动力并不少。

在我们看来，要破解"刘易斯拐点悖论"，即农村还有不少潜在可转移的劳动力，但城市劳动力市场却开始偏紧这个现象，关键就在于对户籍制度对城市劳动力供给的约束效应有更深入的理解。具体而言，在目前的户籍制度下，中国的乡—城人口迁移模式不同于其他很多经济体城市化过程中那种以永久性、家庭迁移为主导的模式，而多为临时性、单身、钟摆式迁移。这种人口迁移模式，至少会从两个维度提高农村劳动力进城务工的保留工资，从而降低城市劳动力市场的有效供给。首先是由于大部分农民工进行单身迁移，与中国农村的社会传统结合在一起，造成大部分外出临时性迁移人口每年都需要返乡探亲过节。他们不仅要支付不菲的交通费用，还需要花费相当数额的人情支出，这些支出，往往会在相当程度上消耗掉农民工外出务工的收益，这就必然会提高农村劳动力选择外出打工的保留工资，从而降低劳动力供给。其次，城市生活费用较高，尤其是现有户籍体制下非户籍流动人口无法享受与户口相关的保障性住房和子女在城市公立学校的平等就学，导致流动人口进行家庭迁移所必须支付的住房和教育费用较高。因此，相当一部分的流动人口，即使是已婚流动人口，也只能选择单身迁移，结果是为了照顾留在农村的孩子乃至老人，有相当一部分的流动人口家庭不得不选择夫妻中的一方，特别是妻子留在农村，而如果实现举家迁移，这部分留守劳动力本来是可以向城市的劳动力市场供给劳动力的，而不是目前不得不放弃城市高收入机会的情况。

2. 城市化过程中的土地征用与农村建设用地管理体制

在目前中国的增长模式中，地方政府之所以可以大规模从农村征地，并将征来的土地大部分低价出让给制造业投资者，少部分高价招、拍、挂给商、住用地投资者，其根本原因在于现有征地制度和土地出让体制赋予了地方政府垄断城市用地一级市场的权力。虽然2004年《宪法》修正案规定，国家出于公共利益需要可依照法律对土地实行征收、征用并给予补偿，但《宪法》及《土地管理法》等相关法律、法规对"公共利益"的确切内涵始终缺乏明确界定。在实际操作中出现的情况，就是除城市基础设施建设需要向农村集体组织征地外，绝大部分的非公益类型用地需求，包括工业、商住房地产开发用地等，都必须通过政府土地征收来满足。但在征地过程中，不论是农村土地的所有者（村集体）还是使用者（个体农户），在土地征收补偿谈判中都处于相对弱势的地位。出于自身财政利益的考虑，基层政府倾向于执行较低标准的补偿政策。由于不少失地农民的教育程度较低，又缺乏非农业劳动技能，其容易陷入"失地又失业"的困境。即使是近年来在部分地区开始推行的被征地农民社会保障政策（即所谓的"用土地换社保"），也主要是由地方政府来主导和制定。在社会保障的范围和标准上，被征地农民缺乏发言权，结果是已建立失地农民社会保障的城市普遍保障不足。一些地区"土地换社保"甚至成为地方政府规避短期政府财政支出的手段：通过承诺在未来给予失地农民一定的社会保障，地方政府在本期支付给失地农民的现金补偿可以进一步下降，政府则可以一次性收取40~70年的土地收益，而把社保支出的责任推后（汪晖、陶然，2009）。

过去10年中，中国绝大多数的城郊见证了城市空间的"跃进"式扩张和大量失地农民的产生。近年土地征收规模达到了每年250万~300万亩。如果按人均1亩地推算，每年大约有250万到300万名农民失去土地。到2006年，全国失地农民已超过4000万名，未来10~15年将进一步增加到7000万名（天则所，2007）。征地补偿不足已成为了农民上访的首要原因，在部分地区，征地纠纷甚至造成了群体性事件，严重危害了社会的安定与团结。

为解决土地征收方面出现的一系列问题，国务院与国土资源部等相关部门近年来也出台了一系列政策和法规来规范和约束地方政府。比如，撤销开发区，强化土地监察力度，并要求地方政府以更市场化的方式出让土地。但我们最近几年在各地的调查却表明，中央政府的这个政策因区域间对制造业投资的激烈竞争而难以被真正落实。各地对中央政策所采取的对策是所谓的

"定向招、拍、挂"，即通过限定参与招、拍、挂企业的条件，尽可能减少土地出让中不同企业的竞争，以便把土地出让给事先约定好的制造业企业。这就形成工业用地"虽有招、拍、挂之名，却行协议出让之实"。这就表明，强制规定"工业用地出让必须招、拍、挂"的政策基本上不太可能改变各地在区域投资竞争中工业用地低价出让的现实。这是因为这种政策本身并不能消除激烈的区域招商引资竞争带来的工业用地低价出让这个根本原因。这需要在建设用地制度方面进行根本的体制性改革，才能够遏制地方政府大规模圈地并低价出让的局面。

再来看土地征用制度改革方面的尝试。中央通过修改土地管理法、颁布实施《土地征用公告办法》等途径提高征地补偿标准、规范和完善征地程序，以及通过土地利用规划制度和"基本农田保护制度"限制地方政府滥占耕地侵犯农民利益的行为。但正如前文所分析的，因1994年分税制改革后地方政府财政支出责任和收入权力严重不对称，地方不得不主要依靠低价出让工业用地来吸引制造业投资，而同时高价出让商、住用地来为城市基本建设筹资。因此，只要上述现象出现的财政体制性背景没有得到有效改变，地方政府低价征地、圈地的行为就基本无法被遏制。而当征地补偿标准仍然由地方政府主导制定时，也根本不存在一个良性机制来充分保障被征地农民的土地权益。即使短期内中央控制土地征收并提高土地补偿的措施能够奏效，但由于较高的监督成本和地方政府的消极抵制，这类政策的可持续性值得怀疑。

当然，这里绝对不是说征地补偿标准应该由中央来负责制定。中国这样一个大国，经济增长与土地价格变化如此之快，各个区域之间发展水平的差异又如此之大，将征地补偿标准的制定权力交给中央的方法，基本上不可能带来什么改进。要解决问题，还必须进行征地制度本身的根本性变革。

实际上，征地制度改革和集体建设用地入市是一枚硬币的两面，允许集体建设用地入市，就意味着这一部分土地不需要再必须通过征收转为国有。因此，征地制度改革推进到何种程度，也就决定了集体建设用地入市的范围，甚至决定了建设用地之外的集体土地（主要是农用地）的命运。

这里特别需要讨论作为农村建设用地主体部分的宅基地流转问题。依据我国现有法律，农村宅基地由村级组织分配给村民，属于农民集体所有，个人只能在上面建造房屋自用。转让只能在村集体内部进行，农民住宅不得向城市居民出售，也不能为在农村购买房屋的城市居民发放土地证和房产证。但高速的经济增长和城市化却给农村宅基地利用带来了严峻的挑战。由于所在区位不同，这种挑战在表现形式上也有很大差别：在远离城市、以农为主的地区，这种挑战主要表现在宅基地不断占用耕地，宅基地面积偏大，宅基地所占土地和所盖房屋利用效率低下，甚至因大量人口外出而带来"空心村"现象；而在城市近郊区乃至城市内部，则大量出现了缺乏规划和基础设施并居住较多外来流动人口的"城郊村"和"城中村"现象，或因城市居民购买农村宅基地和农村集体为争取土地发展权而直接开发商品房出售导致的大量"小产权房"现象。

3. 纯农区的宅基地闲置与空心村现象

在1996~2006年全国增加的100万亩村庄用地中，新增宅基地占80万亩左右。在城市化背景下，虽然越来越多的农民通过非农就业获得了较高收入，但户籍制度改革滞后却使得他们无法永久地迁移到城市。在农村人口无法切实减少，而现有管理体制下宅基地又不能跨村流转的情况下，为满足新成立家庭居住的需求，基层政府和社区组织不得不给农村新增家庭安排宅基地。这势必导致新增宅基地对耕地的占用。在农村人口大量外出打工的城市化背景下，不论是农民利用外出务工收入建设的新房，还是数量巨大但尚未翻建或改造的旧房，其利用率都不高。结果是一方面农民建房占用的土地越来越多，另一方面农村尤其是纯农区被闲置或弃置的住房也越来越多。中国纯农区的不少农村成了所谓的"空心村"。

我们于2008年6~10月在吉林、河北、陕西、四川、江苏和福建6个省、30个县、59个乡镇、119个村对2200多个农户的宅基地的调研发现，从6个省的2233个被访农户来看，有34（1.52%）个农户没有宅基地，有一处宅基地的农户为1947户，占总数的87.2%。虽然现行政策规定一户农民只能够占有一处宅基地，但我们的调查还是发现占有两处及两处以上宅基地的占11.3%，达到252户。该比例最高的省份吉林达到21.5%，第2位的河北也达到15.6%。就6省平均而言，自1978年以来，占用耕地建设的宅基地占所有被调查宅基地比例一直稳定在20%以上，1999~2008年达到23.4%。或者说，平均而言，最近10年以来有超过1/5的农村住房建设是通过占用耕地而进行的（Wang et al.，2011，forthcoming）。

但是，在超过20%的新建宅基地占用耕地的同时，由于农村劳动力大量外出打工，部分劳动力甚至举家迁移，既有宅基地存量被闲置乃至废弃不用的情况也比较普遍。平均而言，各省被调查样本家庭农村外出打工劳动力占农村总人口的比例在 15.2% 到 26.8% 之间，6 省平均也达到 23.3%。如果按照外出打工劳动力占农村劳动力比例来算，那该比例将超过 30%。但在被调查样本村的宅基地中，平均有 7.5% 的宅基地完全或基本处于闲置状态（平时无人居住或基本无人居住），在我们的 119 个样本村中，闲置宅基地比例超过 20% 的村有 14 个，超过 30% 的村有 7 个。

4. "城中村""城郊村"与"小产权房"

与很多纯农区"空心村"以及宅基地利用效率低下的情况相反，在城市郊区乃至城市内部却出现了不少"城郊村""城中村""小产权房"现象。因城市化导致的农村人口向城市迁移和城市空间向农村扩张，在这些"城郊村"和"城中村"出现了村民人口与非村民外来流动人口大量混居的现象。这些外来的非村民人口，不仅包括到城市郊区租房的大量外地农民工，也包括部分因城市房价过高而到农村购买土地和住房的部分本地城市人口，他们在房屋租赁和房产购买这两个方面对郊区住房产生了巨大的需求。这些外来民工往往收入较低，加上还需要给迁出地老家寄钱，他们对迁入地住房房价、租金的承受能力也相当低，所以一般都在工棚、用工企业安排的住所（如集体宿舍）或相对便宜的"城中村"和"城郊村"租房暂住。在居住上形成"大分散、小集中"的格局。有估计显示，全国 1.2 亿名进城民工中，半数住在 5 万个"城中村"中（陶然、汪晖，2010）。

与"城中村"和"城郊村"紧密相关的另外一个问题是"小产权房"。近年，我国商品房价高速上涨，而地方政府又没有足够保障用房供应的情况下，"小产权房"的问题日益突出。在众多城市郊区，一些村集体经济组织在本村集体土地上集中建设农民住宅楼，除用来安置本集体经济组织成员外，还以较低的价格向本集体经济组织以外成员销售。这些房子一般俗称"小产权房"。由于这些住房未缴纳土地出让金等费用，其产权证不是由国家房管部门颁发，而是由乡政府或村集体组织颁发，所以往往又叫作"乡产权房"。此外，还有部分农户直接出售自己的宅基地供外来人口或城市人口使用的情况。这类住房没有国家发的土地使用证和预售许可证，购房合同国土房管局也不会给予备案，因此，所谓的"乡产权证"并不是真正合法有效的产权证，而农户直接转让的宅基地，这往往是农户与购房者私下协议的结果。

虽然上述各类小产权房缺乏法律保障，而且政府有关部门特别是城建部门和国土资源管理部门也多次出台文件并采取措施阻止小产权房的建设和销售，但近年来这种形式的房地产开发和销售却屡禁不止，甚至愈演愈烈。按2007年年末全国村镇实有房屋建筑面积为323.4亿平方米来计算，小产权房的实有建筑面积超过64亿平方米，占全国总的实有住宅建筑面积的17%以上。如果按户均建筑面积为90平方米和户均人口有3.54人计算，全国的小产权房涉及7100余万户、2亿5000余万人口的住房问题。

进一步分析"小产权房"大量出现而且屡禁不止的制度背景，可以说"小产权房"问题的出现和不断扩大化，不仅是既定城市土地使用制度下地方政府垄断供应城市商、住用地，进而造成房地产价格飙升的结果，也是农民在城市化过程中争取财产权利，特别是土地发展权的切实行动。在实际操作中，许多"小产权房"以"旧村改造"或者"旧城改造"名义进行，许多楼盘以"某某村旧村改造项目"立项。村民既可以入股分红，也获得了新的工作机会。

四　以土地与相关配套改革带动新型城市化与新经济增长方式

前面几个部分的讨论显示出中国城市化过程中面临的各种挑战不仅纷繁复杂，还与土地、户籍、财政等经济、社会管理体制相互交织，造就了目前中国扭曲的城市化模式。而要扭转这种扭曲的现状，并以此助推中国完成伟大的经济转型，政府必须要下决心进行深层次、配套性改革。唯有进行深层次的改革，才能够改变当前不可持续的经济增长方式与城市化模式；而唯有进行配套性的改革，通过实施一种环环相扣的整体性改革方案，才能够在打破不合理的既有利益格局的同时，兼顾改革中可能被损害的群体利益，并有效降低只进行单项改革时所必然面临的巨大利益调整和改革阻力。

1. 征地制度改革

在征地制度改革方面，需要在严格界定公益和非公益用地范围的基础上，全面改革征地制度。换句话说，征地权必须基于公共用途，征地行为才具有合法性。我们认为，一个关于界定公共利益的思路，是如果某块土地上生产的产品可以交由市场来解决，那么这块土地也可交由市场解决。只有那些市场提供不了的产品，不论盈利与否，均可视为公益性项目，所需土地可以通过征收解决。这类项目包括：①直接的公共事业用途；②具有公共利益性质的一切其他用途；③为实施上述用途所必需的相关设施和附属设施用地。

在确定"唯公益性用地纳入征地范围"的立法原则后，政府对公益性用地征收的补偿也仍应按照市场价值予以充分补偿。不论是何种目的，公民没有义务因政府征地而蒙受损失。补偿体现市场价值也是世界各国公认的准则。这里不妨借鉴北京市的做法：①由省、自治区、直辖市政府制定辖区内各市、县征地补偿最低标准，该标准应体现同地同价原则，结合当地土地资源条件、产值、区位、供求关系和社会、经济发展水平等综合因素确定；②引入征地单位与村集体、农民的谈判机制；③设计征地程序与补偿的协调和裁决机制，但裁决职能不应归于作为征地主体的市、县政府。

2. 集体建设用地制度改革

在集体建设用地改革方面，党的十七届三中全会通过的《中共中央关于推进农村改革发展若干重大问题的决定》指出，要逐步扩大集体建设用地流转范围。但在目前农村建设用地流转的范围问题上，从《土地管理法》修订草案来看，立法者的倾向是从空间（即土地利用总体规划确定的城镇建设用地范围外）上或用途上来控制。例如本报告前面所述，这个规定实际上把绝大部分有较高市场价值的农村建设用地排除在流转之外，包括继续禁止集体建设用地用于商品住宅开发（"小产权房"开发）。其主要理由是担心建设用地总量失控、耕地保护压力增大以及土地收益流失。但前文的讨论也表明，这些政策的实施效果并不理想，不仅"小产权房"屡禁不止，而且政府也丧失了本来可以从"小产权房"合法化后可获得的税收收入。

我们认为，允许集体建设用地进行商品住宅开发，不管是不改变集体土地所有权性质的方式，还是允许在村集体和农民与用地者就征地补偿直接谈判谈后，通过适当补交土地出让金后转为国有土地的方式，都有助于保护集体建设用地权利人的利益，减少社会矛盾，提高土地利用效率。对面广量大、悬而未决的"小产权房"问题，与其禁止，不如趁《土地管理法》修订的机会加以规范和疏导。只要不损害公共利益，符合土地利用总体规划和城镇总体规划，其在补交一定的土地出让金后，经过适当改造就可以转为国有土地，并将大部分土地开发的权利交给土地原权利人。这就是在目前体制下，实现集体建设用地与国有建设用地"同地、同权、同价"的必由之路。在这种操作模式下，工业或商、住用地者在开发过程中，应该直接与用地涉及的村集体和农民进行土地交易。在这个过程中，政府可以要求用地者通过补交一定标准的出让金，或者同时抽取一定的土地增值税进行调节。这样就可以在确保部分"涨价归公"的同时，让土地用途转换和相应土地升值潜力较大的村集体及其村民能够保有土地用途转换过程中的农地价值，以及增值的部分收益。

上述改革的意义其实远远超过给予失地农民合理补偿本身。唯有如此，才能够缓解目前地方政府垄断供地而导致的商品房用地价和相应房价过高的问题；也唯有如此，才能够遏制地方政府低价征地然后低价出让给制造业用地者来大搞开发区的现象，遏制制造业产能过剩带来的一系列宏观经济失衡、生态环境恶化，缓解因目前征地权被滥用所带来的严重社会矛盾。如果能够推动这些改革实现，并配合相应的规划措施，则有助于改善而不是恶化政府担心的（放开集体建设用地流转后）耕地保护不力与城市建设用地过度扩张的问题。配合后面要讨论的税制改革，政府土地收益流失问题也可以解决。

3. 保障性住房还是住房保障

如前所述，中国当前的"人口不完全城市化"需要户籍改革的突破。但户籍改革中因投资大而最难以解决的、地方最缺乏积极性为流动人口提供的，就是"保障性住房"。目前中央政府要求地方大幅度增加保障性住房供应。且不谈建立这种覆盖面如此之广的政府保障房体系中地方政府的激励问题，也不谈保障房盖好后是否可以惠及高达 2 亿名流动人口及其家庭的问题，我们首先需要回答的一个问题是，建立一个覆盖面如此之高的保障性住房体系，是解决广大百姓，尤其是最需要住房的大批农民工和新就业人群住房问题的最好方法吗？

从全世界的情况来看，一个健康的房地产行业发展模式，是保障性住房主要面对那些连市场水平租金也付不起的最低收入阶层。绝大多数家庭的住房，不论是购住还是租住，都应该而且也能够通过房地产市场来解决。如果市场房价已经高到迫使政府必须要为占人口相当高比例的中低收入阶层全面提供保障房时，那么政府应该反思：为什么目前的土地供应体制会导致住宅用地供给这么少，房价如此之高？

实际上，"可支付住房"（Affordable Housing）这个概念，广义上可以指由各种主体提供的，用于解决中低收入人群基本居住问题的住房。它当然包括地方政府或非营利组织，以解决中低收入家庭负担不起租用和购买住房费用的问题为目标，通过行政手段干预住房市场而供给的廉价住房，但它并不必然意味着一定要由政府直接或间接来提供住房保障，也不意味着住房方面的社会福利；更广义地说，如果市场可以为大多数中低收入者提供他们可以租住或购买得起，而且基本体面的住房条件，实现"居者有其所"，那么，住房可支付性（Housing Affordability）就得到了较好的解决。以商品房价很高的珠三角为例，该地区除了 40%～50%外来流动人口（主要是农民工）的居住方式是依附性居住（在企业宿舍或干脆在工作场所居住）外，剩下的超过 40%的流动人口都居住在以城中村、城郊村为主体的租赁房中。虽然这些地方大都是违章建设的小产权房，导致大部分地段的基础设施和公共服务都不到位，但对外来人口而言，这些由本地农民盖的房子比较有效地解决了他们的住房问题，而且帮助他们实现了家庭的团聚。有研究表明，自行租房的农民工，在几项会增强人口城市化趋势的人口特征与社会特征因素（家庭成员团聚程度、学历程度、收入程度和社会网络结构）上，均好于依附性居住的农民工（蔡禾、刘林平、万向东，2009）。实际上，珠江三角洲的广州、深圳、佛山和东莞等地的经验表明，城郊的农民和村集体在过去和现在都有很强积极性将大量租金低廉的住房出租给外来人口。这一方面是农民主动分享城市化收益的表现，另一方面也表明，外来流动人口的居住问题可以通过土地制度的创新来完成，而并不必然要过多增加政府的财政压力。以深圳为例，该市有超过 700 万人的流动人口，其中一半以上居住在城中村。2005 年，全市城中村常住户籍人口为 32.7 万人，暂住人口共有 469.4万人，是常住户籍人口的 14 倍多。据《深圳市住房建设规划（2006～2010）》，在全市近 2.5 亿平方米的住房中，原村民和村集体建房约有 1.2 亿平方米；而其中集中于城中村的"私房建设集中区"总占地约有 95 平方千米（其中特区内约有 8 平方千米），总建筑面积约有 1 亿平方米（其中特区内约有 0.2 亿平方米）。正是由于大量外来人口的居住，城中村的原有居民依靠房租获得了大量收入。

从全国来看，农村外出务工人员已经接近 2 亿。在目前体制下，城市住房保障对象主要限于城市户籍人口，而这些外来民工往往收入较低，加上还需要给迁出地老家寄钱，因此对迁入地住房房价、租金的承受能力也相当低，所以除了部分住在工棚或用工企业员工宿舍外，其余大都在相对便宜的"城中村"和"城郊村"租房暂住。在居住上形成"大分散、小集中"的格局。据估计，全国上亿进城民工中，半数住在5万个城中村。

总之，在中国城市化过程中，房价过高的一个根本制度原因是城市政府作为本地供地单一主体垄断供地，过少供地。因此，解决相当一部分的中低收入群体住房问题的一个选择，是在政府建设少量保障性住房或提供租金补贴给少数最低收入人群使得他们"居有定所"的同时，逐步放开以宅基地为主体的"城郊村""城中村"之集体建设用地入市，让本地的农民给外来的农民工和其他城市中低收入群体盖房子。只要不损害公共利益，符合土地利用总体规划和城镇总体规划，政府就应当赋予城郊村、城中村集体建设用地与国有建设用地平等的权利。鉴于此，政府当前要做的是允许城市内部和周围"城中村""城郊村"的农民，以及农村集体参与城市出租房乃至商品房开发。

4. 以城中村改造为突破口的土地－户籍－财政体制联动改革

我们认为，关于住房价格，以及为城市流动人口提供可支付住房的问题，完全可以从"城中村""城郊村"改造模式创新开始，不仅能提高效率，也有助于社会公平的实现。一种可能的改进是借鉴美国、日本、中国台湾等国家和地区进行的土地"增值溢价捕获"（Land Value Capture）、"区段征收"、"市地重划"等成功经验，结合各地市情，以确权为前提推进土地制度创新，为各地城中村改造乃至都市更新提供有力的政策工具。

改革的目标应该是在有效改造基础设施、提升公共服务的基础上，继续发挥"城中村"地段为流动人口提供经济适用住房的保障性作用，最终建立政府、原土地权利人、外来人口乃至地产开发和工业用地者多方的利益均衡。我国台湾地区的"区段征收""市地重划"经验表明，这些措施可以绕过政府土地开发过程中"公共利益"的纠缠不清和"公正补偿"的要价难题，捕获的土地增值收益可以直接用于公共服务的均等化改革，并通过市场机制来有效解决流动人口的居住问题；土地权利人亦可获得原地补偿，享有公共设施完善、土地增值等多重开发利益，减小其对开发的抵触而降低改革成本，公私各蒙其利。

实际上，通过土地制度和财税体制配套改革，允许农民和农村集体作为土地所有者参与出租房和商品房开发，并开征土地增值税和房产税，这不仅对平抑虚高的城市房价有效，而且实施后不但不会打压经济，反而可以因集体建设用地上的增量房地产开发而促进经济增长。它不仅可以为地方政府从目前扭曲的"土地财政"中摆脱出来创造条件，还可以让城中村和城郊村农民的土地发展权和财产权得到有效实现，从根本上改变目前因政府大规模征地、拆迁而带来的严重社会矛盾。特别需要指出，土地问题牵一发动全身，如果缺乏经济社会发展的宏观视角和统筹设计，那么现有的简单以农村土地换社保或城镇户籍的政策，反而有可能扭曲甚至侵害农民利益。

这里的着眼点是将城中村乃至近郊土地升值的潜力充分释放出来，在目前完全"涨价归公"与"涨价归私"两个极端之间重新分配，以"公私合作"的形式和市场化的手段，解决户籍改革与公共服务均等化之中最困难的瓶颈——廉价租赁住房的提供。

实际上，在规划、基础设施和政府税收到位的情况下，允许作为外来流动人口输入地的发达地区城市城中村、城郊村的农民给外来流动人口盖房子，不仅是土地制度改革的突破，其也将推动户籍制度改革。一旦流动人口住房问题通过这种方式得到解决，再在改造后的城中村地段配套建设一些为外来人口子女服务的公立学校，户籍改革就能实现有效突破。

我们近年来在广州、深圳和东莞等地调查表明，城郊的农民和村集体在过去和现在都有很强的积极性，来提供大量租金低廉的住房出租给外来人口。这一方面是农民主动分享城市化收益的表现，另一方面也充分证明，外来流动人口的居住问题可以通过土地制度的创新来完成，而并不必然要过多增加政府的财政压力。基于中国大陆城市土地国有的情况，中国可以考虑在现有"征收－出让"的模式之外，进行制度创新，及其配套的财税体制改革（土地增值税或/和物业税），为长远的收入分配、公共服务等社会建设提供一个突破口。

我们认为，上述借鉴和创新不仅在原理上可行，而且可能成为深化改革的一个突破口。其基本的经济原理可以通过以下一个简化的例子来说明。假设某个地块的城中村有100亩土地，其中有200户原住村民，每户有一处宅基地。政府在城中村改造过程中，可以直接与村集体以及村民进行谈判，在明确开发增值前景与利益分配方式之后，要求对方以缴纳部分土地（如45

亩）方式支持整个"自主重划"项目。在政府拿走的45亩土地中，可将30亩土地用作城中村的基础设施建设，剩下15亩公开拍卖以偿还基础设施开发费用。而原有土地权利人虽然放弃了45亩土地，但其剩余55亩土地可获得确权承认（如转为国有大产权），开发价值也高于未改造前的全部土地价值。比如该城中村的村民可在55亩土地上连片重新规划、建设容积率更高的出租屋，然后在200户农民之间分配，每户就可能获得10余套甚至几十套出租屋，农民获得了可以形成未来稳定收入的资产。从以上简例可推演出一个系统性的土地－户籍－财税体联动改革方案，操作步骤如下。

第一，在法律制度与政策处理上，可以将城中村的土地以"报征"的形式转为国有。不同于一般的征收，农民既不需要担心这部分土地（除了"抵费地"那部分之外）政府会另行批租给别人，政府也无须向村民支付征地费用。

第二，在开发方式与融资模式上，政府对村民保有的那部分土地发放国有土地使用权证，然后村民就可以组织起来获得银行土地抵押贷款，或引入社会资本，以房地产投资信托或私募基金的形式进行合作开发，建设住宅与商业地产。这一方面解决了目前村集体建设用地开发难以获得银行贷款支持的问题，并将先前投机于需求面的资本引导进入增加供给；另一方面，基于信托等形式的不动产证券化，还可以缓解城中村超过政府承认层数之外那部分"违章建筑"的认定和补偿难题，在合法面积予以实物补偿之外，其他"抢搭抢建"的部分让权利主体之前在股份上自行讨价还价。

第三，在其中一些城中村地段，政府完全可以通过确权转性方面的技术性处理，约束改造后的房屋一定时间内不能作为商品房售卖而只能作为面向不同层次群体的出租房。这样就可以在政府保留一定控制的基础上，通过市场机制而不是政府提供的方式，有效地解决城市低收入人口和外来流动人口的居住问题。一旦这种改造模式可以在政府认可的一些城中村推广，城市出租房的供给就会增加，房租租金也完全可以下降到政府直接供应廉租房的房租水平。地方政府也就未必需要再大规模地进行廉租房或者公租房建设了。

第四，对改造后城中村，特别是以出租房为主容纳外来人口居住的城中村地段，政府可以考虑建立公立学校接受外来人口子女入学。在通过上述机制解决外来人口住房问题和子女教育问题后，户籍制度改革就完成了实质性突破。涉及宅基地过分零碎狭小必须连片建设的，可以通过交换分合作大尺度的重建，并借此机会方便地完成确权，并通过释放容积率实施立体分区或立体重划。

第五，以上通盘考虑的制度改革创新，其价值更在于为长远的地方财税制度、公共服务乃至"十二五"规划强调的"社会建设"提供突破口。在城中村改造过程中，政府可以抽取一些与土地开发、房地产建设相关的税费，如房地产业营业税；而如果最终允许农民把留用土地上所开发的住宅转为"大产权"，地方政府在短期可以征收出租屋管理费、土地增值税或物业税；此时的城中村村民，由于拥有多套合法房产并收取租金，财产升值后在缴税方面也会相对配合。

这里需要特别强调的一点，是通过上述方法实现集体建设用地入市后开征相关土地税收的问题，这一点对中国实现地方税制渐进的转型非常重要。在当前阶段，中国政府要解决房地产市场泡沫化的问题，推进房地产税的改革，对存量房地产征收房产税或物业税确有较大必要。它不仅对抑制短期房价过快增长有一定作用，而且有助于从中长期扭转地方政府依赖以土地出让金，尤其是商、住用地出让金来搞基础设施和城市建设的不利局面。但地方政府在逐步建立了稳定的、以存量房产价值为税基的物业税后，应该也必须逐渐从目前的土地出让模式中淡出，而不是在开征房产税的同时，继续进行商、住用地的招、拍、挂出让并收取高额出让金。否则，房产税改革的意义就会大打折扣。

实际上，我国的宏观总体税负水平已经不低，增加新税种的同时有必要相应地减少其他税负，特别是土地征用－出让过程中对原土地权利人实征的税负，才能确保总体税负水平不过高，以及防止政府与民争利。这就意味着，目前的土地征用－出让体制必须进行重大调整。对包括工业和商住用地在内的非公益性用地，政府应该直接引入用地者和原土地权利人（大部分是城中村与城郊村农民）直接进行用地谈判的机制。当然，一旦这种谈判机制被引入，政府完全可以对入市的农村建设用地征收相应的、甚至是累进的土地增值税。

一个通常的忧虑，是由于房产税征收对象主要还是城市居民第二套以上住房和高档住宅，因此开征后的税额未必能够弥补地方政府在土地出让金上的损失。但这种忧虑其实没有必要。因为一旦通过上述方法让集体建设在适当补交土地出让金后转为国有土地用地入市，允许城郊村和城中村的农民符合城市规划与建设基础设施到位的情况下，与开发商合作或自行从事商业、住宅业开发，就会有大量的新房源成为未来开征房产税的税基。加上前面所谈到的土地增值税，就可以弥补地方政府土地出让金的损失。

正是因为如此，"十二五"期间，在改革土地征用和出让体制的同时，政府逐步引入对存量房地产征收的财产税，以及对农村建设用地入市后征收的土地增值税，实现地方政府从扭曲性的"土地预算外财政"向以财产税和土地增值税为主体的"土地预算内财政"的过渡。不论是户籍制度改革，还是今后内容更丰富的公共服务体系建设，中国需要的都是这种长期而稳定的地方财政融资模式。这也是本文提出的以土地与财税体制改革带动户籍改革，为中国塑造一个更公平、更有效率，而且可持续城市化模式的要旨所在。

五　结论

本报告讨论了中国当前阶段经济增长方式下的城市化模式，特别分析了中国目前的土地、户籍与相关财政体制对中国城市化带来的一系列扭曲。我们认为，在中国这样一个发展中大国，经济增长必然带来大规模区域间的劳动力转移，既有的户籍制度对劳动力举家、永久性转移构成了重要约束。因此，如何通过户籍改革释放劳动力供给的制度潜力，如何通过有效的土地制度改革为移民提供可支付住房，并同时为户籍改革及相关公共服务筹资就至关重要。

在目前中央强调加快户籍改革、积极推进城市化的大背景下，我国沿海发达地区还面临着大量流动人口因住房、子女教育等问题而无法实现永久性举家迁移，劳动力供给的数量和质量都面临重大制度阻碍。实际上，不论是从应对劳动力短缺，确保中国经济可持续发展，还是从转变发展方式、推进城乡一体化和公共服务均等化看来，通过土地－户籍－财税制度联动改革都非常重要且相得益彰。

首先，在未来改革中，政府可以考虑通过在户籍制度准入标准中，要求申请城市户籍者在自愿的基础上放弃农村承包地，这样就能有余地去匹配农村内部人口变动，确保留在农村者不用通过土地调整就可以应对农村人口增减，从而保证农村承包地的土地产权稳定。随着农村人口逐渐外迁并放弃承包地，农村土地承包权的稳定乃至扩大农业生产规模就成为可能；考虑到农民工在老家为原有宅基地往往进行了较大投资，政府不应把其放弃宅基地作为申请城市户口的必要条件，而应该允许其保留，在未来政府相关政策改变后，宅基地可以直接入市买卖。

其次，在发达地区以"城中村"改造为突破口，通过运用"市地重划""自主开发"等一系列政策工具，政府就能以很低成本和市场化模式实现公私各得其利，提供一大批生活环境良好的出租房和低端商品房，从而解决农村人口向城市永久迁移过程中最难以解决的住房问题。

最后，通过引入"平均地权""增值溢价捕获"理念，政府在逐步放开集体建设用地入市的同时，引入财产税与土地增值税，加强地方政府税基，推动健康财税制度的建立与公共服务的均等化提供。比如，在地方税基从土地出让金转化为财产税和土地增值税后，政府就可以用相关收入为新城市移民提供最低生活保障，同时在城中村地段建立面向新城市移民子女为主体的公办学校，这就实现了户籍制度改革的突破。上述土地－户籍－财政－公共服务综合配套改革，既有利于改善民生，又有利于降低房价泡沫，还有利于经济增长模式转变并能够促进经济增长，不能不说是中国当前阶段推进改革顶层设计，切实实现城乡统筹，建设现代国家的必由之路。

主要参考文献：

Cai Fang. 2008. Approaching a Triumphal Span: How Far Is China Towards It Lewisian Turning Point? WIDER Research Paper, February.

Cao, Y. Y. Qian, and B. Weingast. 1999. From Federalism, Chinese Style, to Privatization, Chinese Style. *Economics of Transition*, 7 (1): 103 – 131.

Li S. S. Li, and W. Zhang. 2000. The Road to Capitalism: Competition and Institutional Change in China. *Journal of Comparative Economics*, 28 (2): 269 – 292.

Islam, Nazrul and Kazuhiko Yokota. 2008. Lewis Growth Model and China's Industrialization, *Asian Economic Journal*, 22 (4): 359 – 396.

Kwan Fung. 2009. Agricultural Labour and the Incidence of Surplus Labour: Experience from China during Reform, *Journal of Chinese Economic and Business Studies*, 7, 3, August: 341 – 361.

Minami, R. and Xinxin Ma. 2009. The Turning Point of Chinese Economy: Compared with Japanese Experience, Conference Paper, ADBI.

Park, A. Cai Fan, and Du Yang. 2007. Can China Meet Her Employment Challenges? Conference Paper, Stanford University, November.

Su Fubingand Tao Ran. Visible Hand or Crippled Hand: Stimulation and Stabilization in China's Real Estate Markets, 2008 – 2010 Working Paper.

Tao Ran, Su Fubing and Liu Mingxing and Cao Guangzhong. 2010. *Race to the Bottom' Competitionthrough Negotiated Land Leasing*: *An Institutional Analysis and Empirical Evidence from Chinese Cities on Urban Studies*, 47（10）: 2217 – 2236, September 2010.

Wang Hui, Lanlan Wang, Fubing Su, and Ran Tao, 2011. *Rural Residential Properties in China*: *Land Use Patterns*, *Efficiency and Prospects for Reform Forthcoming Habitat International.*

Wong. C. 1997. *Financing Local Government in the People's Republic of China.* Hong Kong, New York: Oxford University Press.

Wong, C. and R. Bird. 2005. China's Fiscal System: A Work in Progress. Working Papers, No. 0515, International Tax Program, Institute for International Business, Joseph L. Rotman School of Management, University of Toronto.

World Bank. 2002. *China National Development and Sub – National Finance*: *A Review of Provincial Expenditures.* Washington, D. C.

北京大学国家发展研究院综合课题组：2009，《还权赋能：奠定长期发展的可靠基础——成都市统筹城乡综合改革实践的调查研究》，北京大学出版社，2009。

蔡禾、刘林平、万向东，2009，《城市化进程中的农民工：来自珠江三角洲的研究》，社会科学文献出版社。

蔡昉，2007，《破解农村剩余劳动力之谜》，《中国人口科学》第 2 期。

蔡昉、王美艳，2007，《农村劳动力剩余及其相关事实的重新考察——一个反设事实法的应用》，《中国农村经济》第 10 期。

蔡昉，2010，《中国的人口结构转型、人口红利、刘易斯转折点》，国际研讨会工作论文。

崔传义，2007，《论中国农民工政策范式的转变》，《中国公共政策评论》第 1 卷。

都阳、王美艳，2010，《农村剩余劳动力的新估计及其含义》，《广州大学学报（社会科学版）》第 9 卷第 4 期。

陈锡文，2010，《中国城镇化率严重高估》，http：//policy. Caing. Com/100167691. Html。

戴雪芬，2006，《城市土地集约利用的现状分析与建议》，《地矿测绘》第 22 期，第 42 ~ 44 页。

国家统计局，2011，《第六次全国人口普查主要数据公报》，http：//www. stats. gov. cn/tjfx/jdfx/t2011 年 4 月 28_402722253. htm。

国家外汇管理局，2011，《中国历年外汇储备》，http：//www. Safe. Gov. Cn/model_safe/tjsj/tjsj_list. Jsp？ Id = 5&D = 110400000000000000。

黄贤金、姚丽、王广洪，2007，《工业用地：基本特征、集约模式与调控策略》，2007 年海峡两岸土地学术研讨会。

黄小虎，2007，《当前土地问题的深层次原因》，《经济瞭望》第 2 期。

孟昕，2010，《中国的劳动力市场》，《北京大学国家发展研究院简报》第 58 期，

http：//www. nsd. edu. cn/cn/article. asp？articleid = 13945。

潘家华、魏后凯，2011，《中国城市发展报告》，社会科学文献出版社。

谈明洪、李秀彬，《世界主要国家城市人均用地研究及其对我国的启示》，《自然资源学报》第 25 卷第 11 期。

陶然、陆曦、苏福兵、汪晖，2009，《地区竞争格局演变下的中国转轨：财政激励、发展模式反思》，《经济研究》第 7 期，第 21 ~ 34 页。

陶然、徐志刚，2005，《城市化、农地制度与社会保障——一个转轨中发展的大国视角与政策选择》，《经济研究》第 12 期，第 45 ~ 56 页。

陶然、汪晖，2008，《以系统性改革渐进式实现城乡一体化》，《领导者》第 25 期，第 60 ~ 70 页。

陶然、汪晖，2010a，《中国尚未完之转型中的土地制度改革：挑战与出路》，《国际经济评论》第 85 卷第 2 期。

天则经济研究所中国土地问题课题组，2007，《城市化背景下土地产权的实施、保护》。

王兰兰、汪晖，2009，《走出"小产权房"困境：现状、成因、政策建议及配套改革》，北大 - 林肯城市发展与土地政策研究中心工作论文。

汪晖、陶然，2009a，《如何实现征地制度改革的系统性突破——兼论对〈土地管理法〉修改草案的建议》，《领导者》第 29 期。

王庆，2010，《未来 10 年中国劳动力供应依然充裕》，《中国证券报》，http：//vnetcj. Jrj. Com. Cn/2010/11/0308358472349Shtml。

于建嵘，2006，《转型期中国的社会冲突、秩序重建》，http：//www. snzg. cn。

周天勇，2010，《中国刘易斯拐点并未来临农业中有大量剩余劳动力》，《人民日报（境外版）》2010 年 10 月 12 日，http：//finance. ifeng. com/opinion/zjgc/20101012/2696524. shtml。

中国劳动力市场紧张局势和
未来城镇化挑战[*]

孟　昕

一　引言

过去几年，中国的人均 GDP 增速极大地放缓了，但外来务工人员的实际工资却以每年 10% 以上的增长率持续增长。最新的中国城乡迁移（RUMiC）调查数据显示，2012 ~ 2013 年，中国人均实际 GDP 增速为 7.7%，而外来务工人员的月实际工资增速为 12.3%。一些小规模的调查结果也是大同小异，如全球经济咨询公司龙洲经讯报道的 2013 年外来务工人员工资增长水平就与中国城乡迁移调查的结果如出一辙（Miller 和 Gatley, 2014）。^①

很多人认为，这种实际工资的增长清晰地预示了由农村剩余劳动力供给不足而造成的低技能劳动力短缺（刘易斯"拐点"）。但笔者坚信城市低技能劳动力短缺的状况在某种程度上是城乡人口迁移制度的限制造成的。本文中笔者根据最新的家庭调查和综合数据探讨了可能引起近期外来务工人员工资上涨的原因，同时论述了一个已经影响了具体政策方向的误区，即把中国城市劳动力"短缺"看成劳动力的绝对短缺而非制度限制的后果，再加上传统的城乡分离观念，以及政治家鲜能接受的大城市贫民区，这些将可能对中国未来城镇化进程和经济发展产生潜在阻碍。

---

* 笔者要感谢 Bob Gregory 提出的有益建议和 Sen Xue 给予的杰出研究协助。

① 然而，文中并未给出数据来源。

二 城镇化战略和产业升级政策

长期以来，中国设想走一条有别于西方社会的新型城镇化道路。经济领域实行改革以来，政府坚持认为，即使农民放弃农耕寻求其他工作，也不该离开家乡。中国的城镇化应该主要规划并控制在小城市，以避免大城市目前面临的难题，即不断扩大的贫民区。

1978 年，经济改革始于农业领域。不久，农业生产力急剧上升，造成了大量农村剩余劳动力。这部分劳动力该何去何从？在当时，城乡迁移是被严厉禁止的。这些剩余劳动力唯一的出路便是在当地发展非农产业。因此，20 世纪 80 年代至 90 年代初，国家政策大力支持农村非农产业的发展。结果，乡镇企业呈现出一派繁荣景象（Meng，2000）。1980～1995 年，乡镇企业中，农村户口的劳动力比例从 9.4% 升至 26.3%。

自 20 世纪 90 年代初，中国实行改革开放政策，引进大量外商直接投资，转而刺激了城市对低技能劳动力的需求。作为回应，政府逐步放宽了之前严格的城乡迁移限制，允许农村人口在城市工作；然而，虽然允许农民在城里工作已有 20 年，且限制渐渐放宽，但外来务工人员依然不能成为城市居民。如此限制，一方面是因为如果转变现有的公共财政系统，将农村劳动力当作城市居民来安置的话，可能会加重潜在的财政负担并引发一系列问题；另一方面，农民可能会不从事农业生产但不应该离开农村地区的思想根深蒂固，这样才能避免"城市病"。的确，最新版的《国家新型城镇化规划（2014—2020 年）》（中国国务院，2014）中就明确表达了这种观念并强调要有序建立小城镇以安置未来剩余的农村劳动力。

与建立小城镇的新型城镇化战略相辅相成的便是大城市的"产业升级"政策。中国如果想成为经济强国，高科技资本密集型产业在产业结构中要占据主导地位，未来中国经济增长应该依靠创新和先进技术而不是廉价劳动力已经成为共识。产业升级政策认为中国已经摆脱了对低技能劳动力的大量需求，是时候从廉价劳动力的世界工厂转型为世界实验室，雇用有更高技能的工人。自全球金融危机以来，很多沿海城市已经制定了产业升级政策，积极推动低附加值公司和低技能劳动力退出舞台。

这些政策对工资、劳动力供给、未来中国城镇化，以及经济发展成果的影响日益显著。

三 外来务工人员工资变化

（一）实情

自 2009 年以来，在实际 GDP 增速放缓的大背景下，低技能劳动力的工资却以高于平均增速水平的速率一路上升。图 1 反映了外来务工人员——最低技能的劳动者——第一份工作第一个月的实际工资增长速率与人均实际 GDP 增长速率的对比。从图 1 中可以一眼看出，低技能劳动力工资的高速增长有悖于综合经济增长的缓慢趋势。

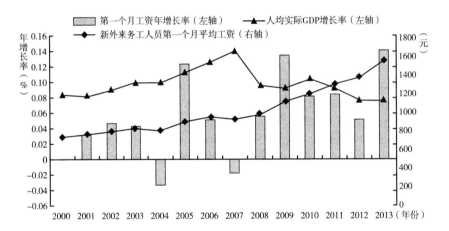

图 1 人均 GDP 增长和外来务工人员工资增长情况

资料来源：实际 GDP 增长数据来自《中国统计年鉴》。外来务工人员第一份工作第一个月的实际工资来自中国城乡迁移调查报告。样本为每个调查年中所包含的外来务工人员（中国城乡迁移新样本）。通常会计算实际工资的消费者价格指数，在此特指以 2000 年为基点的省年消费者价格指数。

高工资增长速率可能是由劳动者组成变动所引起的。如果年复一年，受教育的劳动者比例不断上升，工资增长可能就不会像劳动者的受教育水平一样反映出这种高速率了。为了减少这种可能性，笔者计算工资变动情况时，将年龄、性别、婚姻状况、受教育程度、第一批外来务工人员城乡迁移的年份、城市固定影响都标准化了。在劳动者素质一致时，年份固定效应系数可以用于表明年工资增长。图 2 绘制了这些系数，以及未调整的外来务工人员第一份工作第一个月的实际工资增长速率。标准工资增长速率和未经处理的增长速率略有不同，但是趋势是一致的，它表明 10 年来近期工资增长速率比刚开始时要高得多。

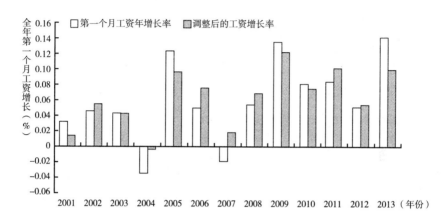

图 2　未处理的工资增长和标准工资增长的对比

资料来源：外来务工人员第一份工作第一个月的实际工资来自中国城乡迁移调查。样本为每个调查年中所包含的外来务工人员（中国城乡迁移新样本）。调整后的工资增长率来自笔者的估算。

（二）实际工资增长的原因

实际工资加速增长可能是由于：①劳动力短缺；②政府对工资的直接干预。本节笔者将对这两个可能原因进行验证分析。

1. 劳动力短缺

国家统计局公布的综合数据（国家统计局，2014）表明，2013 年，中国有 7.7 亿名劳动者，其中 72% 为农村户口。在 5.52 亿农村户口的劳动者中，有 2.83 亿人，或者说，51% 的人仍在农业领域工作。剩下的 2.69 亿人在非农领域工作的人，1.66 亿人迁移到不同规模的城市（包括县级市）中工作（城乡迁移者）①，另外 1.03 亿人在他们村庄附近的乡镇工作。因此，与普遍认为的中国有 2.6 亿农村进城务工人员不同，2013 年的实际进城务

---

① 中国城市划分为 4 个不同的行政级别，级别高低也反映了城市规模大小：①直辖市，包括北京、上海、天津和重庆；②省会城市；③地级市；④县级市。

工人数为1.66亿（详见表1）。换言之，2013年只有30%的农村户口劳动力迁移到县级或更大的城市，剩下的70%在那些城市之外工作。这表明，如果改变现有的制度环境并减少农村劳动力进城务工的限制，那么未来农村户口人群迁移进城的范围会相当广阔。

表1 2013年劳动力分布领域

	人数 （万人）	占农民户口劳动力 比例(%)	占劳动力总数 比例(%)
劳动力总数	76977		
城市劳动力(包括农村户口和城市户口)	38240		
城市户口劳动力	21630		28
农村户口劳动力	55347		72
其中:在各级城市工作的劳动力	16610	30	22
农村非农领域劳动力	10284	19	13
农业领域劳动力	28453	51	37

资料来源：笔者对国家统计局数据（2014）的解读。

家庭调查数据也同样如此。笔者采用了北京大学2012年（ISSS，2012）开展的中国家庭动态跟踪调查（CFPS）数据，再次检验了这一论题。[①] 该调查对比了14630个16岁到65岁目前有工作的农村户口者。他们中有22%的人因为工作而迁移（并不在家住)[②]，28%的人于过去一年中的某段时间在非农领域工作（但在家住），其余50%的人只在农村工作——这再一次验证了农业领域的劳动者占多数。

然而，通常认为大量的农业劳动力并不适用于城市，因此城市也无法轻易利用。这个论点的重要依据是这些劳动力年龄偏大（图3a是年龄分布，图3b是每一个年龄层劳动力的实际数量），因此受教育程度也较低。对剩余农村劳动力的这一描述有一定的道理，但却遗漏了重要的两点。

第一，当这些劳动力年轻时，大部分都在城市工作。中国城乡迁移家庭调查数据表明，曾进城务工的人员中有34%已经返回农村地区（Meng，2013）。如果没有歧视性政策阻碍他们和家人在城里生活，他们可能就会留

[①] 由于资金限制，中国城乡迁移家庭调查于2011年终止。另外，中国城乡迁移家庭调查使用的样本和国家统计局一样。如今对样本公正性已有很多争论，为避免样本片面，引用不同样本框架的独立调查来检验论点显得尤为重要。

[②] 这一比例几乎和中国城乡迁移调查数据中显示的一样（Meng，2012）。

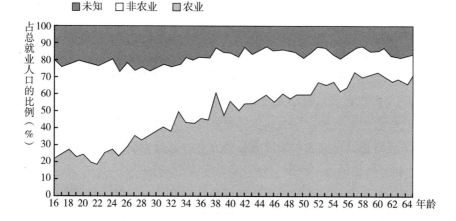

图 3a　2012 年各就业领域农村户口劳动力的年龄分布

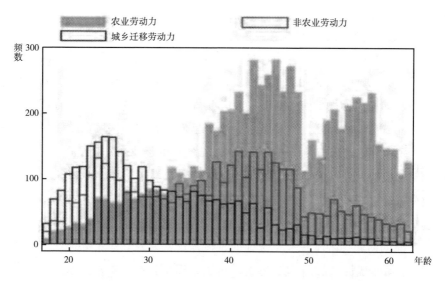

图 3b　2012 年农村户口劳动力中迁移者数量和非农领域劳动力数量

资料来源：笔者对中国家庭动态跟踪调查（ISSS，2012）的估算。

下来，积累劳动力市场所需的经验赚钱养家。因此，虽然直接导致劳动力短缺的不仅仅是迁移政策的限制，但是，如果政策有所改变的话，当前在城里打工的人年老时就不必返回农村，那么流动量的减少会在很大程度上增加劳动力供给，同时，进城务工人员的平均技能水平也会显著提升（Meng，2012）。

第二，即使这群没有在城里工作的劳动者技能低下，他们也是中国得天独厚的资源。在农业生产力得到巨大提升后，他们就要寻求谋生的其他出路。因此，经济政策应该要创造与中国资源分布相适应的就业机会。遗憾的是，当下的政策却背道而驰，笔者会在下一节对此进行论述。

2013 年国家统计局的综合数据以及中国家庭动态跟踪调查数据都表明，至少有 50% 的农村户口劳动力还在从事农业领域的工作，另有 20% 的劳动力在农村非农领域工作。过去几年，农业生产力大幅提高并且很有可能在未来几年持续增长，因此农村领域的劳动力供给会远大于需求。正值播种季节（农业上相对繁忙的季节）时，笔者游览了湖北省的一个村庄，看到大部分人都在麻将桌旁度日，而且在这片区域及其附近，人们对这种行为已经习以为常。如果能够减少迁移者进城务工的限制且消除歧视，那么这些出于要照顾老人、小孩等家庭原因而留在农村无所事事的农民就能够进入城市劳动力市场，改善其劳动力供给状况（Meng，2012）。

2. 城市劳动力短缺和工资增长

然而，毫无疑问的是，中国城市里的雇佣者已经明显感觉到这几年劳动力市场的紧缩，且从雇佣者角度出发，很多人都认为劳动力短缺只会愈演愈烈。尽管如此，问题的焦点在于，近几年外来务工人员实际工资的飞速增长是否意味着劳动力市场的急剧紧缩。表 2 呈现的是在中国城乡迁移调查的基础上，用 3 种方式来直接统计的失业率。诚然，由于外来务工人员享受城市失业补助的机会有限，大部分还留在城里的外来者都有工作，外来务工人员的失业率普遍很低。不过，通过对比不同年份的失业率，我们仍然可以解读在工资高增长的年份，被调查城市的劳动力市场是不是呈现极其紧缩的状态。

下面的问题引导了失业率统计的 3 种方式：第 1 个是普遍的 "当前是否有工作" 的问题；第 2 个是回答者在过去一周是否至少工作 1 小时；第 3 个是回顾性问题，即在过去的 12 个月，回答者失业过几次。笔者定义了虚拟变量，如果回答者在过去的 12 个月至少失业过一次的话就等于 1。①

---

① 劳动力状态问题是让被调查者从以下 10 个选项中选择自己当前的状态：①工作中；②退休后被返聘；③失业；④退休；⑤家务劳动者；⑥家庭劳动力；⑦残疾；⑧上学；⑨待业；⑩其他。16 ~ 65 岁的被调查者如果不在以上④、⑤、⑦、⑧、⑩类，则被视为有工作。那些有工作的人如果属于③和⑨类，就被视为失业。另外，调查中就业模块会问有工作的人两个问题：①在过去的一周，你是否至少有一小时的收入？②如果没有，是什么原因？针对第 2 个问题有 3 个选项：度假；在学校；失业。笔者将那些过去 1 周连 1 小时收入都没有的人视为失业。

表2　按年份用不同方式统计的失业率

单位：%

年份	失业率统计方式		
	你现在有工作吗？	上周有带薪的工作吗？	过去的12个月至少有一段失业经历吗？
2008	1.3	1.3	14.1
2009	1.1	2.1	14.5
2010	1.0	1.6	8.1
2011	0.8	2.2	9.8
2012	0.7	2.0	7.2
2013	0.9	2.2	12.0

资料来源：笔者对于调查数据的计算。

表2表明第一个方式统计的失业率很低，而且只在2013年有轻微上浮。[1] 以第二种和第三种方式统计的失业率稍微偏高，且前者一直在上升而后者从2010年后才有上浮。尤其是，如果只观察在过去的12个月至少失业过一次的劳动力所占比例，会发现这一阶段的失业率为7%～14.5%，在全球金融危机期间失业率最高（2008年和2009年）。然而，金融危机后，尽管2011年和2013年工资增长幅度最高，失业率仍居高不下，2011年为9.8%，2013年为12%。

结果表明，失业率并没有明显下降，不足以证明城市劳动力进一步短缺，因此劳动力持续短缺可能也无法解释在过去6年进城务工人员工资增长这一特殊模式。

3. 最低工资的影响

1993年，中国第一次提出了最低工资规定。1994年7月，最低工资标准写入中国劳工法。由于不同地区的生活水平、物价和劳动力市场状况相差甚远，省区市级政府要设定各自的最低工资标准。规定特别指出，当地政府要根据实际的最低生活成本、生产力、失业率、经济发展程度，以及当地的平均工资水平来设定最低工资标准。2004年，政府对最低工资标准进行了

---

[1]　注意，家庭动态跟踪调查里的总样本包含过去几年一直追踪的人群（被称为"旧样本"），以及每年随机抽取的人群（被称为"新样本"）。后者更能代表每年的特点。关于家庭动态跟踪调查特点的讨论详见Meng（2013）。表2只是对新样本的计算。总样本得出的结论一致，这也满足了笔者的要求。

修正，加大了惩罚力度，罚款从之前所得工资的20%～100%增加到工资的100%～500%。① 根据中国"十二五"规划，2015年最低工资计划至少上涨13%（Lau 和 Narayanan，2014）。

在被调查的15个城市中，过去20年，其最低工资水平上升了2倍（见图4）。起初，各城市间最低工资水平差距甚微，2005年后，差距渐渐拉大，这表明当地政府已经能灵活设置最低工资水平了（Wang 和 Gunderson，2011）。

过去6年，很多沿海城市决心进行产业升级，从劳动密集型产业转向技术和资本密集型产业。为达成这一目标，政府出台了一项有力的政策，即提高最低工资，让利润微薄的低技能劳动密集型公司无法扎根这些城市。

然而，很多发展中国家很难实施最低工资法，因此最低工资规定经常不受法律约束。在参考文献中，经济学家经常调查工资分布以判断最低工资法是否具有约束力（例子见 Brown，1999；Alatas 和 Cameron，2008）。

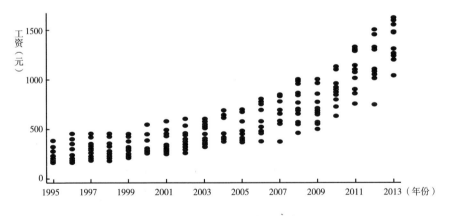

图4　15座城市最低工资水平变化

资料来源：数据收集于15座城市各自的政府官方网站。

图5a 和图5b 是为了检验最低工资法在中国是否具有约束力。因为不同城市不同年份所设的最低工资水平不一，笔者用式（1）来规范月薪以及第

---

① 新规定也详细说明工资不包含津贴和福利（Frost，2002；Zhao 和 Zeng，2002；Wang 和 Gunderson，2011）。

一份工作第一个月的工资，即将每个分布范围内的最低工资设为0。

$$STANDARDIZED\ WAGE_{ijt} = \frac{Wage_{ijt} - Mini - Wage_{jt}}{SD(Wage)_{jt}} \qquad (1)$$

图5a绘制的是最低工资和月薪分布的对比，图5b是最低工资和第一份工作第一个月的工资分布对比。图5b代表的是最低技能劳动者的工资，如果最低工资具有约束力，那么应该对这群人影响最大。事实上，如果对比这两张表，可以明显看出第一份工作第一个月的工资与最低工资关系图有一个很大的峰值，这表明对低技能的劳动者来说，最低工资是具有约束力的。值得注意的是，笔者在分别绘制沿海与内陆城市第一份工作第一个月工资时（见图6）发现，似乎沿海城市的峰值比内陆城市更明显。

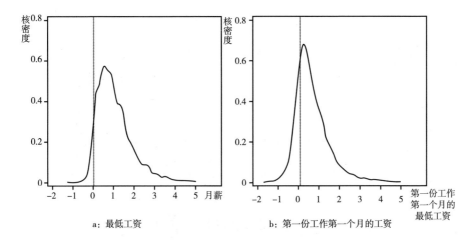

图5　工资分布和最低工资对比

资料来源：笔者对家庭动态调查数据的计算，2008～2013年。

渣打银行最新调查显示，珠三角地区被调查的356家公司中，超过60%的公司将最低工资水平增长视为2013年工资增长的一个原因；10%的公司表示最低工资水平增长对工资水平有巨大影响；另外52%的公司回答说有一定的影响，工资增长比他们开始预期的多（Lau和Narayanan，2014）。从另一个角度来说，这直接体现了具有约束力的最低工资标准。但是，问题在于最低工资上涨的影响程度有多大，以及这一影响是只局限于最低工资水平左右的收入范围，还是会扩展到一系列的收入范围。

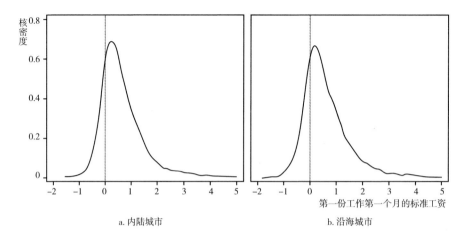

图6　不同区域的第一个月标准工资

资料来源：笔者对家庭动态调查数据的计算，2008～2013年。

根据最新的家庭动态跟踪调查数据，笔者研究了这些问题。通过修改 Neumark et al.（2004）和 Stewart（2012）提出的计算方式，笔者得到了式（2）和式（3）。

$$lw_{ijt} = \alpha + \beta_k lm_{jt} * \sum_{k=1}^{K} D_k(w_{ijt}, m_{jt}) + \sum_{k=1}^{K} \eta_k D_k(w_{ijt}, m_{jt}) +$$
$$\gamma X_{ijt} + kCPI_{jt} + \delta_j + \theta_t + \sum_{j=1}^{15} \lambda_j T_j + \varepsilon_{ijt} \tag{2}$$

$$\frac{\Delta w_{ij}}{w_{ijt-1}} = \alpha' + \beta' k\left(\frac{\Delta m}{m_{jt-1}}\right) * \sum_{k=1}^{K} D_k(w_{ijt}, m_{jt}) + \sum_{k=1}^{K} \eta'_k D_k(w_{ijt}, m_{jt}) +$$
$$\gamma' X_{ijt} + k'\Delta CPI_{jt} + \delta'_j + \theta'_t + \sum_{j=1}^{15} \lambda_j T_j + e_{ijt} \tag{3}$$

式（2）用重复截面数据来检验当年收入水平基础上受最低工资水平变化的影响，而式（3）在检验过去2年收入变化基础上受最低工资水平变化的影响。

在式（2）中，lw_{ijt} 指时间 t 在城市 j 的个人 i 月薪的对数，而 lm_{jt} 指时间 t 在城市 j 的最低工资的对数。

D（·）是7个虚拟变量的向量，表明个人 i 在收入分配中的位置，涉及最低工资。特别的，收入分配被定义为内嵌式。第1个虚拟变量包括收入在最低工资水平以下或刚好是最低工资水平的人群，恰好分布在第5百分位的范围内。当个人工资刚好分布在第 5～10 百分位的范围时，第 2 个虚拟变量等于 1。第 3 个虚拟变量涵盖第 2 十分位的范围。接下去的 2 个分别占据了第 2 十分位的范围，而最后一个虚拟变量分布在最高收入的第 3 十分位范围内。

X_{ijt} 是个人层面控制变量的向量，包括年龄、二次项、在校时间、性别以及第一次进入城市的年份。消费者物价指数 CPI 计算的是省区市层面上价格随着时间的变化；δ_j 是城市的固定影响；θ_t 是年份的固定影响；而 T_j 是特定城市的趋势减去城市经济增长趋势的向量。

式（3）有同样的说明，除非因变量（月薪）和主要的自变量（城市层面特定年份的最低工资）是计算第一个差的结果。

式（2）、式（3）显示了在不同工资分布区域最低工资标准对个人工资的影响。理论上希望最低工资标准对收入处于最低工资水平左右的人产生最大影响，当最低工资水平和个人工资增长之间的差距逐渐拉大时，其影响也就随之降低。

式（2）计算的是被雇用的打工者的总样本。式（3）计算的是较小范围内有 1 年以上记录信息的样本。因为最低工资只在不同年份不同城市间变化，回归方程的标准误差集中在城市－年份这一层。在式（2）中挑选的结果显示于表 3 的第 1 栏。从总体上看，层面影响在统计学上来说对所有人群都至关重要，但是对那些恰好稍高于最低工资水平的人群影响最大。对这群人，最低工资水平每增长 10%，他们的工资就会增长 9.8%——适用于几乎所有外来人口。影响下降至 5%，并且在接下来第 5 十分位的范围内，影响保持不变，然后继续下降至 3.9%。

在任何相关分析中，关键问题是因果关系的确定，即最低工资水平的上升和平均工资的上涨谁是因，谁是果？这个问题没有完美回答。在估算时，笔者试图通过涵盖城市固定影响、年份固定影响和在特定城市的时间趋势来理解其潜在的内部影响。然而，政府主导的政策变化（不同时间城市影响）不可避免地会不可控。为了进一步确定最低工资的随机影响，式（3）计算了在不同收入范围内最低工资变化对平均工资变化的影响。结果显示在表 3 第 3 栏中。发生变化（需要固定数据）时我们只用了一半的样本。为了证明并不是样本的不同造成了两种计算的差异，笔者在计算式（2）时，选用了固定样本（见表 3 的第 2 栏）。结果表明，固定样本促进了最低工资水平影响的提升，但是并没有改变不同收入分布间的影响模式。然而，式（3）的计算结果表明影响范围大幅缩小。城市内最低工资水平变化的影响只占第5～10百分位收入范围内变化的57.9%。收入分布再往上一级，影响下降至39.2%。从第3级收入范围开始，影响越来越小（13%～22%），从统计学上来说，也就是越来越不重要。

表3　挑选样本的估算

	层面影响		变化影响
	全样本	固定样本	固定样本
月工资≤最低工资水平	0.403 * (0.215)	0.407 (0.265)	0.024 (0.174)
工资为第5～10百分位	0.977 *** (0.288)	1.404 *** (0.322)	0.579 *** (0.194)
工资为第2十分位	0.494 ** (0.211)	0.703 *** (0.212)	0.392 ** (0.150)
工资第3十分位	0.480 ** (0.211)	0.671 *** (0.205)	0.215 (0.187)
工资为第4～5十分位	0.500 ** (0.206)	0.671 *** (0.193)	0.185 (0.151)
工资为第6～7十分位	0.483 ** (0.205)	0.685 *** (0.191)	0.157 (0.188)
工资＞第7十分位	0.387 * (0.204)	0.571 *** (0.190)	0.135 (0.142)
样本数	28930	11306	11306
R^2	0.861	0.788	0.168

资料来源：笔者的估算。

这些结果（图7中也有呈现）表明最低工资标准对那些工资刚好是最低标准或标准以上一点的人影响巨大（差距呈现于图5b），前两级收入范围的层面影响渐弱，但在整个分布中依然很强。对变化影响来说，第2十分位以上的收入范围在统计学上的影响就越来越不重要了。

4. 农业补贴和农村福利政策

外来务工人员工资不断上涨的原因还可能来自农业补贴和农村福利政策的增加。这些改变提升了外来务工人员迁移的机会成本和保留工资。于是农村人口进入城市的步伐放缓，城市中外来务工人员的工资增长压力加大。

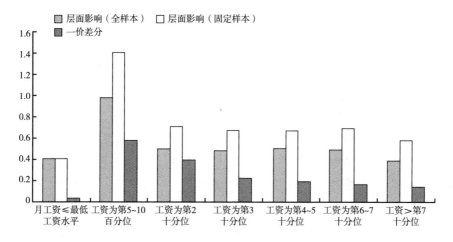

图7 估算的最低工资影响

资料来源：笔者估算结果（参见表3）。

过去10年，农业补贴和农村福利政策做出改变以积极应对不断扩大的城乡收入差距。2004年，中国全面废除农业税。不仅如此，农村户口人群的各种农业补贴也相应上涨。根据国家统计局报告（2014），2013年国家对农村生产补贴的总投入升至人民币2亿多元，即对每个农村户口劳动力投入超过360元人民币。另外，建设富裕宜居的社会主义新农村战略也相继出台，一些社会福利政策，比如义务教育、60岁以上人群养老金和农村医疗补贴逐步推行。

总的来说，很多政府政策——最低工资标准上扬，农业补贴和农村福利政策增加——对城市工资成本施加了上行压力。城市中低技能农村户口劳动力实际工资上涨，其潜在原因是很多政策的实施导致了农民工的短缺。

（三）新城镇化战略及其潜在挑战

过去数十年，严格的城乡迁移限制遭到了强烈的批判，体制改革势在必行。在这种压力下，《国家新型城镇化规划（2014—2020年）》应运而生（中国国务院，2014）。遗憾的是，"农民不该在城市生活"的传统观念在有序建设小城镇的新城镇化战略中依然占很大分量。新观念则是"农民不该在大城市生活"。这种新城镇化战略可能会对中国未来的发展道路产生长期影响，正如之前城乡迁移限制对中国当前发展产生影响一样。

　　自 20 世纪 50 年代初以来，中国的城乡分离政策限制了城乡迁移达 30 年之久。尽管 30 年来，经济发展让政府对城乡迁移的限制有所放宽，但与城市出生的劳动者相比，从农村走出来的劳动者在城市会受到区别对待，依然被当成临时工。正是由于这种歧视性政策，外来打工者无法与其家庭在城市长期生活。中国城乡迁移的特色由此形成——外来人员不会在城市久住，造成了极高的流动率。假设正常的工作生涯为 35 年，外来务工人员在城市的平均工作时间则小于 10 年，或少于他们工作生涯的 1/3。如果外来者没有能力将其家人接过来，那就不得不回家结婚、生子，抚养孩子长大并将其送入当地学校。而当他们的父母生病时，也不得不返乡照顾。在通常的情况下，这类人生大事本不该过多地打断其工作生涯，但是对外来务工人员来说，由于无法和家人在一起生活，只能停下工作的脚步。与日俱增的流动率降低了城市中外来务工人员的储量。这可能就是中国当前劳动力供给"短缺"的主要原因（Meng，2012）。

　　当"短缺"第一次被熟知时，政府并没有意识到这是其自身造成的，并没有开始系统地改变迁移限制的政策。不仅如此，人们认为中国已经到达"拐点"，是时候升级产业，使产业结构转向高科技资本密集型，并且更多地由服务产业驱动经济。为了达成这一目标，很多城市，特别是沿海城市，采用了最低工资标准来试图将低技术含量产业挤出去。

　　在中国城乡迁移调查数据中，这种变化显而易见。过去 6 年，城乡迁移调查所涉及的城市，其产业结构发生了翻天覆地的变化。根据 2007 年（在第一次调查前）和 2012 年①的调查数据，笔者比较了 15 个城市间产业结构的变化，发现：第一，在被调查城市内，外来务工人员总人数下降了 18%。第二，制造业和建筑业的外来务工人口从 27% 下降至 15%——降幅达 12 个百分点；与此同时，在服务/零售/批发贸易业领域的外来务工人口却增加了 12%。图 8 显示了沿海和内陆城市的变化。可以明显看出，制造业和建筑业在沿海和内陆城市都缩减了，其中沿海城市缩减得更多。

　　除了制造业劳动力大幅减少外，外来务工人员所从事的职业类型也发生

---

① 为建立抽样框架，中国城乡迁移调查小组在 15 个被调查城市随机抽取了一些区域网格。每个网格内的工作场所，包括街边小贩，都详细询问厂区/商场/建筑领域/街边外来务工人员数量（见 https://rse.anu.edu.au/rumici/，查看调查过程的详细讨论）。在 2012 年末，这一调查过程被反复操作以确保样本具有代表性。

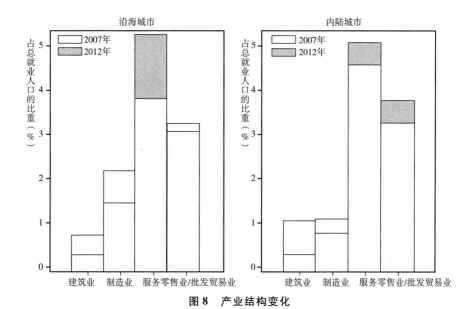

图8 产业结构变化

资料来源：笔者根据2008~2013年中国城乡迁移调查数据进行计算。

了变化（见表4）。由于调查采用的职业代码不同，笔者仅仅展示了代码一致的3个调查年份：2008年、2009年和2013年。在这期间，外来务工人员从事私营企业、专业职业和其他白领工作的人数从10%左右上升至20%，而同时期从事生产工作的人数从27%下降至17%。更加值得一提的是，私营企业主和其他白领工作者的平均受教育年数要远大于从事生产的劳动者。在外来务工人员职业分布上的这一改变可能预示着对高技能而非低技能劳动者的需求上升了。这与产业升级政策是一致的。

表4 职业分布（2008~2013年）

单位：%，年

职业分布	总样本			新样本		
（%）	2008年	2009年	2013年	2008年	2009年	2013年
企业主或白领工作者	9.87	10.51	21.84	9.87	9.90	15.45
私营企业主	3.30	1.82	7.11	3.30	1.80	2.96
专业职业	0.79	0.61	1.96	0.79	0.37	1.42
经理、职员或文员	5.79	8.08	12.77	5.79	7.74	11.07
零售、批发贸易从业者	15.95	20.23	25.00	15.95	17.83	13.35
服务业者	33.42	35.39	23.21	33.42	38.16	33.00
生产业者	26.61	22.42	16.62	26.61	24.46	21.59

续表

职业分布 （%）	总样本			新样本		
	2008 年	2009 年	2013 年	2008 年	2009 年	2013 年
自由职业者	10.93	10.36	11.93	10.93	8.84	16.14
其他	3.21	1.09	1.39	3.21	0.80	0.47
每一职业平均受教育时间（年）						
企业主或白领工作者	9.38	9.74	9.56	9.38	9.84	9.88
零售、批发贸易从业者	8.85	8.78	8.44	8.85	9.08	8.96
服务业者	8.83	8.73	8.25	8.83	8.78	7.99
生产业者	8.76	8.78	8.60	8.76	8.72	8.34
自由职业者	8.03	8.08	8.28	8.03	8.26	8.08
其他	6.99	6.69	8.06	6.99	7.57	7.36

资料来源：中国城乡迁移调查。

笔者认为，外来务工人员总数以及从事建筑业和制造业人数的减少可能有 3 个原因。第一，城市的很多任务厂都被划到了城市边界之外。为建立一个全样本框架，使每个被调查城市的数据都具有代表性，中国城乡调查小组驾车在每个城市边界处调查。最初的调查边界是在 2007 年决定的。边界的划定依据一个原则，即在边界 1 公里范围内，没有可以雇用外来打工者的建筑物或公司。接着依据划定的边界将城市分为一个个网格，并随机抽取部分网格所在区域开展调查。2009 年，受全球经济危机的影响，很多任务厂纷纷倒闭或迁往外地。考虑到这一变动，我们重新划定了边界。我们却发现工厂迁移到边界外对外来务工人员变动的影响微乎其微。2012 年的调查则建立在 2009 年划定的新边界基础上。很多城市的区域都扩展了，那么边界的影响可能就会更大。

第二，很多制造业的工作机会都转移到更小的城镇，而中国迁移调查并没有涵盖这些。中国的城市分为 5 级：直辖市（北京、上海、天津和重庆）、省会城市、地级市、县级市和乡镇。在 15 个被调查城市中，9 个属于直辖市或省会城市，其余为地级市。根据《中国统计年鉴》，2008～2012 年制造业占总的非农产业劳工比例从 27.6% 下降至 24.8%，降低了 2.8 个百分点。而在城市中，制造业占总的非农产业劳工比例下降稍缓，为 2.3 个百分点。由于第一种测算方式包括小城镇而第二种不包括，因此看起来，即使制造业工厂迁到小城镇，影响也不会很大。①

第三，由于中国自身城市劳动力短缺和产业升级政策，很多劳动力密集型制造业公司也逐步迁移到其他劳动力成本更低的城市。

尽管明显可以看出，作为中国经济主体组成部分的制造业下滑了，同时低技能劳动力的需求也减少了，但现有的数据依然无法准确测算出不同影响的大小。

三 潜在挑战

（一）产业升级创造的劳动力市场神话

由于产业升级，大中城市对低技能劳动者的需求下降，主要问题变成中国是否进入了外来务工人员供需平衡的转折点。这里要考虑两个重要问题：①中国是否真的不再需要低技能劳动力，由此减少对此类劳动力的需求就能解决"短缺"的问题；②如果不是的话，在产业升级政策极大改变所需劳动力类型的大背景下，扎根农村的低技能劳动力是否仍能待在城市？

笔者在"劳动力供给"一节中对第一个问题已有所涉及。笔者强调迁移制度的限制和近期的政策方向已经导致了城市劳动力供给的减少，而且超过一半的农村户口劳动力仍在农业相关的领域工作。农业生产是否需要2.83亿名劳动力？简单的回答是"不需要"。Kong et al.（2010）的中国城乡迁移家庭调查数据表明，2009年，主要在农业生产领域的劳动者1年平均工作154天。根据中国家庭动态调查数据，笔者再次计算了2012年在农业领域全职工作的劳动者数量，发现不论是忙时还是闲时，他们每年平均工作6.5个月，即150天。② 假设全职劳工一年应该工作300天，那么当前在农业领域工作的2.83亿名劳工中的一半人，如果迁到非农领域工作的话，会更具生产力。

以上仅是保守估计，因为未来农业劳动生产力会大幅上涨。最近笔者到

---

① 大量下降的制造业从业人数在笔者调查的城市和同期综合数据有所不同，其原因不明。

② 假设2/3的工作时间是繁忙季，1/3的时间是平常季。

湖北省一个村庄游览，它前面另一个村庄（J）的村主任告知，他们正在与农垦公司协商，雇用14个人来种植4000亩[①]农田。J村庄大概有1000亩农田，每亩的净收入当前为每年1300元人民币左右。农垦公司同意以每年1300元人民币的价格租用J村庄的所有土地。这对村庄来说，诱惑极大。如果协议达成，几乎所有现在在农业领域工作的人（300人左右）都会成为多余的。据村主任所述，周边很多村庄都成功地将土地租了出去。如果J村庄洽谈顺利的话，留在农田工作的劳动力在村里就会无所事事了。

这些农民可以去城市工作吗？从中短期来看，可能还不行。目前，不在学校或没有退休的16~65岁的人口中，城市户口的大约有29%没有工作，而农村户口的大约有27%（ISSS，2012）。尽管官方的失业率并不是很高，但没有工作的人数比率却很高，这可能也反映了极高的消极失业者比率。这些情况让城市吸收大量剩余农村劳动力难上加难。

此外，当前从事农业的劳动者的技术水平也与"升级"的城市工作机会格格不入。表5的A栏对比了当前主要从事农业生产的劳动者和从事非农领域或迁移出去的劳动者的教育水平分布。前者只有60%多一点的人是小学或小学以下学历，后两者有超过65%的人是初中或初中以上学历。如之前所述，当前的城市产业升级运动已经改变了产业结构，对有技能劳动者的需求上涨，升级运动的继续将对剩余低技能农业劳动者的就业造成不利影响。

有人可能会说，那些还在农业领域工作的人之所以教育程度低是因为年龄较大，当老一代退休后，年轻一代的劳动者应该能更好地适应城市中对高技能劳动者的需求。然而，情况并非如此。笔者对比了在农业领域和非农领域不同年龄层的劳动者受教育程度（见表5的B栏和C栏）。不管哪一个年龄层，农业领域劳动者受教育程度都低很多。因此，那些受教育程度较高的农业户口劳动力当前似乎都在非农领域工作或已经迁移到了外地，而受教育程度较低的，无论老少，都还留在农业领域工作。然而，时间迁移和世代更替并不能快速解决这一难题。如果继续实行产业升级政策，对教育程度低的人群来说，只会雪上加霜。另外，长期以来，农村的教育质量都比城市的要低，这更加阻碍了高技能农村劳动力的供给。

---

① "亩"是中国测量土地面积的单位。

表5 不同领域农村户口劳动者的教育分布

受教育程度	总样本					
	农业劳动者（A）		非农劳动者（B）		城乡迁移劳动者（C）	
	频数	比重（%）	频数	比重（%）	频数	比重（%）
文盲	2818	36.96	870	13.94	124	9.96
小学	2022	26.52	1345	21.55	291	23.37
初中	2163	28.37	2395	38.38	503	40.4
高中	553	7.25	1127	18.06	211	16.95
三年制专科	57	0.75	326	5.22	73	5.86
本科	11	0.14	167	2.68	40	3.21
硕士	0	0.00	10	0.16	3	0.24
受教育程度	年龄 30~45 岁					
	农业劳动者（A）		非农劳动者（B）		城乡迁移劳动者（C）	
文盲	839	30.42	379	14.98	166	19.51
小学	883	32.02	640	25.30	260	30.55
初中	867	31.44	991	39.17	307	36.08
高中	141	5.11	330	13.04	75	8.81
三年制专科	26	0.94	128	5.06	27	3.17
本科	2	0.07	57	2.25	15	1.76
硕士	0	0.00	5	0.20	1	0.12
受教育程度	年龄 <30 岁					
	农业劳动者（A）		非农劳动者（B）		城乡迁移劳动者（C）	
文盲	106	15.59	53	2.82	54	4.92
小学	187	27.50	284	15.11	241	21.95
初中	301	44.26	785	41.78	503	45.81
高中	64	9.41	488	25.97	205	18.67
三年制专科	16	2.35	167	8.89	65	5.92
本科	6	0.88	98	5.22	27	2.46
硕士	0	0.00	4	0.21	3	0.27

资料来源：笔者对中国家庭动态跟踪调查的计算（ISSS, 2012）。

总之，对那些在农业领域工作和农业领域剩余的劳动者来说，当前的产业升级政策不会给他们带来良好的劳动力就业市场。

（二）小城镇政策和中国未来增长的启示

新城镇化战略能否成为一剂良药？当地城镇是否有足够的工作机会提供

给大量涌入的农民？

在《国家新型城镇化规划（2014—2020年）》中，关于户籍制度，文件提出特大城市（500万人及以上）的户口准入"严格限制"；大城市（300万～500万人）用了很模糊的术语"适当限制"；100万～300万人口的城市，文件表示户口限制可以稍微放宽；50万～100万人口的城市，户口限制可以"有序"放开；而进入当地城镇则没有限制。这一规划的目的可能是想转变当前迁移者涌入中型城市的趋势，同时将农民安置到小城镇，但是文件中并未出现具体的实施方案或明确的指示。比如，那些已经在特大城市或大城市工作的劳动者，其家人是能获得户口，还是得迁到中小型城市，一切还是未知数。

《国家新型城镇化规划（2014—2020年）》文件对不同等级城市的户口准入限制大费笔墨，但对工作如何进行几乎只字未提。一般的城镇化过程中，个人主要是通过找工作来选择可以立足或发展的城市，如今的规划却用市民（户口）的准入来指导人们去选择能享受福利并与家人一起生活的城市，而对这个城市是否有工作却不闻不问。中央规划者能否根据当前还不甚明朗的中国经济来筹划出如此大范围的社会运动还不得而知。

指导劳动力迁移到中型城市有一些方法。比如，通过在特大城市和大城市附近郊区建造卫星城或者将大城市的产业迁移到中小型城市去。但是所有方法都涉及一些调整成本。另外，利用中国官员熟知的政府工具可能会对劳动力市场造成更大的压力。对决策者来说，最重要的是了解每一种选择的潜在成本。然而，从新型城镇化文件中并未看出对此有足够理解的字眼。

让农民迁移到当地城镇则更具挑战性。主要问题再一次回到当农民被重新安置，工作机会在哪里。关于这种重新安置有很多说法，大部分都是批判当地乡镇政府的堕落和劳动者的懒惰。如果农民不放弃对农村土地的使用权，在当地城镇日复一日地生活可能暂时不会造成大问题，因为土地租金已足够养家糊口了。然而，从长期来看，大量无所事事的适龄劳动力就成问题了。因此，政府应该结合工作机会来考虑重新安置的问题。

除了对小城镇经济活力的一般考虑外（比如，离供需市场太远），将农民重新安置到小城镇的战略可能会引起长期的人力资本积累。最近有调查发现，在大城市的劳动者换职业或产业的频率要低于小城市的劳动者。这是因为在小城市内，提供相同工作或产业的公司并不多。结果，长期来看，鼓励小城镇的发展可能会抑制人力成本投资。

四 结论

所有国家的经济发展道路都由当地的制度决定。中国特殊的城乡分离政策限制了农村劳动力进入城市，挑战着中国经济未来的发展。在这一章中，笔者将最近的劳动力市场现象——外来务工人员工资急剧上涨——与过去和当前的制度限制及方向联系在一起。最后，笔者探讨了为应对新型城镇化政策而对中国未来发展形成的潜在挑战。

笔者在本文中重申，中国城市劳动力短缺是受政策因素诱导的；然而，过去对这一问题的错误判断导致了特殊的政策方向，而这反过来会使未来劳动力市场不平衡并对发展造成挑战。

参考文献

Alatas, V. and Cameron, L. A., 2008. The Impact of Minimum Wages on Employment in a Low - Income Country: A Quasi - Natural Experiment in Indonesia, *Industrial and Labor Relations Review*, 61 (2): 201 - 223.

Bleakley, H. and Lin, J., 2012. Thick - Market Effects and Churning in the Labor Market: Evidence from US Cities, *Journal of Urban Economics*, 72: 87 - 103.

Brown, C., 1999. Minimum Wages, Employment, and the Distribution of Income, in O. Ashenfelter and D. Card (Eds), *The Handbook of Labor Economics*. Volume 3, pp. 2101 - 2163, Amsterdam: Elsevier.

Frost, S., 2002. Labour Standards in China: The Business and Investment Challenge, Presented to Association for Sustainable and Responsible Investment in Asia Conference: Labour Standards in China, The Business and Investment Challenge, United Nations University, Tokyo, 28 - 30 October.

Kong, S. T. Meng, X. and Zhang, D., 2010. The Global Financial Crisis and Rural-Urban Migration, in L. Song and W. T. Woo (Eds), *China's New Place in a World in Crisis: Economic, Geopolitical and Environmental Dimensions*, Canberra: Asia Pacific Press.

Institute of Social Science Survey (ISSS). 2012. Chinese Family Panel Studies, Beijing: Peking University. Available from http://www. Isss. Edu. Cn/Cfps/EN/.

Lau, K. and Narayanan, C., 2014. China—375 Clients Talk Wages in the PRD, in Standard

Chartered Bank, on the Ground. Available from https://research. standardchartered. com/ configuration/row% 20 documents/china_% e2% 80% 93_375_ clients_ talk_ wages_ in_ the_ prd_ 18_03_ 14_02_00. pdf.

Meng, X., 2000. *Labour Market Reform in China*, Cambridge: Cambridge University Press.

Meng, X., 2012. Labor Market Outcomes and Reforms in China, *Journal of Economic Perspectives*, 26 (4): 75 – 102. China's Labour Market Tensions and Future Urbanization Challenges.

Meng, X., 2013. Rural-Urban Migration, in R. Garnaut, C. Fang and L. Song (Eds), *China: A New Model for Growth and Development*, pp. 179 – 198, Canberra: ANU E. Press.

Miller, T. and Gatley, T., 2014. *Factory Workers' Fairytale*, China Update.

(5 March), Hong Kong and Beijing: Gavekal Dragonomics.

Neumark, D. Schweitzer, M. and Wascher, W., 2004. Minimum Wage Effects throughout the Wage Distribution, *Journal of Human Resources*, 39 (2): 425 – 450.

National Bureau of Statistics (NBS). 2014. *2013 National Economic and Social Development Statistical Report*, Beijing: China Statistics Press.

National Bureau of Statistics (NBS) (Various Years), *China Statistical Yearbook*, Beijing: China Statistics Press.

State Council of China. 2014. National New Urbanisation Plan (2014 – 2020), Beijing: Xinhua News Agency. Available from http://politics. people. com. cn/n/2014/0317/c1001 – 24649809. html.

Stewart, M. B., 2012. Wage Inequality, Minimum Wage Effects, and Spillovers, *Oxford Economic Papers*, 64: 616 – 634.

Wang, J. and Gunderson, M., 2011. *Minimum Wage Impacts in China: Estimates from a Pre – Specified Research Design*, 2000 – 2007, Contemporary Economic Policy, 29 (3): 392 – 406.

Zhao, X. and Zeng, F., 2002. Labour Interests Have Been Infringed Under Minimum Wage Competition among the Regions, *Southern Workers Daily*, 12 July 2002.

（任菲 译）

FDI 对中国区域经济增长的影响

陈春来

一　引言

随着中国经济市场化改革的推行，从 1978 年年末开始，外商投资的流入受到中国极大的欢迎。结果，外国企业就一直为中国庞大的内部市场、数量众多受过良好教育且成本低廉的劳动力所吸引。这种优势使中国一跃成为世界上最具吸引力的 FDI 输入地之一。到 2013 年年底，中国累计吸收 FDI 资金流入达到 1.4 万亿美元，并成为发展中国家最大的 FDI 输入地。

FDI 对中国经济增长有什么作用？一般认为，FDI 给东道国带来一系列资本和企业特定的无形资产，结果它在东道国经济发展进程中，起着积极的作用（Caves，1996；Dunning，1993；Markusen 和 Venables，1999；UNCTAD，1999，2004）。在过去 30 年显著的经济增长中，从资本形成、就业创造和出口扩张来看，FDI 对中国经济做出了很大贡献（Chen，2011）。这一章，就是为了从经验上研究和识别 FDI 如何促进中国经济增长。

采用中国 1987～2010 年 30 个省份的面板数据[①]，本文估计了一个扩展的经济增长模型，分析了 FDI 对中国区域经济增长的直接效应（例如，通过资本积累和技术进步来提高产出和生产率）和间接效应（例如，通过对

[①] 中国大陆含有 31 个省份。在这个研究中，由于缺乏 FDI 流入的数据，西藏被排除在经验回归分析之外。

地方经济的溢出效应提高生产率和生产效率)。本文首先使用中国 30 个省份的全样本,检验了 FDI 对中国区域经济增长的影响,然后根据它们的经济技术条件,将它们划分为不同的省份组别,研究东道省的地方经济技术条件在何种程度上影响了 FDI 对地方经济增长的作用。

本文发现,FDI 确实促进了中国经济增长,其直接形式是资本积累和技术进步,间接形式是对地方经济的知识溢出效应。本文还发现,FDI 对经济增长的作用受地方经济和技术条件的制约。在发达省份,FDI 体现的资本积累和技术进步这一渠道的作用更强,相比欠发达省份,FDI 对经济增长具有更大作用。尽管发达省份 FDI 的知识外溢对经济增长有显著的正效应,但在欠发达省份,FDI 不存在对经济增长的知识外溢的正向作用。

作为有关 FDI 对中国经济增长影响的研究,这篇文章做出了三个贡献。第一,本文里的经验设定,不仅检验 FDI 的直接效应,还检验了 FDI 对中国地区经济增长的溢出效应。第二,将中国的省份细分为不同组别。这种估计过程从经验验证了不同省份的经济和技术条件差异如何以及在何种程度上影响了 FDI 对省域经济增长的溢出效应。第三,本文将面板数据的时间拓展到 2010 年,是现有研究中的数据最新的一段时间。

本文的结构安排如下。下一节讨论 FDI 对发展中东道国经济增长的理论解释,回顾了文献中 FDI 输入国的经济和技术条件在何种程度上影响了 FDI 对经济增长的作用。第三节设定了分析和识别经验模型的框架。第四节描述了变量和数据。第五节展示回归结果并解释估计结果。最后一节是结论及政策含义。

二　FDI 和经济增长:理论与文献

在不同的增长模型中,FDI 对经济增长的作用有不同的解释。在强调技术进步的新古典增长模型中,长期经济增长只能通过技术进步来实现,而且这种技术进步是外生的,因此,FDI 作为资本投入的来源之一,只能影响短期的产出增长。长期而言,在资本投入报酬递减和技术给定的传统假设下,FDI 不能对产出增长产生持久影响。然而,FDI 给东道国带来的不仅是一系列资本,还有技术、生产工艺和管理技巧(Caves, 1996;Dunning, 1977, 1993)。这些对发展中家来说都是外生的。于是可以认为,在新古典增长模型的解释下,发展中国家的 FDI 输入和长期经济增长存在正向关系。在强调经济发展中的科学技术、人力资本和外部性的新增长模型中，FDI 被看作与劳动力、国内资本一样的要素投入，也被认为有助于长期经济增长。

如果要理解 FDI 如何对发展中国家经济增长起作用，那么将 FDI 和国内投资在经济增长进程中的不同作用做比较是非常必要的。国内投资是产出增长和技术进步的必备条件，但它不能帮助发展中国家直接利用到发达国家的先进技术。FDI 和国内投资都可看作生产过程的基础物质投入，但 FDI 与国内投资存在不同。这表现在 3 个方面。

第一，FDI 加快了东道国采用通用技术的速度。通用技术是可以影响整个全球经济体系的技术创新。最新的通用技术的例子包括：计算机、互联网和手机。每一种通用技术都可以帮助提高劳动和资本的总体生产率，但对所有国家尤其是发展中国家而言，要挖掘通用技术的潜能需要很长的时间。在采用通用技术的过程中，发达国家一般是领头羊。它们的经验可以通过 FDI 的方式向发展中国家扩散（Yao 和 Wei，2007）。

第二，根据 Dunning 对 FDI "所有权 - 区位 - 内化" 的解释（Dunning，1977，1993），对跨国企业来说，为了体现其对外直接投资的强烈动机，它们必须具有某种程度上的所有权优势。它可能是一种产品的工艺或者生产流程，如专利或者设计蓝图；也可能是某种特有的无形资产或能力，如技术和信息、管理才能、市场营销和企业家技能、组织体系，或者是获得中间商品或最终商品市场的渠道能力。所有权的优势给予了企业一些有价值的市场势力或者成本优势，从而足以盖过境外投资的劣势。不仅如此，跨国公司必须具有内化商业活动的优势。同时，国外市场必须提供一个区位优势，使跨国公司在国外生产产品相比简单地在国内生产然后出口到国外市场更加有利。如此一来，FDI 嵌入了新技术、新工艺、新管理技巧以及其他一些无形的专利资产和东道国无法得知的信息。这种先进的技术可以将东道国的生产前沿提升到更高的水平，并在同样的材料投入下可能引致更高的产量水平。

第三，跨国公司整合这 3 个优势的能力表明它们可以在生产上超越本土企业表现得更好。FDI 对东道国的经济增长产生的正向溢出效应可能有 3 个渠道。其一，FDI 可通过示范效应和竞争对国内企业生产率提升产生横向的正向溢出，这可能会提高东道国的全要素生产率。其二，FDI 通过客户和供应网络强化国内工业联系，可以产生纵向的正向溢出，这将提高上下游行业国内企业的生产率。其三，FDI 通过将国际市场的信息、最佳商业实践和全球技术创新前沿传递到东道国而产生正溢出。这就帮助东道国在应对世界经济上进行了调整，增加了国内企业在全球市场中的竞争力。于是，通过知识外溢，例如，"干中学"或看中学（示范效应）、研发（R&D）人力资源流动、培训课程、垂直化工业联系、技术援助和暴露于激烈竞争，FDI可以通过产生溢出效应来提高当地企业的生产率和技术效率从而移动东道国的生产前沿。

FDI在经济增长中的角色在文献中得到广泛的研究。在中国的案例研究中，例如，Chen et al.（1995）发现，FDI与中国经济增长和全部固定资产投资的增加正相关。Dees（1998）发现证据支持了FDI通过知识和创意的扩散来影响中国经济增长。最近，Vu et al.（2008）采用部门的FDI输入数据评估了FDI对中国经济增长特定部门的影响。这一研究发现，FDI对经济增长有统计上显著的正效应，不论是直接效应，还是其与劳动力的交互项。研究还发现，对不同的经济部门，FDI的效应有所不同，并且最受益的集中在制造业部门。Tang et al.（2008）考察了1988~2003年FDI、国内投资和经济增长之间的因果联系。他们发现FDI与国内投资形成互补，而非挤出国内投资。结果，FDI不仅帮助中国克服国内资本短缺问题，也与国内投资形成互补，刺激经济增长。Tuan et al.（2009）利用中国经济改革开放以来市级层面（长江三角洲和珠江三角洲城市）的面板数据进行估计，考察FDI输入在地区发展进程和经济发展影响渠道中的作用。这一研究发现，尽管FDI产生了溢出效应，并影响输入国全要素生产率的增长，但与技术、知识相关的要素包括研发和人力资本也在提高全要素生产率和地区增长中发挥了重要作用。Whalley和Xin（2010）采用两阶段增长核算办法，研究了FDI输入对中国近期快速经济增长的作用。如果将中国经济分解成FDI部门和非FDI部门，结果就发现外商在中国投资的企业对中国经济增长的贡献率在2003年和2004年超过了40%。如果没有这种FDI输入，中国整个GDP的增长率可能会下降大约3.4个百分点。

尽管经验研究发现，FDI输入对东道国经济增长具有正向效应，但它们也揭示，FDI对东道国经济增长的正向效应依赖东道国的经济技术条件。例如，FDI可引致技术变化，技术变化会影响发展中国家的经济增长。为了评估FDI引致的技术进步的影响，Blomstrom et al.（1992）发现，东道国的经济发展水平越高，FDI带来的统计上显著的正效应就越强。Borensztein et al.

（1998）强调，东道国具有引进和吸收先进技术的双重角色，这两类能力是经济增长的决定因素。他们发现，只有东道国人力资本存量达到最低阈值，FDI 才比国内投资更具生产力。De Mello（1997）认为，只有 FDI 输入的经济体具备足够高水平的人力资本，才能实现 FDI 生产率的增长。De Mello（1999）研究了 FDI 对地区全要素生产率的影响。研究发现，只有对技术领先者，FDI 才可能对全要素生产率产生正向影响；对技术跟随者，FDI 对全要素生产率产生了负向关系。

在中国的案例中，Wei（1996）发现的统计证据表明，FDI 与不同地区增长率的差距具有正向联系。Buckley et al.（2002）研究了中国省域经济差异和 FDI——经济增长关系。研究发现，在发达省份而非欠发达省份更可以找到 FDI 促进经济增长的效应，而且，当地区市场的竞争强度达到最高的时候，FDI 的全部优势就完全体现了。Yao 和 Wei（2007）发现，FDI 对中国经济增长有显著的正效应，既是生产效率的搬运工，也是中国生产函数前沿的转换工。FDI 对经济增长的正向作用在东部地区比中西部地区更巨大。Chen（2013）采用中国 30 个省份 1987～2005 年的面板数据，发现 FDI 促进了中国的经济增长。但是，这一促进作用要受当地经济和技术条件的影响。相比欠发达的中西部省份，东部发达省份的 FDI 通过资本积累和技术进步对经济增长的影响更强烈。虽然在东部发达省份，FDI 通过知识外溢对经济增长有显著的正向影响，但在欠发达的中西部地区，FDI 对经济增长的知识溢出效应基本没有影响。

上面的发现给出了经验证据并支持这样的假设，即 FDI 给东道国带来了一系列资源并促进经济增长。这些发现也表明，FDI 对经济增长的作用取决于东道国的经济和技术条件。换句话说，FDI 输入国的经济和技术条件影响了 FDI 对经济增长的贡献程度。

然而到目前为止，FDI 促进发展中经济体经济增长的作用机制还没有得到系统的分析和研究。在中国，多数文献仅从 FDI 作为资本投入的层面考察其对经济增长的直接影响，而从技术进步和溢出效应层面的考察却没有引起相应的重视。当然，有一些文献考察了 FDI 对经济增长的溢出效应，却没有从资本积累和技术进步方面研究 FDI 对经济增长的重要性。不仅如此，在有关 FDI 对中国区域经济增长重要性的研究中，许多省份和地区分组都是基于地理区位和行政区划，忽视了不同省份的经济和技术条件差异。中国是一个幅员辽阔的国家，不同的省份之间地理和自然条件差别巨大，不仅如此，各个省份在经济和技术发展程度上也存在显著不同。这些差异体现在人均收入、人力资本、研发能力和基础设施建设水平等方面，不同省份的差异可能会影响 FDI 对地方经济发展的作用。

本文将分 3 个渠道，从经验上检验 FDI 对中国经济增长的作用，包括资本积累、技术进步和溢出效应。其中特别要强调的是 FDI 对经济增长的作用，尤其是 FDI 的技术溢出效应如何受中国省域层面地区差别的影响。

三 分析框架和经验模型

通过设定下面的总量生产函数，我们估计了 FDI 对中国省域经济增长的影响，见方程（1）。

$$Y_{it} = A_{it} L_{it}^{\beta_1} DK_{it}^{\beta_2} FK_{it}^{\beta_3} \tag{1}$$

在方程（1）中，Y_{it} 是 i 省第 t 年的真实国内生产总值（GDP）；A_{it} 是 i 省第 t 年的全要素生产率 TFP 水平；L_{it} 是 i 省第 t 年的总劳动力投入；DK_{it} 是 i 省第 t 年的国内资本存量；FK_{it} 是 i 省第 t 年的外国资本存量。

从理论上讲，因为 FDI 为东道国带来一系列资本、技术、生产工艺、管理技巧、营销技巧、信息、竞争等（Caves，1996；Dunning，1993），所以一般认为，FDI 可以通过许多方式促进东道国的经济增长。

第一，FDI 的流入会增加东道国的劳动力需求并创造就业，特别是在发展中国家。就业的增长会促进总产出的增长，从而导致产出沿着当前的生产函数到达一个更高的水平。FDI 对产出增长这一正向效应是 FDI 通过就业创造所起的作用，可表述为：$\partial Y / \partial L_{FK} > 0$。这表明，FDI 创造的就业水平越高，东道国经济的产出增长速度就越快。

第二，FDI 的流入加快了东道国的固定资产形成。通过 FDI 输入国的资本积累，FDI 鼓励东道国在生产函数中融合新的投入要素和生产技术，将东道国的生产函数前沿向上移动，最终强化东道国的经济增长。FDI 的这一正向移动效应具体表现为 FDI 通过资本投入对产出增长的贡献，可表述为：$\partial Y / \partial FK > 0$。这表明国外资本投入越多，东道国的产出增长就越高。

第三，FDI 被认为是发展中国家技术转移和人力资本积累的主要来源。

在一系列资本深化过程中，通过引入众多基于知识的新资本品，FDI 输入国发生了技术进步。这种技术进步也可以通过专门的劳动力培训和技能学习来达到。这种劳动力培训和技能学习一般由跨国企业为提升生产率而推动。于是，随着时间的推移和技术不断进步，FDI 被认为可将东道国的生产函数前沿向前推移的力量。FDI 的这一正向移动效应是技术进步对产出增长的贡献，可表述为：$\partial Y/\partial FK = f(t) > 0$。这表明，外国资本的边际产品是时间的递增函数。

第四，通过知识溢出效应，FDI 被认为可以提高东道国企业的生产率和生产效率。知识溢出效应有很多种，例如"干中学"或者看中学（示范效应）、研发、人力资源流动、培训课程、垂直工业联系、技术援助和暴露于激烈竞争等。结果通过知识外溢，FDI 可以将东道国经济的生产函数移到一个更高的水平。FDI 的这一正向移动效应是对地区经济的溢出效应，可以表述为：$\partial Y/\partial SFK > 0$。这表明，FDI 水平越高，对当地经济增长的溢出效应就越强。

有了上面的性质，全要素生产率 A_{it} 可以用方程（2）来定义。

$$A_{it} = B_{it} e^{g(t, t * FK_{it}, SFK_{it}, Z)} \qquad (2)$$

在方程（2）中，A_{it} 是 i 省第 t 年的全要素生产率水平；B_{it} 是 i 省第 t 年的全要素生产率水平的残差；t 是一个时间趋势，它捕获了 i 省不存在 FDI 或外国技术条件下，东道国的希克斯中性技术进步；$t * FK_{it}$ 捕获了仅由 FDI 引起的额外的技术进步；SFK_{it} 是 i 省第 t 年 FDI 显示度；Z 是一系列可提高生产率的其他变量，其中一个变量就是人力资本（HK）。根据最新增长模型，人力资本是经济增长的一个决定因素（例如，Barro 和 Sala - i - martin，1995；Levin 和 Raut，1997），这些模型预测人力资本对经济增长具有正向效应。

将方程（2）代入总量生产函数（1），对生产函数的劳动力（L）、国内资本（DK）、国外资本（FK）变量取自然对数，增加人力资本（HK）控制人力资本的影响，重新将方程（1）右边进行整理，再加上常数项（β_0）和残差项（ε_{it}），我们得到经验回归方程（3）。

$$LnY_{it} = \beta_0 + \beta_1 \ln L_{it} + \beta_2 \ln DK_{it} + \beta_3 \ln FK_{it} + \beta_4 t + \\ \beta_5 t * \ln FK_{it} + \beta_6 SFK_{it-1} + \beta_7 HK_{it} + \varepsilon_{it} \qquad (3)$$

在方程（3）中，i（$i = 1, 2, \cdots, 30$）和 t（$t = 1987, \cdots, 2010$）分别表

示省份 i 和年份 t；L 和 DK 分别是劳动力和国内资本存量；[①] FK 是国外资本存量，它捕获了通过资本积累实现的 FDI 对经济增长的贡献；t 是一个时间趋势项，它捕获了在不存在 FDI 或者外国技术的情况下，东道国的希克斯中性技术进步；交互项 $t*\ln FK$ 捕获了仅由 FDI 引起的技术进步对经济增长的贡献；SFK 是 FDI 显示度（国外资本存量在总的资本存量中的比重），它捕获了 FDI 提高地方经济的生产率和生产效率从而促进经济增长的溢出效应；HK 是人力资本。

这一经验模型，允许我们从 3 个方面检验 FDI 对中国省域经济增长的影响。第一，我们可以检验 FDI 对省域经济增长的直接贡献。如果系数 β_3 是正且具有统计显著性，那么 FDI 就通过资本投入的形式直接促进省域经济增长。第二，我们可以检验 FDI 带来的技术进步对省域经济增长的效应。如果系数 β_5 是正且具有统计显著性，那么 FDI 就通过技术进步的形式促进省域经济增长。第三，我们可以检验 FDI 对省域经济增长的溢出效应。如果系数 β_6 为正且具有统计显著性，那么就有证据表明，FDI 产生了正向的溢出效应。例如，地方经济的技术和管理技巧的扩散，促进了省域经济增长。

方程（3）是我们将用于估计的计量模型，这一扩展的生产函数模型刻画了 FDI 对中国省域经济增长的影响。本文第一部分是检验 FDI 影响中国省域经济增长中的 3 个渠道，包括资本积累、技术进步和溢出效应，使用了中国 30 个省份的全样本数据。第二个部分是检验不同省份组别的 FDI 对经济增长的影响。这一部分使用了基于经济和技术条件分组的子样本数据，从而考察地方经济和技术条件是不是影响以及在何种程度上影响了 FDI 对当地经济增长的作用。下面一节将会介绍变量和数据。

四　变量设定和数据介绍

省域国内生产总值（Y）省域全部资本存量的数据，来自 Wu（2009）。[②] 我们采用永续盘存法对最近公布的国民账户数字进行核算，推导出中国 31 个省份 3 个经济部门（即农业、制造业和服务业）1987～2010 年的资本存

---

① 省一级 FDI 所雇佣的劳动力的官方数据不可得，所以在这个回归中，使用每个省的总的劳动力。
② 2007～2010 年的数据来自 Wu（2009）。

量数据。这是到目前为止，中国 31 个省份 3 个经济部门资本存量数据最全面的数据库。

FDI 资本存量的数据按照以下步骤计算。第一，年度 FDI 流入的美元价值通过官方公布的汇率的年度均值换算为人民币价值。第二，年度 FDI 流入的人民币价值通过中国全国水平的消费者价格指数对 1978 年价格进行平减，得到年度 FDI 流入的人民币真实价值。第三，假设国外资本（FDI）折旧率为 5%。第四，FDI 存量的年末累计价值用 1978 年价格来计算，单位是 10 亿人民币。原假设是，FDI 资本存量越大的省份随着时间的推移有更高的产出扩张和更快的技术进步，这将使生产函数前沿上移并加速省域经济增长。

通过将总资本存量减去 FDI 资本存量（FK）可得每个省份的国内资本存量（DK）。采用每个省份总的雇佣人员数目来度量劳动力（L），度量单位为百万人。

FDI 显示度是用 FDI 的资本存量在一省总的资本存量（SFK）的份额来度量的，捕获了 FDI 对地区经济增长的溢出效应。一个十分合理的假设是 FDI 的输入，以及从 FDI 获得的溢出效应都具有时滞，所以本模型使用了 SFK 一年期的滞后值。使用 SFK 一年期的滞后值，还可避免回归中的内生性问题。原假设是，FDI 资本存量在总资本存量份额越高的省份，从 FDI 到地方经济的溢出效应会更高，更能增加地方企业的生产率和生产效率，并促进省域经济发展。

这一节，人力资本（HK）用每个省份的大学生人数对总人口的比例来进行度量。我们期望人力资本与东道省份的经济增长具有正向关系。表 1 给出了被解释变量、解释变量及其数据来源的描述。

表 1　FDI 对中国省域经济增长影响的变量

变量名	变量设定	数据来源
被解释变量		
Y_{it}	i 省第 t 年的国内生产总值，以 1978 年价格计算，单位为百万元人民币	Wu（2009）和《中国统计年鉴》（中国国家统计局年度数据）
解释变量		
L_{it}	i 省第 t 年的总的就业人口，单位为百万人。	中国统计年鉴（中国国家统计局年度数据）
DK_{it}	i 省第 t 年的国内资本存量，以 1978 年价格计算，单位为百万元人民币	从 Wu（2009）和《中国统计年鉴》（中国国家统计局年度数据）的众多数据项目计算得来

续表

变量名	变量设定	数据来源
FK_{it}	i 省第 t 年的 FDI 资本存量,以 1978 年价格计算,单位为百万元人民币	从《中国统计年鉴》(中国国家统计局年度数据)的众多数据项目和年度国民经济报告(中国国家统计局年度数据)的分省数据计算而来
SFK_{it}	i 省第 $t-1$ 年的 FDI 资本存量在总的资本存量中所占份额,单位是百分比	数据来源同上
HK_{it}	i 省第 t 年的人力资本,用每省的大学生人数与总人口的比例来度量,单位是百分比	数据来源同上

资料来源:作者自己的计算。

五　回归结果及其解释

(一) FDI 对经济增长的影响:所有省份

回归中使用的数据涵盖了 1987～2010 年中国的 30 个省份[①],这是一个省级水平的面板数据。我们首先引入 Hausman 检验,用于在随机效应模型和固定效应模型之间做回归选择。Hausman 检验的结果更加倾向于使用固定效应模型。于是,我们在固定效应模型下估计方程 (3),消掉可能影响经济增长估计的省份特质因子和时间不变因子。作为稳健性检验,我们也报告了随机效应模型的回归结果。两个模型均表现很好,所有的解释变量都有期望中的符号,并在 1% 的水平上具有统计显著性 (变量 $\ln FK$ 例外,在固定效应模型中,它在 10% 的水平上显著),而且两个模型也具有较高的解释力。表 2 报告了回归结果。

回归结果显示,劳动投入 (L) 和国内资本存量 (DK) 符号为正,并且在 1% 的水平上显著。这表明,劳动力和国内资本投入对省域经济增长有显著的贡献。

我们主要关心的变量——$\ln FK$,$t * \ln FK$,SFK——在两个回归中的系

[①]　由于缺少数据,所以西藏从样本中被排除掉了。

数为正且具有统计显著性。这些结果为我们在第三节讨论的性质提供了较强的支持。

表 2 所有省份生产函数的回归结果：1987～2010 年

变量	固定效应	随机效应
常数项	0.8392 (5.94)***	-0.0386 (-0.36)
ln$L$	0.2665 (7.03)***	0.4600 (17.60)***
lnDK	0.3456 (15.75)***	0.4407 (20.13)***
lnFK	0.0098 (1.82)*	0.0235 (4.16)***
T	0.0539 (20.85)***	0.0376 (16.46)***
$t \times$ lnFK	0.0022 (6.59)***	0.0013 (3.74)***
SFK	0.0163 (9.01)***	0.0199 (10.31)***
HK	0.0574 (4.16)***	0.0974 (6.79)***
样本数	710	710
群组数	30	30
总体 R^2	0.90	0.96
	F 统计量（s=11665***）	Wald K^2 = 70050***

注：括号中给出的是 t 检验统计量。* 在 0.10 水平上具有统计显著性（双尾检验）。** 在 0.05 水平上具有统计显著性（双尾检验）。*** 在 0.01 水平上具有统计显著性（双尾检验）。
资料来源：作者自己的估计。

第一，外国资本存量变量（lnFK）在固定效应模型中系数为正，并且在 10% 的水平上具有统计显著性；在随机效应模型中，在 1% 的水平上具有统计显著性。这就提供了证据，揭示 FDI 作为一种资本投入因素对省域经济增长做出直接贡献。估计结果显示，FDI 流入程度越高的省份，由外国资本投入增加所直接贡献的经济增长水平越高。

第二，时间趋势和 FDI 存量的交互项（$t \times$ lnFK）系数为正，并且在两个回归中都在 1% 的水平上具有统计显著性。这就支持了上述性质，即

FDI 通过技术进步将生产函数的前沿向前移动。回归结果显示，随着时间的推移，FDI 帮助国内经济连续移动到较高的稳态技术水平上。FDI 引起的国内生产前沿的变化是希克斯中性技术进步的额外表现，它可用时间趋势项（ t ）的系数表示。这一系数在两个模型中均为正，并且在 1% 水平上具有统计显著性。

第三，FDI 的技术溢出效应变量——FDI 资本存量在总资本存量（ SFK ）中所占的比重——在两个回归中系数均为正，并且在 1% 的水平上具有统计显著性。这一结论与之前的假设，即 FDI 提高了地方经济生产率和生产效率，对省域经济增长具有正向溢出效应相一致。于是，回归结果提供了十分有力的证据证实了这样一个假设，即流入中国的 FDI 同一系列基于知识的特定企业资产一起，对中国的省域经济增长产生正向的溢出作用。这一估计结果表明，一个省份的 FDI 资本存量在总资本存量中的比重越高，FDI 对地方经济的溢出效应会更强。这将有助于提高地方经济的生产率和生产效率，并促进省域经济增长。

第四，人力资本变量（ HK ）在两个模型中都是正的，并且在 1% 的水平上具有统计显著性。这一发现为人力资本促进经济增长提供了经验证据。

（二）FDI 对经济增长的影响：分地区

中国是一个幅员辽阔的国家，省与省的地理和自然条件截然不同。不同省份在经济和技术发展程度上也存在显著差异。这些经济发展水平的评价指标包括人均收入、人力资本和研发能力，以及基础设施建设水平。尽管上面的经验分析表明，FDI 对整体经济增长具有正向影响，但不同省份在经济和技术条件上的巨大差异意味着在不同的地区，FDI 对经济增长的作用可能是不同的。为了研究地区差异在 FDI 对经济增长作用中的影响，我们将 30 个省份的全部样本基于经济、技术和基础设施条件划分为三对互斥的组别：高/低经济发展水平的省份组别；高/低人力资本和研发能力的省份组别；高/低基础设施建设水平的省份组别。

经济发展水平是一个省份的经济社会综合指标。更高的经济发展水平不仅意味着良好的整体经济表现，也意味着更高的生产率水平。更高的生产率水平又与高劳动力质量、高研发和创新能力、更先进的技术以及更好的地方基础设施条件等紧密相连。在本文中，我们把人均 GDP 作为省域经济发展水平的代理变量。人均 GDP 高于全国平均水平的省份被划入高收入省份组别；其他省份划入低收入省份组别。我们预期在高收入省份中，FDI 对经济增长的影响要比低收入省份中 FDI 对经济增长的影响高。

对 FDI 和经济增长的研究假定了 FDI 与人力资本和研发能力存在正向联系。这是因为，只有东道国的人力资本和研发能力达到一定水平，才能使用嵌入 FDI 中的先进技术。人力资本和研发能力的水平，不仅显示了一个经济体的科技创新能力和经济进步程度，也显示了东道国的技术吸收能力。我们假设，一个经济体的人力资本和研发能力水平越高，将越容易从跨国公司吸收先进的技术和管理技巧，帮助和强化 FDI 对地方经济溢出效应的扩散，进而提高经济增长速度。在本文，我们用每个省份大学生人数在总人口中的比重来度量人力资本；用每万人的专利申请数作为东道省研发能力的代理变量。如果大学生人数在总人口中的比重或者每万人中的专利申请数超过全国平均水平，那么这些省份就被划分为高人力资本和研发能力的省份；其他省份则划分为低人力资本和研发能力的省份。我们期望，FDI 尤其是 FDI 的技术溢出效应对经济增长的影响存在地区差异。在人力资本和研发能力较高的省份，相比人力资本和研发能力较低的省份，这种影响会更强烈。

每个省份的基础设施水平可能是影响 FDI 对地方经济增长作用的另一重要因素。我们假定，更好的基础设施水平，不仅使 FDI 更具有生产率的基础条件，还有助于 FDI 对地方经济溢出效应的扩散。在本文，我们使用两种度量方法作为东道省基础设施水平的代理变量。一个度量方法是交通基础设施的密度，另一个是电信发展水平。交通基础设施密度的度量，采用高速公路、铁路和内河航运总长度除以对应的东道省的面积，其度量单位是东道省陆地面积的每 100 平方公里的公里数。每个省份电信发展水平的度量，采用每百人的电话机部数替代。如果一些省份的交通基础设施密度和每百人电话机部数均超过全国平均水平，那么这些省份就被划入高基础设施水平的省份组别；其余的省份被划入低基础设施水平的省份组别。我们期望，一个省份的基础设施水平越高，越有助于 FDI 的技术溢出效应向地方经济的扩散。

为简化起见，我们将具有高人均 GDP、高人力资本和研发能力、高基础设施水平的省份称为发达省份组，将具有低人均 GDP、低人力资本和研发能力、低基础设施水平的省份称为欠发达省份组。表 3 展示了经上述讨论的基本经济发展指标的平均值。从该表可以看出，发达省份和欠发达省份之间，在人均GDP、人力资本和研发能力、基础设施条件等方面，均存在较大差距。在影响FDI对省域经济增长的作用过程中，这些省域差异非常重要。

表3　分组别的基本经济发展指标（2010年）

基本经济发展指标	全国平均值	发达省份组平均值	欠发达省份组平均值
人均GDP(元/人) (2000年=100)	26525	41873	19172
人力资本 (大学生数/总人口)(%)	1.72	2.08	1.48
研发水平 (专利申请数/万人)	4.88	9.90	1.54
交通密度指数 (千米/100平方公里)	93	141	69
电信水平 (电话机部数/百人)	89	113	77

资料来源：根据每年《中国统计年鉴》数据计算而来。

我们使用方程16.3进行经验分析。省域特质因素和时不变因素可能会影响经济增长绩效。为了消除这种影响，我们用带固定效应的面板数据模型做了回归。表4报告了3组固定效应回归模型的结果，每一组又有2个不同的省份组别。回归结果揭示了一些有趣的发现。

第一，在所有回归中，变量 $\ln FK$ 为正，并且在1%或5%的水平上具有统计显著性，这意味着FDI通过资本积累的方式对经济增长有显著的贡献。

第二，在所有回归中，变量 $t \times \ln FK$ 为正，并且在1%或5%的水平上具有统计显著性。这意味着，随着时间的推移，FDI通过技术进步的方式将国内生产函数前沿向前推移了。

第三，对发达省份组别来说，变量 SFK 的效应为正，并且在1%的水平上具有统计显著性，但是对欠发达省份来说，变量 SFK 的效应为负。这意味着，地方经济和技术条件确实影响了FDI向地方经济知识外溢的扩散程度。这一发现与Borensztein et al.（1998），de Mello（1997，1999）和Tuan et al.（2009）的发现是一致的。

表 4　分省份组别的生产函数回归结果：1987～2010 年（固定效应模型）

变量	人均 GDP		人力资本和研发能力		基础设施水平	
	高	低	高	低	高	低
常数项	1.0845 (4.32)***	1.2635 (7.00)***	1.4476 (6.21)***	1.0038 (5.69)***	2.0092 (8.67)***	1.0837 (5.82)***
lnL	0.3352 (5.52)***	0.1286 (2.36)**	0.3787 (7.03)***	-0.0345 (-0.62)	0.2515 (4.70)***	0.0460 (0.82)
lnDK	0.2996 (7.39)***	0.3095 (9.56)***	0.2056 (5.58)***	0.4863 (15.80)***	0.1422 (3.91)***	0.4250 (13.70)***
lnFK	0.0321 (2.40)**	0.0215 (3.57)***	0.0284 (2.47)**	0.0371 (6.06)***	0.0469 (4.06)***	0.0329 (5.33)***
T	0.0548 (11.53)***	0.0574 (16.47)***	0.0518 (11.29)***	0.0395 (11.64)	0.0613 (13.73)***	0.0462 (13.47)***
t×lnFK	0.0027 (3.46)***	0.0020 (4.52)***	0.0051 (6.43)***	0.0010 (2.23)**	0.0051 (6.74)***	0.0015 (3.15)***
SFK	0.0131 (4.53)***	-0.0081 (-1.42)	0.0145 (5.74)***	-0.0014 (-0.24)	0.0097 (4.00)***	-0.0165 (-3.12)***
HK	0.0367 (1.70)*	0.0751 (4.10)***	0.0357 (1.91)**	0.0948 (4.82)***	0.0196 (1.08)	0.0726 (3.71)**
观察个数	264	446	278	432	230	480
分组数	11	19	12	18	10	20
总体 R^2	0.91	0.84	0.89	0.82	0.82	0.84
F 统计量	3474***	10100***	4304***	10078***	4320***	9769***

注：括号中给出的是 t 检验统计量的值。* 表示在 0.10 水平上具有统计显著性（双尾检验），** 表示在 0.05 水平上具有统计显著性（双尾检验），*** 表示在 0.01 水平上具有统计显著性（双尾检验）。高——表示发达省份组别，低——表示欠发达省份组别。

资料来源：作者自己的估计。

第四，回归结果给出的经验证据表明，在发达省份，FDI 不仅通过资本积累和技术进步直接促进经济增长，也通过对地方经济的知识溢出间接地促进经济增长。在欠发达省份，回归结果也证明，FDI 可以通过资本积累和技术进步直接促进经济增长。但是，在欠发达省份，FDI 的知识溢出效应并不显著，从而可能对当地经济的生产率或生产效率并无提高。这一发现对地区经济发展来说，具有非常重要的政策启示作用。

第五，将那些高人均 GDP 和基础设施水平的省份和低人均 GDP 和基础设施水平的省份进行对比研究发现，在所有组别中，FDI 通过资本积累和技术进步对经济增长均有显著为正的影响。但回归结果显示，在高人均 GDP 和基础设施水平的省份组别，相比低人均 GDP 和基础设施水平的省份组别，变量 $\ln FK$ 和 $t \times \ln FK$ 的系数更大。这说明，相比欠发达省份，发达省份的 FDI 对地方性生产函数前沿的移动更大，进而对经济增长。

最后，在劳动力（L）和国内资本（DK）弹性估计值上，发达省份组别与欠发达省份组别之间存在巨大的差异。在全国层面上，劳动力弹性和国内资本弹性并无显著差异。在发达省份组别，劳动力和国内资本变量的系数都是正的且具有统计显著性，但是劳动力弹性大约是国内资本弹性的 2 到 3 倍。这表明在发达省份组别，劳动力的边际产品不仅远远高于资本的边际产品，还显著高于中国其他省份。这也说明在发达省份组别，劳动力可能成为经济增长的制约因素。与此相反，在欠发达省份组别，国内资本变量系数为正且具有统计显著性，但劳动力变量系数统计不显著。这表明在欠发达省份，由于劳动力供给的相对丰裕和资本的相对稀缺，国内资本的边际产品要远远高于劳动力的边际产品。

发达省份组和欠发达省份组在经济技术条件和回归结果上存在巨大差异。考虑到这些，我们可以认为，如果给定 FDI 资本存量，那么一个省份的经济发展水平（人均 GDP）、人力资本和研发能力、基础设施水平越高，越有助于通过资本积累、技术进步和溢出效应帮助和加强 FDI 在促进地方经济增长中的作用。最终，这一章提供的经验证据证明，地方经济和技术条件特别是地方技术吸收能力，在决定 FDI 对经济增长的作用以及影响 FDI 对地方经济知识溢出的扩散程度过程中，起着十分重要的作用。

六　结论

本文的主要目的是从经验上研究 FDI 的分布对中国经济增长的作用。这种作用可以通过 3 个渠道实现：资本积累、技术进步和溢出效应。特别要强调的是，本文要研究 FDI 对经济增长的作用如何受到中国省级层面地区差异的影响。基于理论基础，本文设定了一个扩展的经济增长模型，并利用 1987～2010 年中国 30 个省份的面板数据库，构造了一个面板回归模型。

第一，所有省份的回归结果提供的证据表明，FDI 对中国经济增长的作用不仅直接通过资本积累和技术进步，还间接通过对地方经济溢出效应的方式实现。这就表明，一个省份的 FDI 流入量、国外资本存量和 FDI 资本存量显示度水平越高，它的经济增长水平就越高。产生这种效应的直接因素是与技术进步相关的外国资本投入；间接因素是 FDI 对地方经济知识溢出效应的扩散。

第二，在不同经济和技术条件的省份之间，FDI 对经济增长的作用也存在差异。回归结果表明，发达省份 FDI 对经济增长的贡献，要高于欠发达地区 FDI 对经济增长的贡献。在发达省份，FDI 不仅通过资本积累和技术进步直接促进经济增长，而且通过溢出效应间接促进经济增长。相反，在欠发达省份，FDI 通过资本积累的方式促进经济增长，但由于缺乏知识溢出效应，从而并没有提高地方经济的生产率和生产效率。发达省份组和欠发达省份组之间存在经济技术条件和回归结果的差异。考虑到这些差异，研究提供的经验证据表明，地方经济和技术条件，尤其是技术吸收能力，确实影响了 FDI 向当地经济的知识溢出的扩散。

第三，FDI 对经济增长作用的省域差异，值得政策制定者和学术研究者关注。真正的问题不在于 FDI 导致了发达省份和欠发达省份之间的差距越来越大，而在于 FDI 的作用在发达省份相比欠发达省份越来越重要。为了充分挖掘 FDI 的潜能，政策制定者应该为其创造条件，例如，对教育和基础设施的投资。其他政策，例如，区域移民和跨区域投资，降低区域收入和产出不平等方面也非常重要。

第四，本文发现，尽管回归结果表明 FDI 对经济增长具有正向且统计显著的效应，但是在对中国经济增长的技术进步和溢出效应方面，其作用还十分微小。这启示我们，中国还可从 FDI 的引进中受益更多。因此，除了提高当地的经济和技术条件，以吸引更多的 FDI 流入之外，中国还应该鼓励相互联系、信息交换、产品和技术合作、联合研发、产业联系和国内外企业的竞争，从而加强和加速 FDI 对中国经济的技术进步与正向溢出效应的扩散。

参考文献

Barro, R. and Sala - I - Martin, X., 1995. *Economic Growth*, New York: Mcgraw - Hill.

Blomstrom, M. Lipsey, R. and Zejan, M., 1992. *What Explains Developing Country*

Growth, NBER Working Paper No. 4132, National Bureau of Economic Research, Cambridge, Mass. Available from http: //www. nber. org/papers/ w4132. pdf.

Borensztein, E. Gregorio, J. and Lee, J. , 1998. How Does Foreign Direct Investment Affect Growth, *Journal of International Economics*, 45: 115 – 135.

Buckley, P. Clegg, J. Wang, C. and Cross, A. , 2002. FDI. Regional Differences and Economic Growth: Panel Data Evidence from China, *Transnational Corporations*, 2 （1）: 1 – 28.

Caves, R. , 1996. *Multinational Enterprise and Economic Analysis*, 2nd Edn, Cambridge: Cambridge University Press.

Chen, C. 2011. *Foreign Direct Investment in China: Location Determinants, Investor Differences and Economic Impacts*, Cheltenham, U. K. and Northampton, Mass. : Edward Elgar.

Chen, C. 2013. FDI and Economic Growth, in Y. Wu （Ed. ）, *Regional Development and Economic Growth in China*, Series on Economic Development and Growth No. 7, pp. 117 – 40, Singapore: World Scientific.

Chen, C. Chang, L. and Zhang, Y. , 1995. The Role of Foreign Direct Investment in China's Post – 1978 Economic Development, *World Development*, 23 （4）: 691 – 703.

Dees, S. , 1998. Foreign Direct Investment in China: Determinants and Effects, *Economics of Planning*, 31 （2）: 175 – 94.

De Mello, L. , 1997. Foreign Direct Investment in Developing Countries and Growth: A Selective Survey, *The Journal of Development Studies*, 34 （1）: 1 – 34.

De Mello, L. , 1999. Foreign Direct Investment – Led Growth: Evidence from Time Series and Panel Data, *Oxford Economic Papers*, 51 （1）: 133 – 151.

Dunning, J. , 1977. Trade, Location of Economic Activity and the Multinational Enterprise: A Search for an Eclectic Approach, in B. Ohlin, P. Hesselborn and P. Wijkman （Eds）, The *International Allocation of Economic Activity*, pp. 395 – 418, London: Macmillan.

Dunning, J. , 1993. *Multinational Enterprises and the Global Economy*, Wokingham, Uk: Addison – Wesley.

Levin, A. and Raut, L. , 1997. Complementarities between Exports and Human Capital in Economic Growth: Evidence from the Semi – Industrialized Countries, *Economic Development and Cultural Change*, 46 （1）: 155 – 174.

Markusen, J. and Venables, A. , 1999. Foreign Direct Investment as a Catalyst for Industrial Development, *European Economic Review*, 43 （2）: 335 – 356.

National Bureau of Statistics of Chinaof Each Province （Various Years）, *Annual National Economic Report of Each Province*, Online Sources.

National Bureau of Statistics of China （Various Years）, *China Statistical Yearbook*, Beijing: China Statistics Press.

Tang, S. Selvanathan, E. and Selvanathan, S. , 2008. Foreign Direct Investment, Domestic Investment and Economic Growth in China: A Time Series Analysis, *World Economy*, 31 （10）: 1292 – 1309.

Tuan, C. Ng, L. and Zhao, B. , 2009. China's Post – Economic Reform Growth: The

Role of FDI and Productivity Progress, *Journal of Asian Economics*, 20 (3): 280 – 293.

United Nations Conference on Trade and Development. 1999. *World Investment Report 1999: Foreign Direct Investment and the Challenge of Development*, New York and Geneva: United Nations Publication.

United Nations Conference on Trade and Development. 2004. *World Investment Report 2004: The Shift Towards Services*, New York and Geneva: United Nations Publication.

Vu, T. Gangnes, B. and Noy, I. , 2008. Is Foreign Direct Investment Good for Growth? Evidence from Sectorial Analysis of China and Vietnam, *Journal of the Asia Pacific Economy*, 13 (4): 542 – 562.

Wei, S. 1996. Foreign Direct Investment in China: Sources and Consequences, in T. Ito and A. Krueger (Eds), *Financial Deregulation and Integration in East Asia*, NBER – Ease Vol. 5, pp. 77 – 105, Chicago: University of Chicago Press.

Whalley, J. and Xin, X. , 2010. China's FDI and Non – FDI Economies and the Sustainability of Future High Chinese Growth, *China Economic Review*, 21 (1): 123 – 135.

Wu, Y. , 2009. *China's Capital Stock Series by Region and Sector*, Discussion Paper No. 09. 02, Business School, University of Western Australia, Perth. Available from http: // www. business. uwa. edu. au/_ _ data/assets/pdf_ file/0009/260487/09_ 02_ wu. pdf.

Yao, S. and Wei, K. , 2007. Economic Growth in the Presence of FDI: The Perspective of Newly Industrializing Economies, *Journal of Comparative Economics*, 35 (1): 211 – 234.

（陈三攀 译）

生产力，专利制度和投资法律

中国工业增长源泉分析：
1980 ~ 2010 年[*]

Harry X. Wu

一 引言

从通常意义上来讲，中国的改革毫无疑问被认为是以市场化为导向的，但是改革并没有使政府在经济中的作用有所降低。事实上，自 2005 年以来，尤其是伴随着 2008 年全球金融危机的爆发，又出现了"战略性行业"中国企业规模的巩固和扩大，同时政府也加强了对资源分配的干预，这日益成为有关进一步深入推进结构改革的政策争论的焦点。然而，这些争论忽略了政府参与或干预程度不同的行业或部门的生产率表现。通过放弃计划经济，并鼓励中国具有比较优势的经济活动，中国政府已经成功解决了经济增长问题，但强有力的国家干预是否解决了效率低下的问题，并是否因此推动了真实生产率的增长，对这个问题的认识尚不清晰。

尽管有大量的实证研究试图对中国经济增长的源泉进行探究，但是关于改革后中国工业生产率的增长问题，学术界并没有达成共识。实证研究表明，经济改革以来（虽然这些研究所涉及的时间段有所不同），全要素生产

---

[*] 本文内容是作者正在参与的中国工业生产率（CIP）和中国 KLEMS 数据库项目的中期结果。CIP/中国 KLEMS 项目旨在构建用于标准增长和生产率分析的投入产出数据。该项研究得到了一桥大学经济产业研究所、经济研究所、日本国家科学基金会（JSPS 24330076）和美国经济咨商局中国中心的支持。本文中的部分内容受益于在哈佛大学举行的第一次和第二次世界 KLEMS 会议中的评论和建议。作者对任何纰漏和疏忽负责。

率对中国 GDP 增长的贡献的估计值从负值到高达 50%（参见 Wu，2011；Wu，2014a）。我们可能会说，由于这些研究几乎都是采用了新古典增长核算框架，这些相互矛盾的估计结果从逻辑上清晰地表明数据和度量问题十分严重。确实，关于经济整体的全要素生产率，通过使用完全相同的投入产出数据，选择不同的产出测度方法、投资平减指数和要素收入份额，可以得出完全不同的估计结果（Wu，2014a）。

然而，为了探讨生产率问题，同时将其与未来改革的政策争论联系起来，我们需要在产业层次而不是在总量水平上考察中国经济的全要素生产率水平。这是因为我们真正感兴趣的是政府的角色，通过对国有垄断行业或者其相关行业的生产率绩效进行分析或许能够考察政府的作用，虽然这是一种间接的手段。毕竟，政府的干预通常是通过具体的产业政策和相关的制度安排来实现的。我们最近构建的 1980～2010 年行业数据正好可以用来进行这项研究。

接下来的内容安排如下。在第二部分，我们将在概念上探讨中国政府在经济中的角色并以此来支持下文中对产业进行分组的数据处理。在第三部分，我们将讨论方法论主题，主要涉及整体经济在投入产出、要素成本、中间投入品上的一致性，以及生产率变化在产业间的累计影响。在第四部分，根据之前的概念化讨论，以及多玛回归方法的特点，我们将介绍产业分组和使用的数据。最后，我们会在第五部分提出并讨论结果并在第六部分对本文进行总结。

二 思考政府的角色

这一部分内容的主要目标是考察政府行为是否会影响中国经济的生产率表现。这个问题极具挑战性，因为标准生产函数理论中并不包含政策和制度因素；然而，政府政策是针对特定产业的，同时各产业是通过垂直的投入 - 产出链条联系在一起的。因此，要探讨政府的角色，首先要以政府干预的不同类型来区分各个产业，然后探讨各产业生产率差异的含义，以及整体产业是如何被其影响的。

尽管国有部门在改革时期有显著的下降，但是各级政府在资源分配上都保持了强有力的干预，以此来支持所谓的战略行业，这些行业中的大部分企业要么是国有的，要么是受到国家的强力干预。然而，经济改革以来的一个重要变化是，政府干预不再像中央计划经济时期那样完全忽视市场，包罗万象，而是变成了对特定行业进行补贴或者行政干预或二者并用。补贴的目的在于降低企业的投入成本，包括能源、土地、环境、劳动力和资本成本（参见 Huang 和 Tao，2010）。相反，行政干预则主要是通过控制或者影响产出价格以及影响从管理人员到技术选择等企业的各种经营活动来服务于国家利益和实现国家战略计划。

我们认为，政府是否会使用行政干预或补贴手段及其实施的程度取决于一个产业与最终需求方的距离，特别是与国际市场的距离。地方政府应用补贴手段的主要目的是促进那些生产半成品和成品的出口导向型产业的发展。这些产业往往是劳动密集型的，因此对中国迅速收获其人口红利来说是至关重要的。由于这些行业都面临着国际市场的竞争，因此政府直接对其进行行政干预是有害的。然而，中央政府往往直接干预上游产业，因为对维持下游产业的增长来说，这些产业被认为具有战略意义。通过管理上的控制以及价格控制等行政手段，能够确保上游产业向下游产业提供足够的、廉价的投入品。但是当行政干预不具有成本优势的时候，补贴也可以用来支持上游产业。

考虑在这种政策环境下的企业行为，以及其对效率提升和生产率增长的影响，我们认为，相比受到行政干预的产业，那些主要受益于投入补贴的产业可能具有更高的效率和生产率。我们认为，当仅存在补贴而不存在对经营决策的行政干预时，企业的行为仍然类似于真正的市场竞争者的行为，尽管其竞争力可能会因为政府对某些要素价格实施的有利影响而有所提高。①

相比之下，上游产业远离终端市场。传统上这些产业大多为国有企业，这与中国的比较优势不符。所谓的"战略重要性"给予了这些产业很强的讨价还价能力，并获得政府的支持，而作为回报，它们必须服从政府的控制。这扭曲了它们的行为，因此阻碍了它们提升效率。

政府干预的本质是交叉补贴，然而，维持这种"交叉补贴游戏"的关

---

① 这有赖于它们是否能够不管其真实绩效以及如何能不断地同政府进行谈判以获得好处。此处我们假定不存在这种情况。

键是，相比由各种补贴（对上游产业或下游产业进行的补贴）导致的成本上升，下游产业的增长必须足够快，同时效率要更高。

三　度量全要素生产率

在这一部分，我们将应用乔根森（Jorgenson）长核算方法来估算中国的产业 TFP。在这种方法中，初级投入品和中间投入品以各自名义成本作为权重，这与国民投入——产出框架中的要素收入账户是一致的。Jorgenson 和 Griliches（1967）的重要研究奠定了该方法的理论基础。在 Jorgenson 等（1987）的研究中，该方法被置于一个更加一般的投入——产出框架中，并在 Jorgenson 等（2005）的研究中得到进一步发展。[①] 这种方法首先考虑一个生产可能性边界，其中行业总产出是资本、劳动力、中间投入品和以时间来表示的技术的函数。各行业用下标 j 来表示，每个行业都能生产一个产品集，同时购买不同种类的中间资本品和劳动力来进行生产。生产函数由方程（1）给出。

$$Y_j = f_j(K_j, L_j, M_j, T) \tag{1}$$

在方程（1）中，Y 为产出，K 为代表资本服务流的一个指数，L 为劳动力服务流指数，X 为中间投入品指数，中间产品或者从国内购买或者通过进口。

假定要素市场是竞争性的，同时投入品被完全利用，规模报酬是不变的，产出增长可以表示为以成本为权重的投入和技术变化的增长（AY），即以超对数方程形式给出的方程（2）。

$$\Delta \ln Y_{jt} = \bar{\nu}_{jt}^K \Delta \ln K_{jt} + \bar{\nu}_{jt}^L \Delta \ln L_{jt} + \bar{\nu}_{jt}^M \Delta \ln M_{jt} + \Delta \ln A_{jt}^Y \tag{2}$$

在方程（2）中，$\bar{V}_{jt}^K = \dfrac{p_{jt}^K K_{jt}}{P_{jt}^Y Y_{jt}}$，$\bar{V}_{jt}^L = \dfrac{p_{jt}^L L_{jt}}{p_{jt}^Y Y_{jt}}$ 和 $\Delta \ln X_{jt} = \sum_m \overline{W}_{m,jt}^M \Delta \ln M_{m,jt}$ 是各投入要素以名义成本表示的权重，同时有 $\bar{V}_{jt}^K + \bar{V}_{jt}^L + \bar{V}_{jt}^M = 1$。方程（2）右边的每一项投入都表明了分别由中间物品、资本服务、劳动力服务和技术或者说 TFP 的增长解释的产出增长的比例。

[①]　关于该方法的应用也可参考 O'Mahony 和 Timmer（2009）的研究。

这种方法的一个好处是可以更好地解释由不同类型的劳动力提供的服务，劳动力类型的不同源于人口因素、教育因素和行业特性。这就放松了通常使用的一个很强的假设，即将雇佣的劳动力数量或者工作时数视为对劳动力投入的同质度量。我们将总劳动力投入定义为以个体劳动类型来计算的托恩奎斯特数量指数（Törnqvist Quantity Index），即如下的方程（3）。

$$\Delta \ln L_{jt} = \sum_h \overline{W}_{h,jt}^H \Delta \ln H_{h,jt} \tag{3}$$

在方程（3）中，$\Delta \ln H_{h,jt}$ 表示劳动力类型（根据特定的性别、年龄和教育程度）的劳动时间的增长，其成本权重 $\overline{W}_{h,jt}^H$，由 t 时期内每种劳动力收入占总劳动力报酬的平均份额给出，类似投入—产出账户，劳动力报酬由劳动力收入账户决定。这使我们可以恰当地计算人口变迁对经济的影响。相同的使用者成本方法同样适用于 K（$\Delta \ln K_{jt} = \sum_k \overline{W}_{k,jt}^K \Delta \ln K_{k,jt}$）和 X（$\Delta \ln X_{jt} = \sum_m \overline{W}_{m,jt}^M \Delta \ln M_{m,jt}$），这样就可以将生产中不同类型的资本资产和中间投入品全部考虑进来。

接下来我们考虑使用多玛（Domar）加总方法来考察下游产业的生产率水平是否以及在何种程度上维持了交叉补贴游戏，同时探讨上游产业的生产率水平是否以及在何种程度上会影响下游产业的成本，这种影响通过投入－产出渠道来实现，因此会影响到所有产业的生产率水平。

多玛加总方法最先由 Domar（1961）提出，然后由 Hulten（1978）进一步发展。这种方法的主要思路是，对某个产业来说，我们可以假定存在一条代表整个产业的生产可能性曲线（PPF），这条曲线将可利用的初级要素投入与最终需求联系起来。因此，总生产率的变化可以被定义为总 PPF 的变化，或者 A 的变化率，也就是 TFP 的变化率——可以用总的最终需求的变化率（FD）初级要素投入的变化率（$Z = L \times K$）以及从国内（M_D）和国外（M_M）购买的中间投入品的变化率的差异来度量。方程（4）即为多玛加总。

$$\frac{d \ln A}{dt} = \sum_j \frac{P^j Q^j}{P \cdot FD} \cdot \frac{d \ln A^j}{dt} \tag{4}$$

在方程（4）中有，

$$\frac{d\ln A^j}{dt} = \frac{d\ln Q^j}{dt} - \frac{P_z^j Z^j}{P^j Q^j} \cdot \frac{d\ln Z^j}{dt} - \frac{P_{MD}^j M_D^j}{P^j Q^j} \cdot \frac{d\ln M_D^j}{dt} - \frac{P_{MM}^j M_M^j}{P^j Q^j} \cdot \frac{d\ln M_M^j}{dt}$$

这种加总的一个直接结果是，权重之和不再等于1，这意味着相比加权平均的产业层次的生产率增长，总生产率增长或大或小。这一点表明，生产中间投入品的生产率的变化不仅对其自身有影响，同时还将导致下游产业的价格上升或者下降，而这种影响是通过垂直联系实现的。

多玛加总方法与传统加总方法的区别是，传统加总方法建立在对产业层次生产率增长的加权平均的基础上，而这没有考虑到各产业之间通过中间产品流动而建立起来的联系。在传统加总中，产业间的联系被排除了，因此得到了对整体经济生产率的一个过高的度量。从概念上来讲，传统加总方法使每个层次的加总看起来好像每个产业都是一个单独的生产单位，使用自身特有的技术和生产方式。

多玛加总则将部门产出与整个经济层面上的最终需求联系起来。这样就在产业层面与生产率的总体水平之间建立起一致的联系。加总使用的权重为每个产业的总产出与整个经济的增加值之比。这些权重之和不一定为1。整体经济的生产率的增长可能会大于各产业的生产率增长的平均值，这是因为相连产业间生产率的提高会相互加强，因此各产业之间中间投入品的流动有利于提高总体生产率水平。

四　数据，产业分组和历史分期

在这个增长核算研究中，我使用了一个最近刚刚构建完成的有关中国产业的数据库，该数据库源于我和同事们的一系列研究成果（Wu，2008，2014b；Wu 和 Yue，2012；Wu 等，2014；Ito 和 Wu，2013；Wu 和 Ito，2014）。该数据库的构建与上文中讨论的 Jogenson – Griliches 框架对生产函数分析中所采用的原则一致。数据库满足方程（2）～（4）中所有的实证要求。该数据库包括了整个改革时期，即 1980～2010 年，这也使得我们可以考察 2008 年世界金融危机的影响及其后续影响。

为了考察在生产链不同位置的产业的全要素生产率，我们将 21 个采矿、制造业和公用设施行业划分为 4 个组，这些不同产业受到政府干预的程度有所不同。4 个产业分组分别为"能源""大宗商品和原材料""半成品""成品"①。根据它们与最终需求方的"距离"来看，能源组处于生产链的顶端，接下来是大宗商品和原材料组，半成品组，最后是成品组。根据不同组别的技术本质，成品产业组的劳动密集程度要高于上游产业组，这与中国的比较优势更为一致，进而成品产业组相比其他组应该具有更高的生产力。

这种分组方法旨在反映政府对不同产业干预的方式和程度不同的假设。能源产业由于其战略重要性而被国企垄断经营，因此这些产业受到更多的行政干预或者是更强的国家干预。大宗商品和原材料产业组是第二重要的组别，即使不是国有的，也会受到政府的强力影响。半成品产业组从某种程度上类似于大宗商品和原材料产业组，尤其是重型机械行业，该组也同样受到程度不同的国家干预。最后，最终产品组中包含的主要是私营企业，包括外商投资企业。由于最后两组，尤其是最终产品组，更加接近市场竞争，因此本文建议政府干预应该采取更加间接的方式，或者更少进行行政干预，以使企业可以获得更广阔的空间进行市场竞争。

为了考察重要政策机制变化对中国产业的影响，我们可以将整个时期划分为 4 个子时段——1980～1991 年，1992～2001 年，2002～2007 年以及 2008～2010 年。第 1 个子时期是产业改革的早期阶段，全国范围的产业改革始于 1984 年，并伴随着价格双轨制改革。这一时期中出现了许多制度冲击。第 2 个子时期开始于邓小平号召加快改革步伐，同时官方接纳了"社会主义市场经济"时期，这开启了政府部门的重要改革。第 3 个子时期，中国进入了后 WTO 时代。这一阶段的变化是多方面的：一方面，中国加入 WTO 使其提高了对外贸易的开放程度，同时外商直接投资使中国进一步走向市场体系；而另一方面，更加强大的国有企业东山再起，同时，有着促进经济增长动力的地方政府更多地参与到当地企业的经营活动中。最后一个子时期始于国际金融危机，这一阶段中政府因其史无前例的财政支出使中国产业规模得到进一步提高。

---

① 能源产业组包括煤炭采掘业，石油和天然气开采，炼油，供电；大宗商品和原材料产业组包括金属矿开采，非金属矿开采，纺织，造纸和印刷，基础化学，建材和原料金属；半成品产业组包括金属制品，机械，电力设备，仪表和办公设备；最终产品组包括食品，服装，皮革制品，电子和通信设备，以及运输设备。使用引号是为了表明这种分组方法绝不是在各组之间进行绝对清晰的划分，尤其对于下游产业组来说。此外，在我之前的研究中（Wu，2013；Wu 和 Girardin，2013），我将 3 个产业排除在分组之外：烟草，伐木和木制品，以及其他制造业。

五　结果和讨论

在进行更加严格的增长核算分析之前，考察表 1 到表 4 中所列的指标可能有助于我们了解中国产业及其主要组别的效率和生产率水平。我们首先观察表 1 中的指标。有几点观察结果值得我们注意。首先，在所考察的整个时期中，从总体上对一个产业来说，由净资本存量（净 K）增长来表示的净投资的增长速度要快于总附加值（Value Added）增长速度，这意味着中国改革之后的产业增长平均来说是由投资推动的。在中国加入 WTO 之后（2002～2007 年）的第 3 个子时期中，净投资的年增长率接近 15%，而在此之前的 20 世纪 80 年代到 20 世纪 90 年代之间工业净投资的增长率稳定保持在 10%。而接下来的投资驱动或许是史无前例的，即国际金融危机之后中国政府推出的财政支出计划，该计划导致 2008～2010 年净资本存量的年增长率达到了 19%。

如果根据产业集群来划分，在整个时间段中，"成品"产业组的净投资的增长最快——每年 18.7%，其次是"能源"、"大宗商品和原材料"和"半成品"产业组。如果从各子时期来看，在中国加入 WTO 之后，"成品"产业组净投资的增长要远远快于其他产业组，"能源"产业组净投资的增长则在 20 世纪 90 年代的改革时期最为迅速。2008 年的国际金融危机之后，"半成品"产业组净投资的增长达到了年均 26% 的水平——依据任何标准看都是空前的增速。

我们的第二个发现强调了各子时期中产出和资本存量的相对年均增长率，考察这一点可能有助于我们理解潜在的低效率问题。对中国的整体产业来说，最"有效率"的子时期可能是始于 1992 年的邓小平南方谈话，他号召进行更加大胆的改革，期间工业增加值比工业净投资的增长快 24%。下一个最有效率的时期是在中国加入 WTO 之后。上述两个指标之间良好的"相对步伐"出现了大幅度下降，差距从 24% 变为 8%。而另一方面，改革的初始时期也是最"无效率"的时期，期间工业增加值的年均增长率要比工业净投资的年均增长率低 43%。这种不匹配情况在国际金融危机之后也十分明显，前一个指标的增长率比后一个低 25%。

单位：%

表 1　中国按产业分类的总附加值、工作时间、净资本存量的时间变化

年份	能源			大宗商品和原材料			半成品			成品			加总		
	总附加值	工作时间	净资本存量	总附加值	工作时间	净资本存量	总附加值	工作时间	净资本存量	总附加值	工作时间	净资本存量	总附加值	工作时间	净资本存量
1980～1991	-2.2	4.2	10.7	6.1	4.1	10.5	11.7	3.1	6.8	13.4	2.9	27.3	5.9	3.5	10.4
1992～2001	6.6	-0.9	13.7	11.2	-2.1	8.1	13.2	-1.3	7.6	18.1	0.9	11.2	12.7	-1.0	10.3
2002～2007	10.6	5.0	14.9	12.6	3.3	13.8	17.6	7.3	14.8	19.3	7.0	16.3	15.8	5.6	14.7
2008～2010	3.6	1.5	14.5	9.5	1.6	20.4	19.3	4.2	26.0	14.8	3.2	19.5	13.8	2.8	18.8
1980～2010	3.8	2.3	12.9	9.4	1.6	11.3	14.1	2.5	10.5	16.3	3.1	18.7	10.9	2.3	12.0

资料来源：作者自行计算。

表 2　中国按产业分类的总附加值、工作时间、净资本存量（产业加总值设为基数 1）

年份	附加值				工作时间				总资本存量			
	能源	大宗商品和原材料	半成品	成品	能源	大宗商品和原材料	半成品	成品	能源	大宗商品和原材料	半成品	成品
1980	0.228	0.423	0.226	0.123	0.087	0.392	0.247	0.274	0.276	0.405	0.247	0.072
1992	0.167	0.435	0.232	0.166	0.094	0.415	0.234	0.257	0.296	0.404	0.176	0.125
2002	0.227	0.346	0.215	0.212	0.096	0.367	0.229	0.309	0.380	0.324	0.140	0.155
2008	0.224	0.354	0.228	0.194	0.089	0.316	0.259	0.336	0.376	0.322	0.158	0.144
2010	0.207	0.334	0.255	0.205	0.087	0.313	0.262	0.339	0.352	0.331	0.167	0.150

资料来源：作者自行计算。

从产业组别的层次来看，在 20 世纪 90 年代和后 WTO 时期，对产出与净投资之间"相对步伐"的衡量使用相同的标准，差距最大的是"半成品"和"成品"产业组。需要注意的是，作为对国际金融危机的回应，规模庞大的财政支出计划使净投资的增长率远远高于所有产业组的增加值的增长率，尤其中国的垄断"能源"产业组看起来效率最低。

我们发现整个时期中的就业情况（以工作时数来衡量）并不稳定，这反映了迅速变化的制度条件和市场条件的影响。平均来讲，在整个时期中，中国经济都保持了就业的增长，增长率约为年均 2.3%。但是，总工作时数的波动非常剧烈，表现为从 1992 ~ 2001 年年均下降 1%，到 2002 ~ 2007 年年均增长 5.6%。这种变化可能反映了严重的冗员问题和由计划经济导致的资源错配的问题得到了很好的解决。的确，良好的劳动力资源配置体现为 1991 ~ 2001 年所有产业组的工作时数都出现了绝对下降，除了"成品"产业组之外，该产业组与中国的比较优势更为一致。另外，中国加入 WTO 之后，各产业组之间工作时数的变化是不同的，"大宗商品和原材料"年均变化率为 3%，而"半成品"和"成品"产业组的年均变化率超过 7%。

根据产业分组，表 2 给出了总增加值、工作时数和净资本存量在选定的各基年中的结构。由于在不同子时期中各产业组的增长表现各不相同，中国的产业结构经历了重大变化。在此，我们仅关注变动超过 5 个百分点的结构变化。从整个时期来讲，资本存量的结构变化基本上是平衡的，"大宗商品和原材料"（ -7.4 个百分点）、"半成品"（ -8 个百分点）产业组的下降大体上与"能源"（ +7.5 个百分点）、"成品"（ +7.8 个百分点）产业组的上升幅度相同。从各子时期来看，最显著的结构变化（上升或下降）发生在 1980 ~ 1991 年，期间"半成品"产业组下降了 7.2 个百分点，而"成品"产业组则增长了 5.2 个百分点；在 1992 ~ 2001 年，"能源"产业组上升了 8.4 个百分点，而"大宗商品和原材料"则下降了 7.4 个百分点（所有数字都是以表 2 为基础计算出来的）。

总增加值的关键性结构变化主要发生在"大宗商品和原材料"和"成品"产业组，在整个时期中，前者下降了 9 个百分点，而后者增长了 8.2 个百分点。从子时期来看，关键性的结构变化出现为 1980 ~ 1991 年的"能源"产业组（ -6.1 个百分点）、1992 ~ 2001 年的"大宗商品和原材料"产业组（ -8.9 个百分点）以及"能源"产业组（ +6 个百分点）。工作时数的主要结构变化体现在"大宗商品和原材料"产业组的下降和"成品"产业组工作时数的上升，这反映了后者劳动力密集型的性质，同时也可能反映了前者持续不断的技术升级的情况。

表 3 和表 4 为我们进一步提供了一些描述性的观察结果，其中我们分别列出了每个层次上的劳动生产率（Y/L）、资本劳动比（K/L）、资本产出比（K/Y）的增长率。这里 Y/L 是由工人人均增加值来代表的，并且使用标准化的年工作时数（2400 小时）来进行计算，以便控制同质的劳动强度。对资本深化的度量——K/L，其分子也采用上述标准。此外，K/Y 即是 K/L 与 Y/L 之比。注意，我们在这里并没有对劳动力和资本的质量进行控制（参见下文中的 TFP 分析）。

在表 3 给出的水平指标的基础上，我们看到的最显著的一个特点是，到 2002 年，"半成品"产业组的劳动生产率（Y/L）超过了"能源"和"大宗商品和原材料"产业组的劳动生产率。同时，"成品"产业组的 Y/L 比率也几乎达到了与"大宗商品和原材料"产业组相同的水平。在接下来的时期中这种趋势得以延伸，到 2010 年，"半成品"产业组的 Y/L 比率不仅在所有产业组中保持着最高水平，还达到了相当于"能源"产业组两倍的水平。在同一时期，"成品"产业组 Y/L 的比率比"大宗商品和原材料"高 15%。

更重要的一点是，除了这些变化之外，"半成品"产业组的资本劳动比（K/L）相当于"能源"产业组的 15%，并且从相当于"大宗商品和原材料"产业组 80% 的水平下降到 60%。"成品"产业组的资本劳动比是所有组中最低的，从相当于"半成品"产业组 54% 的水平下降到 48%。因此，"半成品"和"成品"产业组的资本产出比（K/Y）留在较低的水平，从 2002 年之后分别约为 1 和 0.6。同时，"能源"产业组的资本产出比在 2010 年达到了惊人的 14 倍。表 4 给出了在整个时期和各子时期中这些比率每年的变化情况。这些变化表明，"成品"产业组作为最符合中国比较优势的产业，同时还受益于人口红利，是劳动生产率和资本深化变化最为剧烈的部分。为了在一个连续时间框架下进行研究，图 1 描绘了以 1984 年为基准的这些比率的增长指数，1984 年也是全国范围产业改革的开始时期。

表 3 中国按产业分类的人均附加值、工人人均资本和资本－产出比（产出和资本以 1990 年的人民币核算）

年份	能源			大宗商品和原材料			半成品			成品			产业加总		
	Y/L	K/L	K/Y	Y/L	K/L	K/Y	Y/L	K/L	K/Y	Y/L	K/L	K/Y	Y/L	K/L	K/Y
1980	18258	20379	1.12	4703	6503	1.38	2388	6576	2.75	1343	419	0.31	4384	6055	1.38
1992	10253	44558	4.35	7107	13558	1.91	6852	10706	1.56	4663	4765	1.02	6716	13551	2.02
2002	20933	168048	8.03	22949	35805	1.56	26011	24088	0.93	22146	12993	0.59	23209	38738	1.67
2008	23771	307409	12.93	37276	74030	1.99	43635	44332	1.02	36936	21773	0.59	37606	69560	1.85
2010	27603	390057	14.13	43844	101430	2.31	59300	61312	1.03	49902	29351	0.59	48537	91518	1.89

表 4 中国按产业分类的劳动生产率、资本深化和资本－产出比

单位：%

年份	能源			大宗商品和原材料			半成品			成品			产业加总		
	Y/L	K/L	K/Y	Y/L	K/L	K/Y	Y/L	K/L	K/Y	Y/L	K/L	K/Y	Y/L	K/L	K/Y
1980～1991	-6.1	6.3	13.2	2.0	6.2	4.1	8.3	3.8	-4.2	9.9	12.3	2.2	2.3	6.7	4.3
1992～2001	7.6	14.8	6.7	13.6	10.5	-2.8	14.4	8.0	-5.6	16.7	10.4	-5.4	13.8	11.4	-2.1
2002～2007	5.4	9.5	3.9	9.0	10.2	1.1	8.1	6.6	-1.4	11.9	8.5	-3.1	9.7	8.6	-1.0
2008～2010	2.0	12.7	10.5	7.8	18.5	9.9	10.4	22.7	11.2	13.9	16.5	2.3	10.7	15.6	4.4
1980～2010	1.4	10.3	8.8	7.7	9.6	1.7	10.5	7.5	-2.7	12.9	11.3	-1.4	8.3	9.5	1.0

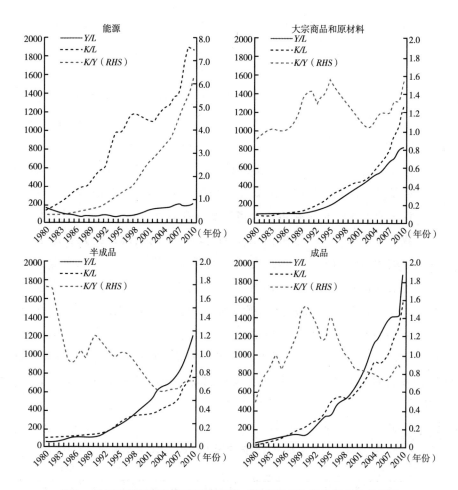

图 1　根据产业组划分的劳动生产率、资本深化和资本产出比的指标

注：$K/Y = (K/L) / (Y/L)$；左侧坐标轴将 1984 年的数值视为基数 100，右侧坐标轴将 1984 年的数值设为基数 1。

资料来源：作者计算。

对 TFP 的估计可以在以方程（2）～（4）为基础的增长核算框架下计算中国工业全要素生产率的增长情况，可以考虑产业间的联系，也可以将其忽略。总的来说，对 TFP 的估计是从两个层次上进行的。第一个层次是单个产业组层次，组中所有产业都被视为相同的且处于一个单位中。换句话说，这里并没有考虑到产业组之间的关系。第二个层次从整个中国工业着眼。在这个层次上，我们使用多玛加总和非多玛加总进行了两组 TFP 增长的估计。对所有产业进行的以多玛加权为基础的 TFP 增长的估计考虑了生产率的一个累积效应，这种效应从上游产业作用到下游产业，而传统的或者是非多玛TFP增长的估计则将所有产业组视为处于一个大规模经济单位中相同的产业组。

在表5中，我们以投入要素的名义成本为权重，给出了每种投入要素的增长情况（这些名义成本之和等于国民收入账户中产业产出的国民价值总值）。因此得出的残值就是对每个产业组和整个中国工业的TFP增长率的估计值。需要再次说明的一点是，由方程（3）计算出的估计值中，对劳动和资本的度量都是以其实际提供的服务为基础而不是以其物理单位为基础的。这就确保了根据TFP的变化可以恰当地度量劳动力和资本的质量的变化。

让我们首先来考察一下中国工业TFP增长率的表现，我们假定不存在产业组之间和组内的效应，也就是说，对任意层次的加总都不使用多玛权重。例如表5所示，1980～2010年中国工业整体TFP的表现令人失望，年均增长率仅为0.5%。从产业组层面来看，全要素生产率增长表现最好的是"半成品"产业组，其次是"成品"产业组，年均增长率分别为1.8%和1.1%。而"大宗商品和原材料"产业组的TFP年均增长率仅为0.3%，"能源"产业组的TFP不仅没有增长，反而出现了惊人的下降——年均下降了2.4%。

表5　以产业组来划分的中国工业总产出的增长来源

单位：%

	总产出	劳动力投入	资本投入	中间产品投入	TFP	TFP（多玛）
	1980～1991年					
能源	0.9	0.4	3.5	1.9	−4.9	
大宗商品和原材料	7.9	0.4	2.4	5.9	−0.8	
半成品	13.6	0.3	1.5	9.7	2.0	
成品	13.7	0.2	2.6	10.5	0.3	
加总	8.6	0.3	2.4	6.7	−0.8	−2.0
	1992～2001年					
能源	7.0	−0.1	3.4	4.7	−1.0	
大宗商品和原材料	11.0	−0.2	1.4	8.0	1.7	
半成品	13.6	0.0	1.2	10.4	2.0	
成品	16.3	0.1	1.8	12.3	2.2	
加总	12.7	0.0	1.8	9.4	1.5	5.0

续表

	总产出	劳动力投入	资本投入	中间产品投入	TFP	TFP（多玛）
2002～2007 年						
能源	15.0	0.3	3.2	11.7	-0.2	
大宗商品和原材料	15.2	0.1	2.1	12.3	0.8	
半成品	19.7	0.4	2.0	15.9	1.4	
成品	22.0	0.4	2.0	18.2	1.4	
加总	18.8	0.3	2.2	15.1	1.2	2.3
2002～2007 年						
能源	15.0	0.3	3.2	11.7	-0.2	
大宗商品和原材料	15.2	0.1	2.1	12.3	0.8	
半成品	19.7	0.4	2.0	15.9	1.4	
成品	22.0	0.4	2.0	18.2	1.4	
加总	18.8	0.3	2.2	15.1	1.2	2.3
1980～2010 年						
能源	5.9	0.2	3.3	4.8	-2.4	
大宗商品和原材料	10.5	0.1	2.1	8.0	0.3	
半成品	15.3	0.2	1.6	11.6	1.8	
成品	16.3	0.2	2.2	12.7	1.1	
加总	12.5	0.2	2.2	9.7	0.5	1.1

注：关于多玛加总推导出的 TFP 可参考正文。

数据来源：作者根据方程（2）~（4）所做的估计。

从中国工业的整体情况来看，各子时期全要素生产率表现最好的阶段应该是 1992～2001 年，期间 TFP 年均增长率达到了 1.5%。这种情况可能源于中国政府首次采用了（"社会主义"）市场体系，以及对某些国有企业进行了事实上的私有化改革。虽然规模较大的"战略性"行业仍然为国有企业或者是由国家控制，但是改革带来的全要素生产率效应仍然非常明显。在这一阶段，"成品"产业组的 TFP 增长率最快，达到年均 2.2%，其次是"半成品"产业组（2%）和"大宗商品和原材料"产业组（1.7%）。实际上，"半成品"产业组的 TFP 表现与上一个时期，也就是 1980～1991 年的表现相当，但"大宗商品和原材料"产业组和"成品"产业组的 TFP 则出现了显著增长，上一时期仅为 -0.8% 和 0.3%。同时，"能源"产业组的 TFP 在这一阶段出现了下降，年均下降了 1%。尽管这一增长率已经明显好于上一时期（年均下降了 4.9%）。

中国加入 WTO 并不像人们预期的那样，其导致了全要素生产率的持续增长。2002～2007 年，尽管中国工业总产出实现了历史最快增长速度——年均增长率为 18.8%，而 1992～2001 年的增长率为 12.5%，但是 TFP 每年却下降了 1.2%。与前一个时期相比，"半成品"和"成品"产业组的全要素增长率出现了显著下降，大约下降了 30%，年均增长率为 1.4%，而"大宗商品和原材料"产业组则下降了大约 50%，年均增长率为 0.8%。与此同时，"能源"产业组的 TFP 增长率虽然仍为负值，但情况已经有所改善。如前文所述，这一阶段生产率的下降可能归因于大型国有企业的复苏和地方政府对资源配置进行的更大程度的干预。在国际金融危机之后，这一趋势又因为政府前所未有的大规模财政支出而得到强化。

图 2 给出了整个时期以 1984 年（基期）为基准的各产业组，以及整个工业体系的 TFP 指数。该图类似于表 5 给出的各时期的时间序列结果，有助于我们将当前的 TFP 水平与基期的水平进行比较。该图表明，截至 2010 年，"能源"产业组的全要素生产率水平比基期水平低 40%，"大宗商品和原材料"产业组比基期水平高 12%，同时"半成品"和"成品"产业组的全要素生产率水平比基期高 35%。

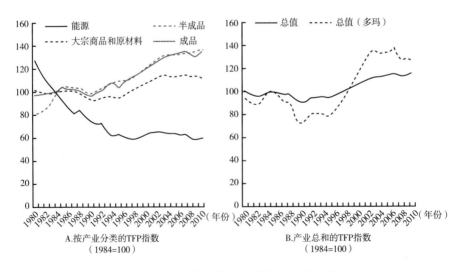

A.按产业分类的TFP指数
（1984=100）

B.产业总和的TFP指数
（1984=100）

图 2　中国各产业组的 TFP 增长（1984 = 100）

资料来源：根据表 5 中的结果作图。

　　我们关注的焦点主要是政府占主导地位的上游产业是否影响了中国整体工业的生产率表现。如前所述，由于上游产业向下游产业提供中间投入品，因此其生产率必定会影响下游产业的生产率表现。这种对整体产业年均 TFP 增长率有影响的产业间效应可以通过表 5 最后一列给出的多玛加总方法来进行考察，图 2 中的图 B 也展现了这种效应。

　　如果考虑产业间 TFP 效应，那么整个时期的 TFP 年均增长率可以达到 1.1%（见表 5）。从上游产业到下游产业的 TFP 效应可能在 20 世纪 90 年代中期到 21 世纪头几年表现得最为明显，大体上对应着 1992~2001 年这一子时期。在这一时期，多玛加权 TFP 的年均增长率为 5%，而非多玛 TFP 的年均增长率为 1.5%。加入 WTO 后的 2002~2007 年的多玛加权 TFP 增长率下降到年均 2.3%。2008~2010 年，也就是国际金融危机之后，"能源"和"大宗商品和原材料"产业组成为中国政府规模巨大的货币注入的主要受益者，该政策旨在挽救下滑的经济。然而，这一阶段中的 TFP 每年却下降了 2.3%。

　　通过观察图 2 中的图 A 和图 B，我们可以清晰地看到，在整个时期中，"半成品"和"成品"产业组的 TFP 增长率虽然很低，但一直保持着增长。这两个产业组生产率的良好表现使得政府收入得以持续增长，进而可以不断将公共资源用来扶持那些低效率的上游产业，而这些上游产业则需要向下游产业提供补贴性的投入品，以使下游产业更具竞争力。事实上，我们发现"半成品"和"成品"产业组越来越依赖中间投入品（见表 5）。毫无疑问，我们进行的较为宽泛的分组可能难以反映某个产业组中每个产业的所有情况，但可以反映出每个产业组的平均生产率水平。很明显，如果没有"半成品"和"成品"产业组，那么交叉补贴游戏就不可能存在。

六　总结

　　本文将增长核算中的 Jorgenson – Griliches 框架应用到一个最新构建的有关中国产业层次的数据库中，以考察 1980~2010 年中国产业的增长源泉问题。在处理数据的过程中，我们将劳动力和资本质量的改进考虑进来。从产业层次上看，本文既没有使用对初级投入品的简单数量度量，也没有对投入品收入份额进行假设。本文采用成本加权方法来对投入品进行度量，这些数据源于国民账户和包含随时间变化的要素收入份额的投入－产出表。从整体层次来看，多玛加总方法也考虑到了从上游产业到下游产业的累积生产率效应。

我们得出的初步结果表明，在整个时期，中国工业整体的 TFP 增长率仅为每年 0.5%。如果使用多玛加总方法，该估计值则提高到年均 1.1%。TFP 增长最快的子时期看起来是 1991~2001 年，这段时间中 TFP 年增长率达到了 1.5%，如果以多玛加总方法计算，则增长率为 5%。紧随其后的是 2001~2007 年，这期间 TFP 增长率为年均 1.2%，以多玛方法计算的年均增长率则为 2.3%。

与国际经验相比，中国工业整体的全要素生产率表现并不好，尤其是和东亚国家相比。如果以 1990 年的价格为基础，以 2000~6000 美元［以购买力平价（PPP）算］的人均 GDP 水平来控制发展阶段（TCB2013；Wu，2014a），同时考虑到工业部门的 TFP 增长率要快于整个国民经济的增长速度这一一般趋势（当前大多数有关 TFP 的研究都集中于整个国民经济层面），中国工业整体 TFP 的年均增长率为 1.2%——这一数字大大低于日本国民经济 4.4%~5.1% 的水平（1950~1973 年），这一结果源于 Maddison（1995）和 Wolff（1996）的研究。此外，根据 Yong（1995）的研究，韩国 1966~1990 年 TFP 的年均增长率为 3%。根据 Yong（1995）和 Kawai（1994）的研究，中国台湾工业整体 TFP 的年均增长率为 3%~5%。

虽然在过去 30 年的时间里半成品和成品行业的 TFP 的增长率一直比较低，但是能源行业 TFP 的持续下降和原材料生产行业不断恶化的 TFP 表现已经清晰地表明，通过政府干预实现的上游产业和下游产业之间的交叉补贴是完全不健康的，也是难以持续的。我们的研究同样表明，下游产业对中间投入品的依赖性越来越强。因此，中间投入品的生产效率必然会对下游产业的成本产生重要影响。这是目前中国经济所面临的一个根本性问题，而当前的政策争论理应认真对待这一问题。

参考文献

Bosworth, B. and Collins, S. M., 2008. Accounting for Growth: Comparing China and India, *Journal of Economic Perspectives*, 22 (1): 45－66.

Domar, E. 1961. On the Measurement of Technological Change, *Economic Journal*, 71.

Huang, Y. and Tao, K. , 2010. Factor Market Distortion and the Current Account Surplus in China, *Asian Economic Papers*, 9 (3).

Hulten, C. , 1978. Growth Accounting with Intermediate Inputs, *Review of Economic Studies*, 45.

Ito, K. and Wu, H. X. , 2013. Construction of China's Input – Output Table Time Series for 1981 – 2010: A Supply – Use Table Approach, Presented at the Second Asia KLEMS Conference, Bank of Korea, Seoul, 22 – 23 August 2013.

Jorgenson, D. W. and Griliches, Z. , 1967. The Explanation of Productivity Change, *Review of Economic Studies*, 34 (3): 249 – 283.

Jorgenson, D. W. Gollop, F. and Fraumeni, B. , 1987. *Productivity and U. S. Economic Growth*, Cambridge, Mass. : Harvard University Press.

Jorgenson, D. W. Ho, M. S. and Stiroh, K. J. , 2005. *Information Technology and the American Growth Resurgence*, Cambridge, Mass. : MIT Press.

Kawai, H. , 1994. International Comparative Analysis of Economic Growth. *The Developing Economies xxxii*: 373 – 397.

Maddison, A. , 1995. *Monitoring the World Economy, 1820 – 1992*, Paris: OECD Development Centre.

O'Mahony, M. and Timmer, M. P. 2009. Output, Input and Productivity Measures at the Industry Level: The EU KLEMS Database, The *Economic Journal*, 119 (June): F374 – F403.

The Conference Board (TCB) . 2013. *Total Economy Database*, New York: The Conference Board.

Wolff, E. N. , 1996. The Productivity Slowdown: The Culprit at Last? Follow – Up on Hulten and Wolff, *American Economic Review*, 86 (5): 1239 – 1252.

Wu, H. X. , 2008. Measuring Capital Input in Chinese Industry and Implications for China's Industrial Productivity Performance, 1949 – 2005, Presented at the World Congress on National Accounts and Economic Performance Measures for Nations, Washington, D. C.

Wu, H. X. , 2013. Accounting for Productivity Growth in Chinese Industry – Towards the KLEMS Approach, Presented at the Second Asia KLEMS Conference, Bank of Korea, Seoul, 22 – 23 August 2013.

Wu, H. X. , 2014a. *China's Growth and Productivity Performance Debate Revisited – Accounting for China's Sources of Growth in 1949 – 2012*, Economics Working.

Papers EPWP1401, The Conference Board, New York.

Wu, H. X. , 2014b. Constructing China's Net Capital Stock and Measuring Capital.

Service in China, Presented at CIP Special Project Meeting, IER. Hitotsubashi.

University, Tokyo, 20 March 2014.

Wu, H. X. and Ito, K. , 2014. Reconstruction of China's National Output and Income Accounts, Producer Price Indices, and Annual Supply – Use and Input – Output Accounts, Presented at CIP Special Project Meeting, IER. Hitotsubashi University, Tokyo, 20 March

2014.

Wu, H. X. and Yue, X., 2012. *Accounting for Labor Input in Chinese Industry. 1949 - 2009*, Discussion Paper Series 12 - E - 065, RIETI. Japan.

Wu, H. X. and Girardin, E., 2013. China's Growth Cycles: Common Features of GDP and Coincident Economic Indicators, Presented at Ninth CERDI - IDREC International Conference on the Chinese Economy, University of Auvergne. Clermont - Ferrand, France, 24 - 25 October 2013.

Wu, H. X. Yue, X. and Zhang, G. G., 2014. Constructing Employment and Compensation Matrices and Measuring Labor Input in China, Presented at CIP Special Project Meeting, IER. Hitotsubashi University, Tokyo, 20 March. 2014.

Wu, Y., 2011. Total Factor Productivity Growth in China: A Review, *Journal of Chinese Economic and Business Studies*, 9 (2): 111 - 126.

Young, A., 1995. The Tyranny of Numbers: Confronting the Statistical Realities of the East Asian Growth Experience, *Quarterly Journal of Economics* (August): 641 - 680.

（刘柱　王铁成 译）

中国工业部门的增长、结构变化和生产率差距

吴延瑞 马 宁 郭秀梅

近几十年来，中国高速的经济增长与快速的工业化进程密不可分。这种在全国范围内的工业发展却存在巨大的地区差异。一些学者通过考察近几十年的经验和证据发现，地区差异可能是收敛的（Wang 和 Szirmai，2013；Rizov 和 Zhang，2014；Lemoine et al.，2014）。Wang 和 Szirmai（2013）在省级层面的工业劳动生产率上的研究发现，20 世纪 80 年代和 21 世纪初确实存在地区收敛。Rizov 和 Zhang（2014）使用微观数据观察发现，经济活动密度、经济政策和结构因素影响了地区生产率水平和经济成长率。Lemoine et al.（2014）认为，从劳动生产率水平看，中国内部地区正在追赶发达的沿海地区，久而久之整个国家更趋技术一体化。本文对已有文献进行了拓展。本文的目标是用偏离－份额分析方法，分析中国不同地区之间的工业部门生产率差距。为此，本文首先回顾最近几年的中国工业增长情况，然后评价工业部门可能的结构变化，接着分析不同地区劳动生产率差距，最后在结论部分概括了主要发现。

一 工业增长及其分析

图 1 显示了农业、工业和服务业对 GDP 增长的贡献率及其随时间推移的变化趋势。显然，工业在这 3 个部门中具有最高份额。不过，最近几年工业份额表现出下降趋势。这一现象可能反映，国家正向促进消费驱动的经济

增长政策进行转换。经历 30 年的高速增长，中国经济现在正从劳动密集型向创新驱动型转型，从过度依赖投资向更多依靠内需拉动转型。为了适应当前宏观经济调整的需要，工业部门正不断变革。这一章简要回顾了工业部门的最新趋势和发展情况。

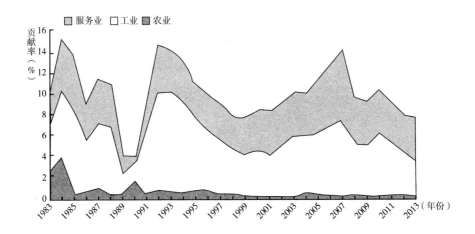

图 1 分部门对经济增长的贡献率：1983～2013 年

资料来源：作者采用国家统计局的年度数据计算而来。

表 1 给出了在中国代表性工业子部门产出的年度增长率。1994～2010 年，所有工业子部门都经历了高速增长，这与邓小平 1992 年南方谈话之后经济改革的深化遥相呼应。2000 年以后的增长率（2001～2010 年，年均增长率为 21.2%），远超过 20 世纪 90 年代的经济增长率（1994～2000 年，年均增长率为 9.9%）。这一差异由两个因素造成。第一，20 世纪 90 年代的经济增长进程，为 1997 年亚洲金融危机爆发所中断。第二，2001 年中国加入世界贸易组织（WTO）刺激了全国的出口部门。2001～2010 年，超越平均增长率的工业行业有：医药制造业、非金属矿物制造业、黑色金属和有色金属的冶炼和加工制造业、普通机械制造业、专用设备制造业、交通运输业、电子和通信设备制造业，以及仪器仪表制造业。表 1 底部列出了增速最快的 6 个行业，这些部门主要覆盖使用相对高技术的行业（交通运输设备制造业、电子和通信设备制造业、仪器仪表制造业）。在 2001 年中国加入 WTO 之后，这些部门迎来了出口的爆炸式增长。

表1　分部门工业产出的年度增长率

单位：%

部门	1994~2000年	2001~2005年	2006~2010年	2001~2010年
食品加工业	4.1	19.9	20.1	20.0
食品制造业	0.8	20.8	20.8	20.8
饮料制造业	13.4	11.9	22.2	17.0
烟草加工业	8.0	12.8	15.0	13.9
纺织业	2.6	19.7	15.2	17.4
造纸及纸制品业	6.8	22.5	19.1	20.8
石油加工业	2.6	12.4	8.9	10.6
化学制品制造业	9.7	19.1	21.7	20.4
医药制造业	5.0	24.2	20.7	22.4
化学纤维制造业	8.8	15.0	12.6	13.8
非金属矿物制造业	6.7	20.1	25.3	22.7
黑色金属行业	1.1	28.4	16.8	22.6
有色金属行业	9.0	24.3	21.9	23.1
金属制品业	12.2	19.2	23.3	21.2
普通机械制造业	21.2	28.7	26.0	27.3
专用设备制造业	10.4	22.8	27.1	25.0
交通运输设备制造业	11.7	27.0	28.4	27.7
电子设备制造业	14.9	25.5	23.2	24.3
通信设备制造业	28.7	38.1	18.8	28.4
仪器仪表制造业	20.3	31.1	19.3	25.2

资料来源：作者根据《中国统计年鉴》（国家统计局年度数据）和《中国工业经济统计年鉴》（国家统计局年度数据）计算而来。

在地区水平上，1994~2010年，中国的区域经济经历了工业产出的显著增长（见表2）。[①] 与部门层面的经济增长趋势相一致，2000年以后的区域经济增长，也比20世纪90年代的区域经济增长快得多。不仅如此，沿海地区的平均增长率（见表2中编码为1的省份），比其他地区增速也快得多。这一趋势保持到21世纪初。但在2005~2010年，非沿海地区的工业增长速度超过了沿海地区。非沿海地区的经济追赶，主要由若干政策变化引起：1999年的西部大开发战略、2003年的东北老工业基地振兴计划和2006

---

① 由于缺少数据，西藏地区没有包括在里面。

年的中部崛起战略。表 2 中的中部、西部和东北地区，分别用代码 2、3、4
表示。平均而言，2006～2010 年，沿海地区年度增长率为 17.6%，中部地
区为 26.3%，西部地区和东北三省为 21.1%。

表2　分地区工业产出的年度增长率

单位：%

代码	地区	1994～2000 年	2001～2005 年	2006～2010 年	2001～2010 年
1	北　京	6.0	20.7	10.9	15.8
1	天　津	7.7	21.8	17.8	19.8
1	河　北	8.7	22.6	19.3	20.9
1	上　海	6.5	21.2	13.7	17.4
1	江　苏	8.4	24.9	21.7	23.3
1	浙　江	10.8	27.1	16.0	21.5
1	福　建	9.6	25.5	20.8	23.1
1	山　东	10.9	28.5	20.0	24.2
1	广　东	10.7	25.6	18.2	21.9
2	山　西	8.2	19.0	17.7	18.4
2	安　徽	3.2	19.0	29.1	24.0
2	江　西	3.2	21.4	31.8	26.6
2	河　南	10.5	20.7	24.3	22.5
2	湖　北	6.2	12.2	26.9	19.5
2	湖　南	3.9	19.9	28.0	24.0
3	海　南	4.8	15.5	26.9	21.2
3	内蒙古	4.2	29.4	26.6	28.0
3	广　西	3.4	17.4	25.4	21.4
3	重　庆	11.6	22.0	26.6	24.3
3	四　川	-1.2	22.0	26.3	24.2
3	贵　州	9.5	15.3	13.4	14.4
3	云　南	6.6	16.5	15.7	16.1
3	陕　西	6.7	18.3	23.1	20.7
3	甘　肃	4.1	15.9	13.9	14.9
3	青　海	6.3	14.5	24.3	19.4
3	宁　夏	5.1	20.5	18.7	19.6
3	新　疆	9.4	13.4	18.0	15.7
4	辽　宁	1.8	17.9	23.6	20.8
4	吉　林	7.0	15.8	26.4	21.1
4	黑龙江	3.1	10.7	13.4	12.0

资料来源：作者根据《中国统计年鉴》（国家统计局年度数据）和《中国工业经济统计年鉴》
（国家统计局年度数据）计算而来。

（一）工业增长分析

许多有关工业增长、结构变化和生产率分析的研究，大多集中于亚洲、欧洲和北美地区。Esteban（2000）采用标准的偏离－份额分析法，将欧洲国家相对于欧洲平均水平的区域生产率差距，分解成 3 个部分——产业结构成分、区域成分和配置效率成分。Esteban 的研究揭示，区域之间的生产率差距，几乎可由特定区域的生产率不平等来解释。因此，从政策的角度看，为了缩小先进地区与欠发达地区的生产率差距，经济政策应集中考虑那些影响落后地区生产率的因素。与 Esteban（2000）有些相似的是，Fiaschi 和 Lavezzi（2007）考察了 1980~2002 年欧洲地区各部门对整体经济增长的贡献率。他们将经济增长率均值分解为 2 个部分——生产率增长效应和份额效应。结果表明，相比份额效应，生产率增长效应对全部增长更加重要。因此，经济增长率几乎来自部门内的技术革命。生产率增长效应主要来自制造业、采矿业、农业和交通运输业的生产率的提高。相反，这一时期，其他市场服务部门的劳动生产率却在下降。份额效应主要来自其他市场服务和非市场服务部门，但这一增长却几乎为农业、制造业和采矿业发展带来的负向效应所抵消。整体而言，对经济增长贡献最大的部门包括：其他市场服务业、制造业、非市场服务业、批发零售业和交通运输业。

Benito 和 Ezcurra（2005）还使用非参数技术，考察了 1977~1999 年欧盟区域生产率分布的演化过程。他们的方法涉及偏离－份额分析。结果发现，欧盟相邻地区有明显的空间联系，即相似的劳动生产率类型。不仅如此，那些劳动生产率处于相对中低端的地区，比劳动生产率高的地区有更强的地理聚集趋势。他们还发现，欧盟国家内部的产业结构对区域差异的贡献较小。决定区域生产率不平等的主要因素，基本是那些对所有部门生产率有相同效应的因素（Benito 和 Ezcurra，2005）。这一时期的结构成分，对区域不平等所起的作用看起来比较微弱。

Kallioras 和 Petrakos（2010）计算了 1991~2000 年欧盟新成员国的结构变化系数和工业结构差异化指数。他们的结果揭示，每一欧盟新成员国地区，都经历了不同水平的结构转换过程。尽管欧盟新成员国中比较发达的大部分地区（包括斯洛文尼亚、匈牙利和爱沙尼亚），倾向于表现为低程度的结构转换，但大部分欠发达地区（如保加利亚和罗马尼亚），却表现出较高程度的结构转换。他们估计的工业结构差异化指数值表明，保加利亚和罗马尼亚绝大部分地区提高了自身工业结构差异性（Kallioras 和 Petrakos，2010）。Almon 和 Tang（2011）使用分解技术计算每个行业对加拿大和美国经济增长的贡献程度。他们发现，制造业部门是加拿大在 2000 年后劳动生产率下降的主要来源，其对总体经济增长的贡献率，也始终低于美国制造业的贡献率。这一结果表明，2000~2008 年，加拿大和美国的制造业受到结构转换的负向影响。

Timmer 和 Szirmai（2000）也使用偏离－份额分析法，考察了生产率的增长。他们采用 4 个亚洲国家作为案例研究，发现资源配置效应对总体经济和单个部门的生产率增长并无额外贡献。他们认为，在快速增长的发展中国家，制造业部门的范围效应相比专业化效应对生产率增长更重要。这一结论与条件收敛理论一致，因为条件收敛强调了范围因素对经济增长的重要性。这些因素包括：创新、金融与商业服务的供给、大范围物质基础设施的发展和高投资率（Abramovitz，1989；Timmer 和 Szirmai，2000）。

（二）中国工业研究

上一节文献回顾所提到的文章，主要考虑的是发达经济体，原因之一在于，这些国家数据丰富。最近，许多学者开始研究中国的工业结构变化。例如，O'Callaghan 和 Yue（2000）发现，中国的工业部门，包括货运、石油、天然气生产及采矿工业的发展，对 1987~1995 年总体结构变化的贡献率不低于 50%。许多学者还检验了影响工业结构的因素。例如，Chen 和 Wu（2003）集中于技术、创新和外商直接投资，而 Li 和 Long（2001）集中于消费结构。Wen（2004）研究了产业集聚，并揭示中国制造业在地理上更趋集中。Bai 等（2004）基于 29 个地区 32 个行业的面板数据，发现 1984~1997 年工业生产的地理集聚程度增加。Fan 和 Scott（2003）提供证据，支持了产业集聚和生产率增长存在正向关系。他们还认为，中国的经济改革对宏观和地方经济条件都产生了积极影响，产业集聚就此产生。

中国经济表现如此稳健，不仅在于其物质资本积累和条件收敛性，还在于其工业结构变化带来的要素生产率改进（Xu 和 Voon，2003）。关于中国工业表现的许多讨论，集中于沿海和内陆地区的生产率差异。Jefferson 等（2008）使用"规模以上企业"的平衡面板数据库，覆盖面超过 25 万家。

他们研究发现，1998～2005 年不同地区企业存在显著的生产率差异。他们还提供了部分追赶尤其是中部地区追赶的证据。生产率的大幅追赶，反映了沿海地区以外企业的相对落后性。他们的研究结果还表明，内地的生产率增长速度与沿海地区保持相同或者更低，从而阻碍了中西部企业获得与沿海企业同等生产率的机会。截至 2005 年，中国中部与沿海地区的工业生产率差距显著缩小，同时，西部和东北地区的生产率水平也相应上升至沿海地区生产率的 83% 和 85%。

Dong et al.（2011）使用 31 个省份 30 年的面板数据，检验了经济增长与产业结构之间的关系。他们的结论是，短期经济波动可能造成产业结构失衡，而产业结构失衡和经济波动存在长期双向因果关系。采用回归分析，他们发现人均 GDP、国内消费、收入不平等、劳动力和资本存量，都是中国工业结构的重要决定因素。他们的经验证据证实，产业结构和经济增长存在长期关系，同时，国内消费也显著影响中国的产业结构。

Marti et al.（2011）考察了中国加入 WTO 对地区工业生产率的影响。他们发现，中部地区在 1995～2006 年经历了最大的工业生产率增长。不过，由于中国加入了 WTO，所有地区工业生产率实际上都经历了显著提升。全部生产率提升均由技术强化所驱动，因此，正如技术效率估计的结果所示，投入要素的使用效率应该获得更多重视。当然，收敛结果并不表明，2001年之后全国经历同样巨大的变化。从工业增加值来看，现有的地区差异确有轻微的下降，这是因为西部地区发展过快（Marti et al.，2011）。

Lin et al.（2011）给出的证据表明，工业集聚和生产率之间存在正向关系。他们认为，政府应该继续执行产业园区政策，从而吸引有正外部性的高技术企业集聚，进而提升企业层面的生产率。相比大企业，在产业集聚地诞生的小企业，可从集聚正外部性中获得更多利益。与这种正外部性相关的因素包括：信息共享、寻找专业人才更加方便、交通成本更低从而节省费用，等等。政府应该更积极地推进产业带的形成，从而帮助小企业提高生产率并进一步发展。外国企业生产率最高，接着是私人企业和国有企业。私人企业仍然存在生产率提升的空间。进一步而言，政府应该继续推进国企改革进程从而加强企业管理和提高生产效率（Lin 等，2011）。

不仅如此，Wei（2000）认为，区域外溢效应可能已足够降低中国区域间的不平等。跨区域外溢效应的检验表明，沿海地区的经济增长外溢到中西部地区，中部地区的经济增长也影响了西部地区的发展（Zhang 和 Felmingham，2002）。最近，Peng 和 Hong（2013）探索了相关部门生产率外溢的情形。他们认为，部门生产率不仅由生产要素如劳动力和资本决定，而且可由相关联部门的外溢效应决定。外溢效应，如部门间知识外溢，可有助于降低成本。Peng 和 Hong 采用经济距离的概念衡量跨部门联系。他们的结论是，在生产率外溢效应的传递过程中，经济距离比空间距离更加重要。

上述文献综述，有助于我们理解中国工业部门的发展、结构变化和生产率增长。然而，现有的大多数研究，要么分析一个有限时间段的数据，要么分析高度加总的数据。本文在现有文献的基础上，试图对中国每个区域内的部门数据进行探索。

二 工业部门的结构变化

为了分析 2000~2010 年中国地区工业结构类型和变化特征，我们估计了结构变化系数。Havlik（1995）认为，结构变化系数可将初始年份 t 和结束年份 $t+k$ 之间，地区 r 的每个部门 i（ $i=1,2,\cdots,n$ ）的份额 S 联系起来。结构变化系数可用方程（1）来表述。

$$CSC_{r,t\_t+k} = CORREL_{i=1}^{n}(S_{r,i,t}, S_{r,i,t+k}) \tag{1}$$

方程（1）中的 CSC 在区间 $[0,1]$ 之间取值。这个值如果接近 0，就说明该地区在时期 t 和 $t+k$ 之间，发生了显著的结构变化；这个值如果接近 1，就说明该地区在时期 t 和 $t+k$ 之间，基本上没有发生结构变化。工业份额的计算既可以使用不同地区的产出数据，也可以使用就业数据。

本文使用了从中国官方统计来源收集的数据，样本覆盖了 2000~2010 年的中国 30 个省份、20 个制造业子部门。根据表 3 和表 4，随着时间的推移，一些省份发生了很大的结构变化，而另一些省份基本没有变化。在国家层面上，整体结构变化的水平适中。2000~2010 年，在所有省份中，湖南和海南具有最低的结构变化系数值，表明这两个省份发生了最显著的结构变化。在 10 个表现最好的省份中，有 7 个省份在后 5 年发生了更大的结构变化（见表 3）。结构变化系数变化最小的省份是福建、广东和重庆。2000~2010 年，结构变化最小的 10 个省份中，有 8 个省份的结构系数高于 0.90

（见表4）。表3和表4显示，从结构变化上看，沿海地区和内陆地区并无显著差异。虽然这里没有报告使用就业份额估计的结构变化系数，但它们也表现出类似的特征。

表3　结构变化较大的地区

地区	2000~2005 年	2005~2010 年	2000~2010 年
全 国	0.91	0.96	0.86
辽 宁	0.92	0.72	0.54
黑龙江	0.88	0.82	0.57
江 苏	0.81	0.96	0.71
安 徽	0.84	0.92	0.69
江 西	0.91	0.77	0.62
山 东	0.91	0.87	0.68
湖 南	0.87	0.67	0.43
广 西	0.83	0.95	0.68
海 南	0.70	0.49	0.34
陕 西	0.88	0.89	0.66

资料来源：作者根据《中国统计年鉴》（国家统计局年度数据）和《中国工业经济统计年鉴》（国家统计局年度数据）计算而来。

表4　结构变化较小的地区

地区	2000~2005 年	2005~2010 年	2000~2010 年
全 国	0.91	0.96	0.86
河 北	0.93	0.98	0.90
山 西	0.95	0.97	0.92
内蒙古	0.88	0.84	0.75
吉 林	0.97	0.99	0.94
福 建	0.98	0.99	0.97
广 东	0.97	1.00	0.96
重 庆	0.99	1.00	0.98
云 南	0.98	0.98	0.92
青 海	0.98	0.96	0.94
新 疆	0.96	0.87	0.76

资料来源：作者根据《中国统计年鉴》（国家统计局年度数据）和《中国工业经济统计年鉴》（国家统计局年度数据）计算而来。

通过估计工业结构差异化指数，我们还可进一步评价中国各地区的工业结构类型。工业结构差异化指数定义如下：在年份 t，用省份 r 的工业部门 i 所占份额 S 与基准经济体 b 对应工业部门 i 的份额相减，对差值取平方，最后对所有工业部门差值的平方求和（Kallioras 和 Petrakos，2010），其数理表达式可用方程（2）表示。

$$IDIS_{r\_b,t} = \sum_{i=1}^{n} (S_{r,i,t} - S_{b,i,t})^2 \qquad (2)$$

这里使用所有地区每个部门的平均份额来计算基准得分。工业结构差异化指数大于（或等于）零。其取值大表明该地区与全国平均水平存在较大的工业结构差异；取值小表明较低的工业结构差异性。如果产业结构差异化指标越来越大，表明地区间的工业结构更具差异性；相反，如果这一指数递减，表明地区间的工业结构越来越相似。在欠发达地区，工业结构差异化指数的递增，是消极（防守型）的结构变化的象征；相反，工业结构差异性的递减，是积极（进攻型）的结构变化的象征。消极的结构变化，可看作对新兴经济环境的条件与要求的被动反应；相反，积极的结构变化，可看作一种策略行为（Kallioras 和 Petrakos，2010）。

一般而言，2000～2010 年，用每个省份工业产出估计的工业结构差异化指数，从最低的 0.002 到最高的 0.223，数值都非常小。这些值说明，中国各省（自治区、直辖市）之间的产业结构差异化的程度比较低。随着时间的推移，云南、重庆和吉林表现出相对高的工业结构差异化指数得分，即这些地区和全国平均水平相比，工业结构存在高度差异。为更容易解释，可计算每个地区于 2000～2004 年和 2006～2010 年的平均得分，再进行比较。工业结构差异化指数最高（防御型结构变化）的分别是河北、上海和广东这 3 个沿海省份（见表 5）。有 7 个省份的工业结构与基准的平均工业结构的差异下降。这些省份是云南、吉林、青海、天津、内蒙古、宁夏和海南。这表明，一些省份发生了产业内经济整合。最有可能的是，这些地区在 2000～2010 年发生了进攻型的结构变化。

表5　结构变化最大的地区

地区	2000~2004 年	2006~2010 年	变化
	防御型		
河　北	0.051	0.083	0.032
上　海	0.029	0.060	0.031
广　东	0.090	0.110	0.021
	进攻型		
云　南	0.179	0.102	− 0.077
吉　林	0.191	0.152	− 0.039
青　海	0.147	0.111	− 0.036
天　津	0.061	0.042	− 0.018
内蒙古	0.055	0.037	− 0.018
宁　夏	0.069	0.051	− 0.017
海　南	0.071	0.055	− 0.016

资料来源：作者自己的估计。

三　理解生产率差距

区域生产率的表现对中国的政策制定者有重要的启示，不论是在国家层面，还是在地区层面。在欠发达地区，收入不平等的下降和社会福利的改善有赖于生产率的提高。相比其他国家，中国最近几十年的经济增长相当迅速。增长背后的关键因素就是技术和制度变化，这些变化和20世纪80年代开始的经济改革紧密相关。在影响这些变化的因素中，生产率起了重要作用。结果，那些试图评价中国经济增长的研究，都集中于中国经济的生产率度量方法。这一领域有大量的研究（Wu，2011）。绝大部分学者估计的是全要素生产的增长率及其对经济增长的贡献。与现有文献不同的是，本文集中关注的是地区生产率差距。以此出发，劳动生产率被分解为结构成分、区域成分和配置效率成分。本文的目标就是研究各省（自治区、直辖市）之间及各经济区（沿海、中部和西部地区）之间的生产率不平等。本文使用的劳动生产率，采用各地区各部门的工业产出除以工人数量得到。

从2000年以后，无论在估计中使用总产出数据还是总增加值数据，国家层面的劳动生产率都稳步上升（见图2）。但是本文所覆盖的20个子部门的部门劳动生产率差异显著。领先部门是烟草行业，然后是通信设备制造业、黑色金属行业、交通运输设备和有色金属行业。同时，这里也存在劳动生产率的地区差异。[①] 在样本区间（2000～2010年）早期，上海的劳动生产率最高。其次分别是北京、天津、广东和其他一些沿海省份。新疆是唯一一个劳动生产率水平超过全国平均水平的西部省份，其表现与沿海地区也旗鼓相当（事实上，在2000年，它的劳动生产率排在全国第三位，仅次于上海和北京）。2005年，天津超越上海成为在劳动生产率意义上最领先的地区。然而在2006年，海南岛的劳动生产率又超过了天津，并且保持劳动生产率第一到样本期末（2010年）。到2010年，在劳动生产率排名前十的省份中，有7个是沿海省份（海南、天津、上海、北京、辽宁、山东和河北）。内蒙古是唯一一个进入前十的西部省份，它主要得益于最近几十年的资源爆炸式开发。安徽作为中部省份排在第十位。吉林是东北省份，从劳动生产率表现来看排名是第二位。表现最差的地区是西部的宁夏，其劳动生产率在2010年不到海南的一半。总之，西部地区（除内蒙古和新疆）的劳动生产率在2000～2010年要低于全国平均水平。有趣的是，广东省的排名从2000年的第5名急剧下跌到2010年的第28名（仅在宁夏和山西之前）。

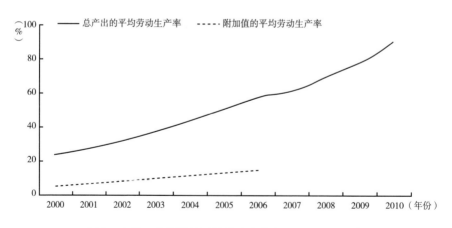

图2　中国工业部门的平均劳动生产率：2000～2010年

资料来源：作者的计算。

---

① 由于篇幅所限，没有显示每个地区、每个部门、每年的劳动生产率估计值。

为了理解上面讨论的生产率差异，我们要使用偏离－份额分析技术，将生产率差距分解成若干组成部分。一个地区的总劳动生产率 X_r，可以表述成不同部门间的劳动生产率的加权平均值。于是，地区 r 的 X_r 可以用方程（3）表示。

$$X_r = \frac{I_r}{L_r} = \sum_{i=1}^{n} (\frac{I_{ir}}{L_{ir}})(\frac{L_{ir}}{L_i}) \tag{3}$$

在方程（3）中，下标 i 和 r 分别表示第 i 个产业部门和第 r 个地区；I 表示产业增加值，L 表示就业量。方程（3）表示，区域劳动生产率的差异的产生可以归结为两个因素。第一，i 个部门相互间的劳动生产率差异，这导致区域生产率不平等。因此，即使每个部门生产率不存在区域不平等，那些专业于生产率更高部门的地区，都将比全国平均劳动生产率要高。第二，地区特征对不同部门生产率有相同影响，但在地区间存在差异。

为了评估这两个因素的相对重要性，将地区生产率和全国平均生产率的差距进行分解很有必要。根据 Esteban（2000）的工作，偏离－份额分析是这一工作的有用技术。此方法最初源于劳动经济学领域，并被作为分析区域就业增长的技术得到应用（Bento 和 Ezcurra，2005）。当然，它也可以用于研究劳动生产率。在此方法下，某个地区和全国平均水平之间的生产率差距可分解成 3 个成分：结构因素、地区因素和资源配置因素。

用 $E_{i,r}$ 表示地区 r 层面上部门 i 的就业份额，E_i 表示全国层面上部门 i 的就业份额。于是，对所有地区 r，$\sum E_{i,r} = 1$；对全国，$\sum E_i = 1$。假设 X_i 和 $X_{i,r}$ 分别代表全国层面部门 i 的劳动生产率和地区 r 层面部门 i 的劳动生产率，并假设每个地区的部门生产率等于全国平均水平的部门生产率，地区 r 的工业结构成分 μ_r 就度量了由地区 r 相对于全国平均水平的工业结构差异 $E_{i,r} - E_i$ 造成的（全部工业的）生产率差距。结构性成分用方程（4）表述。

$$\mu_r = \sum_i (E_{i,r} - E_i) X_i \tag{4}$$

在方程（4）中，如果某一地区在全国范围内，专业化发展于高劳动生产率部门，去专业化于低劳动生产率部门，那么其结构成分 μ_r 为正。如果该地区专业化于生产率最高的部门，那么其 μ_r 得分最高。相反，如果一个地区专业化于生产率最低的部门，那么其 μ_r 得分最低。

假定地区工业结构与全国平均水平相同，那么区域成分或生产率差距成分 π_t，就和地区与全国平均的部门到部门间生产率差距（$X_{i,r} - X_i$）相关。区域成分可用方程（5）表示。

$$\pi_r = \sum_i E_i (X_{i,r} - X_i) \tag{5}$$

在方程（5）中，如果某地区的部门生产率高于全国平均水平，那么 π_r 取值为正。

配置效率成分 θ_r，用方程（6）来定义。

$$\theta_r = \sum_r (E_{i,r} - E_i)(X_{i,r} - X_i) \tag{6}$$

在方程（6）中，如果一个地区专业化生产的部门，其劳动生产率高于全国平均水平，那么 θ_r 的值为正。这一成分是结构成分和地区成分的交互项，可用于表示每个地区在部门间配置资源的效率指数。给定上述 3 个成分的定义，地区的平均生产率差距可用方程（7）表示。

$$G_r = X_r - X = \mu_r + \pi_r + \theta_r \tag{7}$$

方程（7）表明，每个地区和全国平均水平之间的生产率差距可分解成 3 组成分。

为应用前面讨论的分解技术，本文计算了 2000～2010 年每个地区的平均生产率差距。图 3 和图 4 给出了数据一览，包括 2000～2004 年的平均差距（前 5 年）和 2006～2010 年（后 5 年）的平均差距。根据图 3，由上海和天津领先的 9 个省份，2000～2010 年的平均生产率差距为正。前 5 年的平均生产率差距比后 5 年的平均生产率差距要大得多。有趣的是，内蒙古的平均生产率差距从负值变为显著为正，但福建省的平均生产率差距从正变为负。进一步的，正如预期那样，那些平均生产率差距为正的省份基本上在沿海地区。

2000～2010 年，21 个省份的平均生产率差距平均为负。负向平均生产率差距最大的主要是西部地区（新疆、甘肃和宁夏）和中部地区（山西、黑龙江和江西）。浙江是一个例外，它是有最大负向平均生产率差距的省份之一，但也是相对发达的沿海省份（见图 4）。所有地区后 5 年的平均生产

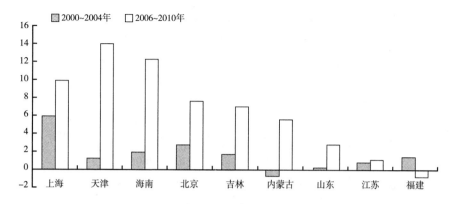

图3　平均生产率差距主要为正的地区

资料来源：作者的计算。

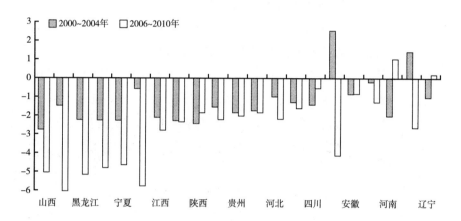

图4　平均生产率差距主要为负的地区

注：原书中省份与图标即不一一对应。

资料来源：作者的计算。

率差距倾向大于前5年的平均生产率差距。云南和广东从正的平均生产率差距转向负的平均生产率差距，同时，河南和辽宁却正好沿相反方向运动。

分解结果显示，这9个有正向平均生产率差距的地区，显示出不同的平均生产率差距类型。只有3个省份（天津、北京和吉林）达到配置有效。尽管上海具有最高的生产率差距，但没有从配置效率中获益。海南和内蒙古尽管生产率远高于全国平均水平，但仍然缺乏配置效率。同时，山东、江苏和福建，并没有在高生产率的部门进行专业化生产。

在有关地区不平等的文献中，中国通常是被分成 3 个部分——沿海省份：北京、天津、河北、辽宁、上海、江苏、浙江、福建、山东和广东；中部省份：山西、吉林、黑龙江、安徽、河南、湖北、湖南和江西；西部省份：内蒙古、广西、海南、重庆、四川、贵州、云南、陕西、甘肃、青海、宁夏和新疆。分析这 3 个经济区之间的生产率差距也是有意义的。估计结果表明，在过去 10 年中，3 个经济区的劳动生产率都取得非凡的增长，其中中部地区在 2000～2005 年显著提升，沿海地区在 2006～2010 年急剧提升。这些生产率的提升由一些子部门的良好表现所驱动。例如，中部地区的有色金属冶炼和加工业、普通机械和交通运输设备制造业，均在 2005 年超越全国平均水平。西部地区的食品加工业、食品制造业、饮料制造业、石油加工业和烹饪产品业，均在 2010 年超越全国平均水平。

表 6 给出了 3 个经济区的生产率差距及其分解结果。显然，一般而言，沿海地区具有小幅为正的生产率差距，而中西部地区具有负的生产率差距。所有 3 个经济区资源配置均无效率（配置效率得分为负）。2000～2010 年，沿海地区劳动生产率高于全国平均水平，中西部地区生产率低于全国平均水平。表 6 也说明，沿海地区并不一定专业化于高生产率的部门。相反，根据同一张表，中西部地区可能实际上专业化于一些高生产率的部门。

表 6　分区域的生产率差距的描述性统计

区域	生产率差距	结构成分	地区成分	配置效率成分
沿海地区	0.31	−0.54	1.22	−0.36
中部地区	−1.31	0.13	−1.34	−0.10
西部地区	−1.09	1.12	−1.85	−0.36

资料来源：作者的计算。

四　生产力差距的进一步分析

为了研究生产率差距在每一成分中，地区效应和经济区效应所占的比重，可将方程（7）扩展为方程（8）。

$$G_r = \mu_{I,r} + \mu_{E,r} + \pi_{I,r} + \pi_{E,r} + \theta_{I,r} + \theta_{E,r} \qquad (8)$$

方程（8）中，生产率差距的 3 个组成部分（即结构成分，区域成分和配置效率成分），都可表述成内部因素（用下标 I 表示）和外部因素（用下标 E 表示）的求和。内部因素表示某个特定省份与所处经济区均值的差异，而外部因素表示该省所处的经济区和全国平均水平的差异。方程（8）的分解技术，最初源于收入不平等的分析（Lerman，1999）。这一章的目的，是检验方程（8）中每一成分对中国地区生产率差距不平等的贡献程度。实际上，为了包含每一成分对全国或全局（G）生产率差距的直接效应和可能的间接影响，我们还考虑了地区生产率差异的方差，从而继续使用方差分解方法。① 由此全局生产率差距被分解为 6 个部分，与方程（8）类似。然而，由于使用了方差和协方差，如果对应的协方差是负的，那么个人贡献的成分有可能取负值。在此情况下，要考虑的成分可能会抵消由其他成分产生的全局生产率差距的效应。

由于分解之后有 6 个成分，我们用一些方法来组织这些结果。图 5 给出了第一类分析结果。面板 5a 给出了结构成分、地区成分和配置效率成分所占百分比。显然，2000～2010 年地区成分在生产率差距中占有主导地位。最近几年，这一趋势似乎得到加强。图 5 同时还显示，结构成分的影响较小且最近几年保持稳定。从外部因素（经济区均值和全国均值的差异）和内部因素（单个省份和经济区均值的差异）来看，它们的贡献比重非常接近，当然外部因素成分所占的份额稍微大一些（一般而言为 51%对 49%）（见表 5b），这一发现有重要启示。长期以来，政策制定者和研究人员主要考虑的是 3 个经济区（沿海地区、中部地区和西部地区）的不平等。经济区内的地区差异可能是被忽视的，现在应该被重视起来。

图 6 给出了外部成分和内部成分的分解结果。在这两种情形中，地区差距都是生产率差距的主导成分。面板 6a 说明，3 个组成成分（结构成分、省域成分和配置成分）保持相对稳定。这和图 5 中的面板 5b 的观察结果是一致的。尽管内部因素（见图 5 中的面板 5b）稳定，但根据图 6 的面板 6b，内部因素 3 个成分的占比一直在变化。2000～2010 年，特别是后 5 年，经济区内的地区生产率差异在增加，同时期的配置效率成分和结构成分对生产率差距的贡献轻微下降（见面板 6b）。

---

① 技术细节，请参考 Lerman（1999）、Benito 和 Ezcurra（2005）。

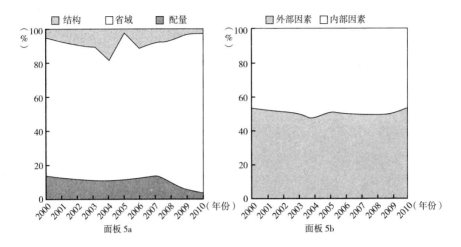

图5 生产率差距分解：2000～2010年

资料来源：作者的计算。

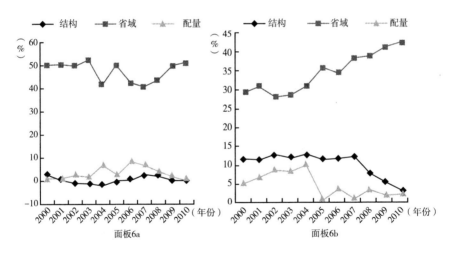

图6 外部（面板6a）因素和内部（面板6b）因素的分解

资料来源：作者的计算。

在这3个组成成分中，外部因素和内部因素的角色不再完全相同。图7显示，在结构成分对生产率差距的贡献中，内部因素占主导作用。在很多年份中，外部因素在结构成分中所起的作用是负的。但是对区域成分来说，外部因素起了主导作用，而且趋于稳定。对配置效率来说，开始时内部因素占主导作用，但在后5年外部因素占主导作用（见图7）。

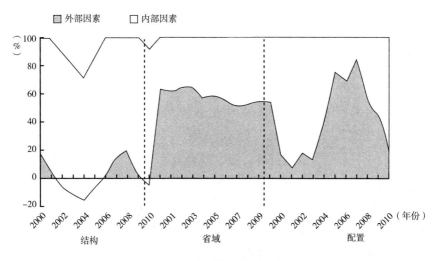

图7　3个组成成分的分解

资料来源：作者的计算。

五　结论

总之，这篇文章采用2000～2010年的地区部门数据，研究了中国制造业部门增长、结构变化和生产率差距的几个问题。总体上，全国的制造业产出快速增长，沿海地区的增长要比中西部地区快很多。不过，在2000～2010年的后5年，中西部地区显示了追赶效应。这些地区的经济发展是许多政府政策支持的结果。进一步，中国的制造业经历了巨大的结构变化，并在不同地区有不同的表现。在最近几年（数据样本涵盖的2000～2009年的后5年），这一结构变化已经加速了。此外，本文的研究还表明，沿海省份似乎在发生防御型结构变化，西部省份更有可能发生进攻型结构变化。当然在此过程中也有例外。例如，天津是一个相对发达的省份，但它应属于进攻型结构变化地区这一组。

从不同地区之间的劳动生产率表现来看，2000～2010年的经济增长确实令人印象深刻。当然，这种经济增长存在较大的地区差异。全国30个省份中有1/3的省份具有正的生产率差距（相比全国平均水平）。这些地区的绝大部分处于沿海地区。海南、吉林和内蒙古是例外。生产率差距为负的地区主要集中于中国西部。浙江是例外，尽管它是沿海省份，但它的负向生产率差距排在第六。云南和广东的生产率差距在样本观察期前 5 年取较大的正值，在后 5 年取较大的负值。

分解分析的结果说明，省域成分对全部生产率差距的贡献是最大的。这一趋势在最近几年一直在持续。生产率差距也还包含 3 个经济区（沿海地区、中部地区和西部地区）之内的差距和每个经济区与全国平均水平之间的差距。根据本文的研究，这两个因素似乎对全部生产率差距的作用相当。我们的估计说明，尽管每个经济区与全国平均水平之间的差异保持稳定，但是每个经济区内部的不平等在最近几年进一步恶化了。

本文的研究表明，政府制定省域层面特定政策很有必要。例如，中西部地区的省份更应集中于生产率的提升，而沿海地区省份更应集中于结构合理化和提高资源配置效率。不仅如此，经济政策应该同时强调经济区之间和经济区之内的生产率不平等。过去 10 年来，西部大开发、中部崛起和东北振兴计划相当大地缓解了区域不平等状况。中央和地方政府也应该共同努力，降低经济区内的生产率不平等。

参考文献

Abramovitz，M. ，1989. *Thinking about Growth and Other Essays on Economic Growth and Welfare*，Cambridge and New York：Cambridge University Press.

Almon，M. J. and Tang，J. ，2011. Industrial Structural Change and the Post – 2000 Output and Productivity Growth Slowdown：A Canada-US Comparison，*International Productivity Monitor*，22（1）：44 – 81.

Bai，C. E. Duan，Y. Tao，Z. and Tong，S. T. ，2004. Local Protectionism and Regional Specialization：Evidence from China's Industries，*Journal of International Economics*，63（2）：397 – 417.

Benito，J. M. and Ezcurra，R. ，2005. Spatial Disparities in Productivity and Industry Mix：The Case of the European Regions，*European Urban and Regional Studies*，12（2）：177 – 194.

Chen，X. L. and Wu，X. ，2003. Technological Innovation：The Basic Cause of Industrial Structural Evolution，*Lilun Yuekan*［*Theory Monthly*］，12（1）：84 – 85.

Dong，X. Song，S. and Zhu，H. ，2011. Industrial Structure and Economic Fluctuation – Evidence from China，The *Social Science Journal*，48（3）：468 – 477.

Esteban，J. ，2000. Regional Convergence in Europe and the Industry Mix：A Shift – Share Analysis，*Regional Science and Urban Economics*，3（3）：353 – 364.

Fan，C. and Scott，A. ，2003. Industrial Agglomeration and Development：A Survey of

Spatial Economic Issues in East Asia and a Statistical Analysis of Chinese Regions, *Economic Geography*, 79 (3): 295 – 319.

Fiaschi, D. and Lavezzi, A. M., 2007. Productivity Polarization and Sectoral Dynamics in European Regions, *Journal of Macroeconomics*, 29 (3): 612 – 637.

Havlik, P., 1995. Trade Reorientation and Competitiveness in Ceecs, in R. Dobrinsky and M. Landesman (Eds), *Transforming Economies and European Integration*, 141 – 162, Aldershot, UK.: Edward Elgar.

Jeferson, G. H. Rawski, T. G. and Zhang, Y., 2008. Productivity Growth and Convergence across China's Industrial Economy, *Journal of Chinese Economic and Business Studies*, 6 (2): 121 – 140.

Kallioras, D. and Petrakos, G., 2010. Industrial Growth, Economic Integration and Structural Change: Evidence from the EU New Member – States Regions, The *Annals of Regional Science*, 45 (3): 667 – 680.

Lemoine, F. Mayo, G. Poncet, S. and üNal, D., 2014. The *Geographic Pattern of China's Growth and Convergence within Industry*, Working Paper No. 2014 – 04, CEPII Research Center, Paris.

Lerman, R. I., 1999. How Do Income Sources Affect Income Inequality, in J. Silber (Ed.), *Handbook of Income Inequality Measurement*, 341 – 362, Boston: Kluwer Academic.

Li, Z. and Long, F., 2001. *Study on Industrial Economy in China*. Chengdu: Southwest Financial University Press.

Lin, H. L. Li, H. Y. and Yang, C. H., 2011. Agglomeration and Productivity: Firm – Level Evidence from China's Textile Industry, *China Economic Review*, 22 (3): 313 – 329.

Marti, L. Rosa, P. and Fernandez, J. I., 2011. Industrial Productivity and Convergence in Chinese Regions: The Effects of Entering the World Trade Organisation, *Journal of Asian Economics*, 22 (2): 128 – 141.

National Bureau of Statistics (NBS) (Various Years), *China Statistical Yearbook*, Beijing: China Statistics Press.

National Bureau of Statistics (NBS) (Various Years), *China Statistical Yearbook of Industrial Economy*, Beijing: China Statistics Press.

O'Callaghan, B. A. and Yue, G., 2000. An Analysis of Structural Change in China Using Biproportional Methods, *Economic Systems Research*, 12 (1): 99 – 111.

Peng, L. and Hong, Y., 2013. Productivity Spillovers among Linked Sectors, *China Economic Review*, 25: 44 – 61.

Rizov, M. and Zhang, X., 2014. Regional Disparities and Productivity in China: Evidence from Manufacturing Micro Data, *Papers in Regional Sciences*.

Timmer, M. P. and Szirmai, A., 2000. Productivity Growth in Asian Manufacturing: The Structural Bonus Hypothesis Examined, *Structural Change and Economic Dynamics*, 11: 371 – 392.

Wang, L. and Szirmai, A., 2013. The Unexpected Convergence of Regional Productivity in Chinese Industry, 1978 – 2005, *Oxford Development Studies*, 41 (1): 29 – 53.

Wei, Y. H., 2000. *Regional Development in China: States, Globalization, and Inequality*,

London: Routledge.

Wen, M., 2004. Relocation and Agglomeration of Chinese Industry, *Journal of Development Economics*, 73（1）: 329 – 347.

Wu, Y., 2011. Total Factor Productivity Growth in China: A Review, *Journal of Chinese Economic and Business Studies*, 9（2）: 111 – 126.

Xu, X. and Voon, J. P., 2003. Regional Integration in China: A Statistical Model, *Economic Letters*, 79（1）: 35 – 42.

Zhang, Q. and Felmingham, B., 2002. The Role of FDI. Exports and Spillover Effects in the Regional Development of China, *Journal of Development Studies*, 38（4）: 157 – 178.

（陈三攀　译）

中国铁路部门的重要性、发展与改革面临的挑战

Robin Bordie Stephen Wilson Jane Kuang[*]

一 简介

中国铁路部门对国家和经济来说至关重要。中国第一条铁路兴建于1876年。自中华人民共和国成立以来的数十年里，中国铁路实现了重大发展，铁路运输成为客运和货运的主要方式。进入21世纪以来，工业化对能源的需求迅速增加，居民收入提高，城市化进程加快，这些都对中国铁路的需求大大增加。

从20世纪80年代早期到80年代中期，世界银行等机构与中国国家计划委员会（SPC）经济研究中心（ERC）一起努力，他们关注的重点在于中国铁路是否能够运输数量足够的煤炭，以满足中国不断增长的需求。"自20世纪80年代中期以来，中国经济增长一直受困于煤炭供应不足或电力供应不足，或者两者兼而有之，原因在于发电能力不足和煤炭运能不足，不能把足够的煤炭从产煤地运送到使用地。"（ERC，1995）作者指出，在那个时候，中国是世界上唯一每年生产或消耗煤炭超过10亿吨的国家——这在1990年是一个里程碑数量。① 后来的事实是，1990～2010年，中国的煤炭

———————————

* 作者们感谢他们在力拓集团的同事 Lara Dong、William Wang、Jane Li 和 Parth Goyal 对研究提供的支持，感谢北京交通大学武剑虹博士提供的宝贵意见。文中的任何错误均由作者负责。

① 自1997年以来，只有美国在7个年份里达到过10亿吨煤产量的里程碑纪录，而且现在略低于这一水平。世界上没有一个国家像中国那样，其铁路需要如此长距离地运送数量如此巨大的旅客和货物，在保障国家能源运输可靠性方面的地位如此重要。

需求量增加了 2 倍。1990 年，中国铁路共运送旅客 2600 亿人公里。到 2010年，这一数字也增加了 2 倍。

本文在写作时，正值中国铁路系统发生重大机构改革：2013 年，中国撤销了铁道部（MOR），建立了中国铁路总公司（CRC）——世界上规模最大的高速铁路系统正在飞快延伸。随着中国正在从现在的中等收入阶段崛起，中国内陆的各欠发达省份希望效仿沿海城市和省份，对铁路提出了更高要求——安全、高效、快速和低成本地运送旅客、能源和货物。对铁路部门进行改革，使之与中国经济其他领域的增长和发展保持同步，这将是中国决策者们面临的新挑战。

本文包括 3 个主要部分和 1 个结论部分。第一部分介绍了中国铁路的历史背景和现状。第二部分总结了铁路具有重要地位的 10 个国家的情况和特征，以供感兴趣的读者将其与中国铁路进行比较。第三部分介绍了中国铁路的改革和未来的挑战。

二 历史背景和当前形势

（一）客运

1949 年，中国铁路共运送 1.03 亿人次，而到 2012 年，这一数字年均增长 4.6%，超过 15 亿人次（见图 1），旅客运输量增幅超过 7780 亿人公里，是 1990 年的 2600 亿人公里的 3 倍（见图 2）。

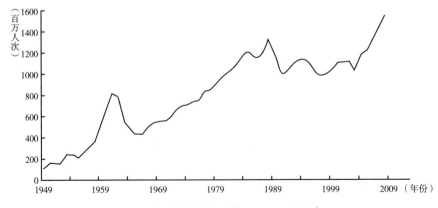

图 1　中国铁路旅客运输：1949～2008 年

资料来源：国家统计局（2012）。

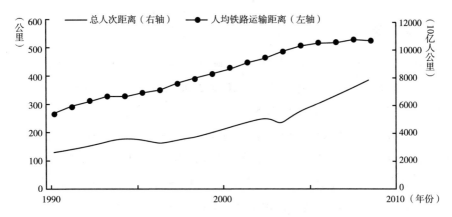

图 2　旅客运输总距离和平均运输长度：1990～2008 年

资料来源：国家统计局（2012）。

1990 年，46% 的旅客出行时选择铁路。2008 年，这一比例降低到 38%（见图 3）。在同一期间，公路运输比重从 47% 上升到 58%。虽然运输比重有所下降，铁路仍然是中国占主导地位、效率最高的旅客运输方式。春节期间的高峰旅行——"春运"——代表了人类历史上大规模年度返家团聚人员形成的最大挑战，对交通运输造成了极大压力。一般情况下，"春运"自农历腊月十五开始，前后持续约 40 天时间。在 2014 年春节期间，铁路日均运送旅客超过 650 万人次，在为期 40 天的"春运"期间，共运送旅客超过 2.66 亿人次，同比增长 12%，实际运送旅客人数超过预计人数 1000 万人。

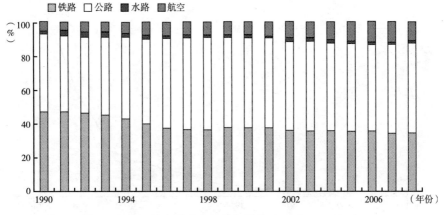

图 3　各种运输方式中客运所占的比重：1990～2008 年

资料来源：国家统计局（2012）。

（二）货运

2012 年，铁路系统运送货物 40 亿吨（见图 4），而 1990 年为 15 亿吨，比 2000 年少 2 亿吨。同时，货运需求从 2000 年的 1.4 万亿吨公里增加到 2012 年的 3 万亿吨公里（见图 5）。虽然从绝对数字看，铁路货运有所增长，但其在货运市场的主导地位已经有所下降。铁路在中国货运中的份额开始下跌，从 1978 年的超过 40% 下降到 2012 年的区区 10%（见图 6）。在此期间，铁路货运的吨公里数所占份额也从 1949 年后的 70% ~ 80% 下降到 1980 年的 50%，然后下滑到 2012 年的不足 20%。

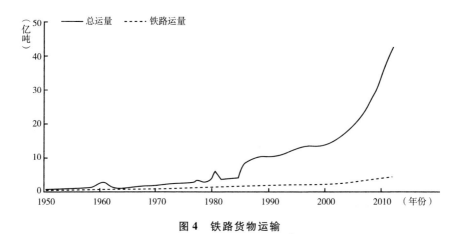

图 4　铁路货物运输

资料来源：国家统计局（2012）。

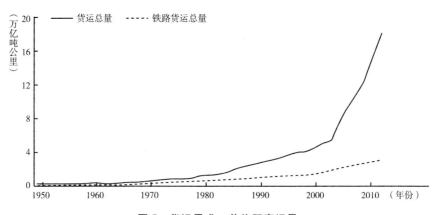

图 5　货运需求：单位距离运量

资料来源：国家统计局（2012）。

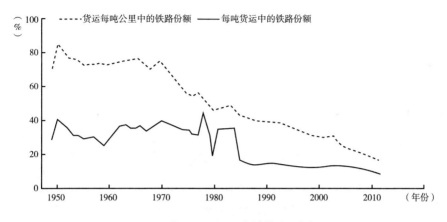

图6 货运和总运距中的铁路份额

资料来源：作者根据图4和图5中的国家统计局（2012）数据计算而成。

汽车和卡车的使用日益增加，这在200公里以内的短途运输方面尤其明显。图7表明，在1980年以前，铁路货运的平均距离从400公里增加到500公里，而到1990年以后，则增加到700公里到800公里。相比之下，非铁路货运的平均距离则从1970年以前的50～100公里，增加到如今的400公里，这仅是铁路货运平均距离的一半而已。

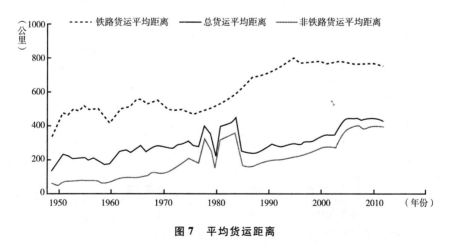

图7 平均货运距离

资料来源：作者根据图5和图6中的国家统计局（2012）数据计算而成。

造成这一转变的主要原因是在过去大约30年，铁路投资不足；在此期间，高速公路建设成为基础设施投资的主战场（见图8）。

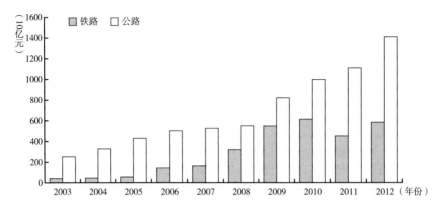

图 8　铁路投资和公路投资比较

资料来源：国家统计局（2012）。

图 9 也表明，在过去的 35 年里，铁路运营里程仅翻了一番，从 1978 年的 52000 公里增加到 2012 年的 98000 公里，而高速公路虽然在 1988 年开始建设时只有 100 公里，但之后呈现指数级的增长（中国第一条高速公路连接上海和嘉兴，总长 20 公里）。在 2012 年以前的 20 年里，高速公路运营里程几乎从无到有，增幅与铁路运营总里程相等。

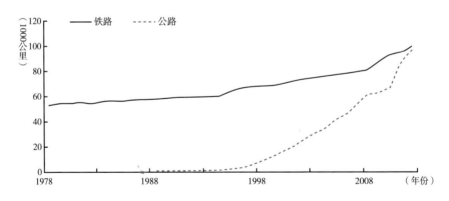

图 9　铁路总里程与高速公路总里程比较

资料来源：国家统计局（2012）。

公路运输增长源于 2 个主要原因。首先，中国金融机构，尤其是商业银行，非常愿意向高速公路建设项目发放贷款，原因在于他们认为这些项目风险低，可以通过收取通行费的方式获得稳定的回报。其次，地方政府认为这些资本密集型固定资产投资项目是地方 GDP 的主要推动者，"要想富，先修路"成为过去 20 年中国广为人知的口号，因而非常支持公路建设。获得资本支持方便，加上地方政府进行政策刺激，这些促成了中国高速公路的大发展。相比之下，铁路网络发展则受到限制，融资能力受限成为铁路发展的主要障碍。下面将讨论铁路融资问题。

（三）煤炭运输

虽然铁路不是中国货运运输的主导方式，但对中国大宗商品运输来说，它仍然十分关键。对煤炭——中国主要的初级能源来源来说，铁路运输是最重要的运输方式。迄今为止，煤炭是中国铁路系统最大份额的大宗运输产品，大约为 23 亿吨公里/年，占中国铁路货运总量的一半以上（见图 10）。

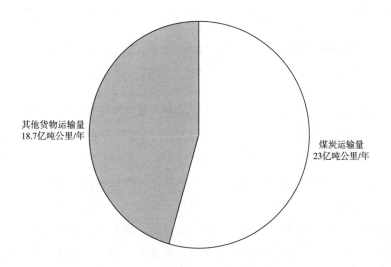

图 10　煤炭和其他货物铁路运输总量

资料来源：国家统计局（2012）。

世界上运能最大的煤炭铁路专线是中国铁路中的大秦线。它连接山西省大同市和河北省秦皇岛港口，每年运输煤炭超过 4 亿吨。神华集团是世界上最大的煤炭生产商，2012 年产煤总量超过 4 亿吨，交易总量超过 6.5 亿吨，拥有并运营的煤炭运输专线超过 1500 公里。然而，神华是一个例外情况，其他大多数中国煤矿都靠国家铁路运输，因而受制于中央产能规划和"车皮分配"制度。中国每年生产的煤炭总量超过 35 亿吨，其中，每年铁路运输为 20 亿～25 亿吨，略微超过 21 个重点省份的重点国有煤炭企业的总产量（见图 11）。由于各月发电用煤需求并不同，因而中国铁路运输的煤炭量每月都有变化。

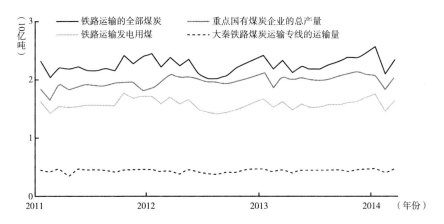

图 11　年增长率视角下的中国月度铁路运煤数量：2011 年 1 月至 2014 年 3 月

资料来源：国家统计局（2012），山西煤炭（2014）。

中国西部和北部地区离地处中国东部和南部的工业中心地区较远，但煤炭产量却占中国煤炭总产量的 80% 以上。这种地理分布上的巨大差别要求长距离和大量地将煤炭从内地运送到沿海地区，主要路线是用铁路把煤炭运送到北方港口、秦皇岛和濒临渤海的其他港口，然后在此装船，通过沿海货轮运输到南方港口，也有一些南下铁路有运输能力，但就每公里运费来看，水路运输煤炭等大宗商品比铁路运输便宜得多。近年来，煤炭运输平均距离已增至 650 余公里。这反映出一个事实，即新矿一般位于更远的内陆地区，而离沿海较近的煤炭多为旧煤矿，并且由于资源枯竭、开采成本高或安全原因已被迫关闭。

一般来说，资源富集地区在经济上比沿海城市落后，因而本地的能源需求较低。满载煤炭的火车将煤运到中国南方沿海地区后，通常都是空车返回。没有"回程"货物可供运输，对铁路系统的成本和经济效益造成了不利影响。

尽管人们认为煤炭在经济地位上是最重要的商品，但煤炭运输也受到季节变化和其他因素的影响。例如，客运优先就对铁路系统造成了压力。此外，作为中国铁路系统稀缺资源配置的主要方式，车皮调度权力高度集中。

铁路运力不足不仅加剧了铁路拥堵问题，也使铁路局有机会利用铁路运力配置进行寻租。

三　铁道部和中国铁路总公司

铁路是中国最大的运输网络和基础设施产业，之前由正部级机构铁道部管理，是改革最晚的部门。中国的其他网络和基础设施部门包括电信、航空、水利电力、天然气和高速公路，都先于铁路完成改革。电信业以几家知名公司为领头羊，进行商业化运营。航空业以若干家航空公司为主，实行商业化运营，提供国内国际航空服务。全国性高速公路系统继续发展，广泛采用收取通行费的做法（普遍做法）。天然气领域正在进行价格形成机制和网络设施利用安排方面的改革。水利电力部被重组，电力的生产和传输分离，创建了几家大型发电公司，同时继续对电价进行监管。

2013 年之前，铁道部全权负责全国旅客运输和货物运输，下辖 16 个铁路局和 5 个铁路公司，全体雇员超过 200 万人。铁道部既是行业主管部门，又是几乎全中国铁路的运营商；它与发改委一起制定铁路运费，有权批准长度低于 300 公里以下的新建铁路；铁路建设长度超过 300 公里的，由国务院批准。

在中国的 10 万公里铁路网络中，80% 以上的铁路由铁道部拥有和运营，只有一小部分铁路由地方政府控制着，由地方政府出资建设，服务于地方需要，并与全国铁路系统联网。

事实证明，由于需要在国家安全、经济效益、初级能源运输、社会稳定和其他诸多因素之间进行平衡，对铁路部门进行改革非常具有挑战性。此外，铁路部门的自然垄断特征造就了一大批"利益和利润链条"上的既得利益者，这进一步阻碍了改革的各种努力。在中国历史上，1986 年、2000 年和 2008 年进行了三次主要的经济改革，但铁路改革都未能启动，或者被留给了下一任政府。

2013 年，铁路终于迎来了改革时刻，其触发器为最繁忙区段之一的高速铁路新线上发生的重大事故、铁路债务危机和铁道部内腐败案的曝光。2013 年 3 月 14 日，中国铁路总公司成立，取代被撤销的铁道部向国务院报告工作。同年，前任铁道部长刘志军因为滥用职权、从国家铁路合同中收受贿赂超过 1000 万美元而被北京市高级人民法院判处死刑缓期 2 年执行。成立中国铁路总公司是中国铁路商业化运营的第一步。在接下来的一部分中，作者会将中国铁路与其他主要国家的铁路进行比较；在最后一部分，作者将会讨论如何深化铁路改革。

四　国际比较视角下的中国铁路部门

中国是世界第四大陆地面积大国、第一人口大国和第二大经济体。目前，中国铁路总长度居世界第三。没有国家可以直接与中国进行比较。尽管如此，仍然有些国家在具体特点与铁路部门方面与中国具有可比性。

在本部分，我们比较了中国与 10 个国家的铁路部门，包括：①铁路运营里程居世界前十名的 9 个国家，加上日本；②按购买力平价计算的 GDP 居世界前十名的 8 个国家，加上加拿大和澳大利亚——这两个国家都资源丰富，铁路在大宗商品运输中占据重要地位；③陆地面积居世界前七名的 6 个国家，加上日本 、德国、法国和英国；④人口总数居世界前十名的 5 个国家，加上德国、法国、英国、加拿大和澳大利亚。

选定的这些国家与中国具有相同的属性，详述如下：

• 美国是世界上的第一大经济体，虽然是发达国家，但在规模上与中国有可比性。美国铁路总长度几乎是中国的 3 倍，在进行长距离煤炭运输时，使用私人垄断的铁路系统。

• 印度人口规模与中国类似，同样也是新兴市场，国内煤炭运输依靠国有铁路系统。在铁路总长度方面，印度不及中国。

• 俄罗斯陆地面积居世界第一，以前是一个实行中央计划的社会主义国家，长期以来依靠长途铁路运输，铁路里程总长度与中国相仿，是中国国际煤炭市场上的邻国和出口供应商。

• 巴西是一个大国，陆地面积居世界第 5 位，人口规模居世界第 5 位，是一个新兴市场，是全球第七大经济体，拥有大宗产品，尤其是在铁矿石运输方面，其铁路总长度居世界第 10 位。

• 加拿大陆地面积居世界第 2 位，但人口较少，是一个中等规模发达经济体。它的铁路总里程居世界第 5 位，与澳大利亚相仿。加拿大煤炭运输依靠铁路，中国可以从中学习。

● 澳大利亚煤炭和铁矿石资源储藏量巨大，离海岸比较近，但需要铁路高效运输数百公里，才能运到海港以供出口。在新南威尔士州和昆士兰州东海岸，煤炭通过多用户铁路系统运往港口。在新南威尔士州，火车在猎人谷往外运送煤炭时，也加挂少量旅客车厢，运输效率因此受到影响。对西澳大利亚皮尔巴拉地区的铁矿来说，需要通过私人所有的专用大容量轨道交通系统将矿石运送到港口。

● 日本在铁路运输方面居世界前列，尤其是在高速客运方面，中国高速铁路（CRH）是对日本的模仿。日本所需煤炭全部依靠进口，供沿海地区发电厂和钢铁厂使用，因而日本铁路不像中国那样需要面临巨大数量煤炭运输的挑战。

● 德国一般被当作工业效率的典范。在德国，内河驳船运输的煤炭数量巨大，铁路四通八达，铁路总里程居世界第 6 位。按照每平方公里内的铁路长度计算，德国在铁路密度上高于日本。

● 法国也在高速客运铁路方面居世界前列，拥有高速铁路（TGV），但其能源消费以核电为主，煤炭不是主要能源。

● 英国是 19 世纪铁路商业化的全球先行者。自那时以来，英国已经试验过各种铁路运输模式，从铁路私有化到铁路国有化，然后到铁路私有化，现在实行的是国家与私人混合所有制。虽然铁路部门屡遭抱怨，但英国最近的经验表明铁路改革和监管具有复杂性。

表 1 总结了中国与 10 个类似国家之间在铁路方面的主要特征。

表 1　中国与 10 个类似国家之间在铁路方面的主要特征概览

国家	陆地面积 （百万平方公里）	人口 （百万）	第一条铁路 （建成年份）	铁路总长度 （千公里）	现有铁路 公司（家）	所有权 （类型）
中国	9.60 世界第 4 位	1349 世界第一位	1876 世界第 10 位	98 世界第 2 位	2	国有 *
美国	9.83 世界第 3 位	317 世界第 3 位	1828 世界第 2 位	228 世界第一位	许多	私有
印度	3.29 世界第 7 位	1220 世界第 2 位	1853 世界第 7 位	64 世界第 4 位	1	私有
俄国	17.1 世界第一位	142 世界第 9 位	1837 世界第 6 位	84 世界第 3 位	1	国有

续表

国家	陆地面积 （百万平方公里）	人口 （百万）	第一条铁路 （建成年份）	铁路总长度 （千公里）	现有铁路 公司（家）	所有权 （类型）
巴西	8.51 世界第5位	201 世界第5位	1854 世界第8位	30 世界第10位	12	私有
加拿大	9.98 世界第2位	35 世界第37位	1836 世界第5位	52 世界第5位	许多	私有
澳大利亚	7.74 世界第6位	22 世界第55位	1831 世界第3位	38 世界第一位	若干	混合
德国	0.357 世界第63位	81 世界第16位	1831 世界第3位	33 世界第6位	许多	混合
日本	0.378 世界第62位	127 世界第10位	1872 世界第9位	20 世界第10位	许多	混合
法国	0.644 世界第43位	66 世界第211位	1832 世界第4位	30 世界第8位	1	国有
英国	0.244 世界第80位	63 世界第22位	1807 世界第一位	16 世界第111位	许多	混合

* 两家"私营"的煤炭运输专线由神华集团拥有和运营，神华集团也是国有企业。

注：到2012年，中国铁路总长度居世界第2位，仅次于美国，运营铁路里程总长度达到9.8万公里。

资料来源：世界银行（2013）。

表2详细描绘了中国和其他10个类似国家的铁路的所有制、产业结构、重点公司、立法、经济管理改革和独立监管机构的身份（如果有的话）。

表2 铁路产业结构及其与所有制、监管与竞争之间的相互作用

	中国	美国	印度	俄国	巴西
部门结构	纵向整合	承租型运营	纵向整合	纵向整合	承租型运营
铁路所有制	公有	私营	公有	公有	私营
大公司	中国铁路总公司	8家主要私营公司	印度铁路公司	俄国铁路公司1998年私有化后有8家大公司	
其他公司	神华两条运煤专线	338家一类公司16家二类公司其他公司	无	无	4家其他公司
公司的数量	18个附属铁路局和5家铁路公司	630家	1家	1家	12家

续表

	中国	美国	印度	俄国	巴西
主要法律	《铁路法》(1991年)	《斯塔格斯法》(1980年)	《铁路法》(1989年)	《俄罗斯联邦铁路运输法》(2003年)	对本栏不适用
结构分离/监管	2013年分离。2013年公司化	轻度分离。通过路线协议权(美国铁路公司)	无	轻度分离。2003年重组	实行公司化管理,有通过路线协议权
经济调节者	发改委是理论上对铁路货运价格和客运票价进行独自调整的监管者	美国运输部和地面运输委员会	无,由铁道部直接管理	俄罗斯交通部、经济发展和贸易部;联邦反垄断局和联邦关税部	巴西国家陆路运输局
经济管理形式	价格管理,从终端收费到用户	自由定价和自行关闭亏损线路	价格管理,从终端收费到用户	价格管理。客运服务:从终端收费到用户货运服务:上限管理	价格管理
竞争	仅在多式联运之间	多式联运和有限的内部联运	仅在多式联运之间	仅在多式联运之间	多式联运和有限的内部联运

	加拿大	澳大利亚	德国	日本	法国	英国
部门结构	承租型运营	竞争性业务接入	竞争性业务接入	承租型运营	纵向整合	竞争性业务接入
铁路所有制	私营	混合	混合	混合,日本国家铁路公司于1987年私有化	公有	私营
大公司	加拿大国家铁路公司、加拿大太平洋铁路公司	5家大公司(1家联邦所有,4家州所有)	1家私营大公司	日本铁路公司(7家分公司)	6家法国国营铁路公司(16家分公司)	3家大公司
其他公司	50家地区性和短途运输公司	18家其他公司	160家大的货运/客运公司;其他公司	16家主要的私营公司;6家中型私有公司;83家其他公司	4家其他公司	26家运营公司;7家货运公司
公司的数量	82家	23家	1500家	172家	5家	36家
主要法律	《加拿大铁路运输法》(1996年)	《澳大利亚全国铁路委员会法》(1983年)	《德国普通铁路法》(2005年)	《日本铁道事业法》(1986年)	《法国铁路运输管理条例》(2009年)	《英国铁路法》(2005年)

续表

	加拿大	澳大利亚	德国	日本	法国	英国
结构分离/监管	轻度管理	轻度管理	轻度管理	20世纪90年代重组	轻度管理	重度管理;1994年重组后完全分离
经济调节者	加拿大交通署	由国家指定的独立监管机构对包括铁路在内的基本服务进行管理	德国联邦轨道局	没有独立的监管机构,由国土交通省铁路局直接管理	法国铁路局	英国铁路局
经济管理形式	收入上限管理	第三方可以进入全国性和东部沿海地区的多用户系统。西澳大利亚有专门的私营大宗产品运输系统	价格管理:用户接入条件	区域间竞争制度	价格管理	固定路轨接入费用、有管理的路轨和车站接入费用
竞争	多式联运和受限的内部联运模式	多式联运和内部联运模式	多式联运和内部联运模式	多式联运和某些内部联运模式	仅有多式联运	多式联运和内部联运模式

* 假设多式联运之间的竞争无处不在。

从全球范围来看，由于在与其他运输方式的争夺中竞争力不足，铁路市场份额在20世纪80年代都经历了稳步下降。随着汽车保有量的上升与可支配收入的增加，私营公路运输凭借其便利性，在短途运输领域中从铁路手中抢走了客运服务；航空运输凭借其高速度的特点从铁路手中抢走了长途运输服务。国家铁路公司损失惨重，但许多国家动用公共财政对其进行补助。在货运方面，公路运输凭借其较高的装卸效率和门到门服务，从铁路手中抢走了货运服务。这些多式联运给铁路造成竞争压力，促使相关铁路公司认识到，必须通过改革和结构调整实现"生产力和盈利能力"的复兴。

在接下来的部分，我们将讨论中国铁路部门与其他国际经济体之间的异同，以及中国铁路部门的独特之处。

（一）全球铁路业中的中国铁路概况

2009 年，中国铁路通车里程超过俄国。如今，中国铁路通车里程仅次于美国，成为世界第二大铁路网络。在客运方面，中国定居地区人口密度高，大约有 160 个城市人口超过百万。中国人越来越喜欢旅行，这促成了世界上最大的高速铁路网的建设。中国正在建设世界上规模最大、强度最高的城市铁路客运系统。

在货物运输方面，中国经济高度依赖大容量、长距离的煤炭、铁矿石、钢铁和其他大宗产品的运输。由于火、电约占中国电力构成的 3/4 而煤炭在初级能源中的比重约为 2/3，铁路运煤对中国经济至关重要。

客运和货运加在一起，使中国铁路系统的繁忙程度居世界第一，在 2011 年就拥有全球最高的运输密度（每公里的百万运输单位）（见图 12）。而在美国、加拿大、澳大利亚和巴西，铁路运输以货运为主，客运所占的比重极小。

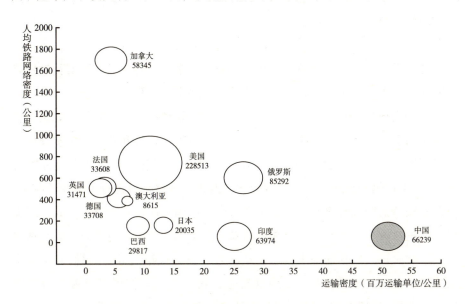

图 12　全球铁路系统比较

注：气泡大小代表不同的总里程（公里）。
资料来源：作者们在使用世界银行数据后，分析而成。

中国铁路在规模上增长很快，但其人均密度（每百万人口的铁路公里数）仍然是世界上最小的国家之一，这一点与印度相似。中国铁路基础设施处于高强度使用之中：2011 年，中国铁路总长度仅占世界的 7%，但其运输量却占世界的 27%。

（二）全球视角下的铁路监管

本节对 11 个国家的铁路管理和体制结构的异同进行了比较。在全球铁路的长途运输方面，这 11 个国家所占的比重达 70%；这一份额不包括城市轨道交通系统。[①]

除印度外，其他国家都在中央政府层面设立了一个类似的运输部，以便在各种运输方式中促进公共利益的实现。在这 11 个国家中，运输部都有一个公共政策日程，目的在于使国家铁路与其他运输方式融为一体。2013 年 3 月以前，中国铁道部与交通运输部并列，均为正部级机构。铁道部负责全国铁路建设，制定管理政策，拥有和运营全国铁路系统。这是中国铁路史上的一个里程碑事件。该次职能分离后，可能有助于运输服务提供者们建立更加高效的组织形式。

这 11 个国家的铁路部门都经历了某种形式的结构改革。19 世纪初，美国和加拿大开始在铁路领域引进私人投资；后来，曾经在短期内实行过铁路国有化；如今，美国和加拿大的铁路系统都完全私有化了。

20 世纪 90 年代，日本和澳大利亚通过对国家铁路实行部分私有化，将竞争机制引入铁路部门。同一期间，德国和英国也通过私有化，将基础设施管理职能与运输服务职能相分离，在铁路领域实行各种形式的垂直分割管理。在 21 世纪的最初几年里，俄国和巴西也在铁路领域进行了结构性改革，对国家铁路实行私有化。与其他国家不同，中国和印度迄今尚未对其铁路部门进行重大改革，其原因已经众所周知。近年来，中国新建了若干煤炭运输专线。有时，人们称这些煤炭运输专线为"民营铁路"，因为它们并不完全由前铁道部或其继承者——中国铁路总公司所有，人们更习惯称之为"共有产权的铁路线"。神华集团拥有控股权和经营权，而中国铁路总公司和其他地方公司则拥有剩余权益。

除印度和法国外，其余 9 个国家目前都形成了不同于政府部门的公司

---

① 该数据为作者们的估计。中国拥有并正在大规模扩建其城市轨道交通系统，但这一问题不在本文讨论范围之内。

组织结构。这些不同超越所有制形式而存在（国有 vs 私有），公司组织结构意味着可以相互竞争和提高生产率。以中国为例，其最近设立了国家所有的中国铁路总公司，它通过其附属的若干公司经营全国范围内的客运和货运业务。在法国，国家铁路运营商为法国国营铁路公司（SNCF），但它不是一个公司法意义上的公司，而是一个国家所有的铁路公司，自行立法进行铁路运营。在印度，铁道部继续独家运营，垄断着印度国有铁路公司。在下面的矩阵图（见图13）中描绘了这11个国家铁路行业的机构治理和监管体制。

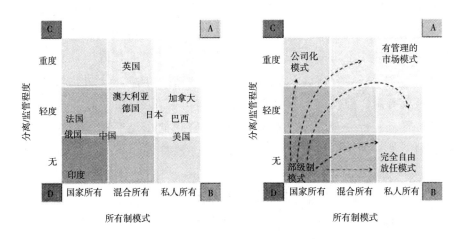

图13　中国和10个类似国家的铁路部门运营与监管模式

（三）所有权结构和监管方式的分析框架

从历史上看，许多国家都认为铁路运输是一种公益事业或社会服务的一种形式，无须考虑其复杂性和盈利能力。一般认为，由于铁路具有比较强烈的自然垄断特征，国家所有制就成为一种常见的补救措施，以便解决自然垄断带来的负面问题。但其他模式也可能解决这些负面问题。在本文中，我们采用两轴分类法，通过矩阵架构，对世界各地铁路的组织结构模式和管理模式进行分析（见图13）。

一个轴是所有制形式。我们认为铁路部门的所有制将国家所有的铁路与私人所有的铁路区别开来，但我们也注意到某些国家实行国家所有与私人所有并存的混合所有制；在一个国家境内，地区不同，所有制形式也可能不同

（例如，货运和客运）；所处业内领域不同，所有制形式也可能互不相同（例如，路轨运营公司与车辆运营公司之间）；或者，在某些公司中，通过股票的部分流通来达成所有制上的要求。

另一个轴是行业监管。我们认为，如果既没有对私营铁路公司的正式管理，也没有注意在铁路资产所有制及其监管之间进行分离，那么监管则会出现多种模式并存。因此，监管轴包含一个想法，即在铁路部门资产所有权与铁路监管之间进行监管分离，以便区别轻度监管与重度监管。

该框架提供了一个 3×3 矩阵，用以比较这些国家铁路部门的运营模式，用以描述自各国家铁路网络最初建成以来，这些模式发生了哪些变化。在矩阵的 4 个角落，是 4 个不同的模式：部级制模式（实行国家所有制，不实行管运分离，没有独立的经济监管职能），公司化模式（实行国家所有制，但将其经济监管职能分离出去），自由放任模式（没有经济监管，实行完全的私人所有制），有管理的市场模式（完全的私人所有制，设有独立的监管机构，以确保竞争秩序和"市场"条件优先）。

中国、俄罗斯和法国完全取消了部级制模式。在这 11 个进行比较的国家中，只有印度在这一比较中仍然留存在矩阵里。值得注意的是，除印度外，在 10 个进行比较的国家中，没有任何国家占据该矩阵的其他 3 个角落。目前的趋势是，向私人所有制或者国家所有制与私人所有制相结合的混合所有制方向发展，并且趋于轻度管理。

没有例子表明，国家所有的铁路部门都受到严格监管。即使有独立监管机构的监督，实际上也难以克服铁路的自然垄断特征，难以创建市场竞争局面，因而在有管理的市场模式方面并没有找到例证。在铁路行业中，没有完全的自由放任模式（可以认为，19 世纪时，英国铁路建设的先驱型企业家们曾经在这一模式下进行过铁路运营）。最近的例子发生在美国：对私人铁路运营商实行轻度管理，尤其是在货运业务方面，私人铁路运营商可以自主决定运费，以从煤炭生产商那里获取租金。

基于上述分析和所有制及监管模式方面的国际经验，矩阵中的虚线部分为中国铁路部门未来改革指明了可能的方向，即以矩阵中的 3 个角落为改革的目的地，到达目的地即为改革大功告成。

五 中国的铁路改革和未来的挑战

（一）概述

2013 年 3 月 14 日，中国政府撤销铁道部，将其行政职能交由交通运输部行使，设立中国铁路总公司，行使原铁道部的商业职能。最近改革进程发生的这些变化，修补了 10 年来中国政府承诺进行铁路改革但未能兑现而造成的损害，有助于中国铁路系统的升级。

2003 年，铁道部制订一个大规模的铁路网络建设规划，包括新建数千公里的高速铁路、提升全国客运系统和货运系统。从图 14 中可以看到中国 2020 年的铁路规划。

经过为期数年的铁路"大跃进"建设，到 2012 年年底时，铁路部门累计负债 2.8 万亿元人民币（合 4590 亿美元）（Yan，2013）。在此期间，中国也建设了高速公路网络，其直接与铁路部门进行竞争（见图 9），促进了区域内短途和长途汽运的发展。巨大的债务偿还义务、较低的铁路货运运价和尚未完成多元化的客票定价制约了铁路的盈利能力，使其不能靠提高服务能力增加普通现金收入，从而使问题进一步复杂化。

撤销铁道部仅是正在进行的铁路改革进程的开始。除了进行部门重组，铁路改革方案还包括：试点以市场为基础的客票定价体系，运费更加多元化，设立铁路发展基金，实现新建铁路融资合理化。

（二）受到压抑的盈利能力

中国铁路系统收入分为客运收入、货运收入和来自其他多种经营的收入。虽然在过去 10 年里，客运收入和货运收入稳定增长，但因为平均票价较低，总收益率还是比较可怜。由于平均票价较低，中国铁路背上了日益沉重的债务负担，而上涨的货物运输成本则抵消了收入的增长。

传统上，中国人认为铁路系统是一项公益事业，铁路的任务是确保每个人都能坐得起火车、每家企业都负担得起货运费用，尤其是在客运票价方面。铁路是低收入群体长途旅行的主要运输方式，所以铁路系统通过各种努力，一直把票价维持在低价水平。因此，客运服务价格往往低于其背后的全

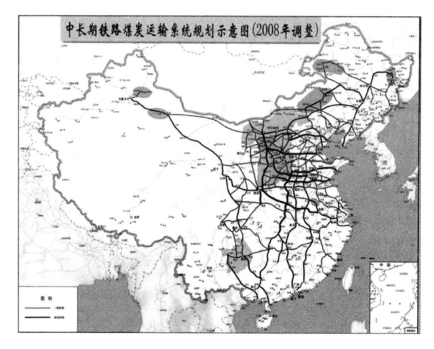

图 14　中国 2020 年铁路建设规划

资料来源：铁道部（2008）。

部经济成本。

　　与此同时，由于在许多线路上，客运、货运的需求远大于供给，这使中国至今仍然是世界上运输密度大的国家之一（Scales et al.，2011）。票价要便宜、覆盖面要广，这意味着中国铁路系统不需要制定灵活的定价策略；政策代铁路部门制订优先计划，即在重要节日里，客运优先；在其他日子里，煤炭运输和农产品运输优先。而且，直到 2003 年开始铁路大规模建设之前，政府管理下的客运票价、货运票价以及铁路建设附加费，三项收入使铁路部门完全能够盈利。只是在过去 10 年中，由于大规模新建铁路，铁路部门负债才开始累积起来。此外，随着 2020 年前 12 万公里铁路建设总里程的完成，中国铁路系统经理们的任务将从分配运能转向出售运能。

　　最后，必须指出的是，由于铁路运费调整的申请程序复杂、等候车皮调配的时间漫长和货物装卸相关的各种地方问题，对铁路部门产生了等同累积效率税的效果。有时合法，有时非法的寻租行为进一步增加了铁路用户的成本，刺激他们选择公路运输，甚至包括可能适用的内河运输等替代性运输方式。

（三）债务累积

在过去的 11 年里，中国铁路运能大规模提升，铁路负债也相应大幅提升，这一点并不令人奇怪。自 1949 年以来，除青藏铁路由政府全额投资 400 亿元兴建而外，绝大多数铁路建设都是铁道部通过财政资金、银行贷款和发行债券相结合的方式筹集资金。2004 年，财政资金和建设附加费占中国铁路总经费的 70%，但到 2010 年，这一比例下降到 10%，贷款和债券所占的比重上升到 60%。2005～2011 年，铁路部门每年累计负债约 5000 亿元，其中大部分都是贷款、债券甚至短期融资（Wu，2011）的组合。到 2012 年年底时，中国铁路总资产累计达 4.5 万亿元，约占当年中国 GDP 的 9%。同时，中国铁路总负债达 2.9 万亿元，资产负债率达 62%；全部债务中，长期债务占比高达 76%。

2011 年，浙江温州境内高速铁路上发生事故，40 人死亡，192 人受伤。事故使得这一问题的严重性浮出水面。随后的政府调查显示，在中国最繁忙的高速铁路线上，存在施工质量较差和资金安排不足两个问题。官方报告认为，债务规模过大，出现了系统性运营亏损。国务院决定采取措施，提供紧急贷款，发行多部门担保的政府债券，提供其他临时补贴，以稳定铁路系统的财务状况，同时制订长期改革计划。

（四）改革与重组

对温州事故的调查凸显了铁道部内部存在的根本性和结构性问题：管理、运营和商业三大职能由同一个主体行使，铁路运营的日常业务常常与政府的管理职能和监管职能相混淆。2011 年 2 月，时任铁道部长的刘志军被撤职，随后获刑入狱，这也表明三大职能间存在明显的利益冲突，为腐败行为提供了肥沃的温床。

在 2013 年 3 月召开的全国人民代表大会上，国务院宣布，为了解决前述三大职能混淆产生的冲突，决定撤销铁道部，将其政策制订和规划职能并入交通运输部，将其铁路管理职能交由新成立的国家铁路局行使。同时，全部商业和运营职能均由新成立的中国铁路总公司行使，其总经理由前任铁道部长盛光祖担任。

在发布这一公告的同时，中国政府还宣布，虽然中国铁路总公司是一个商业实体，但它将直接向国务院报告工作。此外，中国铁路总公司将继续履行原铁道部承担的社会义务，包括：执行政府资助下的铁路补助机制，确保继续对学生、残疾旅客和农产品运输实行折扣票价。中国铁路总公司同时还代表政府，对青藏铁路的线路研究和运营事宜提供资金。全国18个区域性铁路局，连同它们的员工共计大约有200万人，一同划转给中国铁路总公司。

中国铁路总公司的主要职能是提供客运和货运，管理和维护国家铁路网络。中国铁路总公司还负责制订和执行铁路可持续发展规划，完成公共资金和私人资金资助的铁路投资。最后，中国铁路总公司对铁路安全负最终责任。

中国铁路总公司负责制定铁路技术标准，监督铁路安全和服务质量，确保质量标准。

（五）铁路建设、民间投资和改革

对新成立的中国铁路总公司来说，一个关键问题就是，它如何能够筹措到足够的资金，以完成计划中的铁路建设目标。以前，铁道部作为一个正部级国家机构，从银行融资都有些许困难。迄今为止，人们尚不清楚，中国铁路总公司如何能够为计划中的铁路建设项目筹集资金。2013年，盛光祖表示，中国政府将继续提供融资支持从社会的角度来看必须兴建的建设项目，但商业项目需要私人投资的介入。

几年前，就有人提出了多元化的融资方案，以作为这个问题的备选解决方案，现在这个方案重新受到关注。根据该方案（安排），国家继续负责铁路干线建设，鼓励私人资本和外国资本投资铁路支线建设，地方政府负责征地拆迁和重新安置工作。然而，由于进入成本高、预期收益低，迄今为止，除了数量有限的铁路专线项目外，私人投资者对大多数铁路项目都少有兴趣。

2013年8月19日，国务院发布文件，以加快铁路投融资改革。文件规定，私人投资者可以拥有和运营铁路网络，提供相应服务。此外，文件要求由中央政府拨款，设立一个铁路发展基金。该文件还要求，对铁路沿线的火车站和土地进行开发，以提高投资收益，强调要对铁路运费进行市场化改革，同时对铁路票价提供财政补贴。

私人投资者之所以对铁路投资兴趣不大，是因为财政补贴限制了客运票价和货运价格。正如财新传媒编辑胡舒立在最近的一篇社论中指出的那样：

只有在铁路建设和铁路服务领域引入竞争机制后，只有以市场供求为基础的票价机制有效运行后，私人资本才会进入铁路领域。事实上，铁路改革与电力、电信、民航和石油等战略产业的改革有某些共同点，即都由国有企业主导。各领域的改革都采取了两步走的步骤：第一步，将政府职能与企业管理职能相分离；第二步，打破垄断，引入竞争（Hu，2013）。

（六）债务管理

中国人已经形成一个共识，即政府应当制订计划，减轻中国铁路总公司从铁道部继承下来的巨额债务。来自中国审计署的统计数据显示，截至2013年1月，中国铁路总公司共计负债2.9万亿元，其中，多数是对铁道部所负债务的继承。大多数专家认为，应当划定一个分界线，区分旧债与新债，中国铁路总公司只应当对新欠债务负责。北京交通大学王梦恕认为，国家应当部分免除中国铁路总公司所欠的部分债务，把它当作银行不良贷款处理，原因在于其中相当一部分是以国家利益而发放的贷款（Qi and Yang，2014）。其他建议则更进一步地认为，应当将铁道部所负旧债从中国铁路总公司资产中剥离出来，由国营资产管理公司管理，采取类似于国务院设立国有资产监督管理委员会（国资委）的方式，进行国有企业债务管理。

除了如何处置铁道部所欠旧债这个问题外，另外一个问题是，中国铁路总公司应当如何高效地履行其社会义务。一方面，提高货运价格和客运票价，铁路部门会从中受益；但另一方面，社会义务也要求中国铁路总公司不得显著提高运价，以便公众在经济上能够负担得起。此外，由于卡车运输和汽车运输利用中国新建高速公路，与铁路部门在长途运输上进行竞争，因而在区域间运输中，铁路系统的市场份额已经丢失。如果货运价格和客运票价提高过快、幅度过大，会损害铁路的竞争力，其财务状况会进一步恶化。

据盛光祖介绍，在全国货运总量中，铁路运输所占份额从1980年的48%下降到2012年的17%。相比之下，同期公路运输所占份额从6.4%上升到35%。在原材料大宗运输方面，铁路所占份额仍然最大，但在零部件、成品运输方面，尤其是在短途运输中，公路运输效率更高。

（七）铁路运价改革

尽管存在上述问题，但提高铁路货运价格被看作是减少铁路系统债务的最直接手段。北京交通大学和世界银行在 2013 年的一个合作项目中表明，如果平均货运价格为 13 美分/吨/公里，铁路货运和客运运量保持 5% 以上的年均增长率，中国铁路总公司将能够在 10 年内还清其所欠债务。

2013 年年初，国家发改委批准铁路运价上调，平均涨幅为 1.5 美分/公里。当年 3 月公布铁路改革方案之后，中国铁路总公司开始推动对铁路客票价格的进一步改革。2014 年 2 月 14 日，票价从此前的全路平均价格为 12 美分/吨/公里提高到 15 美分/吨/公里。铁路运费上调除了有助于中国铁路总公司偿还债务外，铁路潜在投资者的回报也有望增加。第二步，中国铁路总公司正在考虑引入动态定价系统，以更好地对需求高峰的收益进行把握，但细节问题还没有完全解决。

一些专家仍然担心，运价上涨会严重损害铁路运输的竞争力，尤其是损害其在短途运输方面的竞争力。北京交通大学赵坚估计，在距离短于 1000 公里以内的运输中，铁路运价已经失去了竞争力。上海同济大学铁路和城市轨道运输研究所孙章教授认为，应当有选择性地提高铁路运价，提价应当限于煤炭等大宗商品运输的铁路线。

（八）铁路服务改革

另一个关于铁路竞争力的问题是其服务质量和效率。尽管在距离超过 500 公里的运输中，铁路运价可能总体而言低于汽运价格，但从车皮申请到运价批准再到装卸货物，其所需的时间是水路运输方式的 2 倍。相比之下，汽运只需要提前少许时间就可以确定装载车辆，可以直接送到客户手中，而不必在指定的火车站卸货，再重新装货，然后安排运输，才能送到用户所在地点。

中国铁路总公司正在解决这些问题。2013 年 6 月，中国铁路总公司宣布采取诸如开通快运直达专列，提供门到门服务等措施；同时，其也在寻找办法，引入在线预订系统和电话热线，简化用车申请手续。

六　结论

目前，中国铁路总公司面临一系列相互冲突的挑战。其必须偿还债务，但同时要继续大规模新建铁路，尤其是要兴建高速铁路，提供客运专线服务。其收入增长使私人投资受到鼓励，但又必须承担社会责任、获取相关补贴。其必须提高运价，但同时又要与汽运和其他替代性运输方式之间进行竞争，提供更加灵活的门到门服务。其必须提高服务效率和服务质量，但又必须使成本最小化，使之成为长途运输中最利于环境保护、最具可持续发展的运输方式。其他国家铁路系统的经验表明，在没有完美解决方案的情况下，对铁路运价实行渐进式改革，逐渐提高铁路效率，是必不可少的并且具有稳定性的制度经济学方法。

在未来几年内，铁路部门有可能进行进一步改组。对这一改组，目前有多种选项均处于热烈讨论之中。这些选项包括：①继续保持中国铁路总公司目前近于垄断的地位，以最大限度地提高铁路的系统性效率；②可能会通过基准价格体系或竞争性价格体系将中国铁路总公司拆分为若干地区性企业，增加竞争态势，提高定价效率；③客运业务与货运业务相分离，提高对客运业务的补贴力度，扩大货运价格的商业竞争力度。虽然目前尚不清楚哪个选项会被选中，但行业结构将是关键一环，它将决定铁路体制的发展路径，将推动诸如铁路运输价格的竞争力度和经济监管压力的强度。

中国正处于铁路改革的早期阶段。在全世界，没有一个国家的铁路系统像中国那样，在人员、商品和能源运输中的地位如此重要。在世界上，在铁路所有制、铁路管理、铁路客运与铁路货运的经济调节方面，各种模式并存。正如本文观点表明的那样，在代表了世界90%铁路运输量的中国和其他10个国家中，没有国家在所有制、监管安排上完全一样。每个国家的产业结构和监管方式都是该国历史、发展阶段和实行公共政策之一般方法的反映。

在对铁路进行经济调整的各种模式中，没有一种模式是完美无缺的。国际经验表明，在铁路领域引入"完美竞争"是不可能完成的任务。需要审慎地与其他体量较大、曾经实行过铁路国有的国家进行类比。例如，中国最近对煤炭行业进行了改革，使如今的煤炭价格基本上由充满活力的市场力量来决定。虽然煤炭依靠铁路运输和公路运输，但其供应的是一个联网的产业（电力），煤炭产业本身没有联网，也不具有自然垄断特征。相反，中国的电力部门在10年前就进行了重组，但中央政府继续对零售电价和批发电价进行管制，而不是让电价由市场决定。像铁路一样，电力是一个至少在传输和调配方面具有自然垄断特征的联网产业；统一对安全和可靠运行有严格的技术要求；被认为具有强烈的公益特性。对这种社会普遍需求的单一公共产品，如果出现供应中断或服务中断，其经济成本一般会在数量级上大于效率连续所提高带来的经济收益。

中国很可能在考虑更多经济因素与社会因素之后，通过过程监管，确定铁路客运价格和货运价格。

参考文献

Amos，P. and Bullock，R.，2011. *Governance and Structure of the Railway Industry：Three Pillars*，China Transport Topics No. 2，The World Bank，Beijing.

Bullock，R. Salzberg，A. and Jin，Y.，2012. *High - Speed Rail - the First Three Years：Taking the Pulse of China's Emerging Program*，China Transport Topics No. 4，The World Bank，Beijing.

China Coal Transport and Sale Society（CCTSS）. Database 2014. 2014，Beijing：China Coal Transport and Sale Society. Available from http：//www. cctd. com. cn.

Economic Research Centre（ERC）. 1995. *China Investment Strategies for China's Coal and Electricity Delivery System*，The World Bank. Beijing.

Fenwei/Shanxi Coal. 2014. *China Coal Weekly*，Newsletter and Database，Shanxi：Fenwei Energy Consulting Company Limited. Available from http：//www. sxcoal. com.

Hu，S. 2013. Spur Competition and Ease Back on Controls to Keep Rail Reform on Track，*South China Morning Post*，Insight and Opinion，19 September，Provided by Caixin Media，［Also Published in Chinese in *Century Weekly*］.

Ministry of Railways. 2008. Map. Available from http：//bbs. railcn. net.

Ministry of Transport. 2008a. *Long - Term Railway Development Plan*，Beijing：Ministry of Transport.

Ministry of Transport. 2008b. *Mid - Term Railway Development Plan*，Beijing：Ministry of Transport.

Muzutani，F. and Nakamura，K.，2004. *The Japanese Experience with Railway Restructuring*，Cambridge，Mass.：National Bureau of Economic Research.

National Bureau of Statistics（NBS）. 2012. *China Statistical Yearbook*，Beijing：China Statistics Press.

Organisation for Economic Cooperation and Development（OECD）. 1997. *Railways：Structure，Regulation and Competition Policy*，Policy Roundtables，Paris：OECD.

Organization for Economic Cooperation and Development（OECD）. 2005. *Structural Reform in the Rail*，Policy Roundtables，Paris：OECD.

Organization for Economic Cooperation and Development（OECD）. 2013. *Recent*

Development in Rail Transportation Services, Policy Roundtables, Paris: OECD.

Qi, Z. and J. Yang. 2014. China Implements Radical Railway Reform, *International Railway Journal*.

Scales, J. Olivier, G. and Amos, P., 2011. *Railway Price Regulation in China: Time for a Rethink?* China Transport Topics No. 1, December, The World Bank, Beijing.

Scales, J. Sondhi, J. and Amos, P., 2012. *Fast and Focused - Building China's Railways*, China Transport Topics No. 3, February, The World Bank, Beijing.

Stanley, T. and Ritacca, R., 2013. *All Aboard: High - Speed Rail Network Connecting China*, China 360, KPMG Global China Practice.

Wang, P. Yang, N. and Quintero, J., 2012. *China: The Environmental Challenge of Railway Development*, China Transport Topics No. 6, June, The World Bank, Beijing.

Williams, R. Grieg, D. and Wallis, I. (N. D.), *Results of Railway Privatization in Australia and New Zealand*, Transport Papers, The World Bank, Washington, D. C.

World Bank. 2013. *Database 2013*, Washington, DC. : The World Bank. Available from http://data. worldbank. org/.

Wu, J., 2011. *China's Railway Debt Crisis Accelerates Reform*, Beijing: Beijing Jiaotong University.

Yan, P., 2013. The *Challenges and Opportunities of China Railway's Marketization*, New York: Dragon Gate Investment Partners.

（袁仁辉 译）

中国的专利制度、创新与经济发展

张海洋

一 引言

专利制度被认为是鼓励创新、推动技术扩散、促进贸易、增强竞争力的一种有效方式（Idris，2003）。然而，专利制度通过赋予专有产权从而创造出一种垄断，阻碍他人使用和发展专利技术，这导致社会福利的损失（Drahos，1995，1999）。因此，专利制度在促进经济发展中扮演的总体角色，尤其是对总体技术水平较低的发展中国家而言，是相当不明确的，这取决于不同案例中的实际情况。

伴随着中国的经济改革与发展，中国专利制度也不断发展，并且中国经济目前正处于从以制造业为中心到以创新为基础的关键转型期。专利制度正在中国技术与经济发展方面扮演着越来越重要的角色。本文将探讨中国创新制度是不是鼓励了研究与开发、影响了来自发达经济体的技术转移、促进了中国的经济发展，以及这一切是如何实现的。

第二部分将回顾创新制度背后的基本经济学理论，随后在第三部分讨论创新制度赞同与反对的声音。第四部分将介绍中国专利制度的发展，而第五部分将从过去有关创新制度在中国经济发展过程中的作用的研究入手，探讨我们从中能够吸取的经验。第六部分总结了设计与改善中国专利制度的政策建议，为本文作结。

二 专利制度背后的核心经济学理论

正如知识或信息一样，一项新的发明需要耗费人力和财力。然而，它也具备公共产品的特征：消费中的非竞争性与非排他性。知识具有的这种非竞争性的特点意味着使用者可以运用的知识数量不会在他人使用时而减少；而非排他性特点则意味着，知识一旦被生产出来，不会阻止其他人从中获益，而且每个人都能自由使用，除非国家创造出一种法定专有权利。虽然有时可以通过保密的方式使一项发明具有排他性，比如可口可乐的配方，但是这也存在通过逆向工程轻易破解秘方的风险。

一项发明的专利是指政府授予专利所有者在特定时期内独有的制造、使用和出售该发明的财产权。作为交换条件，专利所有者需要向公众公开该发明，因此，为知识的创造取得专利是使非竞争性物品具有排他性的一个例子。赋予专利中的发明专有权，专利权所有人能够收取更高的价格或享受较低边际成本，而他人被排除在外，不能享受该权利。

因为新创造出来的知识具有非排他性和非竞争性的特点，所以由于搭便车问题，这类物品的供给将会低于社会需求水平，即除非政府赋予某种激励，否则期望从研发中获利的企业家可能并不愿意承担研发活动的风险和成本，因为有可能由于模仿而损失研发带来的回报。在这种情况下，传统观点认为以知识为基础的产品市场是完全竞争的，不允许创新者收回其创新成本，例如，研发投资（Arrow，1962）。这被称作创新市场失灵（由 Martin and Scott，2000 和 Colombo and Delmastro，2002 做出的总结）主要是指从社会的角度来看的创新投资不足的现象。专利制度是一项社会制度，其目标是通过赋予专利所有者在特定时期内独有的制造、使用和出售该发明的权利，从而降低创新市场失灵的负面影响。

然而，《中国专利法》授予的专有权可能会导致垄断，而垄断则是另外一种市场失灵。基础经济学指出，至少从静态观点来看，垄断会损害社会福利。尽管并非所有的专利都能导致垄断，但是当专利和市场力量联系在一起时，甚至在其鼓励创新和商品化的同时可能产生社会成本。因此，社会对专利许可权力进行限制，不仅限制其有效期限和范围，还包括公开要求。部分学者认为对创新而言，不存在一般市场失灵，因为大部分产业的发明成本很低；或者仅是在市场中占据优先位置就确保了长期竞争优势（Moir，2008；Posner，2012）。因此，专利权的核心经济学理论也同样适用于其他知识产权，是面临鼓励创新和承受潜在垄断风险后果之间的内在权衡妥协的一项制度。

（一）支持与反对专利制度的不同观点

随着当代经济增长愈发依赖技术进步，专利制度发挥的作用也吸引了愈来愈多的关注和讨论。支持与反对专利权的声音持续不断。在专利权出台时，支持者认为它能够鼓励发明与创造（Smith，1776；Bentham，1839），而另一些人则觉得专利制度是不必要的，因为发明是以发明者的灵感为基础的，而与激励因素几乎无关，甚至在发明由利润激励的情况下，在市场中首先出售获得的利润足以抵消发明成本（Taussig，1915；Pigou，1920）。

今天，专利权能够克服由知识的非竞争性和非排他性特征而导致的市场失灵，并且能够鼓励研发投资，并因此推动知识和创新的生产，是一种必要且有效的政策工具，这一点得到了普遍认可。更加激烈的讨论集中于专利制度的优化设计：专利制度是不是由保护期限过长、保护范围过广而导致过度垄断扭曲，并且是不是因此减缓了技术进步的速度（Boldrin and Levine，2002；Heller and Eisenberg，1998；Merges and Nelson，1994）。

这场讨论因为当前经济全球化的背景而变得更加激烈和复杂。在有关世界贸易体系改革的磋商中，乌拉圭回合达成了《与贸易有关的知识产权协定》（TRIPS），着眼于减少或消除各国之间由知识产权（Intellectual Property Rights，IPRs）待遇不同而导致的摩擦。《与贸易有关的知识产权协定》对全部成员国经济体强制实行保护知识产权的"最低"标准。例如，专利保护的期限至少为从申请提交日起 20 年，可以授予专利的物品几乎涵盖了全部科技领域，包括药物、农业、化学制品、食品与微生物，大多数发展中国家过去并没有或者几乎没有对这些领域提供专利保护。尽管联合国列表上的最不发达国家可能将《与贸易有关的知识产权协定》中有关医药制品行动的实施由《多哈宣言》宣布推迟至 2016 年 1 月 1 日，但是，《与贸易有关的知识产权协定》规定的知识产权保护的标准对大多数发展中国家而言，仍然相当高。

在这种背景下，一些人极力主张包括专利在内的知识产权对经济发展而言是必要的，而经济发展反过来有助于减少贫困。通过鼓励发明以及新技术的发展，专利权将增加农业和工业产出，促进国内外技术研发投资，推动技术转移，以及提高疾病防治必需药物的可获得性。另一些人则持相反观点：在发展中国家，专利权对鼓励发明几乎没有作用，因为这些国家缺乏必要的人力资源和技术能力。专利权对推动研究以使穷人从中获益而言是无效的，因为穷人买不起价格高昂的新研发产品。专利权限制了通过模仿的技术学习。通过获得专利保护，本国允许外国企业驱逐国内竞争，并且允许国外企业通过进口而非国内制造为市场提供服务。此外，专利权增加了基本药物和农业投入的成本，尤其是对穷人和农民造成严重影响（UK Commission on IPR，2002）。

因此，专利权与经济发展之间的关系错综复杂。此外，经济研究和专利制度设计之间似乎存在一个鸿沟，特别是就中国的情况而言，也许是经济研究者与专利界（其成员主要为科学家、工程师和法律专家）缺乏沟通而造成的。

（二）中国的专利制度

中国于1984年3月12日颁布了其首个现代《中华人民共和国专利法》，于1985年4月1日起生效。到现在为止，该法律经历了3次修订。首次修订于1992年进行，法律将发明的专利权期限由15年延长至20年，将实用新型和外观设计的专利权期限从5年延长至10年；[①] 专利保护范围也有所扩展，包括药品、食品与饮料、化学制品，并且采取一些其他措施以增强专利保护。

第二次修订于2000年9月完成，取消了旧法律中有关防止国有企业在技术市场中买卖其专利权的条款，引入了新的条款，其设计目的是更好地对

---

① 根据《中华人民共和国专利法》，共有三种类型的专利权：发明专利、实用新型专利和外观设计专利。《中华人民共和国专利法》中，"发明专利"的含义是对产品、方法或者其改进所提出的新技术方案；"实用新型"的含义是对产品的形状、构造或者其结合所提出的适于实用的新技术方案；"外观设计"的含义是对产品的形状、图案或者其结合以及色彩与形状、图案的结合所做出的富有美感并适于工业应用的新设计。然而，大多数国家的专利仅仅是指《中华人民共和国专利法》意义上的发明专利。例如，美国没有实用新型制度，其实用新型专利实际上与《中华人民共和国专利法》中的发明专利相同。其他一些国家并不将实用新型和外观设计视作专利，而是将其视为另一种类型的知识产权。根据《中华人民共和国专利法》，只有发明专利需要进行实质审查，而实用新型和外观设计专利只需要进行初步审查。

员工创新进行奖励。这次修订也修改了不符合《与贸易有关的知识产权协定》的一些条款，例如，扩大专利保护范围，保护专利产品的许诺销售权。经过这两次修改后，《中华人民共和国专利法》十分符合国际标准。

2008 年，《中华人民共和国专利法》进行了第三次修订。第三次修订的要点包括修改新颖性（中国专利授权的 3 个要素新颖性、创造性、实用性之一）的准则，从相对新颖性改为绝对新颖性，从而提高专利授权的门槛；增加有关遗传资源保护的规定；完善外观设计制度；完善向外申请专利的保密审查制度；取消对涉外专利代理机构的指定；明确国家知识产权局传播专利信息的职责；赋予外观设计专利权人许诺销售权，引入诉前证据保全措施，明确将专利权人的维权成本纳入侵权赔偿的范围；增加侵权诉讼中现有技术抗辩的规定；允许平行进口；增加药品和医疗器械的审批例外；完善强制许可制度等。

从过去 3 次修订中我们能够看出，中国的知识产权法一步步朝着促进产权的方向发展。此外，从 21 世纪初中期开始，中国政府颁布了一系列相关法律、政策和法案，目标都是为了增强中国的创新能力。2006 年，政府发布了十五中长期科技发展规划（下文中简称十五规划）。十五规划涵盖了以 2020 年之前促进本土知识产权发展为目标的政策和标准，包括一系列发展的量化目标。规划还包含了以关键科技领域为重点的 16 个大型项目的发展。作为对十五规划的补充，中国政府还实行了其他政策声明和政策目标，均指出在一个强有力的知识产权制度中设立与扩大利益相关群体的重要性。这些政策声明鼓励企业、高校、研究所之间知识产权的转移和联盟，为在一些科技领域占据主导地位，例如，清洁能源、电动汽车与计算机技术等领域。

为了提高中国知识产权的创造、运用、保护和管理能力，将中国建设成为创新型国家，实现全面建成小康社会的目标，《国家知识产权战略纲要》于 2008 年 6 月颁布出台（下文简称《2008 年战略》）。《2008 年战略》强调了创造和运用知识产权的重要性。具体来说，《2008 年战略》试图在企业和政府主体的研究与创新活动中普及知识产权的创造与使用。例如，该战略鼓励企业将知识产权纳入其技术标准，并鼓励高校将其知识产权商品化。

在《2010 年国家专利战略》中，政府甚至更加明确了未来绩效的基准。要点包括以下几个方面。①到 2015 年，专利申请数量达到 200 万件，为 2010 年申请数量的 4 倍。②到 2015 年，本国人发明专利年度授权量进入世界前两名。③到 2020 年，人均发明专利拥有量和对外专利申请量翻两番。

为了实现这些目标，中国中央政府、地方政府以及高校和企业分别出台了针对知识产权创造的优厚激励措施。在高校中，创造知识产权的学术人员更有可能获得教职和晋升。申请专利的工人和学生不仅能够获奖，还增加了获得户口（居住许可）以居住在理想城市的可能性。对部分专利，政府支付现金奖励；对另一些专利，由政府承担申请的高额成本。提交大量专利申请的企业，其所得税可从 25% 降低至 15%，并且这些企业更有可能与政府签订商业合同。许多公司因此对员工提供激励政策，目的是让员工提出可获得专利的想法。例如，通信设备制造商华为一方面争取政府合约，另一方面寻求全球认可，为发明和创造提供 1 万 ~ 10 万元人民币的专利相关奖金。除了上述激励措施之外，许多地方政府为申请专利的成本提供补助，也有一些政府提供更好的住房作为创新激励。

有了这些激励措施，专利申请和授权数量迅速增长。图 1 展示了 1985 ~ 2012 年专利申请与授权数目增长情况；专利申请和授权的增长均从 2000 年起变得更迅速，平均增长率超过 25%。2011 年，中国收到了 526412 份（发明）专利申请，首次取代了美国，成为世界上最大的专利申请接收国。

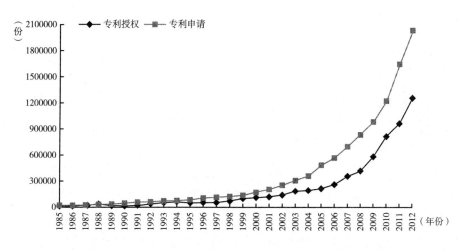

图 1　1985 ~ 2012 年中国专利办公室专利申请与专利授权年度数量

　　然而，如果将专利申请与授予的类型（发明、实用新型、外观设计）区别来看，我们能够看到几种不同的发展模式。图2和图3将三种类型专利权的申请和授权做出比较。图2中，我们看到三种类型的专利申请几乎是同步增长。然而，在图3中，发明专利授权数量相较于图2中的申请数量明显增长缓慢，这表示较高比例的发明专利申请遭到驳回。因此，与专利申请数量相比，使用专利授权数量来描述创新产出更合适。

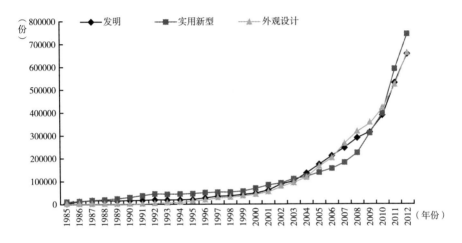

图2　1985～2012年中国三种类型专利申请

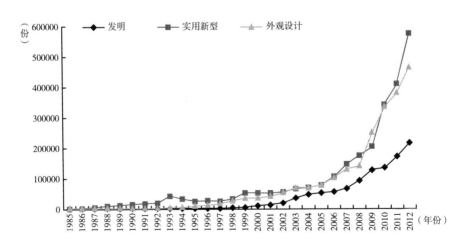

图3　1985～2012年中国三种类型专利授权

　　如果根据类型和来源将授权的专利在图 4 和图 5 中进行比较，我们会发现，相较于另外两种类型的专利，外国人对在中国获得发明专利更感兴趣。我们还注意到，在图 4 中，在 2008 年全球金融危机之后，对外国人的专利授权有了明显降低。这些比较传达了两个重要信息：首先，相较于另外两种类型的专利，外国人更加重视中国的发明专利；其次，相较于中国国内专利申请者，外国专利申请者更容易受到全球经济形势的影响。

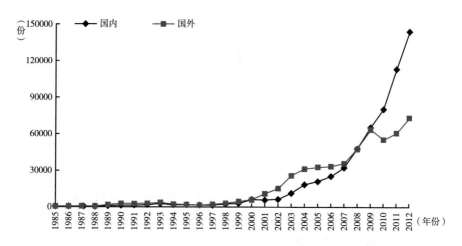

图 4　1985～2012 年每年国内和国外主体发明专利授权数量

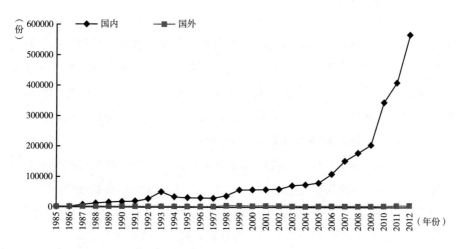

图 5　1985～2012 年每年国内和国外主体实用新型专利授权数量

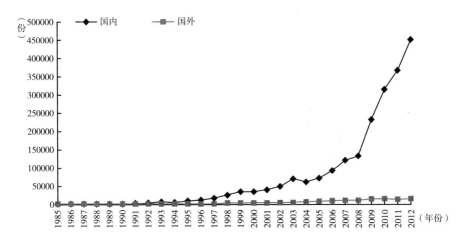

图6　1985～2012年每年国内和国外主体外观设计专利授权数量

在国际层面，近年来中国在《专利合作条约》（Patent Cooperation Treaty）下，其国际专利申请数量也增加了，尤其是在2000～2010年中期。图7展示了1990～2012年5大专利申请来源国——美国、日本、德国、中国和韩国在《专利合作条约》下申请的趋势。根据世界知识产权组织公布的数据，截至2013年年末，中国已经超过德国成为《专利合作条约》申请数量世界排名第3位的国家。

一个有趣的问题是，中国在境内境外专利活动的迅速增长是不是真实地反映了国家创新能力？这个问题的答案尚不明确。一方面，特别是在缺少对技术变革的良好测量方法的情况下，专利数据作为创新的一种测量确实有其优势。专利数据的获得，从定义上来说与创造性相关，并且是以似乎客观和变化缓慢的标准为基础的。正如Griliches（1990）指出的，尽管专利数据存在许多困难，并且人们对其有效性持保留意见，但它仍然是研究微观经济和宏观经济活动中创新和技术变革的一个独特资源。

另一方面，关于专利申请或授权数量是不是创新的良好指标的质疑也有其原因。首先，尽管从定义上来看，专利（发明）需要具备新颖性、技术上的创造性、工业应用中的实用性，然而创新并不限于专利技术。许多专利从未用于工业，而一些专利中的发明仅为获取政府补贴或威胁竞争对手。创新指的是新的观念、物品或方法的引入或应用，而专利（或发明）更直接地指向新的观念、物品或方法的创造，因此，如果一项专利（或一项发明）没有投入使

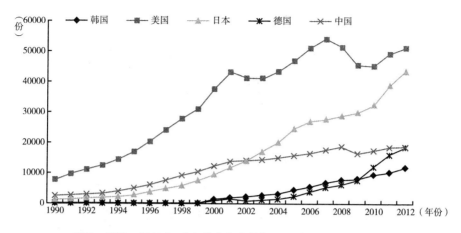

图7　1990～2012年《专利合作条约》五大来源国的申请趋势

图例：美国　日本　德国　中国　韩国

用，并不能称为创新。根据 Xu 和 Gao（2002）的观点，中国专利商品化率在2000 年约为 10%，这一数字远远低于发达国家水平（60%～80%）。

其次，专利在技术重要性和经济重要性方面有显著不同，甚至在同一产业或技术子类别中，专利的价值也有很大不同。因此，专利数量的简单对比并不能传递太多有关创新的有用信息。此外，专利数据是依据《国际专利分类》进行划分的，而该分类方法以技术类别为基础，不能直接转换为工业部门。虽然一些经济学家（Evenson and Putnam，1988；Schomoch et al.，2003）曾经尝试将专利类别和经济相关工业或产品分类相融合，但是这其中仍然存在一些内在的不明确性和困难。例如，某些专利可能因其用途而归于几个不同工业部门。

最后，近年来多种政府补贴和激励措施引发了中国专利申请的迅速增长。例如 Wild（2001）和 Liang（2012）指出的，对专利申请程序的补贴加上大量节税，两者相结合形成了中国企业专利申请的重大动力，但是并不一定能够带来相应的专利质量的提高。除了随意设置专利申请指标，提供超过专利申请成本的税负减免，金钱和实物奖励这些方法之外，还有更好更新颖的推动和提高创新的途径。这些激励方式导致了一大批"垃圾"专利的产生。专利可能会失去与真正创新的联系。企业和个人不再将专利与新颖而实用的发明等同起来，而是将专利看作一种税负减免，或是其他某种短期经济利益。这将造成大量社会资源的浪费，包括审查和行政成本。

三　关于经济发展过程中专利制度的优化设计：
我们能从文献中学到什么？

（一）专利制度的最佳设计

专利制度设计的核心问题是如何平衡个人动机与公共利益之间的关系。

为了在提供激励措施和导致专利制度潜在的垄断之间做出权衡，许多经济学家试图为专利制度设置一个合适的最佳专利期限和范围。Nordhaus（1969）和 Scherer（1972）通过建立专利制度内在权衡关系的模型，发起了一项对最佳专利期限的分析。专利制度为了通过激励推动更多创新，实现社会收益，因此授予创新者暂时的垄断权，从而造成了静态损失。根据他们的观点，为了减少无谓损失，应该对专利期限进行限制，因为通常而言，专利保护的时限越长，鼓励创新的激励效果越强，但同时垄断权力也越大。

从理论上来说，差异化的专利保护期限优于适用于全部技术类型的统一法定期限。然而，实际上由于信息不对称和发明固有的不确定性，要决定哪些发明应该给予较长或较短的专利保护期，这对政府而言是不切实际的。因此，现实中，法定专利期限几乎全部相同：根据《与贸易有关的知识产权协定》规定，专利期限通常为从发明专利申请日起 20 年，实用新型和工业设计专利为 10 年。虽然很难对每个专利的法定保护期做出区别，但是专利维持费制度使专利权人能够自己决定是不是愿意缴纳专利年费以维持专利权有效性。因此，专利年费制度在平衡专利技术中私人利益和公共利益的权衡方面发挥着重要的作用。

由于从技术层面和实践层面上都很难对不同技术设置不同法定专利期限，并且在现实中，政府通常规定一个有限的专利保护期限，同时借助年费制度避免过度垄断，因此后续的研究更多关注最佳专利保护范围。专利的保护范围是指专利法意义上的专利范围，由在申请中提出的要求决定，由专利审查员授予专利权所有者，专利范围规定了保护内容的界限。由于大部分技术是以过去创新为基础的，专利范围对平衡第一代创新和后续创新的激励变得极其重要。

关于如何在激励第一代初始技术发明者和第二代应用研发创新者之间取

得平衡，主要有两种派别的观点。Scotchmer（1991）、Chang（1995）、Green and Scotchmer（1995）和 Matutes et al.（1996）认为应该给予初始技术的第一代发明者更有力的正向保护，以克服其他人做出第二代改进而导致的跨期外部性。然而，Merges and Nelson（1994）和 Heller and Eisenberg（1998）强调，广泛的正向保护可能抑制第二代产品的制造，影响因嵌入初始发明而受专利保护的知识的可获得性，并因此降低创新速度。

很明显，关于最佳专利范围应该是怎样的并没有一个简单的结论。对初始创新的过度保护导致第二代产品都侵犯了专利权，这样不一定效果最佳；而保护范围过窄，新产品永远不会面临侵权问题，这也并非最佳方案。现实中，申请人通常希望得到尽可能多的保护，但专利局必须决定哪些要求可以获批。尽管审批的决定受到许多法律原则以及发明本身情况的限制，但是在许多情况下，专利局有很大空间酌情决定。在这个酌情决定的范围里，专利局必须决定应该批准、修改或驳回哪些权利要求。

根据《与贸易有关的知识产权协定》，除了极少数情况之外，"一切技术领域中的任何发明，不论是产品发明还是方法发明，只要其具有新颖性、创造性并适合于工业应用，均可获得专利"（《与贸易有关的知识产权协定》第 27 条第 1 款，1994）。然而，在这个总体要求之下，国家专利法具有灵活性，可以灵活地决定何种发明能够满足其新颖性、创造性、工业实用性的标准。例如，有关软件和商业方法的某些发明作为专利得到美国专利商标局的认可，但有可能会遭到中国专利局的驳回，因为根据《中华人民共和国专利法》，中国的专利审查员可能认为这种发明缺乏创造性。由此我们可以看出，专利范围与专利授权规定紧密相连。所以，从国家层面出发，专利授权的规定对最佳专利制度的设计而言是一种重要的操作工具；然而，现在的趋势是在国际层面上将实体专利法相互协调，而这种趋势进一步限制了各国专利审查的自由裁量权。

我们可以得出这样的总体结论，中国应该根据自身的技术优势与经济优势设计专利制度，对知识传播和奖励创新之间的关系做出权衡。Sakakiara and Lee（2001）研究发现，1988 年以前，由于日本在应用研发方面拥有比较优势，因此其在传统上有比美国更有限的专利范围。遗憾的是，在《中华人民共和国专利法》的制定和修订时，经济学家几乎没有为中国专利制度的设计和改善提供建议。大部分早期中国专利制度制定者的专利知识来源于 20 世纪 70~80 年代的境外学习，他们学到了有关专利制度在促进发明与创造方面的积极作用，却几乎没有强调专利可能造成垄断的潜在负面影响。此外，在理论上的最佳专利设计与实际中的专利政策制定之间似乎存在一条鸿沟，这可能是因为经济学研究者和专利界（主要成员包括工程师与法律专家）缺乏沟通而造成的；也有可能是因为经济学家传递的信息可操作性不足。

（二）专利制度、国际贸易与技术转移

在经济全球化的背景下，专利制度的另一个重要作用是助推技术转移。正如 Hayami 和 Godo（2005：349）所述："有效地借用发达经济体发展的技术成果是后发工业化国家追赶早发国家的关键。"因此，研究中国国际贸易和技术转移中越来越多的专利促进政策造成的影响，会是一项有趣的研究。

基本上，专利或其他知识产权的保护强度影响国际贸易流量。如果一国加强了其专利法，那么外国企业可能因专利保护的增加而面临对其产品净需求的增加，但因为在无仿冒风险的环境中拥有更大的市场影响力，外国企业也可能选择减少在该国市场的销售，那么该国有可能会经历进口量的增加或减少。Markus 和 Penubarti（1995）研究发现，增强专利保护对大型发展中经济体的双边制造业进口有正面影响，但是对小规模经济体有负面影响。Fink 和 Primo Braga（1999）也提供了有关专利保护对国际贸易影响的新证据。他们的研究证实了对非燃料贸易而言，专利保护与贸易流量之间存在正相关关系。但是该研究在专利保护和高科技贸易流量之间没有发现显著的正相关关系。

Markus（1997）总结了专利保护、外商直接投资、技术转移之间的预测关系。首先，在拥有旧产品以及标准化、劳动密集科技的工业部门，外商直接投资与技术转移对专利保护的国际差异相对不敏感，这是因为外商直接投资更多受到要素成本、市场规模、交易成本和其他区位优势的影响，而在这种情况下，专利政策的影响较小。其次，当其他条件相同时，随着专利保护增强，代表技术复杂但易于模仿的外商直接投资有可能会增加。再次，根据专利保护增强带来的授权成本的减少程度，外商投资可能会随着时间的推移被有效授权所取代。最后，无论模式如何，发达国家的技术转移的可能性

会随着专利保护强度的增加而增加。

专利对技术扩散的影响的相关实证研究得出了不同的结论。在一些模型中，技术通过发展中国家企业的模仿而完成转移。如果采用《与贸易有关的知识产权协定》规定的最低标准，增强全球专利制度，那么外国专利会因受到保护而使模仿变得更加困难，以致模仿率降低。但是与预期相反，模仿率的降低也减缓了全球创新速度，即如果创新型企业期望减慢其技术优势消失的速度，他们可以通过每次创新获得更高的利润，这也降低了其参与研发的需求（Helpman，1993；Glass and Saggi，2002）。然而，该结果对模型假设敏感，可能不能容纳其他模型设定。实际上，Lai（1998）研究发现，如果产品通过外商直接投资而非通过模仿进行转移，那么在更有力的专利保护之下，产品创新和技术扩散得到了加强。该研究结果明确指出发展中的经济体需要在增强专利制度的同时，消除对外商直接投资的障碍。

Hall（2011）研究发现，更强的专利保护鼓励了对中等发达国家的外商直接投资和技术转移，但并没有明显证据证实更强的专利保护能够推动最不发达国家的自主创新。与此结论相吻合的一种观点认为，一定程度的吸纳能力对利用和学习进口技术而言是必要的，但是，如果一国拥有吸纳能力，那么在技术来源的外国企业的所有权受到保护的情况下，该国更有可能获得其技术。然而，应该指出的是，虽然知识产权保护对外商投资和技术转移而言是一种有利要素，但是其他要素，例如，技术接收经济体的规模、经济体预期增长和合格人才的可获得性，对吸引外商直接投资和技术转移而言也是很重要的。

从20世纪80年代开始，中国建立并加强了专利制度。对与中国有贸易往来的发达国家，专利与其他知识产权保护一直是谈判清单上的首要内容。从20世纪80年代末到20世纪90年代初，美国和其他一些发达国家声称，由于中国盗版猖獗、假冒仿造，它们每年损失的税收达几十亿美元。美国政府为了保护其贸易，不断威胁中国要对盗版和仿冒进行经济制裁，发动贸易战，以及不再续签最惠国待遇。中国想要加入世界贸易组织，因此必须对知识产权相关法律和规定进行大幅修改，满足《与贸易有关的知识产权协定》规定的知识产权保护的国际最低标准。

同时，中国逐渐认识到知识产权在促进创新和推动贸易方面的重要性。知识产权执法不力常常被指出是中国境内企业面临的一个重要问题，并且也限制了企业愿意从事的活动类型。强有力的知识产权保护在向潜在投资者传递信号方面发挥着更大的作用。它传递的信息是，该国认同并保护外国企业的权利，使其在政府阻碍较少的情况下做出战略性业务决策。由于知识产权保护对跨国公司而言，具有越来越重要的作用，实施更加强有力的知识产权制度成了中国政府使用的首要工具，这表明中国要朝着塑造更友好的贸易环境方向转变。因此，在中国有越来越多的跨国研发中心建立。2000～2010年，外资研发中心的数量从低于200增加至超过1300。[①] 受到"外部推力""内部拉力"两者的影响，中国增强了专利及其他知识产权保护。

Hu and Jefferson（2009）与 Zhang（2010）研究证实了中国的研发集约化（R&D Intensification）是中国专利繁荣的主要驱动力之一。他们还发现，外商直接投资对专利有很大影响，但是与研发相比，其在解释专利繁荣方面的重要性略低。此外，2000年对《中国专利法》促进专利保护的修订，中国加入世界贸易组织并进行企业深化改革，这些因素都部分解释了专利繁荣。使用1995～2000年的数据，Cheung and Lin（2004）研究发现，外商直接投资更多的省份，国内专利申请数量也更多。他们将此归因于来自外商投资的一种溢出效应，即对国内企业的示范效应。

（三）专利制度与经济发展

充分理解以上两个问题有助于理解专利制度和经济发展之间的联系。发展中国家强有力的知识产权制度能够对其经济发展产生长期的有利影响，这一点日益成为一种共识。然而，这种有利影响也取决于其他要素，例如，人力资本的提高，尤其是技术能力、技术基础设施的扩展、高效管理技术的发展、研发投资，国内市场开放性和透明度的提高，以及对国际贸易与外商投资的鼓励。强有力的知识产权保护有助于推动外商直接投资和其他类型的技术转移，同时也对鼓励研发投资十分重要，因此，经济发展不能与技术转移和专利保护分离开来。强有力的专利保护通过以下方式促进经济发展：①通过保护新兴技术发展推动了国内创新；②通过确保创新者的贡献得到回报，防止人才流失；③促进技术转移，如外商直接投资、授权和进口。

---

① 参见 The Business Times（2011）。

也有一些研究调查了知识产权保护对不同国家经济发展的影响。Gould and Gruben（1996）利用 95 个国家 1960～1988 年的平均截面数据，采用了 Rapp and Rozek（1990）通过回归构建的测量专利保护强度的指数做出增长模型估计。他们的研究发现，知识产权保护对开放经济体的发展可能有更大的影响，因此，贸易自由化与更强有力的专利保护相结合能够促进经济增长。因为贸易自由化提高了市场竞争性，并增加了对外国技术的获取。

Thompson and Rushing（1996）采用转换回归模型，研究专利保护的增强是不是在一个国家达到某一发展水平（根据初始人均 GDP 测量）的情况下更有益。他们的研究发现指出，数据在 3400 美元（1980 年价格）的初始水平处存在一个断裂。处于该水平之下的国家，没有发现专利保护与发展之间存在关系；该水平之上的国家，意识到专利保护与发展之间存在显著的正相关关系。Thompson and Rushing（1999）发展了该模型，他们再次指出，对最发达国家而言，专利保护对全要素生产率有显著的正向影响，对全部样本和发展中国家样本而言，相关关系是不显著的。

Park and Ginarte（1997）于 1960～1990 年对 110 个国家构建了测量专利权的指数。该指数用于研究经济体的哪些因素或特点决定了专利权的保护程度。研究证据表明，比较发达的经济体倾向于提供更有力的专利保护；但是影响专利保护水平的根本因素为该国研发活动的水平、市场环境和国际接轨，这些因素与其发展水平相关。当一国研究部门达到某个临界规模，研发活动会对专利保护水平产生影响。我们从中能够得出的一个启示是，要提高专利保护较弱的国家的专利保护水平，很重要的一点是要在这些国家中培养研究基础，并为保护专利权提供动力。

Maskus and McDaniel（1999）通过实证研究，分析日本的专利制度如何影响了日本战后全要素生产率的增长。1988 年之前，日本战后专利制度作为通过渐进式创新以促进技术追赶和技术扩散的一种机制。鉴于特定专利程序，例如，授权前公开、单一申请要求（Single-claim Requirement）、首次申请和漫长的申请期限，日本的专利制度使申请过程成了技术转移的通道。Maskus and McDaniel（1999）发现通过实用新型专利申请发生的技术转移对日本战后生产率增长有正向影响。

目前缺乏有关专利对中国经济发展影响的实证论文。Zhao and Liu

（2011）研究发现，中国国内专利对中国 1988～2009 年全要素生产率有正
向影响，并且 1999～2009 年发明专利对全要素生产率的影响比实用新型专
利和外观设计专利的影响更大。但是，1999 年之前，发明专利似乎对全要
素生产率几乎没有影响。1999 年之后，中国的技术进步——体现为发明专
利的增长——似乎在经济发展方面发挥着越来越重要的作用。

四 结论与启示

上文从关于专利的经济学研究出发，对专利制度进行了回顾，强调了一
系列值得中国以及发展中国家政策制定者关注的实际问题。

第一，专利制度是一把双刃剑。一方面，专利通常在促进发明、鼓励新
技术公开、推动新技术市场交易方面发挥着有效作用。另一方面，专利还可
能产生社会成本，一部分原因是自由使用专利科技潜在的垄断和壁垒。在没
有专利保护的情况下，有竞争力的租金也许能够在特定的情况下补偿创新
者。例如，源于抢占市场的先发优势是很重要的，模仿的成本很高，专利不
一定鼓励这种创新。最佳的专利制度应该建立良好的平衡。

第二，专利申请要求，例如，新颖性、创造性和工业实用性，是避免授
权不合格专利的重要标准，因为不合格专利会增加专利制度的社会成本。此
外，在专利审查过程中严格遵守这些原则，也是避免广泛专利保护的一种有
效的方式，过于广泛的专利保护会阻碍进一步的创新和提高。

第三，在当今全球化背景以及《与贸易有关的知识产权协定》和其他
国际专利协议下，一个国家在制定本国专利法律与政策上的影响力受到限
制。例如，法定专利期限应该为至少 20 年，并且专利保护应该涵盖几乎全
部技术，但是这些规定可能不符合大多数发展中国家的利益。对发展中国家
而言，重要的是要认识到这一点，并且相互合作，在知识产权和专利保护的
国际谈判中寻求自己的利益。

第四，实证研究似乎证实了专利制度在促进贸易、吸引外商投资、推动
技术转移方面的理论重要性。然而，在当前国际专利框架之下，向发展中国
家的技术转移的净影响仍然是不明确的。似乎较强的专利保护仅促进了向中
等发达国家的技术转移，但是对收入最低的国家的技术转移来说几乎没有
影响。

第五，同样重要的一点是，跨国分析似乎表明，知识产权或专利保护对高收入国家的经济发展有显著且正向的作用，而对低收入和中等收入国家而言，这种净影响是不明确的。

发展中国家中专利与经济发展之间的关系相比发达国家更复杂。在短期内，发展中国家可能在有竞争力的专利申请方面处于不利地位；发达国家可能会利用国际统一专利制度来确保其在发展中国家中的创新和市场影响力。长期来看，这取决于在对技术创新者有利的框架之下，发展中国家的内资企业能否快速学习，与跨国公司相竞争。

参考文献

Arrow, K., 1962. Economic Welfare and the Allocation of Resources for Invention, in *The Rate and Direction of Inventive Activity*: *Economic and Social Factors*, pp. 609 – 626, Cambridge, Mass.: National Bureau of Economic Research.

Bentham, J. (1839), *The Works of Jeremy Bentham*, J. Bowring ED. T*he Online Library of Liberty*. Available from http://oll. libertyfund. org/title/1922.

Boldrin, M. and Levine, D., 2002. The Case against Intellectual Property, *American Economic Review*, 92 (2): 209 – 212.

Chang, H., 1995. Patent Scope, Antitrust Policy, and Cumulative Innovation, *The Rand Journal of Economics*, 26 (1): 34 – 57.

Cheung, K. Y. and Lin, P., 2004. Spillover Effects of FDI on Innovation in China: Evidence from Provincial Data, *China Economic Review*, 15 (1): 25 – 44.

Colombo, M. G. and Delmastro, M., 2002. How Effective Are Technology Incubators? Evidence from Italy, *Research Policy*, 31: 1103 – 1122.

Drahos, P., 1995. Information Feudalism in the Information Society, *The Information Society*, 11: 209 – 222.

Drahos, P. (Ed.). 1999. *Intellectual Property*, Aldershot, UK.: Ashgate.

Evenson, R. and Putnam, J., 1988. The *Yale-Canada Patent Flow Concordance*, Economic Growth Centre Working Paper, Yale University, New Haven, Conn.

Fink, C. and Primo Braga, C. A., 1999. *How Stronger Protection of Intellectual Property Rights Affects International Trade Flows*, Working Paper No. 2051, The World Bank, Washington, D. C.

Glass, A. J. and Saggi, K., 2002. Intellectual Property Rights and Foreign Direct Investment, *Journal of International Economics*, 56 (2): 387 – 410.

Gould, D. M. and Gruben, W. C., 1996. The Role of Intellectual Property Rights in Economic Growth, *Journal of Economic Development*, 48: 323 – 350.

Green, J. and Scotchmer, S. , 1995. On the Division of Profits in Sequential Innovation, The *Rand Journal of Economics*, 26 (1): 20 – 33.

Griliches, Z. , 1990. Patent Statistics as Economic Indicators: A Survey, *Journal of Economic Literature*, 28 (4): 1661 – 1707.

Hall, B. H. , 2011. The Internationalization of R&D, in A. Sydor (Ed.), *Global Value Chains: Impacts and Implications*, pp. 179 – 210, Ottawa: Foreign Affairs and International Trade Canada, Government of Canada.

Hayami, Y. and Godo, Y. , 2005. *Development Economics: from the Poverty to the Wealth of Nations*, New York: Oxford University Press.

Heller, M. and Eisenberg, R. , 1998. Can Patents Deter Innovation? The Anticommons in Biomedical Research, *Science*, 280: 698 – 701.

Helpman, E. , 1993. Innovation, Imitation, and Intellectual Property Rights, *Econometrica*, 61 (6): 1247 – 1280.

Hu, A. G. and Jefferson, G. H. , 2009, A Great Wall of Patents: What Is Behind China's Recent Patent Explosion, *Journal of Development Economics*, 90: 57 – 68.

Hulme, E. W. , 1896, The History of the Patent Institution under the Prerogative and at Common Law, *Law Quarterly Review*, 46: 141 – 154.

Idris, K. , 2003. *Intellectual Property – A Powerful Tool for Economic Growth*, Geneva: World Intellectual Property Organisation.

Lai, E. L. , 1998. International Intellectual Property Rights Protection and the Rate of Product Innovation, *Journal of Development Economics*, 55 (1): 133 – 153.

Liang, M. , 2012. Chinese Patent Quality: Running the Numbers and Possible Remedies, The *John Marshall Review of Intellectual Property Law*, 11: 478 – 512.

Maddison, A. , 1999. Poor Until 1820, *Wall Street Journal* [Europe], 11 January 1999.

Martin, S. and Scott, J. T. , 2000. The Nature of Innovation Market Failure and the Design of Public Support for Private Innovation, *Research Policy*, 29 (4 – 5): 437 – 447.

Maskus, K. E. , 1997. The Role of Intellectual Property Rights in Encouraging Foreign Direct Investment and Technology Transfer, Prepared for the Public-Private Initiatives after TRIPS. : Designing a Global Agenda Conference, Brussels.

Maskus, K. E. and Mcdaniel, C. , 1999. Impact of the Japanese Patent System on Productivity Growth, *Japan and the World Economy*, 11 (4): 557 – 574.

Maskus, K. E. and Penubarti, M. , 1995. How Trade – Related Are Intellectual Property Rights?, *Journal of International Economics*, 39: 227 – 248.

Matutes, C. Regibeau, P. and Rockett, K. 1996. Optimal Patent Design and the Diffusion of Innovations, The *Rand Journal of Economics*, 27 (1): 60 – 83.

Merges, R. and Nelson, R. , 1994. On Limiting or Encouraging Rivalry in Technical Progress: The Effect of Patent Scope Decisions, *Journal of Economic Behavior and Organization*, 25: 1 – 24.

Moir, H. V. J. , 2008. *What Are the Costs and Benefits of Patent Systems?* Centre for Governance of Knowledge and Development Working Paper, The Australian National University,

Canberra.

Naik, G. , 2010. China Surpasses Japan in R. and Das Powers Shift, The *Wall Street Journal*. Available from http: //Online. Wsj. Com/Article/SB10001424052748703734204576019713917682354. Html.

Nordhaus, W. , 1969. *Invention, Growth and Welfare: A Theoretical Treatment of Technological Change*, Cambridge, Mass. : MIT Press.

Park, W. G. and Ginarte, J. C. , 1997. Determinants of Patent Rights: A Cross – National Study, *Research Policy*, 26: 283 – 301.

Pigou, A. C. , 1920. *The Economics of Welfare*, 4th End, The *Online Library of Liberty*. Available from http: //Oll. Libertyfund. Org/Ebooks/Pigou_ 0316. Pdf.

Posner, R. , 2012. Why There Are Too Many Patents in America, The *Atlantic*, 12 July 2012. Available from http: /www. Theatlantic. Com/Business/Archive/2012/07/Why – There – Are – Too – Many – Patents – in – America/259725/.

Rapp, R. T. and Rozek, R. P. , 1990. Benefits and Costs of Intellectual Property Protection in Developing Countries, *Journal of World Trade*, 24 (5): 75 – 102.

Sakakibara, M. and Lee, B. , 2001. Do Stronger Patents Induce More Innovation? Evidence from the 1988 Japanese Patent Law Reforms, The *Rand Journal of Economics*, 32 (1): 77 – 100.

Scherer, F. M. , 1972, "Nordhaus" Theory of Optimal Patent Life: A Geometric Reinterpretation, *American Economic Review*, 62 (3): 422 – 7.

Patent Institution, Innovation and Economic Growth in China, 529

Schmoch, U. , Laville, F. , Patel, P. and Frietsch, R. , 2003, *Linking Technology Areas to Industrial Sectors: Final Report to the European Commission*, *DG Research*. Available from ftp: //ftp. Cordis. Europa. Eu/Pub/Indicators/Docs/Ind_ Report_ Isi_ Ost_ Spru. Pdf.

Scotchmer, S. , 1991, Standing on the Shoulders of Giants: Cumulative Research and the Patent Law, *Journal of Economic Perspective*, 5 (1): 29 – 41.

Smith, A. , 1776, *Wealth of Nations*, London: W. Strahan and T. Cadell.

Taussig, F. W. , 1915, *Inventors and Money Makers*. Available from http: //www. Unz. Org/Pub/Taussigfw – 1915.

The Business Times, 2011, World to Gain from an Innovative China, The *Business Times*, 11 July 2011. Available from http: //www. Businesschina. Org. Sg/En. Php/Resources/News/317/1.

Thompson, M. and Rushing, F. , 1996, an Empirical Analysis of the Impact of Patent Protection on Economic Growth, *Journal of Economic Development*, 21 (2): 61 – 79.

Thompson, M. and Rushing, F. , 1999, An Empirical Analysis of the Impact of Patent Protection on Economic Growth: An Extension, *Journal of Economic Development*, 24 (1): 67 – 76.

United Kingdom Commission on Intellectual Property Rights (UK Commission on IPR), 2002, *Integrating Intellectual Property Rights and Development Policy*. Available from http: //www. Iprcommission. Org/Graphic/Documents/Final_ Report. Htm.

Wild, J. , 2011, Quality Is China's Biggest Patent Challenge – Updated, *IAM Magazine*. Available from http：//www. Iam – Magazine. Com/Blog/Detail. Aspx?　　（G = E81c5421 – Bccc – 4eb5 ~ 9895 – F347443cf 73e.

Xu, W. and Gao, Y. , 2002, Venture Investment System and Counter Measures in the Process of Hi – Tech Achievements' Transformation, *Journal of Technology College Education* 21 （4）.

Zhang, H. , 2010, What Is Behind the Recent Surge in Patenting in China?, *International Journal of Business and Management*, 5 （10）：83 – 91.

Zhao, Y. and Liu, S. , 2011, *Effect of China's Domestic Patents on Total Factor Productivity：1988 – 2009*. Available from ftp：//ftp. Zew. De/Pub/Zew – Docs/Veranstaltungen/Innovationpatenting2011/Papers/Liu. Pdf.

（陈玉佩 译）

中国的外商投资法律与政策：发展脉络与问题阐释

高 祥 姜慧芹[*]

一 引言

中国自改革开放以来一直欢迎和鼓励外商来华投资。外商投资不仅促进了中国的经济增长，而且推动了中国社会全方位的发展与进步。在改革开放逐步推进的过程中，中国的外商投资法律也在逐步完善，为更好地吸引外国投资提供了不断完善的法律环境。可以说，中国外商投资的发展与中国外商投资法律与政策的发展和调整是密不可分的。从中国实际利用外资的数额来看（见图1），1992年以前，中国实际利用外资的总量并不大；而在1992年中国政府宣布实行市场经济并完善外商投资相关立法后，中国实际利用外资额才出现大幅度增长。

中国的外商投资法律是维护中国的国家利益与促进经济增长的根本保证，也是规范与保护外商来华投资行为的基本依据，因此，了解中国的外商投资法律与政策对外国投资者来华投资至关重要。

本文的目的在于简要介绍中国的外商投资法律与政策的发展脉络及其存在的问题。本文共分三个部分：第一部分，简要介绍中国外商投资法律与政策的基本框架；第二部分，从历史演进的角度探析中国外商投资法律与政策

---

[*] 高祥，中国政法大学比较法学研究院院长、教授、博士生导师；姜慧芹，中国政法大学比较法学研究院博士研究生。

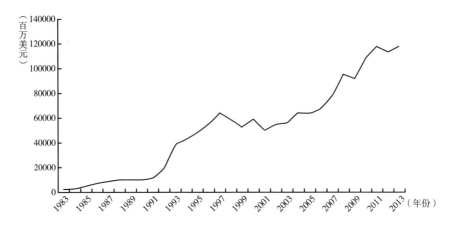

图 1　中国实际利用外资额趋势

数据来源：（1）国家统计局网站：http：//data. stats. gov. cn/workspace/index？m ＝ hgnd。进入网站后，在"指标"项下选择"对外经济贸易"中的"实际利用外资"，并将查询时间设定为"1949 年至今"。最后访问时间：2014 年 3 月 15 日。国家统计局较完整的数据记录始于 1983 年。

（2）"商务部召开例行新闻发布会"，http：//www. mofcom. gov. cn/article/difang/henan/201401/20140100462805. shtml，最后访问时间：2014 年 3 月 28 日。详细数据参见本文附表 1。

的发展脉络及背景；第三部分，简要探讨中国外商投资法律与政策中存在的主要问题。

二　中国外商投资法律与政策的基本架构

改革开放以前，中国采取的是计划经济体制，外商投资规模十分有限，外商投资的法律与政策也很少，不成体系。[①] 因此，中国外商投资法律与政策的基本框架是改革开放后才逐步建立起来的。经过多年的发展，目前中国外商投资法律与政策由下列部分组成。

（一）法律法规

中国的第一部外商投资法是制定于 1979 年的《中华人民共和国中外合

[①]　如《华侨捐资兴办学校办法》（1957 年 8 月 2 日公布实施，已废止），《中华人民共和国工商统一税条例（草案）》（1958 年 9 月 13 日发布试行，已废止）等。

资经营企业法》（以下简称《中外合资企业法》①）；随后，又分别于 1986 年和 1988 年颁布了《中华人民共和国外资企业法》（以下简称《外资企业法》②）和《中华人民共和国中外合作经营企业法》（以下简称《中外合作企业法》③），从而形成了规范外商投资的三部基本法（以下合称"三资企业法"）。为保证三资企业法的贯彻实施，国务院相继颁布了《中华人民共和国中外合资经营企业法实施条例》（以下简称《中外合资企业法条例》④）、《中华人民共和国外资企业法实施细则》（以下简称《外资企业法细则》⑤）和《中华人民共和国中外合作经营企业法实施细则》（以下简称《中外合作企业法细则》⑥）（以下合称"三资企业法实施细则"）。上述法律及其实施细则构成了中国外商投资法律的基本框架。

1993 年颁布的《中华人民共和国公司法》⑦（以下简称《公司法》）第 18 条规定："外商投资的有限责任公司适用本法，有关中外合资经营企业、中外合作经营企业、外资企业的法律另有规定的，适用其规定"，这样，就形成和确定了中国关于外资公司与内资公司立法之特别法与一般法的制度框架。这一制度框架在此后的几次《公司法》修订中延续了下来。1999 年和 2004 年的《公司法》修改未涉及该条款。2005 年《公司法》修订时将外商投资的股份有限公司也列入《公司法》的调整范围，其第 218 条规定："外商投资的有限责任公司和股份有限公司适用本法；有关外商投资的法律另有规定的，适用其规定"，明确了中国外资公司与内资公司立法之特别法与一

---

① 《中华人民共和国中外合资经营企业法》（1979 年 7 月 8 日发布，1990 年 4 月 4 日、2001 年 3 月 15 日修改）（以下简称《中外合资企业法》）。

② 《中华人民共和国外资企业法》（1986 年 4 月 12 日公布，2000 年 10 月 31 日修改）（以下简称《外资企业法》）。

③ 《中华人民共和国中外合作经营企业法》（1988 年 4 月 13 日公布，2000 年 10 月 31 日修改）（以下简称《中外合作企业法》）。

④ 《中华人民共和国中外合资经营企业法实施条例》（1983 年 9 月 20 日公布，1986 年 1 月 15 日、1987 年 12 月 21 日、2001 年 7 月 22 日、2014 年 2 月 19 日修订）（以下简称《中外合资企业法条例》）。

⑤ 《中华人民共和国外资企业法实施细则》（1990 年 12 月 21 日公布，2001 年 4 月 12 日、2014 年 2 月 19 日修订）（以下简称《外资企业法细则》）。

⑥ 《中华人民共和国中外合作经营企业法实施细则》（1995 年 9 月 4 日公布，2014 年 2 月 19 日）（以下简称《中外合作企业法细则》）。

⑦ 《中华人民共和国公司法》（1993 年 12 月 29 日公布，1999 年 12 月 25 日、2004 年 8 月 28 日修改，2005 年 10 月 27 日修订，2013 年 12 月 28 日修改）（以下简称《公司法》）。

般法的制度框架。2013 年《公司法》修订时未对该条进行修改。

除此之外，中国还制定了大批有关外商投资的配套法规①，与三资企业法及其实施细则以及《公司法》（2013 年修订）一起构成了比较完整的外商投资法律体系。

（二）指导目录

三资企业法及其实施细则针对不同的外商组织形式规定了相应的投资方向和投资产业。② 1995 年，为进一步明确外商投资的方向，使其与中国的国民经济和社会发展规划相适应，国务院相关部门制定了《指导外商投资方向暂行规定》（以下简称《指导方向暂行规定》），首次以法规形式对外公布鼓励、限制、禁止外商投资的产业领域。③ 该暂行规定将《外商投资产业指导目录》（以下简称《指导目录》）作为指导审批外商投资项目的依据。④

2002 年 2 月 11 日，国务院公布了《指导外商投资方向规定》（以下简称《指导方向规定》），自 2002 年 4 月 1 日该规定开始实施之日起，《指导方向暂行规定》不再执行。⑤《指导方向规定》将《指导目录》和《中西部地区外商投资优势产业目录》（以下简称《中西部优势产业目录》）同时列

---

① 如《外国投资者对上市公司战略投资管理办法》（2005 年 12 月 31 日公布）、《关于外国投资者并购境内企业的规定》（2006 年 8 月 8 日发布）等。

② 1983 年公布的《中外合资企业法条例》（1983 年 9 月 20 日公布，1986 年 1 月 15 日、1987 年 12 月 21 日、2001 年 7 月 22 日、2014 年 2 月 19 日修订）第三条具体规定了允许设立合营企业的主要行业包括能源开发、机械制造工业、电子工业、轻工业、农业、旅游和服务业等。1986 年公布的《外资企业法》（1986 年 4 月 12 日公布，2000 年 10 月 31 日修改）第三条就外资企业的投资方向做出了原则性规定，即"必须有利于中国国民经济的发展，并且采用先进的技术和设备，或者产品全部出口或者大部分出口"，并且授权国务院制定禁止或者限制外资企业的行业目录。据此授权，1990 年公布的《外资企业法细则》（1990 年 12 月 21 日公布，2001 年 4 月 12 日、2014 年 2 月 19 日修订）第四条、第五条具体规定了禁止和限制设立外资企业的行业，如新闻、出版、广播、电视、电影等行业禁止设立外资企业，公共事业、交通运输、信托投资等行业限制设立外资企业。1988 年公布的《中外合作企业法》（1988 年 4 月 13 日公布，2000 年 10 月 31 日修改）第四条就合作企业的投资方向做出了原则性规定，即"鼓励举办产品出口的或者技术先进的生产型合作企业"。

③ 参见《进一步扩大对外开放的重大举措——国家计委负责人就〈指导外商投资方向暂行规定〉答记者问》，载《中国投资与建设》1995 年第 7 期，第 52 页。

④ 《指导外商投资方向暂行规定》（1995 年 6 月 20 日公布，已失效）第三条第二款。

⑤ 《指导外商投资方向规定》（2002 年 2 月 11 日公布）第十七条。

为指导审批外商投资项目和外商投资企业适用有关政策的依据。[1]

《指导目录》是引导全国范围内的外商投资导向的产业目录。该目录设置了三种项目类型——鼓励类、限制类和禁止类；未列入该指导目录的项目为允许类，属于竞争类行业，允许外商通过市场经济的原则参与投资。[2]《指导目录》自 1995 年首次颁布实施以来，已于 1997 年、2002 年、2004 年、2007 年和 2011 年进行了 5 次修订。

《中西部优势产业目录》是为实施国家西部大开发战略、提高中西部地区的整体经济素质制定的。该目录下的产业是各地在环境、资源、人力、生产、技术、市场等方面有显著优势和潜力的产业，可以享受鼓励类外商投资项目优惠政策。[3] 该目录自 2000 年发布以来，于 2004 年、2008 年和 2013 年进行过 3 次修订。

（三）政策性规定

中国外商投资法律的发展与完善与中国政府的对外开放政策具有紧密联系。若要了解中国外商投资法制的未来，研究 2011 年公布的《中华人民共和国国民经济和社会发展第十二个五年规划纲要》（以下简称"十二五纲要"）和 2013 年公布的《中共中央关于全面深化改革若干重大问题的决定》（以下简称《十八届三中全会决定》）具有重大意义。

"十二五纲要"就中国 2011～2015 年外商投资的相关事宜进行了原则性规定，肯定了继续推进、深化开放力度，"引进来"与"走出去"并举的战略目标。该纲要第十二篇指出，为"适应我国对外开放……转向进口和出口、吸收外资和对外投资并重的新形势，必须实行更加积极主动的开放战略，不断拓展新的开放领域和空间，扩大和深化同各方利益的汇合点，完善更加适应发展开放型经济要求的体制机制，有效防范风险，以开放促发展、促改革、促创新"。[4]

---

① 《指导外商投资方向规定》（2002 年 2 月 11 日公布）第三条第二款。
② 《指导外商投资方向暂行规定》（1995 年 6 月 20 日公布，已失效）第四条；《指导外商投资方向规定》（2002 年 2 月 11 日公布）第四条。
③ 参见《指导外商投资方向规定》（2002 年 2 月 11 日公布）第十一条。
④ 中央政府门户网站：http://www.gov.cn/2011lh/content_1825838_13.htm。最后访问时间：2014 年 3 月 15 日。

《十八届三中全会决定》也就外商投资的有关事宜进行了方向性阐释，表明要进一步推进改革开放、放宽外商投资企业的投资准入限制、推进内外资法律法规的统一、扩大金融业和内陆沿边的开放、加快投资协定的商签和自由贸易区的建设等，向外商来华投资者发出了积极信号。

三 中国外商投资法律与政策的演变

（一） 投资地域逐步扩大

中国允许外商投资的地域范围是逐步扩大的：改革开放后，首先建立了深圳、珠海、汕头、厦门等 4 个经济特区作为对外开放的窗口；1984 年进一步开放大连、秦皇岛等 14 个沿海城市；1984 年设立首批国家级经济技术开发区 14 个；1988 年把山东半岛、辽东半岛列为沿海经济开发区，批准海南建省并设立海南经济特区；1990 年，决定开放上海浦东；1992 年，决定进一步开放重庆等 5 个沿江城市、哈尔滨等 4 个边境、沿海地区的省会城市，以及 11 个内陆省会城市，开放的区域从沿海省份向内陆省份扩展。[1]2001 年加入世界贸易组织后，中国进一步加深了开放的领域"由有限范围和有限领域内的开放，转变为全方位的开放；由以试点为特征的政策主导下的开放，转变为法律框架下可预见的开放；由单方面为主的自我开放，转变为与世界贸易组织成员之间的相互开放"[2]。

（二） 投资领域逐步变广

1.《指导目录》

1995 年的《指导目录》设置了 3 类投资项目，即鼓励类、限制类（甲、乙）和禁止类。该目录未涉及国家对外商投资的优惠政策，所以对外商投

---

[1] 参见国务院新闻办网站："改革开放 30 年来中国吸收外商直接投资成就"，http://www.scio. gov. cn/zt2008/gg30/03/200812/t250340. htm，最后访问时间：2014 年 3 月 15 日；《国家级经济技术开发区经济社会发展"十一五"规划纲要》（2006 年），http://www. mofcom. gov. cn/aarticle/b/g/200608/20060802975822. html，最后访问时间：2014 年 3 月 15 日。

[2] 参见国务院新闻办网站："改革开放 30 年来中国吸收外商直接投资成就"，http://www.scio. gov. cn/zt2008/gg30/03/200812/t250340. htm，最后访问时间：2014 年 3 月 15 日。

资仍按此前颁布实施的相关法律、行政法规的规定实施。① 以此为参照起点，对比此后的历次修订，可以清晰地看出中国对外商可投资领域的限制逐步减少。

1997 年的《指导目录》增加了 15 项鼓励投资项目（详见附表 2 ）。2002 年，为履行入世相关承诺，中国政府对《指导目录》进行了第二次修订，增加了鼓励投资项目 75 条、减少了限制投资项目 36 条。该次修订有两个显著变化，一是增加了《〈指导目录〉附件》，对鼓励类及限制类产业的组织形式及股比予以规定；二是取消了将限制类产业划分为甲、乙两类的做法。2004 年的第三次修订，取消了废铁加工、年产 30 万吨及以上的氧化铝生产等项目的鼓励类措施。2007 年，中国政府对《指导目录》的第四次修订，主要表现在进一步扩大服务业的对外开放，鼓励外商投资企业参与循环经济、可再生能源和生态环境保护，鼓励外商投资资源综合利用等。该次修订还取消了单列《〈指导目录〉附件》的格局，将其整合到每个具体的项目之下。2011 年，在中国加入 WTO 10 周年之际，中国政府对《指导目录》进行了第五次修订。这次修订是扩大对外开放的进一步举措。比如，将以往限制外商投资的金融租赁、医疗机构等调整为允许外商投资进入的领域；还取消了部分领域对外资的股比限制，有股比要求的条目比原目录减少了 11 条。②

此外，从历次《指导目录》中鼓励类、限制类和禁止类的条目变化中（详见附表 2 及图 2）也可以直观地看出中国限制外商投资的项目逐步减少、鼓励外商投资的项目逐步增加，对外商投资的开放程度逐步扩大。

2.《中西部优势产业目录》

2000 年 6 月，为实施国家西部大开发战略，中国政府发布了《中西部优势产业目录》，与《指导目录》并行作为指导审批外商投资项目和外商投

---

① 例如，外商投资的产品出口企业和先进技术企业仍按照《国务院关于鼓励外商投资的规定》（1986 年 10 月 11 日公布）享受非大城市市区繁华地段的场地使用费的减免征收（第四条）、企业所得税的减收（第八条、第九条）、有条件的企业所得税税款退还优惠（第十条）。

② 参见"发展改革委等部门解读新的外商投资产业指导目录"，http://news.xinhuanet.com/fortune/2011-12/29/c_111334458.htm，最后访问时间：2014 年 3 月 15 日。

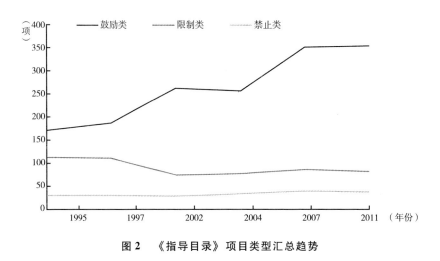

图 2　《指导目录》项目类型汇总趋势

资企业适用的有关政策依据。这些产业都是根据各个地区的特点列举的，部分还对经营方式和股比做出了限制性规定。

《中西部优势产业目录》是按省份排列的。在 2000 年发布《中西部优势产业目录》时，"中西部地区"包括山西省、内蒙古自治区、吉林省、黑龙江省、安徽省、江西省、河南省、湖北省、湖南省、广西壮族自治区、重庆市、四川省、贵州省、云南省、西藏自治区、陕西省、甘肃省、宁夏回族自治区、青海省、新疆维吾尔自治区等 20 个省、自治区和直辖市。根据《国务院办公厅关于促进东北老工业基地进一步扩大对外开放的实施意见》规定，在 2008 年中国入世过渡期结束之时，《中西部优势产业目录》中增列辽宁省，不再单列施行《辽宁省外商投资优势产业目录》。根据《国务院关于推进海南国际旅游岛建设发展的若干意见》的要求，2013 年修订《中西部优势产业目录》时，将中西部地区的范围再次扩大至包括海南省。至此，目前适用的《中西部优势产业目录》涵盖的地域范围包括 22 个省、自治区和直辖市。

《中西部优势产业目录》的历次修订均增加了一些鼓励投资的产业类型，并且有些类型是适用于所有中西部地区的。首先，从数量上看，鼓励外商投资的产业类型数量逐步增多。2000 年《中西部优势产业目录》中列举产业类型 256 项，其后 3 次修订分别增加至 268 项、412 项和 500 项，几乎比 2000 年翻了一番。其次，从产业类型上看，鼓励外商投资的产业类型逐步增多，而且有些是适用于所有中西部地区的。比如，2004 年的《中西部优势产业目录》与 2000 年的相比，增列了公路旅客运输，城市供气、供热、供排水管网建设、经营等产业，2008 年的与 2004 年的相比，增列了增值电信业务[①]等产业，2013 年的与 2008 年的相比，增列了养老服务机构产业，同时还在 22 个省份、自治区和直辖市鼓励外商投资医疗机构，并且允许外商独资，而在 2008 年的目录中，这一数目仅为 7 个，并且仅限于中外合资和合作方式。[②]

（三）投资类型逐步增多

通过陆续立法，中国允许外国投资者在华设立的企业类型逐步扩至中外合资经营企业、外资企业、中外合作经营企业、外国公司的分支机构、外商投资股份公司、投资性公司、外商投资合伙企业等，同时还允许外国投资者以并购方式参与在华投资。

三资企业法及其实施细则允许外商投资设立中外合资经营企业、中外合作经营企业、外资企业。中外合资经营企业是指依照中国有关法律，在中国境内设立的全部资本由外国公司、企业和其他经济组织同中国的公司、企业或其他经济组织共同投资的有限责任公司。[③] 外资企业是指依照中国有关法律，在中国境内设立的全部资本由外国投资者（外国的企业和其他经济组织或个人）投资的有限责任公司或其他责任形式，不包括外国的企业和其他经济组织在中国境内的分支机构。[④] 中外合作经营企业是指依照中国有关法律，在中国境内设立的全部资本由外国企业和其他经济组织或个人同中国的企业或其他经济组织共同投资、依照合作企业合同约定进行经营的有限责任公司或其他责任形式。[⑤] 三者在组织形式、法律地位、损益分配、组织机

---

① 须在中国入世的承诺框架内。

② 以上数据系作者根据各个版本的《中西部优势产业目录》分析整理。

③ 《中外合资企业法》（1979 年 7 月 8 日发布，1990 年 4 月 4 日、2001 年 3 月 15 日修改）第一条、第四条第一款。

④ 《外资企业法》（1986 年 4 月 12 日公布，2000 年 10 月 31 日修改）第一条、第二条；《外资企业法细则》（1990 年 12 月 21 日公布，2001 年 4 月 12 日、2014 年 2 月 19 日修订）第十八条。

⑤ 《中外合作企业法》（1988 年 4 月 13 日公布，2000 年 10 月 31 日修改）第一条、第二条；《中外合作企业法细则》（1995 年 9 月 4 日公布，2014 年 2 月 19 日修改）第十四条。

构、经营管理模式有所不同（详见附表3）。

1993年《公司法》规定，外国企业可以在中国境内设立分支机构。所谓的外国公司的分支机构，是指外国公司（依照外国法律在中国境外登记成立的公司）在中国境内设立的、不具有法人资格的分支机构。[①]

1995年，当时的对外贸易经济合作部[②]发布了《关于设立外商投资股份有限公司若干问题的暂行规定》，允许外商投资采取股份有限公司的这一组织形式。所谓外商投资股份有限公司，是指依照本规定，以发起或募集方式设立的、全部资本由等额股份构成、股东以其认购股份对公司承担有限责任、公司以全部财产对公司对外债务承担责任、中外股东共同持有公司股份且外国股东所持有的股份占公司注册资本的25%以上的企业法人。[③] 在该规定实施后，商务部还相继出台了一些通知，以规范外商投资股份有限公司申请上市发行A股、B股及设立、变更等审批事项。[④]

1995年，对外贸易经济合作部还发布了《关于外商投资举办投资性公司的暂行规定》，允许外国投资者在中国以独资或与中国投资者合资的形式设立从事直接投资的有限责任公司，其注册资本不低于人民币3000万元。[⑤] 2003年，商务部发布了《关于外商投资举办投资性公司的规定》[⑥]，取代了此前颁布的一系列解释、通知及补充规定。[⑦]

---

① 1993年公布的《公司法》（1993年12月29日公布，1999年12月25日、2004年8月28日修改，2005年10月27日修订，2013年12月28日修改）第一百九十九条、第二百零三条。

② 对外贸易经济合作部于2003年并入商务部。

③ 《关于设立外商投资股份有限公司若干问题的暂行规定》（1995年1月10日公布）第二条、第五条、第七条。

④ 《对外贸易经济合作部办公厅关于外商投资股份公司有关问题的通知》（2001年5月17日公布）、《商务部关于外商投资股份有限公司非上市外资股转B股流通有关问题的通知》（2008年7月30日公布）、《商务部关于下放外商投资股份公司、企业变更、审批事项的通知》（2008年8月5日公布）。

⑤ 《关于外商投资举办投资性公司的暂行规定》（1995年4月4日公布）第一条、第三条。

⑥ 《关于外商投资举办投资性公司的规定》（2003年6月10日公布，2004年2月13日、2004年11月17日修订）该规定2004年两次修订，并于2006年颁布了《关于外商投资举办投资性公司的补充规定》（2006年5月26日公布）。

⑦ 如《〈关于外商投资举办投资性公司的暂行规定〉的补充规定》（1999年8月24日公布，对外贸易经济合作部令〔1999〕第3号）、《〈关于外商投资举办投资性公司的暂行规定〉的补充规定（二）》（2001年5月31日公布，对外贸易经济合作部令〔2001〕第1号）。

2009 年，国务院颁布《外国企业或者个人在中国境内设立合伙企业管理办法》，允许外国投资者（外国企业或个人）在华与其他外国投资者、中国企业或个人以新建方式设立合伙企业或者以入伙既有中国合伙企业的方式进行投资。[1] 2010 年，国家工商行政管理总局发布了《外商投资合伙企业登记管理规定》，并在 2014 年修订，对外商投资合伙企业的设立、变更和注销登记予以规范。

除了上述外商投资形式外，中国还允许外国投资者以资产重组、并购等方式进行外商投资。1998 年，国家经济贸易委员会发布了《关于国有企业利用外商投资进行资产重组的暂行规定》，允许国有企业利用外商直接投资兼并国内其他企业、补充自有流动资金和偿还企业债务。[2] 2002 年，中国证监会、财政部、国家经济贸易委员会联合发布了《关于向外商转让上市公司国有股和法人股有关问题的通知》（已失效），规定允许向外商转让上市公司中的国有股和法人股，但转让应当符合《外商投资产业指导目录》的要求。[3] 同年，国家经济贸易委员会、财政部、国家工商行政管理总局、国家外汇管理局联合发布了《利用外资改组国有企业暂行规定》，允许"利用外资将国有企业、含国有股权的公司制企业（金融企业和上市公司除外）改制或设立为公司制外商投资企业"，具体包括股权转让、增资扩股，以及将资产出售给外国投资者后、该外国投资者以购买的资产独自或与出售资产的企业等共同设立外商投资企业等方式吸收外资，将国有企业改组为外商投资企业。[4]

2003 年，对外贸易经济合作部等四部委出台了《外国投资者并购境内企业暂行规定》。2006 年，商务部对其进行了修订，颁布了《关于外国投资者并购境内企业的规定》。[5] 2009 年，为保证这一规定与《中华人民共和国反垄断法》及《国务院关于经营者集中申报标准的规定》相一致，商务部对该规定又做了部分修改。

---

① 《外国企业或者个人在中国境内设立合伙企业管理办法》（2009 年 11 月 25 日公布）第一条、第二条、第十二条。

② 《关于国有企业利用外商投资进行资产重组的暂行规定》（1998 年 9 月 14 日公布）第二条。

③ 《关于向外商转让上市公司国有股和法人股有关问题的通知》（2002 年 11 月 1 日公布，已失效）第二条。

④ 《利用外资改组国有企业暂行规定》（2002 年 11 月 8 日公布）第二条、第三条。

⑤ 《关于外国投资者并购境内企业的规定》（2006 年 8 月 8 日发布，2009 年 6 月 22 日修订）。

（四） 审批程序不断完善

三资企业法是中国规范外商投资审批制度的重要法律。在三资企业法完善前，规制外资进入中国的规范主要是部分省份制定的审批办法，并没有形成统一的体系;[①] 在三资企业法逐步出台后，外商投资的审批程序也逐步统一化、规范化了。

根据审批时间的不同，中国的外商投资审批可以分为设立中审批和设立后审批。前者主要是指商务部、省级商务主管部门、省人民政府授权的地市级商务主管部门对章程和（或）相关设立协议或合同的审批。后者是指外商投资企业运行中审批机关对重大或实质性变更、股权转让合同、企业清算等事项的审批。

根据三资企业法的规定，中国的外商投资由国家对外经济贸易主管部门或者国务院授权的部门和地方政府或者国务院授权的机关审查批准，即商务部、省级商务主管部门、省人民政府授权的地市级商务主管部门负责审批。[②] 近年来，商务部通过一系列法律法规文件将外商投资企业的审批权限逐步向地方审批机关下放[③]，从而使商务部仅负责部分外商投资事项的审批。最近一次审批权限的下放是通过 2010 年的《商务部关于下放外商投资审批权限有关问题的通知》实现的。该通知根据《外商投资产业指导目录》的分类及投资额（含单次增资额）大小划定了不同级别审批机关（地方商务主管部门、国家级经济开发区和商务部）的审批权限。[④]

（五） 超国民待遇的逐步取消

在改革开放初期，为了吸引外商投资，中国在税收和土地等政策方面给

---

① 如《上海市关于开办中外合资经营企业和接受外商投资开设自营企业的洽谈工作和审批程序规定（试行）》（1984 年 7 月 1 日公布，已失效）。

② 参见《外资企业法》（1986 年 4 月 12 日公布，2000 年 10 月 31 日修改）第六条;《中外合作企业法》（1988 年 4 月 13 日公布，2000 年 10 月 31 日修改）第五条;《中外合资企业法》（1979 年 7 月 8 日发布，1990 年 4 月 4 日、2001 年 3 月 15 日修改）第三条。

③ 比如《关于下放外商投资股份公司、企业变更、审批事项的通知》（2008 年 8 月 5 日公布）、《关于进一步简化和规范外商投资行政许可的通知》（2008 年 8 月 26 日公布）、《关于下放外商投资审批权限有关问题的通知》（2010 年 6 月 10 日公布）等。

④ 《商务部关于下放外商投资审批权限有关问题的通知》（2010 年 6 月 10 日公布）第一至第六条。

予外资企业超国民待遇。从 1994 年开始，中国便开始着手统一内、外资企业的税收制度，并通过一系列法律法规①依次统一了增值税、消费税、营业税、城镇土地使用税等，在 2010 年 12 月 1 日统一城市维护建设税和教育费附加制度后，外资企业在税收政策上享受的"超国民待遇"才宣告终结。

（六）次国民待遇的逐步减少

在中国加入 WTO 之前，外商投资在享受大量"超国民待遇"的同时，也承受着部分"次国民待遇"如高股本要求和当地成分要求。前者要求外商投资股份有限公司的注册资本最低限额高于《公司法》的相关规定；② 后者要求外商投资企业所需的原材料、燃料、配套件等物资应当尽先在中国购买。③ 加入世界贸易组织后，中国为了履行入世承诺，逐步将这些条款做了相应调整。

（七）进一步改革之里程碑——中国（上海）自由贸易试验区的设立

在全国全面对外开放后，中国开始探索新的途径进行深入的对外开放。继 1990 年设置上境外高桥保税区以来，国务院相继批准设立了保税区④、

---

① 虽然税收制度的统一从 1994 年就开始了，但集中完成于 2006～2010 年间。相关规范如：1）全国人大常委会关于外商投资企业和外国企业适用增值税、消费税、营业税等税收暂行条例的决定（1993 年 12 月 29 日公布）；2）中华人民共和国企业所得税法（2007 年 3 月 16 日公布）；3）《国务院关于统一内外资企业和个人城市维护建设税和教育费附加制度的通知》（2010 年 10 月 18 日公布）等。

② 《关于设立外商投资股份有限公司若干问题的暂行规定》（1995 年 1 月 10 日公布）第七条规定："公司的注册资本应为在登记注册机关登记注册的实收股本总额，公司注册资本的最低限额为人民币 3 千万元"。而依据 1993 年的《公司法》（1993 年 12 月 29 日公布，1999 年 12 月 25 日、2004 年 8 月 28 日修改，2005 年 10 月 27 日修订，2013 年 12 月 28 日修改）第七十八条第二款的规定："股份有限公司注册资本的最低限额为人民币一千万元。股份有限公司注册资本最低限额需高于上述所定限额的，由法律、行政法规另行规定。"2013 年修订《公司法》后，已经取消了对股份有限公司的最低注册资本要求。

③ 如《外资企业法》（1986 年 4 月 12 日公布，2000 年 10 月 31 日修改）第十五条；《中外合资企业法》（1979 年 7 月 8 日发布，1990 年 4 月 4 日、2001 年 3 月 15 日修改）第九条第二款；《中外合作企业法》（1988 年 4 月 13 日公布，2000 年 10 月 31 日修改）第九条第二款等。

④ 保税区是指国务院批准在中国境内设立的海关监管特定区域，与中国境内其他地区之间设有符合海关监管要求的隔离设施。参见《保税区海关监管办法》（1997 年 8 月 1 日公布）第二条、第三条。

出口加工区①、保税物流中心②、保税物流园区③、保税港区④、综合保税区⑤等海关特殊监管区域。2013 年 9 月 29 日，中国（上海）自由贸易试验区（以下简称"上海自贸试验区"）正式起航⑥，为中国进一步对外开放拉开了序幕。

上海自贸试验区力图经过两三年的改革试验，为进一步扩大开放、深化改革，以及形成与国际投资贸易通行规则接轨的法律制度探索新的思路和途径。为此，上海自贸试验区试图在政府职能调整、扩大服务和金融领域的准入范围、改革准入审批备案制度、完善外商投资管理相关法律制度等方面开展试点工作。具体包括：①探索协同管理机制，建立一口受理、综合审批和高效运作的服务模式，完善体现投资者参与、符合国际规则的信息公开机制；②扩大服务业开放，针对金融服务、航运服务、商贸服务、专业服务、

---

① 出口加工区是经国务院批准设立在中国境内专门从事出口加工业务、由海关实行封闭监管的特定经济区域。参见《出口加工区加工贸易管理暂行办法》（2005 年 11 月 22 日公布）第二条；《中华人民共和国海关对出口加工区监管的暂行办法》（2000 年 5 月 24 日公布，2003 年 9 月 2 日修订）第三条、第四条。

② 保税物流中心有保税物流中心 A 型和保税物流中心 B 型两种。前者是指经海关批准，由中国境内企业法人经营、专门从事保税仓储物流业务的海关监管场所；后者是指经海关总署批准，由中国境内一家企业法人经营，多家物流企业进入并实施保税仓储物流业务的海关集中监管场所。参见《中华人民共和国海关对保税物流中心（A 型）的暂行管理办法》（2005 年 6 月 23 日公布）第二条；《保税物流中心（B 型）税收管理办法》（2005 年 6 月 23 日公布）第二条。

③ 保税物流园区是指经国务院批准，在保税区规划面积或者毗邻保税区的特定港区内设立的、专门发展现代国际物流业的海关特殊监管区域。参见《中华人民共和国海关对保税物流园区的管理办法》（2005 年 11 月 28 日公布）第二条。

④ 保税港区是指国务院批准、设立在中国境内对外开放的口岸港区和与之相连的特定区域内，具有口岸、物流、加工等功能的海关特殊监管区域，实行封闭式管理，与中国境内的其他地区间设有符合海关监管要求的卡口、围网、视频监控系统以及海关监管所需的其他设施。参见《中华人民共和国海关保税港区管理暂行办法》（2007 年 9 月 3 日公布，2010 年 3 月 15 日修改）第二条、第四条。

⑤ 目前，中国尚未出台关于综合保税区的规范性文件，但在国务院关于同意设立天津滨海新区综合保税区、北京天竺综合保税区、海口综合保税区的三个批复中，均规定相应综合保税区的功能和有关税收、外汇政策按照《国务院关于设立洋山保税港区的批复》（2005 年 6 月 22 日）的有关规定执行。参见《国务院关于同意设立天津滨海新区综合保税区的批复》（国函〔2008〕23 号，2008 年 3 月 10 日）、《国务院关于同意设立北京天竺综合保税区的批复》（国函〔2008〕64 号，2008 年 7 月 23 日）、《国务院关于同意设立海口综合保税区的批复》（国函〔2008〕124 号，2008 年 12 月 22 日）。

⑥ 参见中国（上海）自由贸易实验区报，http：//www. shftz. gov. cn/WebViewPublic/NewsPaper. aspx? new = 1，第 1 期第 1 版，最后访问时间：2014 年 4 月 30 日。

文化服务，以及社会服务领域的 18 个类目，暂停或取消投资者资质要求、股比限制、经营范围限制等准入限制措施（银行业机构、信息通信服务除外）；③试行外商投资准入前国民待遇，研究制定试验区外商投资与国民待遇等不符的负面清单，对负面清单之外的领域，按照内外资一致的原则，将外商投资项目核准改为由上海市负责备案管理（国务院规定对国内投资项目保留核准的除外），将外商投资企业合同章程审批改为由上海市负责备案管理；④积极发展航运金融、国际船舶运输、国际船舶管理、国际航运经纪等产业，简化国际传播运输经营许可，形成高效的船舶籍登记制度；⑤推动金融业的开发，如支持符合条件的外资金融机构在试验区内设立外资银行和中外合资银行，逐步允许境外企业参与商品期货交易，支持股权托管交易机构在试验区内建立综合金融服务平台，支持开展人民币跨境再保险业务等；⑥完善法律制度保障，停止实施或调整既有法律法规；⑦在所得税缴纳、融资租赁出口退税、增值税等税种上实施促进投资、贸易的税收优惠政策；等等。①

四　中国外商投资法律及政策中存在的问题

尽管中国对外开放的程度逐步扩大、中国的外商投资法律日益完善、外国投资者的国民待遇愈发普及，但是中国外商投资法律及政策中仍然存在一些问题。

（一）法律体系庞杂

中国的外商投资立法是依托三资企业法及其实施细则、《公司法》，以及上百条行政法规构建起来的。三资企业法是针对不同的外商投资企业形式分别进行规制的，体系庞杂，主要体现在：第一，三资企业法内容重复达一半以上，造成了立法资源的浪费，且由于重复的内容之间缺乏协调，这导致了不同类型的外商投资企业之间存在不平等的待遇（如审批期限不同，董

---

① 《中国（上海）自由贸易实验区总体方案》（中文版），http：//www.shftz.gov.cn/WebView Public/item_ page.aspx? newsid =635158957941988294&coltype =8，最后访问时间：2014 年 3 月 28 日。

事会的规定不同等）；第二，由于三资企业法的立法技术简单，很多应当规定的内容没有规定，导致授权立法严重、立法权限分散、法规体系庞杂，这使细致把握中国的外商投资立法比较困难；第三，大量的地方法规规章涌现，以致出现了下位法替代上位法的现象，因此，在实际进行投资时，除需了解法律、行政法规的规定外，地方规章的知悉亦非常重要；第四，与《公司法》存在冲突等。[①]

（二）审批标准模糊

在具体审批过程中，审批标准的模糊、不透明使外商投资者不能预见审批结果，从而给外商投资者带来了不少困扰。[②] 例如，《中华人民共和国中外合作经营企业法实施细则》第9条规定："申请设立合作企业，有下列情形之一时，不予批准：①损害国家主权或者社会公共利益的；②危害国家安全的；③对环境造成污染损害的；④有违反法律、行政法规或者国家产业政策的其他情形的。"《中华人民共和国中外合资经营企业法实施条例》第4条规定："申请设立合营企业有下列情况之一的，不予批准：①有损中国主权的；②违反中国法律的；③不符合中国国民经济发展要求的；④造成环境污染的；⑤签订的协议、合同、章程显属不公平，损害合营一方权益的。"《中华人民共和国外资企业法实施细则》第5条规定："申请设立外资企业，有下列情况之一的，不予批准：①有损中国主权或者社会公共利益的；②危及中国国家安全的；③违反中国法律、法规的；④不符合中国国民经济发展的要求的；⑤可能造成环境污染的。"

（三）投资产业限制

尽管外商可以在中国进行投资的产业范围已经有了很大的扩大，但仍有一些产业限制或者禁止外资进入。根据最新公布的2011年《指导目录》，

---

① 邱润根：《我国外商投资立法中的冲突与协调》，载《中国民商法律网》，http：//www.civillaw.com.cn/article/default.asp？id＝57721，最后访问时间：2014年4月30日。

② 不过，对于外商投资企业的审批标准，其他国家也是模糊的。例如，澳大利亚《外国并购法》（1975年）（Foreign Acquisitions and Takeovers Act 1975）中的"国家利益"（nationalinterest）标准，美国《外商投资及国家安全法》（2007年）（Foreign Investment and National Security Act of 2007）中的"国家安全"（National Security）标准和加拿大《加拿大投资法》（1985年）（Investment Canada Act 1985）中的"国家安全"（National Security）标准。

限制类项目下有 83 个产业，这意味着允许外商投资但须满足特定条件。比如，外商可以进行特殊和稀缺煤类的勘察、开采，但该类投资项目必须由中方控股；外商可以投资房地产进行土地成片开发，但该类投资项目必须采取中外合作或中外合资的方式。这些条件限制了外商投资者对被投资实体的控制权，此外，还有 39 项产业禁止外商投资。

（四）征收补偿标准不明

如果遇国有化情形，补偿标准不够明确。例如，《中华人民共和国中外合资经营企业法》第 2 条第 3 款规定："国家对合营企业不实行国有化和征收；在特殊情况下，根据社会公共利益的需要，对合营企业可以依照法律程序实行征收，并给予相应的补偿。"《中华人民共和国外资企业法》第 5 条规定："国家对外资企业不实行国有化和征收；在特殊情况下，根据社会公共利益的需要，对外资企业可以依照法律程序实行征收，并给予相应的补偿。"根据上述规定，中国一般不会对合营企业或外资企业实行国有化，但遇到特殊情况，根据社会公共利益的需要，会依法律程序进行征收，并且征收会有补偿。但是，何谓"相应的补偿"，目前的法律没有具体规定。

五　结论

中国的改革开放经历了一个由浅入深、由点到面的稳步推进与发展的过程。与此相适应，作为为改革开放保驾护航的排头兵的中国外商投资法，也经历了一个从无到有、从有到优的稳步发展的过程，即开放力度逐步加大（投资地域、投资领域、投资类型）、审批程序不断健全、国民待遇逐步普及。有些有关改革开放的重大决策，对中国外商投资立法的发展产生了巨大的推动作用，其中，尤以中国决定建立社会主义市场经济体制和加入世界贸易组织最明显。

目前，中国的外商投资立法形成了以三资企业法为基本法，以《公司法》为一般法、辅之以上百条行政法规及大量地方性法规的整体架构。这一架构也凸显了不少问题，最明显的是外商投资法律体系庞杂、不协调，外商投资审批程序透明度不够，外商可投资领域有所保留，国有化补偿标准不明等。因此，中国的外商投资法律与政策仍有很大的完善空间。

附表1　中国实际利用外资额（1983～2013年）*

年份	实际利用外资额（百万美元）	年份	实际利用外资额（百万美元）	年份	实际利用外资额（百万美元）
1983	2260	1994	43213	2005	63805
1984	2870	1995	48133	2006	67076
1985	4760	1996	54805	2007	78339
1986	7628	1997	64408	2008	95253
1987	8452	1998	58557	2009	91804
1988	10226	1999	52659	2010	108821
1989	10060	2000	59356	2011	117698
1990	10289	2001	49672	2012	113294
1991	11554	2002	55011	2013	117586
1992	19203	2003	56140		
1993	38960	2004	64072		

* 数据来源：（1）国家统计局网站：http：//data. stats. gov. cn/workspace/index？ m = hgnd。进入网站后，在"指标"项下选择"对外经济贸易"中的"实际利用外资"，并将查询时间设定为"1949年至今"。最后访问时间：2014年3月15日。国家统计局较完整的数据记录始于1983年。

（2）"商务部召开例行新闻发布会（2014年1月16日），http：//www. mofcom. gov. cn/article/difang/henan/201401/20140100462805. shtml，最后访问时间：2014年3月28日。

附表2　《指导目录》项目类型汇总

版本（年版）	列入项目总和	鼓励类	限制类（甲）	限制类（乙）	限制类小计	禁止类
1995	317	172	38	76	114	31
1997	329	187	25	86	111	31
2002	366	262	—		75	29
2004	370	257	—		78	35
2007	478	351	—		87	40
2011	476	354	—		83	39

附表3　三类外商投资企业法之规定对比*

	中外合资经营企业	中外合作经营企业	外资企业
主要法律依据	《中外合资企业法》《中外合资企业法条例》	《中外合作企业法》《中外合作企业法细则》	《外资企业法》《外资企业法细则》
出资人	由外国公司、企业和其他经济组织同中国的公司、企业或其他经济组织共同投资	由外国企业和其他经济组织或个人同中国的企业或其他经济组织公司共同投资	由外国投资者（外国的企业和其他经济组织或个人）投资

	中外合资经营企业	中外合作经营企业	外资企业
外方投资比例	不低于25%	依合作合同（需经批准）约定	100%
份额转让	必须经合营各方同意，并且其他各方有优先购买权	必须经他方同意	—
利润、风险及亏损分担	按注册资本比例	依合作合同约定	—
组织形式	有限责任公司	有限责任公司或其他责任形式	有限责任公司或经批准采取的其他责任形式
法律地位	具备法人资格	具备条件的有法人资格	具备条件的有法人资格
国有化及征收	原则上不实行，特殊情况除外且征收有补偿	—	原则上不实行，特殊情况除外且征收有补偿
审查批准机关	国家对外经济贸易主管部门	国务院对外经济贸易主管部门或者国务院授权的部门和地方政府	国务院对外经济贸易主管部门或者国务院授权的机关
审查期限（接到申请之日起）	3个月	45天	90天
组织机构	董事会	董事会或联合管理机构	根据被批准的章程之规定
经营期限	可以约定；可延长	协商并在合作企业合同中订明；可延长	外国投资者申报的期限；可延长

*《中外合资企业法》（1979年7月8日发布，1990年4月4日、2001年3月15日修改），《外资企业法》（1986年4月12日公布，2000年10月31日修改），《中外合作企业法》（1988年4月13日公布，2000年10月31日修改），《中外合资企业法条例》（1983年9月20日公布，1986年1月15日、1987年12月21日、2001年7月22日、2014年2月19日修订），《外资企业法细则》（1990年12月21日公布，2001年4月12日、2014年2月19日修订），《中外合作企业法细则》（1995年9月4日公布，2014年2月19日修订）。

图书在版编目（CIP）数据

深化改革与中国经济长期发展/宋立刚，（澳）郜若素，蔡昉
主编.—北京：社会科学文献出版社，2015.4
（中国经济前沿丛书）
ISBN 978 - 7 - 5097 - 7145 - 7

Ⅰ.①深…　Ⅱ.①宋…②郜…③蔡…　Ⅲ.①中国经济 - 经济
改革 - 研究 ②中国经济 - 经济发展 - 研究　Ⅳ.①F12

中国版本图书馆 CIP 数据核字（2015）第 032368 号

·"中国经济前沿"丛书·
深化改革与中国经济长期发展

主　　编／宋立刚　　〔澳〕郜若素（Ross Garnaut）　　蔡　昉

出 版 人／谢寿光
项目统筹／恽　薇　林　尧
责任编辑／林　尧　于　飞

出　　版／社会科学文献出版社·经济与管理出版分社（010）59367226
　　　　　　地址：北京市北三环中路甲 29 号院华龙大厦　邮编：100029
　　　　　　网址：www. ssap. com. cn
发　　行／市场营销中心（010）59367081　　59367090
　　　　　　读者服务中心（010）59367028
印　　装／北京季蜂印刷有限公司

规　　格／开　本：787mm×1092mm　1/16
　　　　　　印　张：30　字　数：499 千字
版　　次／2015 年 4 月第 1 版　2015 年 4 月第 1 次印刷
书　　号／ISBN 978 - 7 - 5097 - 7145 - 7
定　　价／89. 00 元